U0920619

广东社会统计年鉴

GUANGDONG SOCIAL STATISTICAL YEARBOOK

2021

广 东 省 统 计 局 编

图书在版编目（CIP）数据

广东社会统计年鉴. 2021 = Guangdong Social Statistical Yearbook 2021 / 广东省统计局编. -- 北京 : 中国统计出版社, 2021.11
ISBN 978-7-5037-9692-0

Ⅰ. ①广… Ⅱ. ①广… Ⅲ. ①社会统计－统计资料－广东－2021－年鉴 Ⅳ. ①C832.65-54

中国版本图书馆 CIP 数据核字(2021)第 204153 号

广东社会统计年鉴—2021

作　　者/ 广东省统计局
责任编辑/ 钟　钰
装帧设计/ 广州九禾教育信息咨询有限公司
出版发行/ 中国统计出版社有限公司
地　　址/ 北京市丰台区西三环南路甲 6 号
邮政编码/ 100073
电　　话/ 邮购（010）63376909　书店（010）68783171
网　　址/ http://www.zgtjcbs.com
印　　刷/ 广州星河印刷有限公司
经　　销/ 新华书店
开　　本/ 890mm×1240mm　1/16
字　　数/ 1130 千字
印　　张/ 32.5
版　　别/ 2021 年 11 月第 1 版
版　　次/ 2021 年 11 月第 1 次印刷
定　　价/ 360.00 元

本书附同版本 CD-ROM 一张，光盘内容以书面文字为准。
如有印装差错，由本社发行部调换。

《广东社会统计年鉴—2021》
编辑委员会和编辑部

编者说明

《广东社会统计年鉴—2021》（以下称《年鉴》）是广东省社会综合统计资料，主要收录了全省及各地级以上市、县（市、区）2015—2020 年和部分 1978 年以来的社会各方面的统计数据，是一部全面反映广东社会发展情况的资料性年刊。

《年鉴》分为 12 个篇章，包括：一、基本情况；二、教育；三、卫生；四、文化；五、劳动就业和社会保障；六、社会安全；七、民政和退役军人事务；八、体育；九、广播电影电视、新闻出版、档案；十、社会参与；十一、基本公共服务主要指标；十二、分县（市、区）和全国各地区部分指标。

《年鉴》由广东省统计局主编，36 个省有关单位参编，各篇章数据资料收集分工为：第一篇基本情况主要由省统计局、国家统计局广东调查总队负责；第二篇教育由省教育厅、省人力资源社会保障厅负责；第三篇卫生由省卫生健康委、省农业农村厅、省水利厅负责；第四篇文化由省文化和旅游厅、省委办公厅（档案局）负责；第五篇劳动就业和社会保障由省人力资源社会保障厅、省医保局负责；第六篇社会安全由省检察院、省法院、省委网信办、省公安厅、省司法厅、省应急厅、省信访局、省消防救援总队负责；第七篇民政和退役军人事务由省民政厅、省退役军人事务厅负责；第八篇体育由省体育局负责；第九篇广播电影电视、新闻出版、档案由省委宣传部（新闻出版、电影）、省广电局负责；第十篇社会参与由省人大常委会相关工作部门、省政协相关工作部门、省总工会、团省委、省妇联、省残联、省民族宗教委、省文联负责；第十一篇基本公共服务主要指标由省财政厅、省教育厅、省卫生健康委、省人力资源社会保障厅、省民政厅、省文化和旅游厅、省住房城乡建设厅、省市场监管局、省药品监管局、省乡村振兴局、省残联等基本公共服务均等化指标单位提供指标数据，省统计局负责综合；第十二篇分县（市、区）和全国各地区部分指标由省教育厅、省卫生健康委、省民政厅、省统计局负责。

《年鉴》所涉及的全国性统计数据，除特殊注明外，均未包括香港、澳门特别行政区和台湾省数据。

《年鉴》统计表中的符号使用说明：1．数据表原则上只保留 1 位小数，但特殊情况除外；2.“…”表示数据不足本表最小单位数； 3.“ # ”表示其中主要项；4.“ 空格”表示该项统计指标数据不详或无该项数据；5.“ ①”表示本表下有注解。本书中因小数取舍而产生的误差均未做配平处理。

对各参编单位和参编人员的辛勤劳动，我们一并表示感谢。由于《年鉴》涉及面广，数据收集、审核难度极大，疏漏不足之处在所难免，敬请读者批评指正。

目　　录

一、基本情况

二、教育

六、社会安全

七、民政和退役军人事务

十、社会参与

十一、基本公共服务主要指标

十二、分县（市、区）和全国各地区部分指标

一、基本情况

简要说明

1．本篇资料主要反映广东省经济社会基本概况。

2．本篇资料主要包括：

(1)行政区划、人口、经济、人民生活、社会综合等资料，主要包括人口数、地区生产总值、学生数、卫生机构数、社会保险人数等指标。

(2)地区分全省和 21 个地级以上市。

(3)年份有当年、近 5 年和 1978 年以来连续年份。

3．统计资料来源：本篇资料由广东省统计局、国家统计局广东调查总队等部门负责整理、审核、综合、提供。

1-1 行政区划（2020年）

单位：个

市别	地级市	县级市	县	自治县	市辖区	市辖镇	乡	#民族乡	街道
全省	**21**	**20**	**34**	**3**	**65**	**1116**	**11**	**7**	**484**
广州	1				11	34			142
深圳	1				9				74
珠海	1				3	15			10
汕头	1		1		6	30			37
佛山	1				5	21			11
韶关	1	2	4	1	3	94	1	1	10
河源	1		5		1	94	1	1	6
梅州	1	1	5		2	104			6
惠州	1		3		2	48	1	1	22
汕尾	1	1	2		1	40			14
东莞	1					28			4
中山	1					18			6
江门	1	4			3	61			12
阳江	1	1	1		2	38			10
湛江	1	3	2		4	82	2		37
茂名	1	3			2	86			25
肇庆	1	1	4		3	87	1	1	16
清远	1	2	2	2	2	77	3	3	5
潮州	1		1		2	41			9
揭阳	1	1	2		2	63	2		20
云浮	1	1	2		2	55			8

注：本行政区划截至2020年底。

1-2 人口主要指标

项　　目	单位	2000	2010	2015	2018	2019	2020
年末常住人口	**（万人）**	**8650.03**	**10440.94**	**11678.00**	**12348.00**	**12489.00**	**12624.00**
男性比例	(%)	50.90	52.15	52.29	52.18	52.27	53.07
女性比例	(%)	49.10	47.85	47.71	47.82	47.73	46.93
0-14岁人口比例	(%)	24.17	16.90	17.37	17.18	16.28	18.85
15-64岁人口比例	(%)	69.78	76.30	74.15	74.20	74.72	72.57
65岁及以上人口比例	(%)	6.05	6.80	8.48	8.62	9.00	8.58
城镇人口比例	(%)	55.00	66.17	69.51	71.81	72.65	74.15
人口密度	（人/平方公里）	486	581	650	687	695	702
户籍人口							
年末总户数	（万户）	1901.91	2296.61	2415.90	2519.56	2577.14	2622.10
年末总人口	（万人）	7498.54	8521.55	9008.38	9502.12	9663.41	9808.66
性别比	（女=100）	106.70	106.20	106.08	105.47	105.25	104.97
人口变动情况	**(‰)**						
出生率		12.91	11.18	11.12	12.79	12.54	
死亡率		4.77	4.21	4.32	4.55	4.46	
自然增长率		8.14	6.97	6.80	8.24	8.08	
迁入率		16.59	12.07	8.34	17.02	15.48	14.65
迁出率		12.94	8.35	7.45	10.12	8.86	8.71
总迁移率		29.53	20.42	15.79	27.14	24.34	23.37
净迁移率		3.65	3.72	0.89	6.91	6.62	5.94
跨省净迁移率		1.01	2.52	0.80	6.61	6.19	5.51

注：1.2000年全省数据含根据普查误差率推算的漏登人口。
　　2.2011-2019年年末常住人口根据2020年第七次全国人口普查初步汇总数据进行平滑调整。

1-3 各市年末常住人口数

单位：万人

市　别	2000	2005	2010	2015	2016	2017	2018	2019	2020
全　省	**8650.03**	**9194.00**	**10440.94**	**11678.00**	**11908.00**	**12141.00**	**12348.00**	**12489.00**	**12624.00**
广　州	994.80	949.68	1270.96	1594.95	1678.38	1746.27	1798.13	1831.21	1874.03
深　圳	701.24	827.75	1037.20	1414.21	1501.51	1587.31	1666.12	1710.40	1763.38
珠　海	123.65	141.57	156.16	189.75	195.98	207.02	220.90	233.18	244.96
汕　头	467.78	494.45	539.62	545.62	546.46	547.51	548.59	549.31	550.37
佛　山	534.05	580.03	719.91	864.34	874.77	899.99	926.04	943.14	951.88
韶　关	273.65	292.26	283.02	283.47	283.95	284.47	284.78	285.07	285.53
河　源	226.78	278.24	295.82	291.24	289.13	287.38	285.89	284.83	283.56
梅　州	380.52	411.84	424.46	407.01	403.76	400.02	395.51	391.96	387.10
惠　州	321.80	370.69	460.11	550.41	562.73	572.22	584.72	597.23	605.72
汕　尾	245.71	279.87	293.90	277.06	274.87	272.55	270.50	268.85	266.94
东　莞	644.84	656.07	822.48	999.57	1016.58	1038.22	1043.77	1045.50	1048.36
中　山	236.47	243.46	312.27	396.96	407.69	418.04	428.82	438.73	443.11
江　门	395.24	410.29	445.08	458.02	461.85	465.12	470.38	475.32	480.41
阳　江	217.20	232.14	242.53	252.06	254.02	255.73	257.26	259.09	260.59
湛　江	603.43	668.95	700.38	698.78	698.49	698.30	698.23	698.16	698.07
茂　名	524.82	584.04	582.64	592.62	593.72	598.52	605.95	612.26	618.00
肇　庆	337.69	367.60	392.22	400.30	401.75	403.88	406.58	409.24	411.69
清　远	314.98	359.37	370.38	386.29	388.32	390.66	393.12	395.48	397.40
潮　州	240.44	252.01	267.21	259.76	259.46	259.09	258.81	258.29	256.66
揭　阳	524.61	559.69	588.30	578.54	576.60	570.62	565.81	563.42	557.87
云　浮	215.49	233.99	236.29	237.05	237.98	238.07	238.09	238.33	238.37
按经济区域分									
珠三角	4289.78	4547.14	5616.39	6868.51	7101.24	7338.07	7545.46	7683.95	7823.54
东　翼	1478.54	1586.02	1689.03	1660.98	1657.39	1649.77	1643.71	1639.87	1631.84
西　翼	1345.45	1485.13	1525.55	1543.46	1546.23	1552.55	1561.44	1569.51	1576.66
山　区	1411.42	1575.7	1609.97	1605.06	1603.14	1600.60	1597.39	1595.67	1591.96

注：1.2000年全省数据含根据普查误差率推算的漏登人口。
2.2017年开始，深圳市包含深汕合作区人口数。
3.2011—2019年年末常住人口根据2020年第七次全国人口普查初步汇总数据进行平滑调整。

1–4 就业人员年末人数

单位：万人

年份	就业人员年末人数	#城镇单位就业人员	国有单位	城镇集体单位	其他单位	#城镇私营企业就业人员年末人数	#城镇个体就业人员年末人数
1978	2275.95	515.85	369.04	146.81			
1979	2304.95	535.37	378.57	156.80			
1980	2367.78	563.62	400.19	163.43			
1981	2423.79	587.34	422.03	165.31			
1982	2521.38	608.12	443.43	164.69			
1983	2569.70	612.65	446.51	166.14			
1984	2637.49	631.77	429.65	197.89	4.23		
1985	2731.11	660.82	449.40	203.32	8.10		
1986	2811.92	686.20	465.59	208.85	11.76		
1987	2910.99	720.34	485.59	216.16	18.59		
1988	2994.72	747.67	503.20	216.96	27.51		
1989	3041.27	762.61	511.88	212.50	38.23		
1990	3118.10	785.49	528.13	207.62	49.74		
1991	3259.20	827.58	544.55	216.86	66.17	19.58	121.63
1992	3367.21	858.12	559.71	216.57	81.84	26.21	146.75
1993	3433.91	877.16	563.63	199.99	113.54	39.51	191.30
1994	3493.15	901.57	568.80	202.86	129.91	58.22	209.90
1995	3551.20	931.58	565.48	204.12	161.98	76.00	168.90
1996	3641.30	920.55	565.68	193.24	161.63	89.40	241.76
1997	3701.90	912.74	556.56	181.44	174.74	105.80	250.71
1998	3783.87	897.98	521.34	161.50	215.13	126.42	265.08
1999	3796.32	793.54	449.87	122.70	220.97	132.95	268.00
2000	3989.32	759.21	425.52	105.97	227.73	161.73	278.40
2001	4058.63	737.12	400.12	91.33	245.67	182.09	280.71
2002	4134.37	751.23	382.91	82.81	285.51	303.07	295.68
2003	4395.93	781.14	376.56	78.47	326.11	443.70	346.56
2004	4681.89	830.72	374.34	72.28	384.10	541.21	365.38
2005	5022.97	904.27	380.19	68.70	455.38	660.05	369.17
2006	5177.02	954.44	384.78	67.25	502.41	666.04	324.98
2007	5341.50	1001.46	381.00	65.49	554.97	733.14	371.53
2008	5471.72	1007.87	385.14	60.64	562.09	761.43	375.79
2009	5688.62	1055.03	389.17	58.33	607.53	834.06	433.40
2010	6051.00	1118.52	400.65	57.66	660.21	896.69	429.99
2011	6087.00	1238.22	423.88	62.83	751.51	1089.18	946.47
2012	6171.00	1303.98	430.33	55.28	818.38	1167.33	973.51
2013	6273.00	1966.98	402.75	58.52	1505.71	1225.25	991.63
2014	6428.00	1973.28	396.20	56.69	1520.39	1376.03	1039.71
2015	6566.00	1948.04	388.81	50.34	1508.89	1501.60	1051.88
2016	6703.00	1957.57	387.75	47.83	1521.99	1621.16	1069.72
2017	6858.00	1963.10	384.09	45.46	1533.56	1745.78	1095.34
2018	6960.00	1994.14	375.11	42.62	1576.41	1934.50	1128.28
2019	6995.00	2064.59	385.06	37.94	1641.59	1987.99	1136.24
2020	7039.00	2085.27	423.26	36.85	1625.16	2016.92	1135.21

注：2006—2009年就业人员人数，根据第六次全国人口普查资料作了相应调整。从2020年起，国家统计局对各省、自治区、直辖市就业人数及其产业构成以常住人口口径统一测算，同时对2010—2019年就业人数及其产业结构进行平滑修正。1993年及以前城镇单位就业人员为城镇单位职工人数。

1-5 各市城镇单位就业人员工资总额和在岗职工年平均工资（2020年）

市别	就业人员工资				在岗职工工资			
	合计	国有单位	城镇集体单位	其他单位	合计	国有单位	城镇集体单位	其他单位
总额(亿元)								
全 省	**22421.98**	**6287.53**	**261.87**	**15872.58**	**21804.42**	**6195.82**	**251.59**	**15357.01**
广 州	5420.17	1742.37	48.46	3629.34	5208.38	1720.22	46.76	3441.40
深 圳	6924.21	1225.89	18.00	5680.32	6805.46	1197.48	17.72	5590.25
珠 海	886.92	193.71	3.30	689.90	861.78	190.92	3.17	667.69
汕 头	423.50	201.19	18.03	204.28	405.35	195.75	17.29	192.31
佛 山	1412.99	328.07	17.99	1066.92	1358.89	326.61	17.62	1014.65
韶 关	277.90	157.91	3.97	116.03	269.47	156.71	3.94	108.83
河 源	227.22	131.77	5.01	90.44	223.59	130.86	5.01	87.72
梅 州	237.74	146.19	4.98	86.56	230.40	145.10	4.87	80.44
惠 州	905.47	257.28	5.41	642.77	883.92	253.20	5.36	625.37
汕 尾	165.58	94.85	4.86	65.87	161.61	94.14	4.65	62.82
东 莞	2243.74	261.07	61.31	1921.36	2208.64	256.30	59.82	1892.52
中 山	712.03	193.06	11.55	507.42	688.38	192.31	11.22	484.85
江 门	506.09	181.06	14.97	310.06	492.29	179.47	14.22	298.60
阳 江	153.16	81.42	4.77	66.98	149.81	80.30	4.35	65.16
湛 江	421.77	254.72	5.25	161.80	397.14	248.82	4.98	143.33
茂 名	408.08	238.75	11.84	157.49	396.83	234.87	11.55	150.41
肇 庆	317.68	154.90	4.10	158.68	312.14	153.62	4.06	154.46
清 远	315.19	179.93	1.63	133.62	305.57	178.44	1.48	125.66
潮 州	136.88	67.50	8.55	60.83	126.84	67.15	5.92	53.77
揭 阳	177.59	112.06	6.05	59.48	174.47	110.25	5.85	58.37
云 浮	148.07	83.85	1.82	62.41	143.46	83.31	1.78	58.38
平均工资(元)								
全 省	**108045**	**149783**	**72174**	**98028**	**110324**	**152860**	**73806**	**99916**
广 州	130110	189340	81443	113912	135138	192803	84304	118406
深 圳	137310	206158	184855	127982	139436	213250	184999	129716
珠 海	105978	188385	104039	94393	107284	190379	106639	95382
汕 头	82833	105912	48614	71874	84400	108458	48584	72788
佛 山	93502	149254	83191	84026	94536	150021	84315	84637
韶 关	95474	122936	66909	74045	98366	124640	67275	76440
河 源	84209	107255	58989	65312	86494	109796	58858	67060
梅 州	81049	97933	49632	64594	85160	99255	49954	70176
惠 州	88657	138504	70637	77640	89840	143242	71293	78209
汕 尾	83011	111800	47048	63155	85628	113832	46692	65383
东 莞	78992	167357	95385	73328	79601	172422	97491	73793
中 山	94529	211274	73902	78520	95309	213139	73842	78602
江 门	86951	129232	74941	73482	88219	130920	77494	74169
阳 江	85143	93659	48474	80578	87212	95151	47947	83201
湛 江	93138	106375	48154	79907	98028	110067	49225	84842
茂 名	83641	101579	56093	67956	86586	104130	57358	70743
肇 庆	88589	117576	71237	71769	90002	118666	72340	72945
清 远	90448	126673	58307	65621	92883	128824	63622	66785
潮 州	78382	109291	47346	64159	83437	110157	47371	68441
揭 阳	69343	82174	36085	57768	69943	83247	36286	57857
云 浮	84459	107058	44125	67192	86847	107983	43890	69502

1-6 教育、科技主要指标

指　标	单位	2000	2010	2015	2018	2019	2020
在校学生数	(万人)						
普通本专科		29.95	142.66	185.64	196.32	205.40	240.02
成人本专科		20.14	46.40	66.45	74.92	93.15	110.31
中等学校		541.72	939.23	736.79	697.17	716.50	743.40
#普通中学		460.69	709.05	560.72	556.18	572.77	595.82
高等教育毛入学率	(%)	11.35	28.00	33.00	42.43	48.80	53.41
高中毛入学率	(%)	38.70	86.20	95.70	96.70	96.88	97.29
小学毕业生升学率	(%)	96.15	95.51	95.85	96.18	96.50	96.60
学龄儿童入学率	(%)	99.70	99.95	99.98	99.97	100.00	100.00
每万人口普通高校在校学生数	(人)	41.19	140.83	173.10	175.77	181.03	208.33
科技研究机构数	(个)		4452	8164	25484	32347	31772
研究与实验发展(R&D)人员	(万人)		44.66	68.02	102.31	109.15	117.54
R&D人员全时当量	(万人年)	7.11	36.47	50.17	76.27	80.32	87.22
研究与实验发展(R&D)经费内部支出	(亿元)	107.12	808.75	1798.17	2704.70	3098.49	3479.88
#基础研究			16.72	54.21	115.18	141.86	204.10
应用研究			37.32	165	230.53	247.28	319.89
试验发展			754.70	1478.96	2358.99	2709.36	2955.90
#政府资金		101.38	65.76	145.85	287.68	397.26	440.57
企业资金		86.44	708.93	1606.21	2369.05	2649.95	2988.29
R&D经费支出占地区生产总值比例	(%)	0.99	1.74	2.43	2.71	2.88	3.14
研究与实验发展(R&D)课题（项目)数	(个)		72747	112680	184118	224904	263694
省级及以上科技奖励成果	(项)	289	296	269	216	223	
专利申请授权量	(件)	15799	119346	241176	478082	527389	709725
#发明专利		261	13691	33477	53259	59742	70695
技术合同成交额	(亿元)	48.21	242.5	663.53	1387.00	2272.78	3465.92

注：1.全省小学毕业生升学率，按照教育部统一口径，根据教育统计报表，当年本省初中招生数除以小学毕业生数计算，不考虑学生跨省流动。
2.R&D经费支出占地区生产总值比例指标历史数据，已根据修订后的地区生产总值数据进行调整。
3.中等学校含中等职业学校、技工学校、普通高中、初中。

1-7 文化、体育主要指标

指　　标	单位	2000	2010	2015	2018	2019	2020
电影放映单位	(个)	1626	1392	1793	2490	2666	2845
艺术表演团体	(个)	138	133	72	74	72	71
文化馆	(个)	118	129	146	145	145	144
公共图书馆	(个)	125	133	140	143	146	148
公共图书馆藏量	(万册、件)	2330	4615	7008	9548	10543	11687
博物馆（含美术馆)	(个)	131	169	193	199	259	324
博物馆藏品数(含美术馆)	(万件)	49.09	84.46	101.83	110.49	131.12	265.82
全省每万人拥有公共文化设施面积	(平方米)		416.00	1189.24	1218.27	1347.30	1299.45
档案馆	(个)	161	205	217	188	189	186
利用档案	(万卷次)	36.32	301.00	495.00	560.00	661.00	669.65
图书出版量	(万册)	26978	23134	31287	35257	39467	43448
杂志出版量	(万册)	26299	21201	14458	10753	10480	9887
报纸出版量	(亿份)	34.63	45.59	32.77	22.12	17.16	15.33
广播电台	(座)	106	22	22	22	2	2
电视台	(座)	67	24	24	24	3	3
广播电视台	(座)	83	79		79	95	95
广播综合人口覆盖率	(%)	96.0	98.0	99.9	99.9	99.9	99.9
电视综合人口覆盖率	(%)	96.4	98.0	99.9	99.9	99.9	99.9
举办全民健身活动次数	(次)		9477	5000	4700	5971	2959
全省人均拥有公共体育设施面积	(平方米)	1.91	2.01		2.42	2.46	2.39

注：1.由于统计口径出现变化，已对2012年全省公共图书馆藏量数进行了调整。
2.由于文化部门改制，2012年起只统计事业单位和省直企业中的文化部门艺术表演团体。自2013年起，艺术表演团体口径进行调整，分为公有制艺术表演团体(事业)和公有制艺术表演团体(企业)。
3.2019年博物馆的统计范围增加了民办博物馆。
4.2019年起，广播电台、电视台数据只包含独立的广播电台和电视台，广播电台和电视台合并机构纳入广播电视台统计。
5.2020年全省人均体育场地面积数据依据最新人口统计数据统计。

1-8 卫生、社会福利和其他主要指标

指　　标	单位	2000	2010	2018	2019	2020
医疗卫生机构数	(个)	8984	44880	51527	53928	55900
#医院、卫生院		2426	2444	2745	2817	2875
医疗卫生机构床位数	(万张)	16.81	30.01	51.70	54.52	56.47
#医院、卫生院床位		15.72	27.71	47.75	50.39	52.39
卫生技术人员数	(万人)	26.50	45.55	75.78	79.51	83.21
#执业(助理)医师		11.12	17.51	27.74	29.21	30.73
平均每千人口有卫生机构床位数	(张)	1.94	2.87	4.56	4.73	4.48
平均每千人口有卫生技术人员数	(人)	3.07	4.36	6.68	6.90	6.60
#执业(助理)医师		1.29	1.68	2.44	2.54	2.44
社会救济总人数	(万人)	154.70	288.00	177.62	176.64	180.35
全省常住人口社保卡持卡率	(%)		17.34	91.19	97.5	98.95
登记结婚件数	(对)	562118	857146	713814	674522	633341
离婚总数	(对)	47521	127048	228815	248061	245816
执业律师人数	(人)	7292	20230	43434	48971	54957
公证人员数	(人)	1380	1694	2512	2524	2750
人民调解委员会调解人员数	(人)	135192	194224	170775	172280	172816
亿元生产总值生产安全事故死亡率		1.08	0.15	0.03	0.03	0.02
交通事故发生数	(起)	66072	30480	24293	23630	26444
交通事故损失折款	(万元)	27526	8051	7977	7689	7673
火灾事故发生数	(起)	8622	6065	13064	13197	54683
火灾事故损失折款	(万元)	10065	17500	27172	31738	55374

注：1.2010年起医疗卫生机构、人员数总数含村卫生室数，千人口数据分母为常住人口。
　　2.2019年火灾事故发生数不含森林、草原、军队、矿井地下部分快报数。
　　3.2020年火灾指数升高与统计口径变化有关。

1-9 全省居民家庭基本情况(2014-2020年)

指标	单位	2014	2015	2016	2017	2018	2019	2020
调查户数	**(户)**	**7825**	**7972**	**8154**	**8082**	**7900**	**7900**	**7900**
平均每户常住人口	(人)	2.92	2.99	3.06	3.08	3.26	3.28	3.29
平均每户就业人口	(人)	1.69	1.74	1.76	1.77	1.75	1.74	1.70
人均住房建筑面积	**(平方米)**	**34.29**	**35.44**	**36.30**	**36.94**	**38.46**	**39.75**	**40.89**
人均可支配收入	**(元)**	**25684.96**	**27858.86**	**30295.80**	**33003.29**	**35809.90**	**39014.28**	**41028.63**
1.工资性收入		18439.35	19878.15	21361.90	23052.87	24749.04	26554.30	27824.43
2.经营净收入		3458.11	3748.05	4101.77	4420.89	4734.49	5154.72	5037.41
3.财产净收入		2376.20	2683.22	3096.49	3602.02	4131.44	4776.88	5339.06
4.转移净收入		1411.30	1549.43	1735.64	1927.50	2194.94	2528.38	2827.73
人均消费支出	**(元)**	**19205.50**	**20975.70**	**23448.42**	**24819.63**	**26053.98**	**28994.71**	**28491.94**
1.食品烟酒		6589.77	7236.65	8015.09	8317.04	8480.76	9369.21	9629.30
2.衣着		1014.62	1103.37	1209.90	1230.32	1135.31	1192.23	1044.53
3.居住		4300.16	4677.06	5247.05	5790.91	6643.30	7329.07	7732.97
4.生活用品及服务		1116.53	1245.27	1401.95	1447.45	1440.79	1560.23	1560.62
5.交通通信		2795.14	3020.19	3296.50	3380.02	3423.87	3833.63	3808.67
6.教育文化娱乐		1964.98	2117.29	2451.16	2620.37	2750.89	3244.44	2442.86
7.医疗保健		890.45	976.08	1144.87	1319.46	1520.81	1770.41	1677.88
8.其他用品和服务		533.85	599.79	681.91	714.05	658.23	695.50	595.12
全省居民每百户主要								
耐用消费品拥有量								
家用汽车	(辆)	20.71	24.58	29.36	31.58	36.94	41.27	42.68
摩托车	(辆)	57.61	60.75	62.78	64.24	67.25	66.44	65.54
助力车	(台)	19.66	23.05	27.17	30.88	34.60	39.65	41.77
洗衣机	(台)	64.06	69.28	75.09	78.18	89.73	92.65	93.16
电冰箱(柜)	(台)	70.79	76.10	80.69	84.44	94.41	97.64	98.23
微波炉	(台)	32.62	33.96	36.11	38.13	39.16	41.12	41.82
彩色电视机	(台)	102.85	104.27	104.84	106.91	109.07	110.19	110.48
空调	(台)	109.39	122.24	136.18	145.24	176.07	187.85	190.13
热水器	(台)	77.31	81.98	85.23	88.72	99.43	101.52	104.22
排油烟机	(台)	48.68	49.98	52.67	55.35	65.54	68.33	69.39
移动电话	(部)	220.78	233.72	241.86	248.76	268.23	270.56	268.44
计算机	(台)	67.88	70.90	73.94	75.83	69.34	72.59	74.33
照相机	(台)	29.81	28.36	24.74	24.61	15.88	16.26	16.21

注：2013年国家统计局实行城乡住户一体化调查改革，将过去城镇与农村分别开展的调查体系，按照统一指标、统一方法、统一标准、统一调查、统一程序的原则，整合为城乡一体化住户调查新体系。从2013年开始正式对外发布全省居民人均可支配收入与支出数据。

1－10　城镇居民家庭基本情况(2014－2020年)

指　　标	单位	2014	2015	2016	2017	2018	2019	2020
调查户数	**(户)**	**5221**	**5453**	**5542**	**5477**	**5550**	**5550**	**5550**
平均每户常住人口	(人)	2.69	2.77	2.83	2.87	3.18	3.21	3.23
平均每户就业人口	(人)	1.59	1.63	1.66	1.67	1.73	1.73	1.69
人均住房建筑面积	**(平方米)**	**31.88**	**32.25**	**32.74**	**33.09**	**34.49**	**35.73**	**37.35**
城镇居民人均可支配收入	**(元)**	**32148.11**	**34757.16**	**37684.25**	**40975.14**	**44340.97**	**48117.55**	**50256.96**
1.工资性收入		24315.60	26136.85	27965.30	30087.32	32180.07	34151.93	35429.27
2.经营净收入		3547.42	3823.19	4203.91	4560.78	4872.61	5473.77	5237.34
3.财产净收入		3376.82	3799.54	4374.77	5077.21	5816.63	6686.19	7425.93
4.转移净收入		908.27	997.58	1140.27	1249.83	1471.66	1805.66	2164.42
城镇居民人均消费支出	**(元)**	**23611.74**	**25673.08**	**28613.33**	**30197.91**	**30924.31**	**34424.12**	**33511.30**
食品烟酒		7850.17	8533.35	9421.58	9711.65	9780.22	10757.48	10794.68
衣着		1344.75	1453.68	1583.42	1587.10	1415.27	1480.82	1282.10
居住		5291.47	5715.35	6410.37	7127.84	8147.75	8961.55	9457.89
生活用品及服务		1365.10	1526.29	1721.85	1782.84	1726.24	1894.85	1895.29
交通和通信		3625.42	3905.05	4198.09	4285.55	4107.31	4597.13	4626.35
教育文化娱乐		2468.37	2671.54	3103.40	3284.28	3335.67	3984.46	2958.67
医疗保健		988.32	1096.42	1304.48	1503.56	1591.33	1882.96	1748.59
其他用品和服务		678.14	771.41	870.14	915.10	820.52	864.87	747.72
城镇居民每百户主要耐用消费品拥有量								
家用汽车	(辆)	25.53	29.67	34.65	36.69	42.92	47.63	48.88
摩托车	(辆)	39.21	40.15	41.38	42.62	46.42	45.55	44.90
助力车	(台)		20.20	24.00	28.10	34.08	39.31	41.50
洗衣机	(台)	67.57	70.91	75.32	78.08	91.84	93.75	94.33
电冰箱	(台)	71.67	75.30	79.17	83.18	95.04	97.91	98.55
微波炉	(台)	38.52	39.40	41.49	43.69	44.28	46.14	46.91
彩色电视机	(台)	98.68	99.53	99.57	101.97	105.94	107.57	108.23
空调	(台)	132.26	144.26	155.97	164.88	202.39	212.11	213.87
热水器	(台)		83.50	85.34	88.81	101.71	102.99	105.27
排油烟机	(台)		57.50	59.30	61.90	72.47	75.09	75.91
移动电话	(部)	210.70	221.45	228.18	234.79	258.88	263.99	264.56
计算机	(台)	81.55	84.45	86.96	88.29	83.66	86.82	88.63
照相机	(台)		37.10	32.20	32.00	20.50	21.21	21.42

1-11 农村居民家庭基本情况(2014-2020年)

指　　标	单位	2014	2015	2016	2017	2018	2019	2020
调查户数	**(户)**	**2604**	**2602**	**2612**	**2605**	**2350**	**2350**	**2350**
平均每户常住人口	(人)	3.54	3.60	3.69	3.65	3.45	3.47	3.45
平均每户就业人口	(人)	1.98	2.04	2.07	2.03	1.81	1.76	1.72
农村居民人均住房建筑面积	**(平方米)**	**39.32**	**42.14**	**43.92**	**45.27**	**47.13**	**48.68**	**48.92**
农村居民人均可支配收入	**(元)**	**12245.56**	**13360.44**	**14512.15**	**15779.74**	**17167.74**	**18818.42**	**20143.43**
1.工资性收入		6220.34	6724.01	7255.30	7854.63	8510.68	9698.75	10613.46
2.经营净收入		3272.39	3590.14	3883.59	4118.65	4432.67	4446.89	4584.94
3.财产净收入		295.53	337.01	365.76	414.81	448.93	541.04	616.11
4.转移净收入		2457.30	2709.27	3007.50	3391.65	3775.47	4131.74	4328.92
农村居民人均消费支出	**(元)**	**10043.21**	**11103.03**	**12414.84**	**13199.62**	**15411.31**	**16949.43**	**17132.33**
食品烟酒		3968.92	4511.34	5010.47	5303.94	5641.17	6289.27	6991.83
衣着		328.15	367.13	411.96	459.47	523.56	552.01	506.85
居住		2238.82	2494.84	2761.88	2902.43	3355.77	3707.36	3829.21
生活用品及服务		599.65	654.65	718.56	722.83	817.03	817.87	803.20
交通和通信		1068.68	1160.44	1370.48	1423.58	1930.41	2139.79	1958.12
教育文化娱乐		918.22	952.41	1057.80	1185.96	1473.04	1602.67	1275.50
医疗保健		686.95	723.15	803.88	921.72	1366.73	1520.71	1517.85
其他用品和服务		233.82	239.09	279.81	279.70	303.60	319.75	249.76
农村居民每百户主要耐用消费品拥有量								
家用汽车	(辆)	7.48	10.67	14.63	17.57	22.73	26.01	27.69
摩托车	(辆)	108.06	116.95	122.27	123.63	116.73	116.58	115.45
助力车	(台)		30.80	36.00	38.50	35.84	40.49	42.42
洗衣机	(台)	54.43	64.82	74.43	78.46	84.71	89.98	90.32
电冰箱	(台)	68.36	78.29	84.90	87.93	92.94	97.00	97.48
微波炉	(台)		19.10	21.10	22.90	27.01	29.09	29.52
彩色电视机	(台)	114.28	117.22	119.49	120.47	116.51	116.47	115.93
空调	(台)	46.67	62.15	81.17	91.33	113.53	129.63	132.71
热水器	(台)	69.36	77.71	84.93	88.49	94.02	97.99	101.70
排油烟机	(台)		29.50	34.30	37.30	49.07	52.12	53.62
移动电话	(部)	248.41	267.18	279.89	287.12	290.44	286.34	277.85
计算机	(台)	30.40	33.93	37.73	41.61	35.29	38.45	39.75
照相机	(台)		4.50	4.10	4.20	4.88	4.38	3.60

1-12 全省、城镇、农村居民人均可支配收入及消费支出(2013-2020年新口径)

年份	人均可支配收入(元)	实际增长(%)	人均消费支出(元)	实际增长(%)	恩格尔系数(%)
全省居民					
2013	23420.75	7.4	17421.00	6.2	35.0
2014	25684.96	7.2	19205.50	7.7	34.3
2015	27858.86	6.9	20975.70	7.6	34.5
2016	30295.80	6.3	23448.42	9.3	34.2
2017	33003.29	7.3	24819.63	4.2	33.5
2018	35809.90	6.2	26053.98	2.7	32.6
2019	39014.28	5.3	28994.71	7.6	32.3
2020	41028.63	2.5	28491.94	-4.2	33.8
城镇居民					
2013	29537.29	6.9	21621.46	5.3	33.6
2014	32148.11	6.4	23611.74	6.7	33.2
2015	34757.16	6.4	25673.08	7.0	33.2
2016	37684.25	5.9	28613.33	8.8	32.9
2017	40975.14	6.9	30197.91	3.7	32.2
2018	44340.97	5.9	30924.31	0.2	31.6
2019	48117.55	5.2	34424.12	8.0	31.2
2020	50256.96	1.8	33511.30	-5.1	32.2
农村居民					
2013	11067.79	7.8	8937.76	9.0	42.1
2014	12245.56	8.3	10043.21	10.1	39.5
2015	13360.44	7.7	11103.03	9.2	40.6
2016	14512.15	6.5	12414.84	9.6	40.4
2017	15779.74	7.8	13199.62	5.5	40.2
2018	17167.74	6.8	15411.31	14.6	36.6
2019	18818.42	4.8	16949.43	5.2	37.1
2020	20143.43	3.9	17132.33	-1.9	40.8

注：2013年国家统计局实行城乡一体化调查改革，由于新老调查体系在调查范围和对象、城乡划分标准、样本抽选方法、计算和汇总方式、指标名称和口径等都发生了一定变化，前后数据存在不可比因素。2013年用新口径计算。

1-13 各市全体、城镇、农村居民人均可支配收入和消费支出(2020年)

单位：元

市　别	全体居民人均可支配收入	全体居民人均消费支出	城镇居民人均可支配收入	城镇居民人均消费支出	农村居民人均可支配收入	农村居民人均消费支出
广　州	63289.2	41400.3	68304.1	44283.4	31266.3	22990.1
深　圳	64877.7	40581.1	64877.7	40581.1	-	-
珠　海	55936.1	36359.7	58474.7	37777.6	31118.6	22498.4
汕　头	28220.5	21256.8	32921.9	24049.9	18962.5	15743.2
佛　山	56244.8	36936.0	57444.9	37664.0	33440.2	22258.9
韶　关	27546.2	18800.2	34418.2	22162.1	18288.7	14271.2
河　源	22291.1	16003.5	28018.2	18320.0	17313.4	13990.0
梅　州	23872.6	17071.0	29942.2	19479.0	17430.1	14515.1
惠　州	39745.4	26232.4	45474.5	29369.0	24925.1	18118.6
汕　尾	24427.0	18773.8	29860.3	22492.5	17732.3	14191.6
东　莞	56533.1	34259.8	58051.9	34706.3	38827.2	26890.2
中　山	52753.6	32735.5	54737.3	33773.6	37632.8	24824.9
江　门	33666.5	21898.7	39922.9	25477.6	21129.4	14727.1
阳　江	26591.4	19181.0	32310.8	22895.4	19981.8	14888.4
湛　江	24986.3	16559.7	32925.6	21006.8	18758.2	13071.1
茂　名	24600.4	17014.9	30733.0	19440.4	19621.2	15045.5
肇　庆	27496.2	16777.3	34752.0	20990.2	20627.5	12789.0
清　远	26055.0	18247.9	33159.2	21774.1	17881.3	14190.8
潮　州	23302.5	17472.2	26440.2	19109.3	17265.7	14322.4
揭　阳	21821.5	15565.8	27066.4	17416.5	16311.9	13621.7
云　浮	22306.2	14833.8	28329.8	17536.5	17776.9	12801.6

注：农村因深圳完全城市化，无相关数据。

主要统计指标解释

总人口 指一定时点、一定地区范围内有生命的个人的总和。按不同的统计范围可分为常住人口和户籍人口，统计时点通常为每年 12 月 31 日 24 时。

城镇人口比例 指城镇人口与同期总人口之比，反映该区域人口的城镇化水平。通常以百分比表示。

国内(地区)生产总值 指按市场价格计算的一个国家(或地区)所有常住单位在一定时期内生产活动的最终成果。国内(地区)生产总值有 3 种计算方法，即生产法、收入法和支出法。3 种方法分别从不同的方面反映国内生产总值及其构成。

二、教育

简要说明

1．本篇资料主要反映广东省教育概况。

2．本篇资料主要包括：

(1)高等教育、成人教育、中等职业教育、普通高中、义务教育及幼儿学前教育，主要包括学校数、在校生数、招生数、毕业生数、教职工数和专任教师数等。

(2)地区分全省和 21 个地级以上市。

(3)年份有当年、近 5 年和 1978 年以来连续年份。

3．统计资料来源：本篇资料由广东省教育厅、省人力资源和社会保障厅负责整理、审核、提供。

统筹安全和发展　提高教育现代化水平

2020 年，省教育厅党组以习近平新时代中国特色社会主义思想为指导，全面贯彻党的十九大和十九届二中、三中、四中、五中全会精神，全面贯彻党的教育方针，落实立德树人根本任务，围绕“1+1+9”工作部署，团结一心、攻坚克难，统筹疫情防控和教育改革发展，全力确保校园安全稳定，教育公平日益彰显，教育质量不断提升，收官之年各项目标任务如期完成，为“十三五”全省教育改革发展画上圆满句号。

一、基础教育优质学位供给不断扩大

顺利实现学前教育“5080”普惠目标。学前教育普惠健康发展，100%完成小区配套幼儿园和无证幼儿园治理，累计增加公办学位 112.52 万个，公办园在园幼儿占比 51%，公办和普惠性民办幼儿园在园幼儿占比 86%，“5080”普惠目标顺利完成。全面消除 66 人以上超大班额，义务教育阶段学校 56 人以上大班额控制在 1%以下；残疾儿童少年义务教育入学率达 98%；加强控辍保学，建档立卡贫困家庭辍学学生实现动态清零，九年义务教育巩固率达到 95%以上；深化招生入学改革，全面落实民办学校与公办学校同步招生政策要求，规范民办学校招生行为。推进高中阶段教育普及攻坚，全面实施新课程新教材，完善学生综合素质评价。健全生均经费保障制度，学前教育生均公用经费最低标准由每生每年 300 元提高到 400 元，公办普通高中生均公用经费最低标准由每生每年 500 元提高到 1000 元。推进中小学幼儿园集团化办学。提升教育信息化水平，全省中小学校（含教学点）宽带接入率达到 100%，中小学校 100%实现接入带宽速率超 100M，中小学校最少拥有一间多媒体教室比例达 100%。

二、扩容提质加快推进，职业教育规模继续保持全国第一

高质量完成高职扩招任务，扩招 18 万人。省职教城一期工程和二期先行项目完工，已进驻 10 所院校，在校生约 8 万人。大力推进“粤菜师傅”“广东技工”“南粤家政”三大工程，“粤菜制作”“粤点制作”标准列入国家职业技能等级证书目录。深化产教融合、校企合作，校企合作企业 4 万余家；76%的高职院校开展现代学徒制试点，全国试点单位 38 家，位居全国第一。加强内涵建设，推进高职“创新强校工程”和中职布局结构调整，推进省属职业院校集团办学。立项建设 89 所省级高水平中职学校和 185 个省级高职高水平专业群；1+X 证书制度试点规模 17 万人，位居全国前列。全国职业院校教师教学能力大赛参赛作品 100%获奖，一、二等奖获奖数连续三年全国第一。

三、高等教育实现普及化

加强高校规划建设，扩大高等教育招生规模，高等教育毛入学率达 53.41%，实现高等教育普及化。全省 9 所独立学院完成转设，数量全国第一。深入实施高等教育“冲一流、补短板、强特色”提升计划，100 个学科入围 ESI 排名前 1%，比上年同期增加 23 个，增量全国第一。高校创新平台建设水平和创新能力进一步提升，新增粤港澳联合实验室、教育部协同创新中心等省级以上创新平台 33 家，高校牵头获国家三大科技奖 8 项，占全省以第一完成单位获奖总数的 80%。深化一流本科专业和一流本科课程建设，增设 117 个本科专业，超半数为理工科和医学专业，有效服务产业集群发展。推进产教融合协同育人，37 所本科高校建设 134 个产业学院，数量居全国第一，我省成为参与教育部首批现代产业学院论证的两个省份之一。

四、教师队伍素质能力不断提升

建立完善师德建设长效机制，严肃处理师德违规行为。深化教师发展支持体系建设，149 所市县级教师发展中心全部获批。深入实施乡村教师支持计划，落实农村从教“上岗退费”政策，公费定向培养粤东西北中小学教师 3400 人，实施“银龄讲学计划”，178 名退休教师到农村支教，落实“三区”人才支持计划教师专项计划，省级派出支教教师 800 人次，培训 8.8 万名骨干教师、校（园）长。全面落实中小学教师工资收入水平“两个不低于或高于”要求。建立健全新时代基础教育教研体系。深化教师管理制度改革，中小学教师“县管校聘”全面推进，四部门联合出台《关于进一步挖潜创新加强中小学教职工管理的实施办法》，143 所高校完成教师职称制度改革文件备案，实施中等职业学校教师职称制度改革。广州医科大学钟南山院士为抗击新冠肺炎疫情科研攻关作出杰出贡献，荣获共和国勋章。

撰稿：魏天翔

2-1 各级各类教育基本情况(2020年)

项目	学校数(所)	毕业生数(人)	招生数(人)	在校学生数(人)	教职工数(人)	专任教师数(人)
一、高等教育						
研究生	30	36011	59918	154748		
普通本专科	154	550090	917196	2400227	177919	122350
本科	67	274415	345191	1222533		
专科	87	275675	572005	1177694		
成人本专科	14	265912	453516	1103093	3171	2046
本科		75790	145135	341069		
专科		190122	308381	762024		
网络本专科		39477	42722	125820		
二、中等职业教育	396	266124	313885	866831	55946	43848
三、普通高中	1035	598362	671805	1903517	273595	151802
四、普通初中	3748	1204191	1419625	4054670	387745	300929
五、小学	10600	1469516	1770662	10571118	490985	573428
六、幼儿教育	20747	1814323	1825885	4801766	611347	321477
七、特殊教育	143	6084	12550	63802	7461	5841
八、工读学校	3	265	158	326	196	131

注：1．研究生学校数为培养研究生单位数，普通本专科、成人本专科学校数为普通高校、成人高校学校数。中等职业教育不含技工数。2014年起中国科学院大学所辖的广州化学研究所、南海海洋研究所、华南植物研究所、广州能源研究所和广州地球化学研究所的教育事业统一归口中国科学院大学管理。从2014年起研究生数据均不含以上培养研究生单位数据。

2．普通本专科学生数和教职工数包含独立学校数。教职工数自2020年起取全口径教职工数(下同)。

3．自2020年起，小学教职工仅统计小学及小学教学点学校的教职工数；普通初中教职工数仅统计初级中学、职业初中及九年一贯制学校的教职工数；普通高中仅统计十二年一贯制学校、完全中学及高级中学学校的教职工数；专任教师数则按教育层次进行归类。

4．特殊教育学生数含在普通中小学随班就读及送教上门学生数。

5．研究生招生数和在校生数自2020年起，含在职人员攻读硕士学位学生。

2-2 高等教育基本情况(2020年)

项　　目	学校数(所)	毕业生数(人)	招生数(人)	在校学生数(人)	教职工数(人)	#专任教师
合　计	**154**	**550090**	**917196**	**2400227**	**177919**	**122350**
#女性		293524	446607	1209001	87930	59821
按隶属关系分						
中央属	4	23116	25640	97073	20967	10161
地方属	150	526974	891556	2303154	156952	112189
按学校类别分						
综合大学	69	253977	415142	1051013	81893	53454
理工院校	36	144937	251404	642644	39840	29153
农业院校	4	21269	33228	105604	7199	5414
医药院校	10	24517	46453	127432	13193	9536
师范院校	8	30308	56438	147772	13307	8328
语文院校	2	7025	7191	28862	3122	2013
财经院校	14	54383	90031	244977	14004	11268
政法院校	2	3163	3715	11745	966	532
体育院校	3	3514	5064	13739	1413	852
艺术院校	6	6997	8530	26439	2982	1800

2-3 中等教育基本情况(2020年)

项 目	学校数 (所)	毕业生数 (人)	招生数 (人)	在校学生数 (人)	教职工数 (人)	
						#专任教师
中等职业教育	**396**	**266124**	**313885**	**866831**	**55946**	**43848**
调整后中等职业学校	243	165059	190294	531261	34150	26272
普通中专学校	56	37177	43106	112697	6562	4599
成人中专学校	3	1490	1780	4596	278	236
职业高中学校	94	55556	67655	189978	13898	11915
其他机构	27	5460	7523	21015	1058	826
附设中职班	24	1382	3527	7284		
技工学校	146	153861	216672	608956	31697	24009
普通中学	**4783**	**1802553**	**2091430**	**5958187**	**661340**	**452731**
#高中	1035	598362	671805	1903517	273595	151802

注：1.自2020年起，教职工数取普通中学学校教职工数，其中九年一贯制学校、十二年一贯制学校的教职工数计入普通中学教职工数；专任教师数则按教育层次进行归类。
2.中等技术学校、中等师范学校归并到普通中等学校。
3.其他机构和附设中职班不计学校数。

2-4 技工学校基本情况(2020年)

项　　目	单位	合计	地方劳动保障部门办	行业办	企业办	国务院部委办	民办
技工学校个数	(所)	146	59	9	11		67
招生学校数	(所)	138	59	7	8		64
在职教职工人数	(人)	31697	19586	1341	722		10048
文化技术理论课教师		16155	10890	831	295		4139
#高级讲师		2901	2322	200	45		334
生产实习指导老师		7854	4636	225	246		2747
#高级实习指导教师		599	450	26	10		113
一体化教师		11538	8439	446	196		2457
兼职教师	(人)	3162	1435	53	71		1603
文化技术理论课教师		1780	823	37	37		883
生产实习指导老师		1382	612	16	34		720
招生人数	(人)	216672	118241	5555	3967		88909
高级班学生		92457	69018	2695	1068		19676
技师和预备技师班学生		2544	2239	25			280
在校生人数	(人)	608956	355915	15019	12210		225812
高级班学生		289140	220865	7751	3644		56880
技师和预备技师班学生		9866	8521	395			950
毕业生人数	(人)	153861	88531	4411	3581		57338
高级班学生		65956	46292	2647	1005		16012
技师和预备技师班学生		2761	2066	203	354		138
就业人数	(人)	141708	81367	4402	3154		52785
高级班学生		64447	45144	2645	996		15662
技师和预备技师班学生		2638	1943	203	354		138
培训社会人员数	(人)	307609	129083	13557	51803		113166
培训社会人员结业人数	(人)	221409	101470	10720	33967		75252
获取初级职业资格证		16071	13124	129	556		2262
获取中级职业资格证		17522	7168	973	1026		8355
获取高级职业资格证		6526	4297		184		2045
获取技师和高级技师资格证		871	713				158

2–5 各市普通高等教育基本情况(2020年)

市 别	学校数(所)	毕业生数(人)	招生数(人)	在校学生数(人)	教职工数(人)	专任教师数(人)
全 省	**154**	**550090**	**917196**	**2400227**	**177919**	**122350**
广 州	82	305248	473165	1307144	105433	71202
深 圳	8	21484	38242	99123	13776	6641
珠 海	7	32695	34714	117455	7030	5649
汕 头	3	5249	10639	25965	2918	1789
佛 山	5	18136	32769	80965	4911	3675
韶 关	2	10893	19037	44168	2516	1724
河 源	1	4292	7494	16486	781	631
梅 州	1	6581	8998	28340	1762	1300
惠 州	5	12490	28529	64976	3742	2540
汕 尾	1	2431	4592	9935	642	515
东 莞	7	26765	37834	101578	6425	4718
中 山	3	9979	14335	39354	2145	1648
江 门	5	12711	35967	70087	3726	2931
阳 江	1	3711	5749	13006	623	478
湛 江	6	28097	44483	128786	8139	6274
茂 名	5	14346	39321	78518	3554	2937
肇 庆	5	18804	49815	106133	5769	4653
清 远	3	4224	12598	22715	977	717
潮 州	1	4573	7408	21125	1640	1255
揭 阳	2	4013	5898	12562	813	605
云 浮	1	3368	5609	11806	597	468

注：1.以学校为单位统计，含分校区数据。
2.教职工数自2020年起取全口径教职工数。

2-6 各市中等职业教育基本情况(2020年)

市 别	学校数(所)	毕业生数(人)	招生数(人)	在校学生数(人)	教职工数(人)	专任教师数(人)
全 省	**396**	**266124**	**313885**	**866831**	**55946**	**43848**
广 州	77	54619	60259	179515	10952	7739
深 圳	15	12057	12504	39134	3767	2888
珠 海	8	5565	6680	19320	1137	952
汕 头	16	7895	10334	28350	1864	1525
佛 山	28	19409	21858	62648	4663	3848
韶 关	14	8644	12442	32498	2088	1683
河 源	13	6545	9709	23508	1399	1123
梅 州	19	9614	9345	25153	1482	1181
惠 州	25	16304	18715	49061	2932	2052
汕 尾	12	3648	6185	15226	937	823
东 莞	21	18203	19077	55677	4426	3073
中 山	7	7402	8843	24604	1857	1571
江 门	17	11312	10941	31736	2149	1906
阳 江	5	4537	5947	14509	791	655
湛 江	39	18973	25082	61043	3030	2300
茂 名	15	18927	23427	64184	3412	2892
肇 庆	17	16242	20605	56781	3346	2784
清 远	14	8773	11731	30150	1894	1649
潮 州	9	2679	3394	8907	744	650
揭 阳	16	8226	9568	26594	2009	1664
云 浮	9	6550	7239	18233	1067	890

注：中等职业教育数据不含技工学校数据。

2-7 各市普通高中基本情况(2020年)

市 别	学校数(所)	毕业生数(人)	招生数(人)	在校学生数(人)	普通中学教职工数(人)	专任教师数(人)
全 省	**1035**	**598362**	**671805**	**1903517**	**661340**	**151802**
广 州	120	53845	54360	159450	67844	14620
深 圳	88	42286	56027	150289	87758	12791
珠 海	20	10307	11913	33350	10959	2754
汕 头	96	45521	46934	137178	40470	10685
佛 山	62	38382	44173	127543	39238	9748
韶 关	25	16716	17716	51505	15553	4308
河 源	34	21045	24470	69024	22730	5522
梅 州	59	28041	29364	84441	23994	7313
惠 州	47	30159	37701	102887	37910	7318
汕 尾	36	18484	18774	54481	17769	4186
东 莞	48	27565	33822	91548	52148	6655
中 山	20	15299	18739	51077	19718	3841
江 门	48	24297	29331	82032	21440	6208
阳 江	18	14060	16952	47949	16766	3458
湛 江	58	45278	43087	127441	39233	10618
茂 名	67	52229	53822	158290	39784	13186
肇 庆	37	22538	27688	75319	22101	5877
清 远	33	22076	23912	68266	21588	5514
潮 州	33	15913	17538	49907	14054	4288
揭 阳	65	39424	49780	135192	37275	9435
云 浮	21	14897	15702	46348	13008	3477

注：自2020年起，教职工数取普通中学学校教职工数，其中九年一贯制学校、十二年一贯制学校的教职工数计入普通中学教职工数；专任教师数则按教育层次进行归类。

2-8 各市普通初中基本情况(2020年)

市别	学校数(所)	毕业生数(人)	招生数(人)	在校学生数(人)	专任教师数(人)
全省	**3748**	**1204191**	**1419625**	**4054670**	**300929**
广州	419	114643	138917	383753	30629
深圳	347	99669	137214	367341	28763
珠海	60	21044	26646	73341	5235
汕头	211	72395	81877	236498	18074
佛山	154	74027	86358	245373	18001
韶关	126	35425	34973	108082	8260
河源	163	41292	51402	148131	11405
梅州	177	50151	57839	164181	13013
惠州	239	68110	82967	243085	16591
汕尾	128	37451	38864	120458	8978
东莞	206	73791	92418	265727	17753
中山	85	36947	43898	122552	8430
江门	149	44494	50618	145913	10614
阳江	98	30273	36284	104032	7340
湛江	253	85712	98532	282606	21009
茂名	200	90559	97836	288074	20843
肇庆	155	51787	58377	168263	10953
清远	153	43627	55089	154046	11000
潮州	108	26399	30970	87610	7087
揭阳	233	76088	81094	241424	19336
云浮	84	30307	37452	104180	7615

2-9 各市小学基本情况(2020年)

市 别	学校数(所)	毕业生数(人)	招生数(人)	在校学生数(人)	教职工数(人)	专任教师数(人)
全 省	**10600**	**1469516**	**1770662**	**10571118**	**490985**	**573428**
广 州	992	156827	198393	1125103	55463	62615
深 圳	347	150726	190742	1091179	33573	60900
珠 海	134	27494	31949	185969	8970	9826
汕 头	737	83927	98398	576215	24037	28857
佛 山	419	87115	108646	638742	31956	34626
韶 关	209	35520	43074	268462	13610	14887
河 源	368	49627	47013	311036	18062	20569
梅 州	452	56197	57639	373666	20294	21611
惠 州	571	85323	102331	621791	25152	32009
汕 尾	451	38278	46046	285556	15681	16593
东 莞	335	109340	140231	842240	33038	41969
中 山	212	46992	57575	335628	14312	17207
江 门	325	50756	57646	354628	15658	17705
阳 江	164	36449	40547	261279	11893	15240
湛 江	911	97192	128870	748066	36775	39228
茂 名	1380	95589	115425	701483	38336	40037
肇 庆	236	58001	64619	407485	18742	20679
清 远	341	53622	68642	410969	20174	21993
潮 州	593	32522	39151	213159	10528	10913
揭 阳	1243	80495	91536	554855	29201	30916
云 浮	180	37524	42189	263607	15530	15048

注：自2020年起，小学教职工数仅统计小学及小学教学点的教职工数；专任教师数则按教育层次进行归类。

2-10 各市学前教育基本情况(2020年)

市　别	学校数 (所)	毕业生数 (人)	招生数 (人)	在校学生数 (人)	教职工数 (人)	专任教师数 (人)
全　省	**20747**	**1814323**	**1825885**	**4801766**	**611347**	**321477**
广　州	2068	175593	221927	574541	85567	41019
深　圳	1881	192007	187135	559674	86711	40348
珠　海	360	27785	31691	87959	13475	6780
汕　头	1151	77593	89216	212323	27066	17071
佛　山	1039	109526	125672	338060	48525	24258
韶　关	599	43996	44214	119464	14761	7452
河　源	573	50135	50029	118103	13293	6847
梅　州	910	67818	61004	164282	16591	9896
惠　州	804	98254	92786	226274	28231	14551
汕　尾	525	47982	38510	99290	11296	6495
东　莞	1206	134032	125992	370798	53065	25578
中　山	554	49648	55994	154899	19761	9966
江　门	635	50185	54992	149419	18973	9844
阳　江	677	45861	40144	104626	13450	7248
湛　江	2222	156117	132624	348825	35626	22031
茂　名	1565	150926	151884	348161	34435	21926
肇　庆	682	65960	69302	157948	18442	9543
清　远	818	70079	66642	171158	20859	10834
潮　州	706	36400	42271	105263	13162	7719
揭　阳	1298	113922	91811	275989	25828	15248
云　浮	474	50504	52045	114710	12230	6823

2-11　各市特殊教育基本情况(2020年)

市　别	学校数(所)	毕业生数(人)	招生数(人)	在校学生数(人)	教职工数(人)	专任教师(人)
全　省	**143**	**6084**	**12550**	**63802**	**7461**	**5841**
广　州	20	803	1160	5757	1416	1163
深　圳	8	210	637	3495	729	522
珠　海	2	50	123	1014	227	165
汕　头	8	476	707	4073	272	231
佛　山	7	323	450	2262	444	360
韶　关	9	315	615	2775	247	175
河　源	7	438	641	3788	338	261
梅　州	9	308	679	3932	243	211
惠　州	7	253	450	2462	301	232
汕　尾	5	64	362	1636	154	120
东　莞	2	122	240	1388	319	216
中　山	2	119	272	1434	255	224
江　门	7	292	400	2128	265	245
阳　江	5	150	413	1996	189	178
湛　江	9	289	1240	5160	396	340
茂　名	8	440	1236	5707	609	348
肇　庆	8	404	697	3414	292	263
清　远	7	455	709	3512	353	243
潮　州	4	84	213	1393	84	74
揭　阳	5	388	824	4265	176	139
云　浮	4	101	482	2211	152	131

注：特殊教育学生数含在普通中小学随班就读及送教上门学生数。

2-12 各级各类学校教育经费支出情况(2020年)

单位：亿元

指 标	国家财政性教育经费	#一般公共预算安排的教育经费	民办学校中举办者投入经费	社会捐资经费	事业收入合计	#学费和杂费收入	其他收入
合 计	**4279.12**	**4088.28**	**29.31**	**13.01**	**1159.58**	**1008.89**	**61.40**
按学校隶属关系分							
中央	138.97	133.60		2.65	41.47	24.02	12.55
地方	4140.15	3954.68	29.31	10.36	1118.11	1064.87	48.85
按学校类别分							
高等教育	**875.41**	**783.85**	**2.75**	**8.05**	**396.67**	**346.38**	**37.92**
普通高等学校	864.80	773.48	2.75	8.05	386.54	336.87	37.41
成人高等学校	10.61	10.37			10.13	9.51	0.51
高中阶段教育	**733.10**	**705.92**	**5.93**	**0.84**	**153.20**	**144.41**	**7.19**
中等专业学校	122.05	114.18	0.34	0.03	12.81	10.35	1.01
职业高中	65.81	63.49	0.03	0.02	3.45	2.88	0.60
技工学校	76.84	73.26	0.19	0.06	22.09	20.00	1.55
成人中等学校	2.81	2.77			0.16	0.13	0.02
普通高中	465.59	452.22	5.37	0.73	114.69	111.05	4.01
义务教育	**2295.12**	**2240.43**	**10.66**	**2.45**	**368.78**	**364.83**	**8.99**
初级中学	809.63	782.62	3.40	0.88	135.21	133.49	3.74
小学	1463.21	1436.30	7.26	1.56	233.37	231.18	5.20
特殊教育学校	22.28	21.51		0.01	0.20	0.16	0.05
学前教育	**231.45**	**217.79**	**9.97**	**1.51**	**235.82**	**232.90**	**5.70**
幼儿园	231.45	217.79	9.97	1.51	235.82	232.90	5.70
其他	**144.04**	**140.29**		**0.16**	**5.11**	**0.37**	**1.60**

2-13 各级各类学校情况(2013-2020年)

项 目	单位	2013	2014	2015	2016	2017	2018	2019	2020
高等学校									
学校数	(所)	138	141	143	149	151	153	154	154
毕业生数	(人)	412315	440952	476901	489397	511222	523936	522094	550090
本科	(人)	200491	211422	224145	233592	245563	253961	267550	274415
专科	(人)	211824	229530	252756	255805	265659	269975	254544	275675
招生数	(人)	526162	545132	561456	549822	570775	589034	640056	917196
本科	(人)	258079	267205	275399	280433	285585	293747	305879	345191
专科	(人)	268083	277927	286057	269389	285190	295287	334177	572005
在校学生数	(人)	1709881	1794188	1856355	1892878	1925775	1963170	2053977	2400227
本科	(人)	949585	998186	1040784	1076753	1105754	1133292	1159808	1222533
专科	(人)	760296	796002	815571	816125	820021	829878	894169	1177694
教职工数	(人)	133719	140348	145449	149360	154540	160099	168225	177919
#专任教师	(人)	91099	95193	98897	101160	104381	108222	114700	122350
中等职业教育									
学校数	(所)	502	495	481	468	459	444	426	396
毕业生数	(人)	488286	457010	417278	389163	342297	318470	279317	266124
招生数	(人)	474927	417047	395377	351909	322267	297190	314820	313885
在校学生数	(人)	1408894	1282205	1172119	1065745	993850	867254	859668	866831
教职工数	(人)	58927	58051	57760	57472	58112	56750	56252	55946
#专任教师	(人)	45443	45216	44972	44776	45197	44105	44034	43848
技工学校									
学校数	(所)	243	243	163	166	162	162	163	146
毕业生数	(人)	127105	142165	144631	161419	146514	161351	184825	153861
招生数	(人)	272962	202518	199406	186303	188840	190560	212843	216672
在校学生数	(人)	876154	622614	588570	532587	553727	542661	577688	608956
教职工数	(人)	28491	28743	29439	29249	30362	30397	30910	31697
#专任教师	(人)	19839	20840	21011	21624	22610	22917	23111	24009
普通中学									
学校数	(所)	4366	4399	4434	4510	4566	4627	4720	4783
毕业生数	(人)	2240211	2111685	2019599	1916488	1791237	1739826	1777980	1802553
招生数	(人)	2030640	1892418	1828856	1861368	1878201	1924497	2019714	2091430

注：根据国家高校事业统计口径，将高等教育教职工数的口径调整为全口径。

2-13 续表

项　　目	单位	2013	2014	2015	2016	2017	2018	2019	2020
在校学生数	(人)	6252379	5907698	5607203	5452167	5453670	5561808	5727682	5858187
教职工数	(人)	470314	473585	475396	478451	484846	490666	497285	661340
#专任教师	(人)	421533	426872	426648	427488	431256	436368	440394	452731
小学									
学校数	(所)	11824	10731	10126	10178	10258	10308	10565	10600
毕业生数	(人)	1370411	1243469	1214916	1270381	1319106	1372693	1430339	1469516
招生数	(人)	1500473	1536722	1658031	1711845	1743657	1888110	1944213	1770662
在校学生数	(人)	8079381	8319147	8688785	9052214	9419581	9883724	10334303	10571118
教职工数	(人)	486056	497687	514405	535967	560350	585423	612020	490985
#专任教师	(人)	437532	454377	468608	486578	507788	530291	553241	573428
学龄儿童入学									
学龄儿童总数	(万人)	901	1127	1146	1184	896	940	983	1008
已入学学龄儿童数	(万人)	898	1125	1144	1183	896	940	983	1008
学龄儿童入学率	(%)	100.0	100.0	100.0	100.0	100.0	100.0	100.0	100.0
小学毕业生升学率									
小学毕业生人数	(人)	1370411	1243469	1214916	1270381	1319106	1372693	1430339	1469516
已升学人数	(人)	1299856	1195611	1164480	1218075	1266817	1320273	1380301	1419625
小学毕业生升学率	(%)	94.9	96.2	95.8	95.9	96.0	96.2	96.5	96.6
幼儿园									
幼儿园数	(所)	13793	15416	16368	17288	18048	18953	19885	20747
在园幼儿数	(人)	3545757	3793381	4022844	4216668	4414144	4491112	4645041	4801766
教职工数	(人)	336666	387991	436203	469367	515112	549904	582390	611347
#专任教师	(人)	188182	213800	240749	256471	281656	292853	307952	321477
特殊教育学校									
特殊教育学校数	(所)	99	104	116	127	133	135	141	143
招生数	(人)	3862	5300	7303	6853	8893	9055	10149	12550
在校学生数	(人)	21799	28285	36048	37756	44084	47912	52869	63802

注：1.1995年以来小学毕业生升学率采用教育部口径，即升学率＝初中招生数/小学毕业生数。
2.自2020年起，普通中学教职工数取普通中学学校教职工数，其中九年一贯制学校、十二年一贯制学校的教职工数计入普通中学教职工数；小学教职工数仅取小学及小学教学点学校教职工数；专任教师数则按教育层次进行归类。
3.特殊教育学生数含在普通中小学随班就读及送教上门学生数。
4.高中阶段毕业生数不包括技工学校毕业生数。

2-14 研究生教育情况(2013-2020年)

项 目	单位	2013	2014	2015	2016	2017	2018	2019	2020
培养单位数	**(个)**	**32**	**28**	**28**	**28**	**28**	**28**	**30**	**30**
高等学校		24	25	25	25	25	25	27	27
科研单位		8	3	3	3	3	3	3	3
招生数	**(人)**	**29255**	**29769**	**30650**	**32393**	**38832**	**42515**	**46576**	**59918**
攻读博士学位		3566	3559	3540	3742	3997	4752	5697	6394
高等学校		3368	3551	3532	3734	3989	4744	5689	6386
科研单位		198	8	8	8	8	8	8	8
攻读硕士学位		25689	26210	27110	28651	34835	37763	40879	53524
高等学校		25342	26134	27018	28555	34732	37659	40751	53399
科研单位		347	76	92	96	103	104	128	125
在校学生数	**(人)**	**85180**	**86568**	**89404**	**92875**	**102912**	**114830**	**129572**	**151347**
攻读博士学位		14351	14169	14474	14990	15686	16978	19430	22127
高等学校		13659	14136	14443	14958	15658	16950	19404	22100
科研单位		692	33	31	32	28	28	26	27
攻读硕士学位		70829	72399	74930	77885	87226	97852	110142	129220
高等学校		69863	235	74682	77614	86929	97545	109800	128853
科研单位		966	72164	248	271	297	307	342	367
毕业生数	**(人)**	**24353**	**25538**	**26174**	**27155**	**27148**	**28878**	**30178**	**36011**
攻读博士学位		2907	2837	2947	2947	3055	3120	3085	3393
高等学校		2732	2830	2937	2940	3047	3110	3075	3386
科研单位		175	7	10	7	8	10	10	7
攻读硕士学位		21446	22701	23227	24208	24093	25758	27093	32618
高等学校		21170	22627	23151	24134	24018	25665	26999	32518
科研单位		276	74	76	74	75	93	94	100

注：2014年起中国科学院大学所辖的广州化学研究所、南海海洋研究所、华南植物研究所、广州能源研究所和广州地球化学研究所的教育事业统一归口中国科学院大学管理，从2014年起研究生数据均不含以上培研究生单位数据。

2-15 各级各类成人教育在校学生数(2013-2020年)

单位：人

项 目	2013	2014	2015	2016	2017	2018	2019	2020
成人高等教育	**534376**	**626927**	**664495**	**651963**	**653103**	**749161**	**931474**	**1103093**
成人高等学校	16803	16055	17556	18905	29546	85988	194092	276342
广播电视大学	9196	8799	10256	13326	23925	79710	185641	265802
职工高等学校	5498	5166	5411	5579	5621	6278	8451	10540
管理干部学院								
教育学院	2109	2090	1889					
普通高校附设	517573	610872	646939	633058	623557	663173	737382	826751
函授部	185880	235440	281334	319929	319662	322401	332878	393209
夜大学	331693	375432	365605	312884		340772	404504	433542
成人脱产班				245				
成人中等教育	20951	13774	7443	5011				
成人中专学校	29544	11743	7341	4682	4156	4405	4560	4596
成人中学	1219	2031	102					
成人初等教育								
职工初等教育								
农民初等教育								
#扫盲班								

2-16 各市中等职业技术教育招生基本情况(2013-2020年)

单位：人

市 别	2013	2014	2015	2016	2017	2018	2019	2020
全 省	**474927**	**417047**	**395377**	**351909**	**322267**	**297190**	**314820**	**313885**
广 州	86776	88650	80281	67560	63027	66026	63539	60259
深 圳	12076	13628	13691	13964	13005	12875	13835	12504
珠 海	7073	7837	7556	7795	5906	6217	6744	6680
汕 头	29699	19615	30462	19004	14604	11095	11021	10334
佛 山	25180	26068	25074	23903	20946	18527	27862	21858
韶 关	9983	7212	9000	9103	9719	10028	11856	12442
河 源	9557	8800	8293	8098	7547	7276	8108	9709
梅 州	20208	15604	10373	10345	9760	8716	9282	9345
惠 州	22082	22176	20074	19833	19143	17398	16775	18715
汕 尾	10663	5523	4243	4701	4126	5203	5737	6185
东 莞	17618	19414	20014	21697	20703	20433	19515	19077
中 山	9529	8167	8129	7856	8173	8315	8535	8843
江 门	17655	16649	15298	14776	12938	11576	11719	10941
阳 江	7462	6449	4860	5539	4942	4072	4990	5947
湛 江	45619	36275	26636	24564	21656	18473	22337	25082
茂 名	30648	19352	18451	18514	21172	23529	23566	23427
肇 庆	22932	22212	19264	20451	18335	18346	20496	20605
清 远	17450	13382	11868	11933	11145	10035	10379	11731
潮 州	6634	6556	3584	3460	3075	3164	2970	3394
揭 阳	51476	42648	49240	30692	24271	9748	9207	9568
云 浮	14607	10830	8986	8121	8074	6138	6347	7239

注：中等职业教育数据不含技工学校数据。

2-17 各市中等职业技术教育在校生基本情况(2013-2020年)

单位：人

市 别	2013	2014	2015	2016	2017	2018	2019	2020
全 省	**1408894**	**1282205**	**1172119**	**1065745**	**993850**	**867254**	**859668**	**866831**
广 州	241321	245434	237919	216974	196796	184094	180990	179515
深 圳	33618	36870	38145	39665	39234	38922	39442	39134
珠 海	21734	21756	21326	21597	20117	18962	18493	19320
汕 头	109853	85327	81172	64729	58701	38299	31061	28350
佛 山	77497	76322	73773	71963	66878	60002	64974	62648
韶 关	35083	27892	25003	24888	25339	25979	29730	32498
河 源	32715	31071	24933	22354	21896	20992	21202	23508
梅 州	63255	55795	40439	32523	29074	27308	26206	25153
惠 州	64998	61765	57523	55446	53284	51440	48687	49061
汕 尾	42521	30923	18438	12211	11289	11965	13618	15226
东 莞	47910	50220	53434	57243	57964	58459	56962	55677
中 山	24739	25189	24563	23139	23133	23243	23847	24604
江 门	49780	46441	45009	43523	40419	36898	33725	31736
阳 江	22240	17776	14345	14607	14399	13766	13379	14509
湛 江	116154	103765	84010	71251	65433	59927	58386	61043
茂 名	96954	64333	52187	48905	51168	57808	63120	64184
肇 庆	67243	64359	59057	58290	55274	53771	54052	56781
清 远	45000	42553	39222	32763	30935	29023	28771	30150
潮 州	25554	20446	13897	11030	9472	9248	8825	8907
揭 阳	150572	138706	135759	117899	100097	27277	25980	26594
云 浮	40153	35262	31965	24745	22948	19871	18218	18233

注：中等职业教育数据不含技工学校数据。

2-18 各市普通高中招生基本情况(2013-2020年)

单位：人

市 别	2013	2014	2015	2016	2017	2018	2019	2020
全 省	**730784**	**696807**	**664376**	**643293**	**611384**	**604224**	**639413**	**671805**
广 州	60452	60116	60267	58260	54406	52401	53127	54360
深 圳	39637	39872	42329	42615	43575	46037	49206	56027
珠 海	9501	9815	10144	9902	10493	10388	10948	11913
汕 头	55810	52132	49270	47233	46429	44699	47522	46934
佛 山	38447	38684	39525	39384	39117	40922	42129	44173
韶 关	22059	21006	19375	17576	16990	16622	17270	17716
河 源	24017	22974	19887	20975	20844	21316	23203	24470
梅 州	39927	36762	32241	30792	27964	26452	28794	29364
惠 州	33025	29977	29378	30966	30262	30551	34029	37701
汕 尾	27445	25653	23478	21626	18688	17831	18090	18774
东 莞	26039	26741	26720	27153	27916	27956	30221	33822
中 山	15332	16188	16365	15758	15528	15447	17175	18739
江 门	28777	26788	26581	26061	26047	26568	28250	29331
阳 江	19453	16412	15734	15536	14381	15000	16382	16952
湛 江	66222	62168	57502	49910	46711	42552	42050	43087
茂 名	71388	67806	60321	60886	52966	51056	53686	53822
肇 庆	29443	29302	26814	26679	23131	23570	24850	27688
清 远	25620	24133	22851	23765	22626	21764	23337	23912
潮 州	24864	21119	19378	17512	16288	16287	16879	17538
揭 阳	54215	51724	50928	44995	41704	41672	46411	49780
云 浮	19111	17435	15288	15709	15318	15133	15854	15702

2-19 各市普通高中在校生基本情况(2013-2020年)

单位：人

市　别	2013	2014	2015	2016	2017	2018	2019	2020
全　省	**2204473**	**2140193**	**2054033**	**1973727**	**1892669**	**1837141**	**1837399**	**1903517**
广　州	177227	178106	178564	176275	170676	163838	159355	159450
深　圳	113639	114797	120073	124216	127099	131102	137539	150289
珠　海	31430	30008	29609	29285	29991	30588	31909	33350
汕　头	161614	160793	154794	146265	140639	136527	137056	137178
佛　山	113746	113747	115268	116350	116913	118529	120734	127543
韶　关	64125	63917	60709	56167	52754	50541	50560	51505
河　源	73345	70632	65393	62652	60983	62477	65276	69024
梅　州	124487	115909	106609	98209	89626	84086	83306	84441
惠　州	96918	94257	91082	90261	90562	91095	95151	102887
汕　尾	86886	82783	74174	68964	62544	56995	54116	54481
东　莞	77045	78053	78905	79851	81052	82710	85561	91548
中　山	46733	46957	47506	47851	47212	46218	47790	51077
江　门	84532	81702	79182	76293	75599	76002	78321	82032
阳　江	63587	56507	50595	47250	44955	44216	45261	47949
湛　江	198448	193675	183055	167483	153396	139252	130920	127441
茂　名	218544	211857	196688	186683	172257	162880	156727	158290
肇　庆	88210	88027	84247	81513	75326	72363	70345	75319
清　远	79605	75688	71005	69236	67981	67151	66805	68266
潮　州	77779	66222	61968	56528	51911	49160	48745	49907
揭　阳	168633	161058	153878	144808	135635	126054	126271	135192
云　浮	57940	55498	50729	47587	45558	45357	45651	46348

2-20 各市普通初中招生基本情况(2013-2020年)

单位：人

市 别	2013	2014	2015	2016	2017	2018	2019	2020
全 省	**1299856**	**1195611**	**1164480**	**1218075**	**1266817**	**1320273**	**1380301**	**1419625**
广 州	122175	113479	110824	116292	122090	122121	131578	138917
深 圳	91523	90897	92997	101066	108820	118051	124848	137214
珠 海	20786	19391	18997	20647	21968	22818	24773	26646
汕 头	87123	78048	74081	75283	75766	78601	80053	81877
佛 山	66939	64414	65850	71944	77255	78341	83566	86358
韶 关	32050	31388	31996	34987	35724	36222	35845	34973
河 源	38852	36670	36625	39579	42053	46669	49784	51402
梅 州	48595	45990	45083	47517	50100	51314	53431	57839
惠 州	62619	60994	62207	68713	73063	81600	84317	82967
汕 尾	49263	42259	39481	39356	38589	41302	40535	38864
东 莞	74131	75371	76593	83528	87838	95860	97821	92418
中 山	34702	33743	34155	37043	39170	39727	40883	43898
江 门	48871	45454	44764	45992	47201	48234	49560	50618
阳 江	28211	25274	25909	28435	30859	33572	34935	36284
湛 江	119199	97962	87218	85880	88491	90310	95900	98532
茂 名	109469	99654	93417	93977	92112	93591	97592	97836
肇 庆	62299	53928	51386	51072	52874	53756	56675	58377
清 远	43837	41153	41334	43781	45553	48242	52201	55089
潮 州	30590	28110	26598	26716	27967	27495	29969	30970
揭 阳	97449	83693	77029	76659	78257	80196	81642	81094
云 浮	31173	27739	27936	29608	31067	32251	34393	37452

2-21 各市普通初中在校生基本情况(2013-2020年)

单位：人

市　别	2013	2014	2015	2016	2017	2018	2019	2020
全　省	**4047906**	**3767505**	**3553170**	**3478440**	**3561001**	**3724667**	**3890283**	**4054670**
广　州	369714	354764	336664	329410	338751	350590	366867	383753
深　圳	258096	263893	265148	272239	290542	316902	339851	367341
珠　海	62456	60538	57950	57643	60246	64395	68705	73341
汕　头	277122	252158	231265	221311	219152	224709	229953	236498
佛　山	201867	194022	190744	197004	210765	224004	235575	245373
韶　关	102929	96761	94080	97295	101780	106296	107503	108082
河　源	122384	114779	110961	112461	117433	127383	137742	148131
梅　州	165197	147971	139563	138294	142636	149026	155353	164181
惠　州	190399	182052	179645	184770	196955	217033	232574	243085
汕　尾	158783	140079	124591	117432	114810	117054	118749	120458
东　莞	201244	206595	208677	215902	229117	249653	263482	265727
中　山	105902	100528	98245	100831	107244	113181	117270	122552
江　门	149752	141250	134963	132318	134515	138265	141788	145913
阳　江	89651	81478	78541	78997	84814	92276	98398	104032
湛　江	390165	347100	297605	266084	258281	261919	271742	282606
茂　名	347954	318182	298459	283966	277491	277313	281404	288074
肇　庆	197486	178141	165154	154138	153379	156036	161919	168263
清　远	138584	128103	123469	123627	128450	135165	143504	154046
潮　州	103198	91362	83212	79430	79292	80307	84057	87610
揭　阳	311894	276804	248730	230994	227652	231177	237009	241424
云　浮	103129	90945	85504	84294	87696	91983	96838	104180

2-22 各市小学招生基本情况(2013-2020年)

单位：人

市别	2013	2014	2015	2016	2017	2018	2019	2020
全省	**1500473**	**1536722**	**1658031**	**1711845**	**1743657**	**1888110**	**1944213**	**1770662**
广州	167919	173884	178035	180334	191092	206514	210895	198393
深圳	147097	162498	172097	173804	181516	206327	203957	190742
珠海	25299	28020	27963	27872	29876	32644	34809	31949
汕头	84428	86580	92881	96016	92085	100787	103070	98398
佛山	84423	86118	89702	95733	105318	113894	117468	108646
韶关	36084	36124	40370	44216	44973	48337	48233	43074
河源	49628	50902	54892	53177	50569	53681	53484	47013
梅州	53005	56929	60014	63905	60806	64736	68412	57639
惠州	89068	87966	96841	100177	102481	112594	113801	102331
汕尾	41497	37977	45019	45429	45441	50234	53850	46046
东莞	127237	125039	140495	138184	142485	158396	160064	140231
中山	47295	50068	51422	53432	55626	59426	61802	57575
江门	52693	52625	55769	57310	58859	64395	63474	57646
阳江	35559	36777	42092	44202	43892	45701	46019	40547
湛江	96596	99124	111734	119341	120170	130776	138902	128870
茂名	97251	98093	109481	115143	115751	120189	128529	115425
肇庆	58402	59447	65658	67228	67796	70714	72484	64619
清远	51532	53812	59359	64161	68151	72588	77100	68642
潮州	35277	34278	35303	36377	33029	35475	36989	39151
揭阳	84921	82517	88187	91788	89769	95004	102471	91536
云浮	35262	37944	40717	44016	43972	45698	48400	42189

2-23 各市小学在校生基本情况(2013-2020年)

单位：人

市别	2013	2014	2015	2016	2017	2018	2019	2020
全省	**8079381**	**8319147**	**8688785**	**9052214**	**9419581**	**9883724**	**10334303**	**10571118**
广州	859263	900072	937870	968531	1004695	1058455	1104714	1125103
深圳	730232	793178	864841	910974	964510	1027969	1068992	1091179
珠海	131577	140593	148795	155269	162238	172071	181989	185969
汕头	485143	487220	500404	516195	526460	545223	564301	576215
佛山	463667	474382	490146	512455	543598	580066	616570	638742
韶关	206775	210459	218150	227248	236257	248414	260813	268462
河源	247677	260471	277545	291572	299994	307634	312719	311036
梅州	289871	298971	312546	330179	341593	354868	370951	373666
惠州	445608	472152	504066	530498	556985	584251	609393	621791
汕尾	247257	240454	244762	250227	255489	263472	276450	285556
东莞	659138	687269	719263	738686	765120	803482	837399	842240
中山	257539	267907	276744	285941	297389	311717	326422	335628
江门	295745	299322	306211	313894	322934	337381	348700	354628
阳江	181498	192121	206912	221471	233790	245787	256665	261279
湛江	550561	549528	570321	602486	633240	672313	715299	748066
茂名	568011	563247	577167	598560	620850	646820	679448	701483
肇庆	327739	332450	342841	356373	369217	385169	400466	407485
清远	269770	282153	299721	320395	343170	367865	394825	410969
潮州	184134	187458	192524	198443	199304	203516	207118	213159
揭阳	492418	484782	491090	502299	510277	522235	542455	554855
云浮	185758	194958	206866	220518	232471	245016	258614	263607

2-24 各市学前教育招生基本情况(2013-2020年)

单位：人

市 别	2013	2014	2015	2016	2017	2018	2019	2020
全 省	**1709973**	**1846417**	**1868715**	**1950684**	**2024707**	**2008699**	**1808192**	**1825885**
广 州	126112	137608	164102	174280	179411	191685	193130	221927
深 圳	143792	174195	159728	173978	202474	193675	179844	187135
珠 海	18513	22577	27641	27740	29318	29861	28601	31691
汕 头	71220	80208	79188	82978	80734	80222	67795	89216
佛 山	74527	84010	94990	101328	104132	112895	113278	125672
韶 关	52084	47280	48550	51294	49722	42690	41256	44214
河 源	77100	66762	64522	69610	62950	58460	49494	50029
梅 州	83848	87519	94566	89617	95640	88463	70747	61004
惠 州	88817	90106	98785	106591	106535	102913	94644	92786
汕 尾	37591	42653	43737	45695	52381	61984	50163	38510
东 莞	110484	126185	132911	134681	133053	137320	121328	125992
中 山	35525	44845	46290	45289	47257	50047	53369	55994
江 门	51144	51195	51422	50268	50123	45591	52072	54992
阳 江	53942	60203	51348	50363	52253	51209	41082	40144
湛 江	150459	175155	178434	188233	184372	179880	139969	132624
茂 名	174335	193630	175883	190408	216213	206027	172729	151884
肇 庆	74568	66344	65277	66424	70946	70163	69017	69302
清 远	70652	72273	72530	72455	73453	69683	70307	66642
潮 州	44931	46641	42179	46211	42743	43444	32320	42271
揭 阳	111841	121112	114295	119501	127560	136422	114575	91811
云 浮	58488	55916	62337	63740	63437	56065	52472	52045

2-25 各市学前教育在校生基本情况(2013-2020年)

单位：人

市 别	2013	2014	2015	2016	2017	2018	2019	2020
全 省	**3545757**	**3793381**	**4022844**	**4216668**	**4414144**	**4491112**	**4645041**	**4801766**
广 州	378728	404261	445218	463037	483497	498127	527648	574541
深 圳	368937	399014	438498	463319	504955	524193	545032	559674
珠 海	54809	58346	66666	71727	77854	79055	81459	87959
汕 头	162260	175588	179226	182473	185089	184649	191402	212323
佛 山	236542	251361	268740	282112	294356	304035	318480	338060
韶 关	107913	112750	119343	123078	121856	119502	118349	119464
河 源	123308	120117	119081	123578	125297	122057	119402	118103
梅 州	129613	136897	145804	152762	160294	156837	156989	164282
惠 州	163139	175808	193674	207214	224848	224216	229843	226274
汕 尾	56181	58005	60926	65526	74670	81573	98430	99290
东 莞	277777	290548	314449	331710	347381	355587	364816	370798
中 山	110688	122768	129617	133357	139477	143555	147946	154899
江 门	128413	132851	139386	144031	144611	141283	143662	149419
阳 江	88490	99316	99284	102762	106419	105968	104267	104626
湛 江	238106	278984	295880	315783	328901	338065	355463	348825
茂 名	258450	273446	285363	297805	307681	312547	334761	348161
肇 庆	136407	140417	145801	148792	153934	157943	156408	157948
清 远	136754	148397	156763	164497	171927	173774	172595	171158
潮 州	96419	100639	98227	102275	103651	102650	100437	105263
揭 阳	199104	217759	218798	231308	243460	251614	263554	275989
云 浮	93719	96109	102100	109522	113986	113882	114098	114710

2-26 历年普通高等教育基本情况

年 份	学校数（所）	毕业生数（人）	招生数（人）	在校生数（人）	教职工数（人）	专任教师数（人）
1978	23	5125	11430	30705	20139	9047
1979	26	1876	8706	37892	21736	9709
1980	27	7595	9654	41004	24223	9480
1981	28	5491	9817	44723	25591	9832
1982	30	15311	11732	40931	28024	11165
1983	33	10411	14588	45592	29592	11974
1984	34	10615	19979	54730	31523	11629
1985	41	11004	25955	69897	34141	13586
1986	44	16284	25464	78346	36956	14824
1987	44	20552	28624	86297	37526	14979
1988	45	25277	36878	97224	38783	15706
1989	45	26248	29317	100393	39008	15762
1990	45	33663	29613	95929	38841	15735
1991	41	32627	30541	92655	38416	15470
1992	43	30294	35519	97432	38894	15076
1993	45	27670	47560	116957	40169	15734
1994	47	25999	47573	137458	40870	16134
1995	42	34830	49419	151788	41464	16552
1996	41	42644	55680	164017	42355	16899
1997	42	44134	57059	174740	42816	16939
1998	43	49270	60976	185047	42683	17053
1999	50	47988	94114	229583	44645	18489
2000	52	49714	120784	299475	46827	20433
2001	62	58835	139050	381926	51057	23467
2002	71	84696	176135	467807	60305	32961
2003	77	105533	225837	587779	70394	40192
2004	94	125229	264569	726866	79820	46951
2005	102	157082	306956	874686	90771	54257
2006	105	196036	344150	1008577	100317	61119
2007	109	233129	354885	1119655	108190	67091
2008	125	282469	390732	1216390	111780	69223
2009	129	309190	438583	1334089	108598	73943
2010	131	334187	440167	1426624	114018	78569
2011	134	357521	473647	1527254	119351	82916
2012	138	404011	510856	1616838	130127	87402
2013	138	412315	526162	1709881	133719	91099
2014	141	440952	545132	1794188	140348	95193
2015	143	476901	561456	1856355	145449	98897
2016	149	489397	549822	1892878	149360	101160
2017	151	511222	570775	1925775	154540	104381
2018	153	523936	589034	1963170	160099	108222
2019	154	522094	640056	2053977	168225	114700
2020	154	550090	917196	2400227	177919	122350

注：1.2008年以后学校数包含独立学院校数。普通高校学校数含2016年10月、12月教育部批准设立的深圳北理莫斯科大学、广东以色列理工学院。
2.根据国家高校事业统计口径，2012年以后教职工数均取全口径教职工数。

2-27 历年成人高等教育基本情况

年　份	学校数（所）	毕业生数（人）	招生数（人）	在校生数（人）	教职工数（人）	专任教师数（人）
1990	61	20043	17899	87153	8561	3897
1991	62	32018	16775	78807	8715	3831
1992	54	23171	22745	75685	8760	3897
1993	57	16275	52608	125213	9417	4294
1994	58	15768	33441	137014	10220	4891
1995	61	41587	46737	135053	11407	5408
1996	61	31593	28535	125780	11552	5611
1997	61	40798	50643	131155	11683	5736
1998	57	36125	51290	146334	11846	6041
1999	54	43980	60709	166291	12345	5472
2000	41	45316	85635	201410	10037	5636
2001	40	56437	97087	233032	10291	7726
2002	37	67432	125537	288992	13505	7259
2003	34	87088	140235	209246	12673	7033
2004	30	97547	137215	258364	12281	5401
2005	20	33000	144159	295618	9172	5586
2006	19	110337	149345	404451	9253	5382
2007	19	129749	140543	424232	9028	5503
2008	19	129315	159472	444980	9223	5503
2009	15	135010	166462	463395	9262	5685
2010	15	144427	161757	463987	9831	6115
2011	15	151953	161819	460467	4573	2835
2012	15	145810	189069	489117	4656	2814
2013	15	156277	215771	534376	4612	2742
2014	15	152627	264058	626927	4424	2619
2015	15	183503	241193	664495	4286	2552
2016	14	210813	224860	651963	4009	2438
2017	14	236540	254854	653103	4180	2509
2018	14	209757	326377	749161	4117	2474
2019	14	225670	425138	931474	4027	2519
2020	14	265912	453516	1103093	3171	2046

2-28 历年技工学校基本情况

年 份	学校数(所)	在校生数(万人)	招生数(万人)	毕业生数(万人)	教职工总数(万人)	
						#专任教师数
1979	80	0.7	0.7		0.4	0.2
1980	82	1.6	0.9	1.0	0.4	0.2
1981	87	1.4	0.5	0.7	0.5	0.2
1982	85	1.0	0.5	0.8	0.5	0.2
1983	85	0.9	0.5	0.5	0.5	0.2
1984	92	1.0	0.6	0.5	0.5	0.2
1985	97	1.5	0.8	0.4	0.5	0.2
1986	95	2.0	1.1	0.5	0.5	0.2
1987	107	2.6	1.3	0.6	0.6	0.3
1988	109	3.4	1.5	0.6	0.7	0.3
1989	124	3.9	1.6	1.0	0.8	0.4
1990	127	5.2	2.1	0.6	0.9	0.4
1991	136	5.6	2.2	1.7	1.0	0.4
1992	145	6.3	2.7	1.7	1.0	0.5
1993	151	7.7	3.5	1.9	1.1	0.5
1994	159	9.5	3.9	2.2	1.1	0.5
1995	171	11.1	4.7	2.8	1.2	0.6
1996	178	12.3	4.8	3.4	1.3	0.7
1997	186	13.2	5.2	3.5	1.2	0.7
1998	190	13.5	4.8	4.0	1.3	0.8
1999	194	15.6	5.6	4.2	1.3	0.7
2000	186	15.5	5.8	4.5	1.2	0.7
2001	159	16.7	7.1	4.1	1.1	0.7
2002	156	17.8	8.2	4.4	1.1	0.8
2003	186	24.0	10.0	4.3	1.3	0.9
2004	186	28.1	11.5	5.5	1.4	1.0
2005	191	32.8	12.9	7.1	1.5	1.0
2006	202	38.2	15.1	8.2	1.6	1.1
2007	217	45.8	18.1	9.5	2.0	1.5
2008	228	53.5	20.3	10.3	2.1	1.6
2009	242	64.1	26.7	12.5	2.5	1.9
2010	246	75.6	28.2	12.8	2.8	2.0
2011	246	85.1	30.2	13.2	2.8	2.0
2012	243	88.5	30.1	14.1	2.8	2.1
2013	243	87.6	27.3	12.7	2.9	2.0
2014	243	62.3	20.3	14.2	2.9	2.1
2015	163	58.9	19.9	14.5	2.9	2.1
2016	166	53.3	18.6	16.1	2.9	2.2
2017	162	55.4	18.9	14.7	3.0	2.3
2018	162	54.3	19.1	16.1	3.0	2.3
2019	163	57.8	21.3	18.5	3.1	2.3
2020	146	60.9	21.7	15.4	3.2	2.4

2-29 历年普通高中基本情况

年 份	学校数(所)	毕业生数(人)	招生数(人)	在校生数(人)	普通中学教职工数(人)	专任教师数(人)
1978	1956	371403	268527	680311	180435	33194
1979	1500	361183	216048	472943	172721	26235
1980	1243	233699	189538	402135	166183	23614
1981	1124	191494	155023	334525	157390	22150
1982	1001	154486	141872	296630	148225	20443
1983	843	113285	126638	283878	145883	18963
1984	820	85740	128431	318630	150582	19506
1985	832	96998	121376	333154	158714	20722
1986	828	98771	121661	350285	165276	21393
1987	825	112049	126351	352768	170755	22422
1988	823	111825	125114	350799	175715	23602
1989	821	108253	123574	351594	176967	23764
1990	837	110310	129526	361234	178487	24693
1991	826	113317	121255	359955	182901	25562
1992	822	114171	116294	348588	190186	26131
1993	802	118953	119641	331501	199399	25871
1994	824	103398	130256	346647	208805	25148
1995	836	102593	155585	389031	223091	26255
1996	848	108762	181399	450928	238141	28738
1997	882	119086	206983	524717	247891	32118
1998	900	142876	226833	590404	256390	35778
1999	914	165284	241505	641074	265253	39187
2000	947	182354	286825	725276	275686	43941
2001	1000	206752	332084	842763	289103	50124
2002	1012	228122	385020	984104	305781	57475
2003	995	274956	442596	1137234	323075	66190
2004	998	318190	508059	1313116	339997	75330
2005	981	374445	569753	1489863	360341	86079
2006	1005	429856	607748	1634639	377490	95581
2007	1019	479969	606934	1724319	395636	103445
2008	1018	534880	668073	1817646	412718	110689
2009	1020	568989	717900	1924412	429596	118549
2010	1026	567648	755881	2089462	445335	125069
2011	1012	630863	777547	2204135	457435	137112
2012	1017	688461	773249	2259282	466859	141835
2013	1015	723659	730784	2204473	470314	144756
2014	1012	728690	696807	2140193	473585	148361
2015	1019	726690	664376	2054033	475396	150861
2016	1031	703300	643293	1973727	478451	151612
2017	1030	676686	611384	1892669	484846	151435
2018	1013	646488	604224	1837141	490666	149931
2019	1008	628523	639413	1837399	497285	148775
2020	1035	598362	671805	1903517	661340	151802

注：自2020年起，普通中学教职工数的九年一贯制学校、十二年一贯制学校的教职工数计入普通中学教职工数。

2-30 历年普通初中基本情况

年 份	学校数（所）	毕业生数（人）	招生数（人）	在校生数（人）	专任教师数（人）
1978	280	725718	985826	2452877	121377
1979	947	655264	842119	2214375	117938
1980	1438	431480	784691	2118968	111346
1981	1941	468396	695854	1852548	101063
1982	2271	392887	662130	1705273	92334
1983	2651	377206	680684	1712052	90874
1984	2705	387346	734342	1888312	93553
1985	3017	436284	747799	2031394	99566
1986	3108	505781	742515	2149010	103438
1987	3313	573271	743567	2173253	106675
1988	3246	616436	723707	2091518	109171
1989	3107	610937	691086	2005700	109359
1990	3042	602594	704083	1979067	110035
1991	2996	591590	758299	2022810	113265
1992	2961	577866	880805	2201651	119239
1993	2964	589105	956982	2440376	128072
1994	2993	637122	1047969	2727104	137655
1995	3009	755564	1156238	3005525	149486
1996	3034	837696	1221333	3280949	160091
1997	3007	933232	1273310	3483818	167975
1998	2979	1035789	1317264	3645724	173199
1999	3000	1091006	1374296	3797987	179712
2000	3017	1135845	1424737	3881614	184661
2001	2917	1140968	1426843	4054225	189195
2002	2932	1220166	1467948	4149939	197320
2003	3184	1282353	1548622	4321843	205339
2004	3243	1314006	1586418	4495533	213640
2005	3301	1368854	1626601	4627044	221224
2006	3327	1425940	1706870	4758296	228956
2007	3297	1434350	1743138	4829437	238399
2008	3334	1429971	1803636	4978825	247359
2009	3322	1481488	1756780	5036732	256571
2010	3308	1534663	1663662	5001040	266445
2011	3316	1619069	1540940	4790565	268008
2012	3309	1619805	1402496	4424650	273493
2013	3351	1516552	1299856	4047906	276777
2014	3387	1382995	1195611	3767505	278511
2015	3415	1292909	1164480	3553170	275787
2016	3479	1213188	1218075	3478440	275836
2017	3536	1114551	1266817	3561001	279821
2018	3614	1093338	1320273	3724667	286437
2019	3712	1149457	1380301	3890283	291619
2020	3748	1204191	1419625	4054670	300929

2−31 历年小学基本情况

年 份	学校数 (所)	毕业生数 (人)	招生数 (人)	在校生数 (人)	教职工数 (人)	专任教师数 (人)
1978	23820	1142691	1515195	7430209	303467	260933
1979	24458	1062960	1565500	7438125	322562	274065
1980	24981	1043244	1493077	7488593	331390	281403
1981	24728	1042564	1371758	7347804	329762	280398
1982	24916	1044479	1302235	7230311	323942	275502
1983	25037	1143228	1188139	7053368	321185	272479
1984	24821	1166653	1140879	6927289	317692	269535
1985	24630	1141197	1088948	6712468	316431	268120
1986	24566	1064129	1198284	6706215	313210	263428
1987	24651	996946	1227785	6773671	314803	267111
1988	24611	916060	1243156	6887228	320208	269478
1989	24625	836679	1270805	7151532	324942	273601
1990	24610	824945	1299348	7472928	329460	277262
1991	24633	877430	1337393	7789333	336576	283465
1992	24654	1022360	1386454	8039814	343299	289920
1993	24686	1086876	1463095	8321421	351947	298601
1994	24718	1146583	1531761	8622146	360320	305946
1995	24628	1215578	1515530	8831914	376759	321434
1996	24688	1272996	1493611	8976384	392034	338242
1997	24730	1330786	1532419	9113410	402805	346423
1998	24724	1374593	1493285	9351270	404037	347886
1999	24556	1433779	1498378	9209566	414314	357429
2000	24202	1484833	1557286	9299314	420385	364118
2001	23611	1484451	1604435	9529844	428614	371283
2002	23314	1529035	1687362	9796069	437121	379755
2003	22792	1586749	1729914	10253706	447013	389262
2004	21944	1628669	1684682	10496221	455679	396487
2005	21228	1674305	1641550	10670304	463715	403824
2006	20512	1754494	1556420	10569906	467730	407584
2007	19891	1803140	1438722	10176170	474573	414470
2008	19271	1867640	1315880	9564740	476680	416608
2009	18506	1835297	1274186	8876522	477034	418311
2010	16806	1741881	1359159	8485498	487773	430735
2011	15148	1619684	1408922	8220577	488280	432451
2012	13396	1499644	1452959	8082401	486028	432374
2013	11824	1370411	1500473	8079381	486056	437532
2014	10731	1243469	1536722	8319147	497687	454377
2015	10126	1214916	1658031	8688785	514405	468608
2016	10178	1270381	1711845	9052214	535967	486578
2017	10258	1319106	1743657	9419581	560350	507788
2018	10308	1372693	1888110	9883724	585423	530291
2019	10565	1430339	1944213	10334303	612020	553241
2020	10600	1469516	1770662	10571118	490985	573428

注：自2020年起，小学教职工数仅统计小学及小学教学点的教职工数；专任教师数则按教育层次进行归类。

2-32　历年学前教育基本情况

年　份	学校数 (所)	毕业生数 (人)	在校生数 (人)	教职工数 (人)	专任教师数 (人)
1978	7331		438528	30371	16782
1979	5690		395646	26949	14881
1980	6513		479193	28880	15333
1981	6340		487477	30893	16545
1982	6678		585354	34611	19263
1983	6646		634201	37518	20906
1984	6254		771137	41489	24415
1985	6104		929877	43531	28319
1986	6912		1048760	48024	30024
1987	7379		1263029	56064	35270
1988	7249	675080	1327988	58426	37452
1989	7280	733732	1419233	62754	40897
1990	7469	803576	1500521	65195	42905
1991	6335	976754	1657423	68626	45115
1992	6917	1087165	1775729	73770	49308
1993	6533	1189012	1905347	78482	53534
1994	7243	1154865	1918458	85560	57790
1995	7923	1419777	2000082	90904	59344
1996	8582	1390978	2018878	96599	64339
1997	9425	1376406	2027578	104353	68651
1998	10147	1323611	2036463	111288	73096
1999	11836	1345465	2130453	123815	79748
2000	12027	1337009	2141789	129060	83552
2001	9790	1392440	2209151	131919	76490
2002	10135	1183264	2115525	135608	77731
2003	10067	1145873	2125196	143381	82186
2004	10213	1143651	2131994	149289	85805
2005	10359	1082389	2139186	158971	91789
2006	10622	1042662	2192932	169126	98396
2007	10594	1033175	2226430	179061	104541
2008	10533	975273	2323511	191444	111597
2009	11018	978931	2494689	210313	122470
2010	11161	1036468	2772293	236760	136321
2011	11785	981433	3078104	269963	149764
2012	12720	1139751	3307177	303996	168842
2013	13793	1082455	3545757	336666	188182
2014	15416	1142897	3793381	387991	213800
2015	16368	1293693	4022844	436203	240749
2016	17288	1403768	4216668	469367	256471
2017	18048	1435015	4414144	515112	281656
2018	18953	1802791	4491112	549904	292853
2019	19885	1783537	4645041	582390	307952
2020	20747	1814323	4801766	611347	321477

2-33 历年各级各类学校在校学生数

单位：万人

年 份	高等学校	高中阶段教育			义务教育		学前教育
		中等职业教育学校	技工学校	普通高中	初级中学	小学	幼儿园
1978	3.1	3.6		76.2	245.3	743.0	43.9
1979	3.8	4.5	0.7	53.5	221.4	743.8	39.6
1980	4.1	6.3	1.6	46.5	211.9	748.9	47.9
1981	4.5	6.1	1.4	38.4	185.3	734.8	48.7
1982	4.1	6.5	1.0	34.5	170.5	723.0	58.5
1983	4.6	10.0	0.9	33.1	171.2	705.3	63.4
1984	5.5	13.0	1.0	36.8	188.8	692.7	77.1
1985	7.0	18.0	1.5	38.8	203.1	671.3	93.0
1986	7.8	28.2	1.5	41.0	214.9	670.6	104.9
1987	8.6	34.3	2.6	41.1	217.3	677.4	126.3
1988	9.7	37.6	3.4	35.1	209.2	688.7	132.8
1989	10.0	42.1	3.9	35.2	200.6	715.2	141.9
1990	9.6	45.3	5.2	36.1	197.9	747.3	150.1
1991	9.3	44.7	5.6	36.0	202.3	788.9	165.7
1992	9.7	46.3	6.6	34.9	220.2	809.0	177.6
1993	11.7	50.2	7.7	33.2	244.0	832.1	190.5
1994	13.8	55.9	9.6	34.7	272.7	862.2	191.8
1995	15.2	66.7	11.1	38.9	300.6	883.2	200.0
1996	16.4	67.3	12.3	45.1	328.1	897.6	201.9
1997	17.5	72.7	13.3	52.5	348.4	911.3	202.8
1998	18.5	70.5	14.5	59.0	364.6	918.0	203.6
1999	22.1	69.5	23.0	64.1	379.8	921.0	213.0
2000	30.0	65.6	15.5	72.5	388.2	929.9	214.2
2001	38.2	62.0	16.7	84.3	405.4	953.0	220.9
2002	46.8	61.2	17.8	98.4	415.0	979.6	211.6
2003	58.8	63.1	23.9	113.7	432.2	1025.4	212.5
2004	72.7	65.5	28.1	131.3	449.6	1049.6	213.2
2005	87.5	71.0	32.8	149.0	462.7	1067.0	213.9
2006	100.9	80.8	38.2	163.5	475.8	1057.0	219.3
2007	112.0	90.8	45.8	172.4	482.9	1017.6	222.6
2008	121.6	100.1	53.5	181.8	497.9	956.5	232.4
2009	133.4	120.5	65.0	192.4	503.7	887.7	249.5
2010	142.7	154.8	75.4	208.9	500.1	848.5	277.2
2011	152.7	152.1	79.5	220.4	479.1	822.1	307.8
2012	161.7	149.6	88.5	225.9	442.5	808.2	330.7
2013	171.0	140.9	87.6	220.4	404.8	807.9	354.6
2014	179.4	128.2	62.3	214.0	376.8	831.9	379.3
2015	185.6	117.2	58.9	205.4	355.3	868.9	402.3
2016	189.3	106.6	53.3	197.4	347.8	905.2	421.7
2017	192.6	99.4	55.4	189.3	356.1	942.0	441.4
2018	196.3	86.7	54.3	183.7	372.5	988.4	449.1
2019	205.4	86.0	57.8	183.7	389.0	1033.4	464.5
2020	240.0	86.7	60.9	190.4	405.5	1057.1	480.2

注：1．高等学校人数指普通本、专科人数，下同。
2．1986年后中等职业教育学校包括普通中专、成人中专、职业高中，1986年前缺成人中专数据。

2-34 各市各级教育生均一般公共预算教育经费增长情况(2020年)

单位：元、%

市别	中等职业学校			普通高中			普通初中		
	2019年	2020年	增减	2019年	2020年	增减	2019年	2020年	增减
全省	**19872**	**20378**	**2.5**	**21658**	**23769**	**9.8**	**21688**	**21709**	**0.1**
广州	28787	30471	5.9	44268	46776	5.7	40073	40540	1.2
深圳	47969	47562	-0.9	61469	75052	22.1	56947	48705	-14.5
珠海	43196	41339	-4.3	49142	57984	18.0	47893	46653	-2.6
汕头	18165	18183	0.1	12555	13202	5.2	12978	13288	2.4
佛山	23071	23252	0.8	20462	20628	0.8	19024	19162	0.7
韶关	13836	15886	14.8	15784	17050	8.0	14795	14799	0.0
河源	16650	16662	0.1	14310	14420	0.8	19080	16793	-12.0
梅州	9726	9825	1.0	14577	14606	0.2	16790	16241	-3.3
惠州	12078	12197	1.0	18770	20001	6.6	16760	18232	8.8
汕尾	18938	19678	3.9	19067	19810	3.9	14568	15516	6.5
东莞	30161	30200	0.1	34777	35403	1.8	34152	34868	2.1
中山	24225	25479	5.2	31099	31329	0.7	22984	27347	19.0
江门	11511	11525	0.1	16022	16506	3.0	16842	17055	1.3
阳江	11495	10187	-11.4	11213	16433	46.6	14167	14757	4.2
湛江	10274	11695	13.8	12035	13273	10.3	11731	12247	4.4
茂名	10643	11571	8.7	11192	12065	7.8	11729	12371	5.5
肇庆	10297	10384	0.9	12887	13664	6.0	12529	12811	2.3
清远	13646	13727	0.6	15968	16468	3.1	15751	15859	0.7
潮州	16888	16902	0.1	15987	16121	0.8	15570	15860	1.9
揭阳	10628	11458	7.8	9245	10422	12.7	12064	12319	2.1
云浮	12452	12043	-3.3	12797	13380	4.6	14412	17602	22.1

2-34 续表

单位：元、%

市别	普通小学			幼儿园		
	2019年	2020年	增减	2019年	2020年	增减
全省	**14235**	**14655**	**3.0**	**6040**	**9521**	**57.7**
广州	22531	22689	0.7	13874	13907	0.2
深圳	35208	36750	4.4	38664	39550	2.3
珠海	29929	29321	-2.0	21090	25885	22.7
汕头	7953	8017	0.8	3465	3636	5.0
佛山	13101	13239	1.1	3704	4005	8.1
韶关	10470	9621	-8.1	7326	8240	12.5
河源	11313	11353	0.4	3355	3750	11.8
梅州	10542	10444	-0.9	2892	3296	14.0
惠州	12317	12976	5.4	3069	3070	0.0
汕尾	11624	12175	4.7	6053	8610	42.3
东莞	23000	23500	2.2	5338	6304	18.1
中山	16125	19062	18.2	3044	3958	30.1
江门	11856	12082	1.9	1708	1855	8.6
阳江	9054	9057	0.0	3193	3397	6.4
湛江	8953	8703	-2.8	2516	2627	4.4
茂名	8624	9015	4.5	4152	4690	13.0
肇庆	8550	9429	10.3	2728	3809	39.6
清远	11010	10646	-3.3	5481	5956	8.7
潮州	9565	9966	4.2	4069	4355	7.0
揭阳	7804	8036	3.0	2607	2809	7.8
云浮	8838	9365	6.0	2394	3582	49.6

主要统计指标解释

教育经费支出　分为事业经费和基建支出两部分。1. 事业经费支出分为“个人部分支出”和“公用部分支出”两个部分。个人部分支出：指用于公办、民办教职工，离退休人员，学生等个人方面的支出。包括基本工资、补助工资、其他工资、职工福利费、社会保障费及奖贷助学金。公用部分支出包括：公务费、业务费、设备购置费、修缮费、其他属于公用性质的经费支出。2. 基建支出：指属于基建投资额度范围内的，并列入各级计划部门基建计划，由学校和教育事业单位经批准用教育基建拨款和其他自筹资金安排的基本建设，并专存银行基建专户的支出。

普通高等学校　是指按国家规定的设置标准和审批程序批准举办的，通过全国普通高等教育统一招生考试，招收高中毕业生为主要培养对象，实施高等学历教育的全日制大学、独立设置的学院和高等专科学校、高等职业学校和其他机构。大学、独立设置的学院主要实施本科及本科层次以上教育。高等专科学校、高等职业学校实施专科层次教育。其他机构是承担国家普通招生计划任务不计校数的机构，包括普通高等学校分校和批准筹建的普通高等学校等。

中等职业教育学校　是指按国家规定的设置标准和审批程序批准成立的实施中等职业教育的学校(机构)，包括原属普通中等专业学校、成人中等专业学校、职业高中及技工学校。

初中学生毛入学率　指初级中学(普通初中和职业初中)在校生总数占初中学龄人口数的比重。

高中阶段教育入学率　是指当年高中阶段在校生（普通高中在校生、中等职业学校在校生、技工学校在校生、成人高中注册学生数）总数占高中阶段学龄人口数的比重。

高等教育毛入学率　是指高等教育阶段(包括国家承认学历的各类高等教育：普通高校本专科、高等学历文凭考试、电视大学注册视听生、自学考试本科专科、军事院校本专科研究生教育)在校学生折合总数占高等教育学龄(18～22 岁)人口数的比重。

三、卫生

简要说明

1．本篇资料主要反映广东省卫生事业发展情况。

2．本篇资料主要包括：

(1)级各类卫生机构基本情况、卫生技术人员数、床位及使用情况、医疗业务开展情况、医疗设备拥有和使用情况及农村卫生情况等。

(2)地区全省和 21 个地级以上市。

(3)年份主要有当年、近 5 年连续年份。

3．统计资料来源：本篇资料由广东省卫健委、省农业农村厅、省水利厅负责整理、审核、提供。

卫生资源稳步增长 医疗服务能力不断增强

2020 年是全面建成小康社会和“十三五”规划的收官之年。在省委省政府的正确领导下，全省卫生健康系统坚持以人民为中心的发展思想，坚持新形势卫生与健康工作方针，按照“开新局、强基层、建高地、促医改、保健康”工作思路，疫情防控和卫生健康事业改革发展取得显著成效。为全面反映广东卫生健康事业发展情况，科学指导我省卫生资源布局和卫生健康事业高质量发展，现根据全省医疗卫生资源与医疗服务年报数据将有关情况分析如下：

一、卫生资源

全省卫生资源总量稳步增长，三甲医疗机构数增多，医疗服务能力不断增强。

（一）医疗卫生机构数。截止 2020 年底，全省医疗卫生机构 5.59 万家，其中：医院 1700 家，基层医疗卫生机构 53069 家，专业公共卫生机构 897 家，其他机构 234 家。与上年相比，医疗卫生机构总量增加 1972 家，其中医院增加 69 家，基层医疗机构增加 2005 家，其他机构增加 47 家，专业公共卫生机构减少 149 家。全省三甲医疗机构 129 家，较上年增加 2 家，增长 1.6%。

医院：按机构类别分，全省综合医院 934 家，中医医院 192 家（注：含中西医结合医院 16 家），专科医院 534 家，护理院 40 家；按医院等级分，全省三级医院 231 家（其中三甲医院 122 家）、二级医院 560 家、一级医院 450 家、未定级医院 459 家；按经济类型分，公立医院 735 家、民营医院 965 家。

基层医疗卫生机构：按机构类别分，基层医疗机构中卫生院 1175 家、社区卫生服务机构 2679 家、门诊部（所）23328 家、村卫生室 25887 家。与上年相比，社区卫生服务机构增加 54 家、门诊部（所）增加 1863 家、村卫生室增加 99 家、卫生院减少 11 家。

专业公共卫生机构：按机构类别分，专业公共卫生机构中妇幼保健机构 130 家、专科疾病防治机构 130 家、疾病预防控制机构 137 家、卫生监督机构 147 家、计划生育技术服务机构 229 家。与上年相比，急救中心（站）增加 4 家，疾病预防控制机构增加 3 家，计划生育技术服务机构减少 110 家，卫生监督机构减少 42 家，采供血机构减少 6 家，专科疾病防治机构、妇幼保健机构基本保持稳定。

（二）医疗机构床位数。截止 2020 年底，全省医疗机构拥有住院床位 56.5 万张，其中：医院 45.9 万张（内：民营医院 10.9 万张），卫生院 6.5 万张，妇幼保健机构 2.5 万张，专科疾病防治机构 0.6 万张，社区卫生服务机构 0.9 万张。与上年相比，医疗机构床位总量增加 2.0 万张，增长 3.6%。

（三）在岗职工数。截止 2020 年底，全省医疗卫生机构在岗职工 100.9 万人，其中：卫生技术人员 83.2 万人、管理人员 3.7 万人、工勤技能人员 8.5 万人、其他技术人员 5.5 万人。卫生技术人员中，执业(助理)医师 30.7 万人，注册护士 37.5 万人，医护比 1:1.22。与上年相比，在岗职工增加 4.4 万人，增长 4.6%，其中：医师增加 1.5 万人，增长 5.2%；注册护士增加 1.8 万人，增长 5.1%。

按机构类别分：全省医院在岗职工 60.6 万人（内：民营医院 10.4 万人），基层医疗机构 30.9 万人，专业公共卫生机构 8.7 万人，分别比上年增长 4.6%、5.4%、1.2%。

按执业类别分：医师中，临床类、中医类、口腔类、公卫类分别占医师总量的 71.4%、16.2%、8.5%、3.9%。全科医师 3.9 万人，较上年增长 19.9%。

学历职称：全省医疗卫生机构高级职称在岗职工 8.1 万人，本科及以上学历在岗职工 39.4 万人，分别较上年增加 0.7 万人、3.4 万人。卫生技术人员中，高级以上职称 7.7 万人，占卫技人员总数的 9.2%，较上年提高 0.4 个百分点；本科以上学历 34.8 万人，占卫技人员总数的 41.8%，较上年提高 1.7 个百分点。

（四）设备及房屋建筑面积。截止 2020 年底，全省医疗卫生机构拥有万元以上设备台数达 85.4 万台，比上年增加 11.0 万台，增长 14.8%，其中：10-49 万元设备 17.0 万台、50-99 万元设备 2.8 万台、100 万元及以上设备 2.7 万台。

注：根据《国家卫生计生统计调查制度》，医疗卫生机构包括医院、基层医疗机构、专业公共卫生机构、其他机构四类，妇幼保健院和专科疾病防治院纳入专业公共卫生机构统计，医院不含妇幼保健院和专科疾病防治院。

全省医疗卫生机构房屋建筑面积 6690.4 万平方米，平均每家医院、卫生院、社区卫生服务中心房屋建筑面积分别为 26635.1、5638.8、2366.8 平方米。政府办乡镇卫生院、社区卫生服务中心基础设施建设达标率分别为 99.6%、99.1%。

（五）卫生总费用。 2019 年全省卫生总费用达 6143.7 亿元，占全省 GDP 的 5.7%，其中：政府卫生支出 1666.1 亿元，社会卫生支出 2907.6 亿元，个人现金卫生支出 1570.1 亿元，所占比重分别为 27.1%、47.3%、25.6%。与 2018 年相比，全省卫生总费用增长 18.2%（按当年价格算），占 GDP 比重提高 0.4 个百分点；卫生总费用构成中，政府卫生支出占比、个人现金卫生支出占比下降 0.5、0.1 个百分点，社会卫生支出占比上升 0.6 个百分点。2019 年人均卫生总费用 5332.6 元，较 2018 年增加 750.7 元。

二、医疗服务

受新冠疫情影响，全省年门诊量和住院量减少。

（一）医疗服务量

诊疗量： 2020 年，全省医疗机构总诊疗人次达 7.27 亿人次，其中：医院 3.35 亿人次，基层医疗机构 3.49 亿人次（内：卫生院、社区卫生服务机构 1.66 亿人次，村卫生室 1.00 亿人次，门诊部（所）0.83 亿人次），其他医疗机构 0.43 亿人次。与 2019 年相比，总诊疗人次减少 18.5%。

住院量： 全省医疗机构出院人次达 1567.5 万人次，其中：医院 1261.4 万人次，卫生院 173.3 人次，妇幼保健院 116.4 万人次，其他机构 16.5 万人次。与 2019 年相比，出院人次减少 13.6%。

手术量： 全省医疗机构住院病人手术量达 804.3 万人次，其中：医院 722.3 万人次，妇幼保健院 81.3 万人次，其他 0.7 万人次。与 2019 年相比，手术人次减少 3.9%。根据病案首页统计，全省医疗机构四级手术占比 11.3%，其中三级医疗机构四级手术占比 15.3%。

民营医院： 2020 年，民营医院门诊总诊疗人次 3573.7 万人次，出院 172.3 万人次，住院手术量 71.5 万人次，分别占医院总量的 10.7%、13.7%、9.9%。与 2019 年相比，民营医院门诊总诊疗人次下降 9.4%，出院人次下降 3.2%，手术人次增长 2.5%。

基层医疗机构： 2020 年，全省基层医疗机构门诊总诊疗人次为 3.5 亿人次，占全省总量的 48.1%，其中社区卫生服务中心（站）门诊量减少 24.9%，卫生院减少 14.6%，门诊部（所）门诊量减少 22.9%，村卫生室门诊量减少 15.6%。与 2019 年相比，基层医疗机构总诊疗人次减少 20.2%，占比下降 1.0 个百分点。基层医疗机构出院人次 184.3 万人次，较去年同期下降 10.4%，基层住院量占比 11.8%，较去年增加 0.4 个百分点。

（二）医疗服务分布

按隶属关系分，2020 年省部属、市属、县（区）属及以下医疗机构（含民营医院、基层医疗等机构）总诊疗人次分别为 0.4 亿、1.1 亿、5.7 亿人次，分别占总量的 6.1%、15.2%、78.6%（2019 年分别占 6.0%、14.9%、79.1%）；出院人次分别为 177.4 万、409.2 万、980.8 万人次，分别占 11.3%、26.1%、62.6%（2019 年分别占 11.7%、26.2%、62.2%）。

全省 57 个县医疗机构总诊疗人次 1.8 亿人次、出院人次 448.6 人次，分别占全省 24.8%、28.6%。与去年相比，门诊、住院总量分别减少 13.0%、8.1%，占比分别较上年提高 1.6、1.7 个百分点。

（二）医疗服务分布

2020 年，全省医疗机构病床使用率 67.6%，其中：医院 71.0%（三级医院：76.9%、二级医院 69.7%），乡镇卫生院 49.1%，社区卫生服务中心 39.3%。与上年相比，医疗机构病床使用率下降 10.3 个百分点，其中：医院下降 11.2 个百分点（三级医院下降 14.9 个百分点，二级医院下降 10.0 个百分点），社区卫生服务中心下降 7.8 个百分点，乡镇卫生院下降 4.9 个百分点。全省医疗机构出院者平均住院日 8.2 日，较上年增加 0.3 日，其中：医院 8.7 日、乡镇卫生院 5.9 日、社区卫生服务中心 11.1 日。

（四）医师工作负荷

[1]注：根据三级公立医院绩效考核四级手术目录计算四级手术占比。

2020 年，全省医院医师日均担负诊疗 8.1 人次，日均担负住院 1.9 个床日；乡镇卫生院医师日均担负诊疗 7.8 人次，担负住院 1.0 个床日；社区卫生服务中心医师日均担负诊疗 17.6 人次，担负住院 0.2 个床日。

三、收支与费用

2020 年全省公立医院医疗收入下降，药品收入占比下降；公立医院次均门诊和住院费用上涨。

（一）收入支出

2020 年，全省医疗卫生机构全年总收入中：财政拨款收入、医疗收入占比分别为 22.3%、71.4%。与上年相比，财政拨款收入增长 32.9%，占比提高 4.9 个百分点；医疗收入减少 4.5%，占比下降 6.2 个百分点。

2020 年，全省公立医院医疗收入中：药品收入占 28.4%、耗材收入占 13.6%、检查化验收入占 27.7，技术劳务（护理、手术、治疗等）收入占 29.0%。与 2019 年相比，医疗收入总量下降 5.3%，药占比下降 1.2 个百分点，耗材占比上升 1.1 个百分点，检查化验占比上升 0.9，技术性劳务占比下降 0.5 个百分点。

全省医疗卫生机构总费用 4554.8 亿元，其中人员经费支出占比 41.5%，比去年（40.5%）提高 1 个百分点；全省医院总费用 3413.8 亿元，其中人员经费支出占比 40.3%，比上年（39.1%）提高 1.2 个百分点。

（二）医疗费用

1. 医院门诊和住院费用。 2020 年，医院次均门诊、次均住院费用分别为 342.1 元、13839.1 元，其中：公立医院次均门诊、次均住院费用分别为 330.2 元、14353.5 元。

2. 基层医疗机构门诊和住院费用。 2020 年，社区卫生服务中心次均门诊、住院费用分别为 120.5 元、4684.7 元；乡镇卫生院次均门诊、住院费用分别为 82.8 元、2960.6 元。

四、中医药服务

2020 年，全省中医药服务体系建设持续推进，中医资源继续增长，中医药服务利用提高。

（一）中医类机构、人员、床位

截止 2020 年末，全省中医类医疗机构总数达 2.33 万家，其中：中医医院 192 家，中医类门诊部 367 家，中医类诊所 4967 家，以中医和中西医结合行医方式为主的村卫生室 17811 家。与上年相比，中医医疗卫生机构增加 867 家。全省医疗机构中，中医类执业（助理）医师 5.0 万人，占医师总量的 16.2%，中医类医师总量较上年增加 0.3 万人，占比提高 0.1 个百分点。全省中医床位 7.6 万张，较上年增加 0.4 万张；占全省床位的比重 13.5%，较上年提高 0.1 个百分点。

（二）中医服务量

2020 年，全省医疗机构提供中医门诊服务 1.80 亿人次，较上年减少 17.2%；占全省总诊疗人次的比重 24.8%，较上年提高 0.4 个百分点。按机构类别分，中医类医院 5524.8 万人次，中医类门诊部（所）1926.1 万人次。村卫生室中医诊疗 7052.4 万人次，其他医疗机构中医科 3482.8 万人次。

全省中医住院服务人次 211.5 万人次，比上年减少 8.0%，占全省医疗机构住院人次的比重 13.5%，较上年提高 0.8 个百分点。按机构类别分，中医类医院出院 182.5 万人次，其他医疗机构中医科出院 29.0 万人次。

撰稿：胡伟 陈龙

[2] 注：2020 年起中医类诊所含取得中医诊所备案证诊所。

3-1 各类卫生机构基本情况(2020年)

卫生机构名称	机构数量(个)	实有床位(张)	卫生人员（人）				
			合计	卫技人员	其他技术人员	管理人员	工勤人员
合　计	**55900**	**564701**	**1009408**	**832061**	**55268**	**36995**	**85084**
一、医院	1700	459045	606026	504650	20773	24499	56104
二、卫生院	1175	64838	98582	84335	3713	2120	8414
街道卫生院	8	552	1006	903	16	20	67
乡镇卫生院	1167	64286	97576	83432	3697	2100	8347
三、疗养院	11	491	876	448	40	85	303
四、社区卫生服务中心(站)	2679	8664	61166	53632	1673	1465	4396
社区卫生服务中心	1163	8643	54044	46939	1609	1320	4176
社区卫生服务站	1516	21	7122	6693	64	145	220
五、门诊部	5039	84	59481	51154	1492	2251	4584
六、诊所、卫生所、医务室	18289		56918	52701	1744	1254	1219
诊所	15289		46560	43251	1179	1133	997
卫生所、医务室、护理院	3000		10358	9450	565	121	222
七、急救中心(站)	44		847	506	54	147	140
八、采供血机构	48		2851	2111	158	193	389
九、妇幼保健院(所、站)	130	25440	55945	47215	1776	2186	4768
十、专科疾病防治院(所、站)	130	6139	9542	7346	697	457	1042
十一、疾病预防控制中心	137		10874	8119	935	624	1196
十二、卫生监督所(中心)	147		4485	3204	250	551	480
十三、医学科学研究机构	12		220	32	78	98	12
十四、医学在职培训机构	8		612	207	294	58	53
十五、健康教育所(站、中心)	32		386	147	95	109	35
十六、其他卫生机构	432		7882	4374	661	898	1949
十七、村卫生室	25887		32715	11880	20835		

注：合计中含村卫生室数，下同。

3-2 各类卫生机构卫生技术人员情况(2020年)

单位：人

卫生机构名称	执业(助理)医师	注册护士	药师(士)	检验技师(士)	影像技师(士)	其他卫生技术人员
合 计	**307289**	**374807**	**44512**	**29063**	**9887**	**66503**
一、医院	165608	248250	26889	17023	7188	39692
二、卫生院	32254	31181	6341	2910	1286	10363
街道卫生院	336	382	81	36	9	59
乡镇卫生院	31918	30799	6260	2874	1277	10304
三、疗养院	190	158	26	34	21	19
四、社区卫生服务中心(站)	23267	20263	4623	1685	342	3452
社区卫生服务中心	20258	17448	4127	1578	325	3203
社区卫生服务站	3009	2815	496	107	17	249
五、门诊部	23462	23414	1629	799	351	1499
六、诊所、卫生所、医务室	28590	20485	1668	126	32	1800
诊所	23776	16609	1457	67	21	1321
卫生所、医务室	4814	3876	211	59	11	479
七、急救中心(站)	118	271	3	9		105
八、采供血机构	252	1224	21	503	1	110
九、妇幼保健院(所、站)	15213	22572	2312	2658	420	4040
十、专科疾病防治院(所、站)	2848	2461	605	625	114	693
十一、疾病预防控制中心	4283	928	203	1705	59	941
十二、卫生监督所(中心)						3204
十三、医学科学研究机构	16	3	4	3		6
十四、医学在职培训机构	57	69	18	3	1	59
十五、健康教育所(站、中心)	81	20	5	7		34
十六、其他卫生机构	1346	1332	165	973	72	486
十七、村卫生室	9704	2176				

注：合计中含村卫生室数；村卫生室只列出执业(助理)医师、注册护士数。

3-3 医院 、卫生院卫生技术人员情况(2020年)

单位：人

卫生机构名称	执业(助理)医师	注册护士	药师(士)	检验技师(士)	影像技师(士)	其他卫生技术人员
医院、卫生院合计	**197862**	**279431**	**33230**	**19933**	**8474**	**50055**
一、医院	165608	248250	26889	17023	7188	39692
综合医院	120718	182312	18156	12810	5327	26905
中医医院	22777	29735	5325	1986	910	5962
中西医结合医院	3245	4078	538	287	128	798
专科医院	18635	31595	2830	1931	820	5925
口腔医院	2186	2699	96	33	67	375
眼科医院	1397	2255	224	90	28	619
耳鼻喉科医院	129	164	16	10	5	31
肿瘤医院	1637	2857	237	139	195	424
心血管病医院	275	383	29	26	19	29
胸科医院	249	435	52	58	18	9
妇产(科)医院	1236	2052	179	188	62	198
儿童医院	1232	1796	195	146	43	264
精神病医院	3063	7977	681	334	106	1167
传染病医院	1096	1676	156	161	48	100
皮肤病医院	262	317	82	62		11
麻风病医院	61	53	21	12	1	22
职业病医院	12	6	2	10	1	2
骨科医院	889	1526	144	80	57	372
康复医院	1213	1907	237	125	42	1113
整形外科医院	8	10				
美容医院	776	1314	59	48	10	130
其他专科医院	2914	4168	420	409	118	1059
护理院	233	530	40	9	3	102
二、卫生院	32254	31181	6341	2910	1286	10363

3-4 各市各类卫生技术人员数(2020年)

单位：人

市别	执业(助理)医师	注册护士	药师(士)	检验技师(士)	影像技师(士)	其他卫生技术人员
全省	**307289**	**374807**	**44512**	**29063**	**9887**	**66503**
广州	62329	82484	9447	6369	2469	14737
深圳	42579	46208	4316	4118	1336	7714
珠海	8007	9415	1004	717	227	1303
汕头	11538	12162	1374	921	254	2003
佛山	21919	28134	3800	2043	672	4378
韶关	7984	11042	1289	912	334	1601
河源	6881	8995	1267	810	233	1805
梅州	10130	10713	2006	1125	334	2216
惠州	15005	17208	1792	1424	379	2963
汕尾	4776	4573	580	504	190	1416
东莞	21812	27954	3196	2010	577	3381
中山	9859	12244	1323	821	266	1876
江门	11732	15546	2110	1072	415	2631
阳江	5983	7541	1001	541	187	1956
湛江	14204	19310	2154	1206	544	4935
茂名	13838	16038	1696	988	375	2169
肇庆	8874	11544	1955	913	270	2885
清远	9058	11681	1377	884	274	1657
潮州	4846	4081	970	471	124	664
揭阳	10757	11412	1096	753	266	2149
云浮	5178	6522	759	461	161	2064

注：含村卫生室数。

3-5 各市村卫生室情况(2020年)

市别	村卫生室数(个)	执业(助理)医师(人)	注册护士(人)	乡村医生和卫生员(人)		
				合计	乡医	卫生员
全省	**25887**	**9704**	**2176**	**20835**	**20205**	**630**
广州	921	602	272	548	522	26
珠海	130	134	178	107	35	72
汕头	643	516	112	566	456	110
佛山	41	31	20	23	23	
韶关	1366	373	32	1055	1049	6
河源	1518	543	60	1077	1072	5
梅州	2162	830	77	1578	1558	20
惠州	1300	656	252	709	700	9
汕尾	1209	295	4	1022	1013	9
中山	16	26	43	15	8	7
江门	891	361	208	708	690	18
阳江	1228	393	20	1040	974	66
湛江	2098	721	278	2320	2144	176
茂名	3513	1253	208	3037	3015	22
肇庆	2177	510	78	1851	1834	17
清远	1535	618	123	1052	1017	35
潮州	1597	558	31	1341	1332	9
揭阳	2589	857	59	1847	1844	3
云浮	953	427	121	939	919	20

3-6 各市村卫生室乡村医生学历分布(2020年)

单位：%

市 别	大专及以上学历	中专学历	技工学校	其他
全 省	**8.1**	**71.8**	**7.5**	**12.6**
广 州	11.1	77.6	2.7	8.6
深 圳				
珠 海	11.4	80.0		8.6
汕 头	15.6	51.4	5.7	27.3
佛 山	4.3	47.8	26.1	21.7
韶 关	14.2	75.3	6.9	3.6
河 源	5.3	80.5	10.7	3.5
梅 州	6.4	69.9	6.9	16.8
惠 州	19.6	74.3	3.1	3.0
汕 尾	9.3	58.5	9.0	23.2
东 莞				
中 山	11.1	33.3	55.6	
江 门	7.8	49.4	10.4	32.3
阳 江	7.9	78.7	4.0	9.4
湛 江	7.3	73.3	6.5	12.8
茂 名	5.3	75.0	8.6	11.1
肇 庆	4.9	73.6	10.0	11.4
清 远	10.2	77.6	5.8	6.4
潮 州	9.5	70.9	7.7	11.9
揭 阳	8.8	64.4	9.8	17.0
云 浮	4.6	83.2	1.9	10.3

3-7 各市医院机构、床位、人员数(2020年)

市别	机构数(个)	床位数(张)	人员数(人)	卫生技术人员(人)						其他技术人员(人)	管理人员(人)	工勤人员(人)
				小计	执业(助理)医师	注册护士	药师(士)	检验技师(士)	影像技师(士)			
全省	**1700**	**459045**	**606026**	**504650**	**165608**	**248250**	**26889**	**17023**	**7188**	**20773**	**24499**	**56104**
广州	289	93067	146810	120981	37839	59616	6321	3897	1991	5961	6638	13230
深圳	145	46794	83304	68510	25435	31847	2942	2672	1113	4891	3808	6095
珠海	42	10068	14855	12136	4232	5960	579	386	180	313	1010	1396
汕头	56	17416	21351	18475	6576	9191	888	561	198	566	593	1717
佛山	131	35852	48112	40309	13225	19557	2575	1393	572	1267	1385	5151
韶关	54	14364	15734	13156	3872	7107	714	445	189	457	421	1700
河源	65	11382	11897	10018	3077	5022	589	362	130	275	451	1153
梅州	48	13808	17287	14737	4846	7058	915	615	239	683	462	1405
惠州	81	17438	23452	19602	6677	9593	929	662	254	398	1125	2327
汕尾	43	8413	8012	6323	2020	3072	318	254	122	242	385	1062
东莞	112	32900	47487	38992	13220	18903	2144	1481	507	1098	2008	5389
中山	68	15899	22134	19031	6560	9135	988	662	243	629	586	1888
江门	53	18399	22100	18981	5955	9731	1133	551	250	581	604	1934
阳江	61	12568	11781	9756	3066	4795	532	263	93	318	429	1278
湛江	121	31205	29927	24829	7289	12648	1313	686	319	822	1870	2406
茂名	76	22726	19078	16654	5547	8870	848	450	189	601	486	1337
肇庆	58	14209	17142	13683	3953	6624	1085	477	151	526	493	2440
清远	64	12631	14377	12017	3755	6244	661	359	153	351	619	1390
潮州	35	6232	6772	5458	1884	2625	397	245	63	128	309	877
揭阳	71	16443	16169	13913	4594	7227	609	385	140	427	514	1315
云浮	27	7231	8245	7089	1986	3425	409	217	92	239	303	614

3-8 各市卫生院机构、床位、人员数(2020年)

市别	机构数(个)	床位数(张)	人员数(人)	卫生技术人员(人)						其他技术人员(人)	管理人员(人)	工勤人员(人)
				小计	执业(助理)医师	注册护士	药师(士)	检验技师(士)	影像技师(士)			
全 省	**1175**	**64838**	**98582**	**84335**	**32254**	**31181**	**6341**	**2910**	**1286**	**3713**	**2120**	**8414**
广 州	31	1873	5306	4580	1717	1937	384	191	101	137	214	375
深 圳	2	60	173	101	38	35	13	3	2	27	14	31
珠 海	12	326	1026	879	401	353	61	35	9	37	52	58
汕 头	33	1712	3766	3187	1401	877	217	99	27	188	78	313
佛 山	6	345	671	567	202	222	70	27	1	18	6	80
韶 关	98	3194	4788	4218	1511	1648	358	213	92	132	57	381
河 源	97	4571	5972	5059	1777	1918	467	189	57	298	74	541
梅 州	119	4955	7231	6315	2630	2031	688	234	64	242	186	488
惠 州	70	3441	6008	4947	1911	1715	373	244	68	234	170	657
汕 尾	46	2356	4485	3546	1445	1030	181	134	50	172	120	647
东 莞												
中 山												
江 门	63	4347	6613	5938	2153	2357	546	182	102	144	117	414
阳 江	39	2198	3867	3183	1053	1134	259	111	58	144	133	407
湛 江	94	7809	9346	7842	2454	3118	456	214	171	619	156	729
茂 名	99	10721	10642	9245	3882	3657	492	238	136	402	185	810
肇 庆	93	2786	5238	4433	1533	1527	429	126	62	152	87	566
清 远	112	4703	7233	6474	2273	2838	496	274	89	176	112	471
潮 州	42	1726	3459	2725	1200	780	313	124	51	161	101	472
揭 阳	66	4805	8379	7375	3331	2580	343	190	103	240	203	561
云 浮	53	2910	4379	3721	1342	1424	195	82	43	190	55	413

3-9 各市妇幼保健机构、床位、人员数(2020年)

市别	机构数(个)	床位数(张)	人员数(人)	卫生技术人员(人)						其他技术人员(人)	管理人员(人)	工勤人员(人)
				小计	执业(助理)医师	注册护士	药师(士)	检验技师(士)	影像技师(士)			
全 省	**130**	**25440**	**55945**	**47215**	**15213**	**22572**	**2312**	**2658**	**420**	**1776**	**2186**	**4768**
广 州	12	3776	8735	7672	2550	3665	365	428	80	193	337	533
深 圳	10	3064	7842	6782	2585	3084	235	384	59	283	313	464
珠 海	2	713	1784	1550	492	677	70	101	16	36	171	27
汕 头	5	661	915	771	240	362	51	61	4	29	42	73
佛 山	4	1755	4089	3555	1036	1777	173	188	26	165	76	293
韶 关	9	968	1914	1560	487	774	79	94	17	39	78	237
河 源	7	1386	1968	1662	526	815	83	98	22	103	48	155
梅 州	9	927	2171	1825	596	761	135	152	17	99	34	213
惠 州	7	1321	3452	2901	932	1448	113	157	19	150	104	297
汕 尾	5	341	710	562	182	246	37	45	3	37	23	88
东 莞	1	620	1603	1286	390	618	52	76	11	12	91	214
中 山												
江 门	6	1240	3064	2463	809	1153	132	122	13	106	49	446
阳 江	5	1131	2183	1805	520	933	89	83	22	18	164	196
湛 江	10	1513	3360	2764	845	1384	138	125	22	90	184	322
茂 名	5	1533	2812	2366	733	1227	117	125	25	106	134	206
肇 庆	9	1496	3176	2615	771	1229	175	130	31	75	155	331
清 远	8	1116	1750	1466	458	689	73	93	12	60	62	162
潮 州	4	278	751	570	186	267	35	37	5	35	38	108
揭 阳	6	820	1933	1582	476	807	64	78	11	79	53	219
云 浮	6	781	1733	1458	399	656	96	81	5	61	30	184

注：妇幼保健机构含妇幼保健院、所(站)。

3-10 各市中医医院机构、床位、人员数(2020年)

市别	机构数(个)	床位数(张)	人员数(人)	卫生技术人员(人)						其他技术人员(人)	管理人员(人)	工勤人员(人)
				小计	执业(助理)医师	注册护士	药师(士)	检验技师(士)	影像技师(士)			
全省	**192**	**62639**	**88276**	**75769**	**26022**	**33813**	**5863**	**2273**	**1038**	**2462**	**3307**	**6738**
广州	40	14276	23246	19978	6762	8795	1660	590	283	865	757	1646
深圳	12	5120	9297	8188	3327	3382	441	253	107	316	429	364
珠海	5	2016	2958	2622	984	1205	123	84	35	34	234	68
汕头	5	937	1285	1110	467	393	97	38	8	25	52	98
佛山	13	5403	7134	6067	1942	2835	459	158	92	217	84	766
韶关	9	2020	2315	2014	623	930	156	69	36	73	49	179
河源	9	2072	2187	1900	637	811	164	63	28	50	80	157
梅州	9	2502	4232	3506	1187	1432	354	159	66	133	160	433
惠州	9	1705	2530	2153	774	849	189	79	28	60	133	184
汕尾	5	375	538	394	134	147	35	12	12	22	22	100
东莞	6	1981	3145	2609	949	1169	194	96	44	47	178	311
中山	4	2670	3936	3449	1218	1626	186	76	44	76	111	300
江门	8	4302	5534	4871	1537	2304	360	107	51	107	194	362
阳江	5	1863	2448	2134	674	1041	156	63	25	53	110	151
湛江	11	2902	3212	2712	812	1279	270	81	32	58	196	246
茂名	7	3953	3627	3145	1151	1555	211	78	40	77	104	301
肇庆	10	2491	3776	3057	876	1386	319	94	43	102	90	527
清远	9	2177	2447	2110	656	1055	183	64	35	46	174	117
潮州	3	354	749	461	200	138	71	18	1	8	52	228
揭阳	9	2167	1915	1726	617	772	113	42	15	40	41	108
云浮	4	1353	1765	1563	495	709	122	49	13	53	57	92

注：中医医院含中西医结合医院。

3-11 各市专科疾病防治机构、床位、人员数(2020年)

市别	机构数(个)	床位数(张)	人员数(人)	卫生技术人员(人)						其他技术人员(人)	管理人员(人)	工勤人员(人)
				小计	执业(助理)医师	注册护士	药师(士)	检验技师(士)	影像技师(士)			
全省	**130**	**6139**	**9542**	**7346**	**2848**	**2461**	**605**	**625**	**114**	**697**	**457**	**1042**
广州	7	126	892	659	284	193	66	64	6	78	72	83
深圳	7	180	1340	1031	486	248	50	99	13	166	67	76
珠海	1	100	415	355	94	141	25	19		56	4	
汕头	6	36	285	213	115	29	20	33	4	11	14	47
佛山	5	485	642	509	187	203	52	42	9	35	11	87
韶关	7	459	517	387	117	182	21	24	12	36	14	80
河源	7	795	338	266	84	112	24	23	6	18	11	43
梅州	12	695	526	408	141	123	51	26	7	21	13	84
惠州	10	254	716	525	204	140	53	66	5	57	34	100
汕尾	6	130	157	110	58	17	8	10	4	9	7	31
东莞	1	200	287	206	75	83	18	21	5	7	38	36
中山	2											
江门	9	222	520	395	155	124	45	37	9	30	26	69
阳江	2	110	104	78	33	32	3	5		8	2	16
湛江	12	273	644	487	195	157	29	32	5	53	29	75
茂名	5	1293	730	609	207	284	35	35	8	34	26	61
肇庆	8	124	326	273	86	101	33	21	9	10	5	38
清远	7	526	510	389	134	151	39	34	5	43	41	37
潮州	4		113	76	47	8	10	6	1	9	13	15
揭阳	6	116	249	180	85	52	16	16	1	12	18	39
云浮	6	15	231	190	61	81	7	12	5	4	12	25

注：专科疾病防治机构含专科疾病防治院、所(站)。

3-12 各市采供血机构、人员数(2020年)

市 别	机构数(个)	人员数(人)	卫生技术人员(人)						其他技术人员(人)	管理人员(人)	工勤人员(人)
			小计	执业医师	执业(助理)医师	注册护士	药师(士)	检验技师(士)			
全 省	**48**	**2851**	**2111**	**223**	**29**	**1224**	**21**	**503**	**158**	**193**	**389**
广 州	5	575	414	33	4	262	4	62	41	46	74
深 圳	3	352	274	15	2	152	1	87	20	16	42
珠 海	1	53	42	7	1	23		10	5	5	1
汕 头	3	136	97	15	3	45	2	27	10	14	15
佛 山	5	213	162	25		80		51	13	14	24
韶 关	1	81	49	7		21	1	15	5	15	12
河 源	2	86	64	5	2	39	2	15	3	6	13
梅 州	5	101	74	8	3	46	1	15	2	8	17
惠 州	1	116	86	4		63		16	3	5	22
汕 尾	1	65	47	3	3	24	1	15	2	1	15
东 莞	1	135	109	11		64		31	10	1	15
中 山	1	75	66	15		35	3	13	4	2	3
江 门	1	90	69	6		47		15		10	11
阳 江	1	50	37	1	2	20	1	9	4	2	7
湛 江	3	132	87	10	3	51	3	19	11	7	27
茂 名	2	148	109	18	2	61	1	24	1	16	22
肇 庆	2	142	98	12	1	58		26	14	3	27
清 远	3	95	74	12	1	43		16	4	6	11
潮 州	2	39	29	3		13		12		5	5
揭 阳	4	84	61	8	1	30	1	18	5	8	10
云 浮	1	83	63	5	1	47		7	1	3	16

3-13 医疗机构入院与诊疗人次数(2020年)

单位：万人次

机构分类	入院	总诊疗	门诊、急诊			健康检查
				门诊	急诊	
总　计	**1564.1**	**72650.0**	**52817.4**	**47313.6**	**5503.8**	**5109.8**
一、医院	1258.4	33460.9	32875.3	28905.1	3970.2	3069.3
二、卫生院	173.0	6340.2	6084.0	5345.9	738.2	701.8
三、疗养院	0.0	7.0	7.0	6.7	0.2	16.3
四、社区卫生服务中心(站)	11.0	10225.3	9717.6	9343.8	373.9	513.1
社区卫生服务中心	11.0	8965.9	8476.7	8134.2	342.5	489.1
社区卫生服务站		1259.4	1240.9	1209.5	31.4	24.0
五、门诊部		2321.7				337.0
六、诊所.卫生所.医务室		5995.6	0.2	0.2		1.4
诊所		4854.0				
卫生所、医务室		1141.5				
七、妇幼保健院(所、站)	116.2	3696.4	3597.5	3181.8	415.7	346.9
妇幼保健院	116.2	3695.8	3596.9	3181.2	415.7	346.8
八、专科疾病防治院(所、站)	5.4	573.2	535.8	530.2	5.6	124.1
九、临床检验机构						
十、村卫生室		10029.6				

3-14　各市医院入院与诊疗人次数(2020年)

单位：万人次

市　别	入院	健康检查	总诊疗	门诊、急诊		
					门诊	急诊
全　省	**1258.4**	**3069.3**	**33460.9**	**32875.3**	**28905.1**	**3970.2**
广　州	254.4	581.8	7932.7	7836.0	7154.1	681.9
深　圳	134.5	589.3	4623.7	4597.5	4020.7	576.9
珠　海	28.4	177.3	758.0	751.6	676.0	75.6
汕　头	49.4	97.4	962.9	879.8	785.8	93.9
佛　山	99.9	303.9	3986.9	3914.5	3387.6	526.8
韶　关	43.6	42.9	620.1	615.2	531.8	83.4
河　源	25.6	26.4	424.7	418.1	357.3	60.8
梅　州	42.1	50.8	675.3	658.0	583.7	74.3
惠　州	45.0	136.3	1353.5	1314.1	1118.2	195.8
汕　尾	14.8	11.9	300.3	297.3	239.1	58.2
东　莞	93.8	445.6	3130.2	3102.1	2663.8	438.3
中　山	46.3	201.8	1917.7	1895.3	1611.8	283.5
江　门	48.8	60.0	1524.8	1510.5	1311.5	199.0
阳　江	24.9	32.7	469.1	459.3	389.8	69.5
湛　江	83.9	53.9	1109.0	1067.7	939.8	127.9
茂　名	67.2	44.6	762.5	738.8	657.9	80.9
肇　庆	32.9	59.0	815.4	799.0	686.2	112.8
清　远	42.3	66.0	781.7	766.6	676.5	90.0
潮　州	13.5	13.7	302.2	276.2	256.8	19.4
揭　阳	46.5	39.2	516.0	493.6	439.7	53.9
云　浮	20.6	35.2	494.5	484.4	417.0	67.4

3-15 各市卫生院入院与诊疗人次数(2020年)

单位：万人次

市 别	入院	健康检查	总诊疗	门诊、急诊		
					门诊	急诊
全 省	**173.0**	**701.8**	**6340.2**	**6084.0**	**5345.9**	**738.2**
广 州	5.2	28.6	400.8	376.2	292.6	83.6
深 圳	0.0	1.1	21.1	21.1	19.0	2.1
珠 海	0.2	17.7	129.5	124.8	101.0	23.8
汕 头	2.2	38.5	146.5	129.6	114.8	14.8
佛 山	0.5	3.0	78.1	76.7	67.6	9.0
韶 关	7.8	31.5	225.4	221.7	202.4	19.3
河 源	8.3	70.8	291.2	278.5	258.5	20.0
梅 州	11.9	35.0	306.0	293.9	280.0	13.9
惠 州	4.5	31.1	492.5	471.5	383.7	87.8
汕 尾	3.0	7.9	121.5	110.0	98.2	11.8
东 莞						
中 山						
江 门	9.9	39.7	665.1	634.6	504.5	130.1
阳 江	5.0	3.8	203.3	196.3	177.2	19.1
湛 江	21.2	70.4	510.4	487.5	446.8	40.7
茂 名	47.2	144.5	1083.8	1037.3	948.0	89.3
肇 庆	3.4	58.1	335.9	333.3	281.6	51.7
清 远	16.6	35.2	478.9	465.0	413.7	51.3
潮 州	4.0	24.1	246.6	236.5	225.0	11.6
揭 阳	12.9	38.1	237.0	224.6	204.4	20.2
云 浮	9.4	22.7	366.8	365.0	326.9	38.1

3-16 各市妇幼保健机构入院与诊疗人次数(2020年)

单位：万人次

市别	入院	健康检查	总诊疗	门诊、急诊		
					门诊	急诊
全省	**116.2**	**346.9**	**3696.4**	**3597.5**	**3181.8**	**415.7**
广州	16.2	74.3	655.6	622.8	539.2	83.6
深圳	16.1	76.1	588.4	572.1	510.8	61.2
珠海	3.0	10.0	110.2	110.1	101.4	8.7
汕头	1.7	9.8	46.0	45.5	44.1	1.4
佛山	9.2	15.4	407.3	401.0	338.4	62.6
韶关	4.0	18.5	104.4	104.1	95.8	8.3
河源	5.5		107.1	106.5	95.7	10.8
梅州	3.7	12.9	97.0	93.1	91.4	1.7
惠州	6.2	22.0	197.3	184.9	167.1	17.8
汕尾	1.2	0.9	35.9	35.6	35.5	0.0
东莞	4.4	2.1	166.6	166.5	148.9	17.6
中山						
江门	6.1	20.7	227.1	225.5	189.7	35.7
阳江	4.4	5.9	99.9	99.8	88.1	11.7
湛江	8.0	18.8	173.7	168.2	157.0	11.2
茂名	8.2	10.3	154.0	153.4	140.3	13.0
肇庆	5.4	26.8	176.1	175.9	144.2	31.8
清远	4.1	13.7	109.8	99.6	82.6	17.1
潮州	1.2	0.4	34.1	34.0	33.6	0.4
揭阳	3.9	2.8	84.4	84.4	83.9	0.6
云浮	3.6	5.4	121.7	114.5	94.2	20.3

3-17 各市医院、妇幼保健院、专科疾病防治院万元以上设备台数(2020年)

单位：台

市别	合计	10万元以下	10～49万元	50～99万元	100万元以上
全省	**706135**	**509263**	**148053**	**23876**	**24943**
广州	190394	137720	39637	6228	6809
深圳	148709	108478	29432	5294	5505
珠海	19881	14487	4030	628	736
汕头	18065	11142	5532	651	740
佛山	56927	41664	11608	1818	1837
韶关	16226	11219	3949	558	500
河源	10035	7247	2112	323	353
梅州	14577	9992	3466	520	599
惠州	20284	14032	4567	874	811
汕尾	5591	4126	1115	186	164
东莞	55006	41800	9732	1702	1772
中山	27898	21297	5008	775	818
江门	19245	14468	3723	554	500
阳江	9879	6772	2201	449	457
湛江	19798	14329	4161	632	676
茂名	15050	10162	3659	609	620
肇庆	17172	12658	3454	568	492
清远	16129	11599	3450	522	558
潮州	3910	2843	842	106	119
揭阳	11402	7626	2795	489	492
云浮	9957	5602	3580	390	385

3-18　全省卫生技术人员性别、年龄、学历、职称构成(2020年)

单位：%

分　组	合计	执业(助理)医师			注册护士	药剂师(士)	技师(士)		其他
		小计	执业医师	执业助理医师			小计	检验技师(士)	
总　计	**100.0**	**100.0**	**100.0**	**100.0**	**100.0**	**100.0**	**100.0**	**100.0**	**100.0**
按性别分									
男	29.5	57.7	57.5	58.5	3.0	32.3	44.0	39.8	41.4
女	70.5	42.3	42.5	41.5	97.0	67.7	56.0	60.2	58.6
按年龄分									
25岁以下	8.7	0.5	0.0	3.2	14.3	3.7	6.1	4.6	19.7
25–34	40.9	26.7	25.4	34.6	50.4	40.2	41.7	40.4	50.8
35–44	27.4	34.6	35.4	29.8	22.7	32.1	29.3	31.8	16.8
45–54	15.3	21.9	21.7	23.7	10.8	16.9	16.6	17.5	9.0
55–59	3.9	7.5	8.0	4.4	1.3	4.8	4.3	4.1	2.1
60岁及以上	3.8	8.7	9.5	4.3	0.5	2.3	2.1	1.7	1.5
按工龄分									
5年以下	22.0	14.6	13.0	24.5	24.5	14.2	20.2	17.3	48.0
5–9年	24.3	18.6	18.5	18.9	29.7	22.9	23.4	22.7	21.4
10–19年	26.9	28.8	29.8	22.7	26.6	32.3	27.8	30.0	16.1
20–29年	16.7	20.8	20.4	23.2	14.2	19.1	18.6	20.1	9.3
30年及以上	10.1	17.2	18.3	10.7	5.1	11.5	10.1	9.9	5.2
按技术资格分									
正高	2.5	5.8	6.7	0.0	0.4	0.8	2.3	2.8	0.6
副高	7.4	15.0	17.5	0.1	2.8	4.2	7.8	9.3	1.4
中级	19.6	26.8	31.2	0.7	16.2	20.0	21.6	24.0	5.0
助理/师级	31.4	39.0	40.1	32.5	26.7	36.4	32.3	32.6	20.5
员/士	32.3	10.1	1.4	61.6	49.1	33.5	29.0	25.3	38.6
无职称	6.7	3.3	3.0	5.1	4.8	5.1	7.1	6.1	33.9
按聘任技术职务分									
正高	2.2	5.3	6.2	0.0	0.3	0.7	1.9	2.4	0.6
副高	7.1	14.4	16.9	0.1	2.6	4.0	7.5	8.9	1.3
中级	18.8	26.3	30.6	0.8	15.1	19.1	20.7	23.2	4.7
助理/师级	31.4	39.6	39.7	39.3	26.8	35.7	31.5	32.0	16.7
员/士	30.3	9.8	2.3	54.2	46.8	32.8	28.2	25.3	28.6
待聘	10.1	4.5	4.4	5.6	8.4	7.8	10.1	8.3	46.6
不祥	0.1								1.5
按学历分									
研究生	8.0	18.5	21.6	0.2	0.3	3.8	5.9	7.1	8.0
大学本科	34.3	45.0	50.8	10.1	24.6	38.5	42.4	45.3	33.6
大专	33.2	24.7	19.7	54.5	40.1	31.9	33.5	30.8	33.2
中专及中技	23.4	10.6	7.1	32.0	34.5	22.2	17.1	16.0	23.0
技校	0.1	0.1	0.0	0.1	0.2	0.2	0.1	0.1	0.2
高中及以下	0.9	1.1	0.7	3.1	0.3	3.5	0.9	0.7	2.0

注：本章统计截止日期：2021年2月；本表不含村卫生室数据。

3-19　各市卫生机构数(2014-2020年)

单位：个

市　别	2014	2015	2016	2017	2018	2019	2020
全　省	**48087**	**48367**	**49124**	**49926**	**51527**	**53928**	**55900**
广　州	3749	3724	3806	4058	4598	5093	5550
深　圳	3185	3606	3957	4049	4380	5010	5231
珠　海	673	692	721	742	838	936	966
汕　头	1311	1320	1377	1435	1492	1628	1798
佛　山	1429	1475	1469	1715	1932	2097	2281
韶　关	2195	2139	2130	2119	2118	2114	2162
河　源	2080	2181	2131	2062	2037	2033	2043
梅　州	3426	3357	3290	3198	3053	2985	2966
惠　州	2658	2654	2668	2725	2764	3013	3230
汕　尾	1689	1693	1678	1705	1625	1596	1611
东　莞	2194	2237	2344	2446	2722	3055	3154
中　山	620	673	727	806	894	986	1079
江　门	1716	1681	1590	1608	1652	1658	1712
阳　江	1778	1773	1793	1843	1804	1778	1794
湛　江	3463	3448	3487	3400	3478	3471	3535
茂　名	3772	3703	4025	4061	4084	4127	4221
肇　庆	3120	3128	3096	3079	3111	3175	3188
清　远	2557	2415	2389	2393	2435	2522	2571
潮　州	2325	2333	2332	2322	2290	2292	2300
揭　阳	2732	2755	2798	2858	2910	3004	3103
云　浮	1415	1380	1316	1302	1310	1355	1405

注：1.含村卫生室数。
　　2.2013年起，计划生育服务机构纳入统计。

3-20　各市医院类机构数(2014-2020年)

单位：个

市　别	2014	2015	2016	2017	2018	2019	2020
全　省	**1420**	**1482**	**1543**	**1626**	**1716**	**1796**	**1864**
广　州	240	245	258	257	269	283	303
深　圳	144	145	151	154	158	162	162
珠　海	40	44	43	45	47	47	45
汕　头	42	42	43	48	52	56	61
佛　山	105	107	110	115	125	132	136
韶　关	67	69	67	64	64	66	64
河　源	35	40	52	60	65	70	74
梅　州	47	50	50	56	60	63	62
惠　州	70	77	79	81	85	87	90
汕　尾	30	32	34	38	40	41	48
东　莞	103	100	91	99	104	112	114
中　山	47	47	53	59	62	67	68
江　门	45	48	47	50	54	54	59
阳　江	43	47	50	57	63	67	67
湛　江	94	104	105	115	120	122	132
茂　名	63	68	72	79	81	84	84
肇　庆	58	59	63	63	65	69	67
清　远	57	61	66	69	70	74	76
潮　州	26	27	27	31	32	36	39
揭　阳	41	46	56	58	70	74	79
云　浮	23	24	26	28	30	30	34

注：医院类机构包括医院、妇幼保健院、专科疾病防治院。

3-21 各市卫生院数(2014-2020年)

单位：个

市别	2014	2015	2016	2017	2018	2019	2020
全省	**1222**	**1216**	**1201**	**1202**	**1193**	**1186**	**1175**
广州	31	30	30	30	31	31	31
深圳	2	2	2	2	2	2	2
珠海	12	12	12	12	12	12	12
汕头	33	33	32	33	33	33	33
佛山	11	14	10	9	9	6	6
韶关	103	103	103	103	100	98	98
河源	98	97	97	97	97	97	97
梅州	121	119	118	118	118	118	119
惠州	76	76	74	74	70	69	70
汕尾	47	47	47	47	46	46	46
东莞							
中山							
江门	69	68	65	65	63	63	63
阳江	39	39	39	39	39	39	39
湛江	95	94	95	95	94	94	94
茂名	99	99	99	99	99	99	99
肇庆	98	96	96	97	97	97	93
清远	120	120	120	120	121	121	112
潮州	45	45	42	42	42	42	42
揭阳	68	67	66	66	66	66	66
云浮	55	55	54	54	54	53	53

3-22 各市妇幼保健机构数(2014-2020年)

单位：个

市 别	2014	2015	2016	2017	2018	2019	2020
全 省	**130**	**130**	**129**	**128**	**129**	**130**	**130**
广 州	16	16	14	12	12	12	12
深 圳	9	10	9	10	10	10	10
珠 海	2	2	2	2	2	2	2
汕 头	4	4	4	4	4	4	5
佛 山	5	4	4	4	4	4	4
韶 关	9	10	9	9	9	9	9
河 源	6	6	6	6	7	7	7
梅 州	9	9	9	9	9	9	9
惠 州	6	6	7	7	7	7	7
汕 尾	5	5	5	5	5	5	5
东 莞	1	1	1	1	1	1	1
中 山							
江 门	6	6	6	6	6	6	6
阳 江	5	5	5	5	5	5	5
湛 江	11	10	10	10	10	10	10
茂 名	5	5	5	5	5	5	5
肇 庆	7	7	9	9	9	10	9
清 远	9	9	9	8	8	8	8
潮 州	4	4	4	4	4	4	4
揭 阳	6	6	6	6	6	6	6
云 浮	5	5	5	6	6	6	6

3-23 各市社区卫生服务机构数(2014-2020年)

单位：个

市　别	2014	2015	2016	2017	2018	2019	2020
全　省	**2527**	**2554**	**2566**	**2543**	**2602**	**2625**	**2679**
广　州	320	315	342	325	331	325	334
深　圳	586	591	591	605	615	647	670
珠　海	125	121	123	118	118	118	114
汕　头	42	43	47	51	52	50	57
佛　山	365	366	361	363	380	382	389
韶　关	33	31	19	15	13	13	16
河　源	6	28	23	20	20	21	21
梅　州	12	13	11	11	11	11	10
惠　州	79	78	78	78	80	84	85
汕　尾	10	10	10	10	10	10	10
东　莞	397	398	399	396	396	396	390
中　山	252	266	267	266	267	262	257
江　门	31	23	24	23	28	27	27
阳　江	60	60	60	62	61	61	61
湛　江	55	55	55	51	60	60	67
茂　名	59	61	60	60	61	58	63
肇　庆	29	34	35	31	31	32	35
清　远	17	16	15	12	12	12	17
潮　州	10	10	11	11	11	11	11
揭　阳	29	27	27	27	26	26	26
云　浮	10	8	8	8	19	19	19

3-24　各市村卫生室数(2014-2020年)

单位：个

市　别	2014	2015	2016	2017	2018	2019	2020
全　省	**28162**	**27178**	**26886**	**26459**	**25996**	**25788**	**25887**
广　州	1081	1051	932	932	928	931	921
深　圳							
珠　海	151	151	149	140	137	134	130
汕　头	619	609	616	622	615	613	643
佛　山	162	161	58	52	48	43	41
韶　关	1534	1514	1493	1431	1404	1365	1366
河　源	1700	1699	1642	1593	1540	1531	1518
梅　州	2478	2434	2404	2341	2195	2155	2162
惠　州	1490	1455	1423	1303	1292	1295	1300
汕　尾	1309	1335	1347	1341	1250	1223	1209
东　莞	811	231	35	4			
中　山	55	50	31	21	18	17	16
江　门	938	944	893	887	877	878	891
阳　江	1341	1291	1302	1291	1261	1234	1228
湛　江	2238	2212	2211	2156	2159	2111	2098
茂　名	3270	3187	3477	3495	3486	3463	3513
肇　庆	2290	2261	2252	2228	2203	2184	2177
清　远	1765	1612	1592	1579	1561	1552	1535
潮　州	1531	1579	1599	1599	1587	1585	1597
揭　阳	2362	2385	2435	2485	2500	2542	2589
云　浮	1037	1017	995	959	935	932	953

3-25 各市卫生人员数(2014-2020年)

单位：人

市别	2014	2015	2016	2017	2018	2019	2020
全省	**734345**	**771034**	**821880**	**866925**	**921703**	**964914**	**1009408**
广州	147993	154153	166537	175714	188695	202725	214612
深圳	87389	93506	97644	104351	114866	125142	130335
珠海	16702	17584	18673	20128	22168	23690	24816
汕头	25165	25395	27092	28269	29648	30904	33058
佛山	49814	52143	56230	60078	64931	68092	71193
韶关	22707	23349	24663	25525	26882	27114	28231
河源	16910	18287	19932	20869	21999	23458	24600
梅州	26749	27485	28855	29796	30628	31337	32354
惠州	33523	34576	36879	39408	41399	43040	46232
汕尾	13242	13690	14499	15770	16060	15687	16249
东莞	53013	54950	57167	60197	64349	68014	70313
中山	22813	23788	25171	26505	28069	29171	30275
江门	28467	31412	32990	34531	36201	37841	39597
阳江	16320	17306	18420	19877	20990	21116	21792
湛江	40327	43406	45970	48239	50869	51015	52956
茂名	33481	34564	39732	41792	43202	41903	43084
肇庆	27390	28600	29802	30949	32254	32947	33725
清远	22838	23590	25189	26035	26883	28520	29747
潮州	12633	12826	13421	13551	13666	14546	15037
揭阳	22441	25500	27432	28993	30937	31187	32674
云浮	14428	14924	15582	16348	17007	17465	18528

注：本表含村卫生室数据。

3-26　各市卫生技术人员数(2014-2020年)

单位：人

市　别	2014	2015	2016	2017	2018	2019	2020
全　省	**584356**	**620004**	**667525**	**709894**	**757840**	**795132**	**832061**
广　州	121120	126891	137953	145045	156497	168056	177835
深　圳	70485	75417	79307	85256	93643	102831	106271
珠　海	14077	14891	15741	16962	18430	19773	20673
汕　头	20198	20788	22210	23537	24987	26252	28252
佛　山	41632	43641	47618	51314	55398	58215	60946
韶　关	17569	18302	19700	20619	21892	22074	23162
河　源	12619	14146	15708	16625	17612	19059	19991
梅　州	20909	21609	22954	24122	24908	25450	26524
惠　州	27068	28115	30124	32953	34800	36112	38771
汕　尾	9396	9942	10628	11802	12187	11668	12039
东　莞	43091	45226	47668	50600	54317	57332	58930
中　山	19050	19960	21412	22904	24419	25398	26389
江　门	23208	25840	27353	28885	30479	32010	33506
阳　江	12303	13391	14371	15590	16429	16634	17209
湛　江	30631	33766	36071	38232	40620	40669	42353
茂　名	25589	26865	31448	33652	35193	34018	35104
肇　庆	20106	21316	22708	23844	25032	25656	26441
清　远	18493	19145	20651	21392	22248	23880	24931
潮　州	9031	9234	9798	10127	10131	10818	11156
揭　阳	16793	20039	21853	23470	24951	25036	26433
云　浮	10988	11480	12249	12963	13667	14191	15145

注：本表含村卫生室数据。

3-27 各市执业(助理)医师数(2014-2020年)

单位：人

市 别	2014	2015	2016	2017	2018	2019	2020
全 省	**217376**	**229389**	**244139**	**258889**	**277362**	**292128**	**307289**
广 州	40807	42600	46791	49747	54134	58671	62329
深 圳	27081	29225	30757	33293	36309	40338	42579
珠 海	5185	5470	5806	6427	7090	7740	8007
汕 头	8626	8772	9341	9741	10469	10980	11538
佛 山	14954	15427	16534	18134	20001	20937	21919
韶 关	6629	6922	7303	7387	7684	7655	7984
河 源	4431	5258	5679	5742	5992	6593	6881
梅 州	9133	9358	9562	9548	9546	9661	10130
惠 州	10163	10458	11283	12582	13339	13992	15005
汕 尾	4703	4533	4783	5153	5316	4760	4776
东 莞	15081	15889	16680	17506	19516	20818	21812
中 山	6384	6682	7425	8115	8800	9321	9859
江 门	7767	8927	9298	9859	10298	10934	11732
阳 江	4360	4519	4787	5201	5631	5738	5983
湛 江	11230	11968	12377	12810	13651	13517	14204
茂 名	11017	11666	12635	13362	13993	13257	13838
肇 庆	6149	6629	7151	7620	8140	8471	8874
清 远	6993	7256	7484	7493	7858	8718	9058
潮 州	4279	4261	4397	4600	4597	4815	4846
揭 阳	8400	9380	9746	10172	10373	10344	10757
云 浮	4004	4189	4320	4397	4625	4868	5178

注：本表含村卫生室数据。

3-28 各市乡村医生和卫生员数(2014-2020年)

单位：人

市别	2014	2015	2016	2017	2018	2019	2020
全省	**28512**	**26012**	**24991**	**24051**	**23064**	**21810**	**21319**
广州	1372	1107	820	723	693	619	548
深圳							
珠海	183	162	129	126	120	112	107
汕头	707	645	628	611	593	580	566
佛山	115	111	32	26	23	21	30
韶关	1394	1324	1284	1234	1194	1115	1055
河源	1825	1536	1414	1342	1245	1124	1077
梅州	2008	1967	1946	1890	1841	1752	1578
惠州	1313	1088	979	864	819	767	709
汕尾	1396	1283	1252	1218	1106	1067	1022
东莞	544	112	12				469
中山	57	53	35	22	17	16	15
江门	976	909	846	787	756	730	708
阳江	1595	1310	1309	1269	1177	1089	1040
湛江	2790	2681	2662	2589	2472	2370	2322
茂名	3544	3364	3523	3461	3373	3173	3039
肇庆	2116	2048	2008	1970	1948	1897	1851
清远	1611	1405	1325	1271	1206	1097	1053
潮州	1437	1442	1441	1397	1389	1361	1342
揭阳	2150	2134	2107	2081	2008	1916	1849
云浮	1379	1331	1239	1170	1084	1004	939

3-29 各市医疗机构床位数(2014-2020年)

单位：张

市　别	2014	2015	2016	2017	2018	2019	2020
全　省	**405707**	**435666**	**465228**	**492113**	**516973**	**545190**	**564701**
广　州	77011	82022	87959	90222	95134	100080	101640
深　圳	31151	34009	37106	39777	43215	48145	50098
珠　海	7993	8558	8806	9394	9899	10233	11207
汕　头	15407	15512	17143	18075	18985	19595	20035
佛　山	29821	33133	34798	35273	37227	38085	38518
韶　关	15285	16048	16856	17125	18183	19156	19345
河　源	10994	12090	13363	14538	15882	17255	18643
梅　州	14558	15547	16654	17789	18845	19785	20534
惠　州	20135	21879	22460	22589	21452	21852	23143
汕　尾	7435	7928	8565	9241	9951	10231	11561
东　莞	26704	27457	28138	29866	31059	33041	33720
中　山	13246	13259	13754	15256	15802	16124	16015
江　门	18455	19838	21329	22774	23482	24248	24953
阳　江	9830	10914	11346	13208	14200	15542	16169
湛　江	28151	31037	32216	35091	36692	38496	41765
茂　名	24838	26723	30774	33579	34947	36529	36924
肇　庆	13953	15088	16039	16612	17347	18477	18857
清　远	14368	15066	15806	16710	17825	19205	19286
潮　州	6014	6270	6354	6710	6682	7494	8248
揭　阳	12907	15515	16870	18332	19956	21238	22807
云　浮	7451	7773	8892	9952	10208	10379	11233

3-30 各市医院床位数(2014-2020年)

单位：张

市别	2014	2015	2016	2017	2018	2019	2020
全省	**319729**	**345258**	**371602**	**393449**	**416282**	**441895**	**459045**
广州	68685	73313	79037	81747	86011	90940	93067
深圳	29068	31617	34936	36798	39837	44738	46794
珠海	7004	7526	7864	8335	8849	9186	10068
汕头	12738	13159	14398	15343	16283	16872	17416
佛山	27255	30560	32187	32646	34508	35530	35852
韶关	11378	11980	12547	12546	13500	14263	14364
河源	5328	5872	6956	7922	8927	10243	11382
梅州	9528	10155	10900	11811	12616	13430	13808
惠州	13470	15198	15737	15550	15916	16354	17438
汕尾	4908	5291	5690	6339	7010	7277	8413
东莞	25994	26715	27450	29046	30239	32181	32900
中山	13123	13161	13656	15140	15685	16008	15899
江门	13473	14434	15487	16605	17079	17632	18399
阳江	7275	8190	8648	10119	10929	12348	12568
湛江	19343	21706	22730	25338	26850	28501	31205
茂名	15601	16579	18952	20383	21502	22536	22726
肇庆	10333	11171	12172	12678	13426	13791	14209
清远	9110	9843	10435	11005	11775	12665	12631
潮州	3751	4058	4195	4568	4569	5497	6232
揭阳	7838	9971	11878	12871	14165	15272	16443
云浮	4526	4759	5747	6659	6606	6631	7231

3-31 各市卫生院床位数(2014-2020年)

单位：张

市　别	2014	2015	2016	2017	2018	2019	2020
全　省	**52908**	**55487**	**56821**	**59573**	**61244**	**61998**	**64838**
广　州	1880	1825	1730	1684	2058	1892	1873
深　圳	81	106	81	81	80	60	60
珠　海	459	452	353	353	348	331	326
汕　头	1488	1482	1589	1785	1793	1713	1712
佛　山	509	706	636	511	511	335	345
韶　关	2662	2713	2882	2992	3031	3157	3194
河　源	3971	4009	4102	4274	4349	4304	4571
梅　州	3569	3916	4244	4464	4727	4677	4955
惠　州	3628	3739	3646	3727	3341	3192	3441
汕　尾	1847	1916	2073	2117	2161	2162	2356
东　莞							
中　山							
江　门	3349	3615	3857	4159	4469	4395	4347
阳　江	1664	1722	1754	1816	1936	1960	2198
湛　江	6465	6862	6865	6992	7260	7298	7809
茂　名	6810	7500	8665	9603	9805	10483	10721
肇　庆	2543	2688	2674	2795	2758	2756	2786
清　远	4033	3887	3934	4189	4243	4517	4703
潮　州	1843	1848	1779	1752	1727	1696	1726
揭　阳	4031	4386	3807	3961	4077	4373	4805
云　浮	2076	2115	2150	2318	2570	2697	2910

3-32 各市妇幼保健机构床位数(2014-2020年)

单位：人

市 别	2014	2015	2016	2017	2018	2019	2020
全 省	**18692**	**19993**	**21152**	**23126**	**24462**	**25398**	**25440**
广 州	2501	2726	3448	3146	3588	3580	3776
深 圳	1836	2104	1832	2748	3148	3167	3064
珠 海	530	580	589	586	582	596	713
汕 头	372	372	478	650	691	721	661
佛 山	1680	1489	1539	1702	1729	1743	1755
韶 关	655	666	713	826	911	980	968
河 源	1020	1248	1341	1298	1432	1379	1386
梅 州	747	762	897	901	906	926	927
惠 州	1192	1162	1162	1336	1315	1333	1321
汕 尾	330	352	352	330	330	341	341
东 莞	590	622	568	700	700	700	620
中 山							
江 门	981	1164	1274	1252	1131	1267	1240
阳 江	600	693	652	913	972	971	1131
湛 江	1246	1285	1346	1471	1429	1479	1513
茂 名	1184	1343	1473	1704	1736	1643	1533
肇 庆	721	791	749	728	752	1505	1496
清 远	833	935	964	980	1181	1160	1116
潮 州	396	340	340	350	350	289	278
揭 阳	643	674	701	821	875	864	820
云 浮	635	685	734	684	704	754	781

3-33 各市医院病床使用率(2014-2020年)

单位：%

市别	2014	2015	2016	2017	2018	2019	2020
全省	**85.3**	**83.5**	**83.9**	**84.0**	**83.0**	**82.2**	**71.0**
广州	90.7	87.2	86.9	89.0	86.4	85.7	71.8
深圳	84.9	83.4	85.1	84.2	83.4	82.1	66.1
珠海	74.8	73.9	77.7	81.8	82.1	88.3	73.4
汕头	86.7	90.2	90.5	86.1	85.4	86.5	77.6
佛山	95.1	88.5	85.4	85.3	82.3	82.8	68.0
韶关	86.3	83.0	85.2	84.3	86.7	85.7	79.1
河源	75.3	72.4	74.8	73.5	69.5	70.0	62.0
梅州	84.0	80.9	86.6	86.1	82.1	81.0	72.1
惠州	75.0	69.5	72.9	75.5	78.4	79.3	68.5
汕尾	82.3	81.2	77.3	76.3	73.0	67.8	55.6
东莞	79.7	77.7	78.0	78.4	78.9	81.2	67.0
中山	89.6	87.7	89.4	83.3	78.8	78.3	65.5
江门	91.3	85.7	85.0	82.7	82.8	85.0	75.1
阳江	54.3	77.1	86.3	88.1	85.4	74.6	65.5
湛江	85.5	84.4	87.0	87.0	89.3	87.1	78.7
茂名	93.6	95.0	87.4	87.4	86.9	81.0	78.3
肇庆	81.9	79.4	79.3	80.2	77.8	73.2	67.4
清远	79.2	75.4	79.2	81.3	82.3	79.9	71.2
潮州	73.7	71.3	69.8	70.0	74.7	79.6	71.8
揭阳	83.8	83.3	80.5	83.4	81.2	81.1	75.6
云浮	80.4	80.5	79.3	73.2	79.3	81.7	78.5

3-34 各市医院出院者平均住院日(2014-2020年)

单位：床日

市 别	2014	2015	2016	2017	2018	2019	2020
全 省	**8.8**	**8.8**	**8.8**	**8.7**	**8.9**	**8.4**	**8.7**
广 州	9.7	9.5	9.4	9.2	10.1	8.6	9.5
深 圳	8.0	8.1	8.0	7.9	7.9	7.7	8.0
珠 海	8.8	8.6	8.5	8.5	8.4	8.4	8.6
汕 头	9.7	10.2	10.3	10.0	9.5	9.4	9.5
佛 山	8.7	8.7	8.5	8.2	8.8	8.1	8.5
韶 关	8.8	8.8	10.2	8.8	8.7	8.7	8.4
河 源	7.0	7.1	7.4	7.2	7.3	7.6	8.1
梅 州	8.7	8.3	8.3	8.2	7.6	7.5	7.7
惠 州	8.5	8.4	9.0	8.6	9.6	9.4	9.3
汕 尾	9.0	9.1	9.0	9.4	9.2	8.9	9.6
东 莞	8.5	8.6	8.5	8.6	8.5	8.1	8.2
中 山	7.0	6.9	7.0	7.0	7.0	7.1	7.3
江 门	9.3	9.3	9.0	9.3	9.1	9.2	9.6
阳 江	8.4	8.8	9.1	10.0	9.2	8.0	8.6
湛 江	9.1	9.2	9.2	9.8	9.5	9.1	8.8
茂 名	10.0	9.8	9.5	9.5	9.3	9.3	9.3
肇 庆	9.5	9.5	10.0	9.7	9.4	9.9	9.6
清 远	7.5	7.4	7.3	7.0	7.3	7.6	7.3
潮 州	7.3	8.2	8.4	8.3	8.4	8.7	9.9
揭 阳	8.7	8.1	8.1	8.2	8.3	8.2	8.9
云 浮	8.4	8.3	8.4	7.9	7.5	8.3	8.5

3-35 各市医院出院病人病死率(2014-2020年)

单位：%

市 别	2014	2015	2016	2017	2018	2019	2020
全 省	**0.6**	**0.6**	**0.6**	**0.6**	**0.6**	**0.6**	**0.7**
广 州	0.9	0.9	0.9	0.8	0.8	0.8	0.9
深 圳	0.5	0.5	0.0	0.4	0.4	0.4	0.5
珠 海	0.8	0.9	0.9	0.8	0.7	0.7	0.8
汕 头	0.5	0.5	0.4	0.4	0.4	0.4	0.4
佛 山	0.4	0.4	0.4	0.4	0.5	0.5	0.6
韶 关	1.1	1.3	1.1	1.1	1.1	1.1	1.2
河 源	0.6	0.6	0.8	0.9	0.9	0.9	1.0
梅 州	0.6	0.6	0.6	0.6	0.6	0.5	0.7
惠 州	0.7	0.7	0.7	0.7	0.6	0.6	0.8
汕 尾	0.2	0.2	0.2	0.2	0.2	0.2	0.3
东 莞	0.4	0.4	0.4	0.4	0.4	0.4	0.5
中 山	0.3	0.3	0.3	0.3	0.3	0.3	0.4
江 门	0.8	0.9	0.9	0.8	0.9	0.9	1.0
阳 江	0.5	0.4	0.4	0.5	0.5	0.5	0.7
湛 江	0.5	0.5	0.5	0.5	0.4	0.4	0.5
茂 名	0.5	0.5	0.6	0.5	0.5	0.5	0.6
肇 庆	0.9	0.9	0.9	0.8	0.8	0.8	0.9
清 远	0.7	0.7	0.7	0.6	0.6	0.7	0.7
潮 州	0.2	0.2	0.2	0.2	0.3	0.2	0.2
揭 阳	0.3	0.3	0.3	0.2	0.2	0.2	0.3
云 浮	1.1	1.0	0.9	0.8	0.7	0.7	0.8

3-36 各市医院万元以上设备台数(2014—2020年)

单位：台

市别	2014	2015	2016	2017	2018	2019	2020
全省	**337843**	**385348**	**419177**	**475411**	**517527**	**568868**	**642792**
广州	99198	115771	124258	131393	145139	155786	179478
深圳	60167	72798	78596	89389	104674	117847	134902
珠海	6404	6933	7317	9558	12010	13483	16422
汕头	9534	11570	11660	13240	13947	15211	17474
佛山	26116	29264	33424	36281	39307	45693	51072
韶关	7163	7854	9392	8789	10921	11822	13645
河源	2778	3168	3737	21459	7613	7933	7624
梅州	5299	5519	5979	7263	8345	8342	13059
惠州	9942	11009	12424	14364	15477	17537	16801
汕尾	2536	2606	3238	3779	4121	3937	5296
东莞	34038	36796	37190	39385	44612	45904	52006
中山	16254	17197	20582	22500	23340	25267	27898
江门	11246	12259	12711	14218	11748	14286	16023
阳江	4029	4353	4738	5293	5754	7855	8292
湛江	11388	13065	14660	16558	18207	20137	17863
茂名	6342	7236	7886	9451	10350	11892	12204
肇庆	9317	8964	10139	10777	11497	12231	15521
清远	6664	7854	8752	8573	11405	12629	14105
潮州	2799	3324	3412	3571	3974	4517	3442
揭阳	2863	3800	4606	5086	8901	9017	10596
云浮	3766	4008	4476	4484	6185	7542	9069

3-37 妇幼工作基本情况(2014—2020年)

项目	单位	2014	2015	2016	2017	2018	2019	2020
广东省								
婴儿死亡率	(‰)	2.86	2.64	2.53	2.53	1.92	2.08	2.13
孕产妇死亡率	(1/10万)	12.00	11.56	12.69	11.03	11.44	11.22	10.18
5岁以下儿童死亡率	(‰)	3.82	3.47	3.23	3.06	2.62	2.58	2.91
全国								
婴儿死亡率	(‰)	8.9	8.1	7.5	6.8	6.1	5.6	5.4
孕产妇死亡率	(1/10万)	21.7	20.1	19.9	19.6	18.3	17.8	16.9
5岁以下儿童死亡率	(‰)	11.7	10.7	10.2	9.1	8.4	7.8	7.5

注：2020年全国的数据来自“2020年我国卫生健康事业发展统计公报”。

3–38　各市农村无害化卫生厕所普及率(2015–2020年)

单位：%

市　别	2015	2016	2017	2018	2019	2020
合　计	**87.2**	**90.3**	**93.0**	**97.0**	**99.7**	**99.8**
广　州	97.8	98.3	98.7	98.8	100.0	100.0
深　圳	100.0	100.0	100.0	100.0	56.9	90.0
珠　海	97.2	98.2	97.1	91.5	100.0	100.0
汕　头	94.7	94.8	91.4	98.2	99.9	99.9
佛　山	100.0	100.0	99.9	98.6	99.8	99.8
韶　关	91.7	94.2	95.8	97.3	99.4	99.5
河　源	79.1	83.1	88.8	96.5	99.7	99.7
梅　州	81.9	87.5	89.9	97.1	99.8	99.8
惠　州	95.0	96.1	97.3	99.8	100.0	100.0
汕　尾	86.3	87.4	92.3	98.6	100.0	100.0
东　莞	100.0	100.0	100.0	99.9	100.0	100.0
中　山	100.0	100.0	100.0	99.9	100.0	100.0
江　门	85.7	89.3	94.4	97.0	99.3	99.4
阳　江	83.6	85.7	87.3	94.9	99.4	99.5
湛　江	73.8	83.5	86.4	94.6	99.1	99.2
茂　名	70.5	78.4	87.4	98.9	99.7	99.7
肇　庆	83.1	88.3	92.4	94.8	100.0	100.0
清　远	85.9	88.5	92.5	91.9	99.2	99.3
潮　州	95.0	95.3	96.5	96.6	99.9	99.9
揭　阳	93.8	95.4	95.8	98.0	100.0	100.0
云　浮	87.7	88.7	91.6	97.8	99.3	99.4

3-39 各市农村自来水普及率(2015-2020年)

单位：%

市 别	2015	2016	2017	2018	2019	2020
全 省	**83.4**	**85.8**	**88.9**	**91.5**	**91.9**	**92.7**
广 州	98.6	98.6	98.6	100.0	100.0	100.0
深 圳	100.0	100.0	100.0	100.0	99.5	100.0
珠 海	100.0	100.0	100.0	100.0	100.0	100.0
汕 头	92.9	93.1	97.0	97.2	97.2	97.8
佛 山	99.2	99.2	99.2	100.0	100.0	100.0
韶 关	73.4	78.2	88.7	90.0	92.5	92.9
河 源	78.9	82.5	78.8	86.8	86.8	86.8
梅 州	70.8	75.6	78.2	86.7	89.0	90.0
惠 州	88.7	89.3	95.6	97.0	98.4	98.4
汕 尾	90.5	90.8	91.3	92.5	92.5	92.5
东 莞	100.0	100.0	100.0	100.0	100.0	100.0
中 山	100.0	100.0	100.0	100.0	100.0	100.0
江 门	86.6	87.6	93.2	95.0	95.0	95.0
阳 江	67.6	72.7	86.5	90.0	90.0	90.9
湛 江	73.2	77.7	80.2	80.5	80.5	84.0
茂 名	51.0	70.7	76.4	83.0	83.0	83.0
肇 庆	81.5	82.2	82.5	87.0	87.0	90.0
清 远	82.7	83.5	84.3	88.0	88.0	90.1
潮 州	93.0	93.5	94.4	95.0	95.5	95.8
揭 阳	79.1	82.2	90.4	92.6	92.6	92.6
云 浮	89.3	89.8	90.5	91.0	91.0	91.0

3-40 各市农村集中供水率(2015-2020年)

单位：%

市别	2015	2016	2017	2018	2019	2020年
全省	**84.7**	**87.1**	**91.7**	**95.7**	**95.8**	**96.2**
广州	99.4	99.4	100.0	100.0	100.0	100.0
深圳	100.0	100.0	100.0	100.0	99.5	100.0
珠海	100.0	100.0	100.0	100.0	100.0	100.0
汕头	99.0	99.0	99.0	99.0	99.0	100.0
佛山	99.5	99.5	100.0	100.0	100.0	100.0
韶关	73.4	78.3	89.3	95.2	95.2	98.4
河源	85.0	88.6	91.6	94.0	94.0	94.0
梅州	71.6	75.6	80.2	91.0	91.0	91.0
惠州	88.7	89.3	97.2	99.9	99.9	99.9
汕尾	96.0	96.0	98.0	100.0	100.0	100.0
东莞	100.0	100.0	100.0	100.0	100.0	100.0
中山	100.0	100.0	100.0	100.0	100.0	100.0
江门	86.6	87.6	94.9	98.0	98.0	98.0
阳江	74.5	79.6	86.5	95.5	95.5	95.5
湛江	73.2	78.0	88.0	91.0	91.0	91.0
茂名	64.0	72.5	83.1	91.4	91.4	91.4
肇庆	87.4	88.2	88.4	91.2	91.2	91.9
清远	83.8	85.6	87.7	93.0	93.0	95.6
潮州	94.3	94.8	95.5	95.5	95.8	97.5
揭阳	79.2	82.2	90.4	94.2	94.2	94.2
云浮	90.5	91.0	91.4	96.4	96.4	96.4

注：农村集中供水率：某区域农村集中式供水工程与城市供水管网延伸工程供水人口占该区域农村供水总人口的比例。供水人口指某区域农村户籍人口或常住人口，取高值。

主要统计指标解释

卫生机构 是指从卫生部门取得“医疗机构执业许可证”，或从民政、工商行政、机构编制管理部门取得法人单位登记证书，为社会提供医疗保健、疾病控制、卫生监督服务或从事医学科研、医学教育等的卫生单位和卫生社会团体。

卫生技术人员 是指从事卫生技术工作并在卫生事业机构领取劳动报酬的专业人员。包括中医师、西医师、中西医结合高级医师、护师、中药师、西药师、检验师、其他技师、中医士、西医士、护士、助产士、中药剂士、西药剂士、检验士、其他技士、其他中医、护理员、中药剂员、西药剂员、检验员以及其他初级卫生技术员。

低出生体重儿发生率 是指年内出生的活产婴儿中，出生 1 小时内测量其体重小于 2500 克的活产婴儿数占当年活产婴儿总数的比例。

婴儿死亡率 是指某地年内每 1000 名活产儿中未满 1 周岁的婴儿死亡人数占当年活产儿的比重。

孕产妇死亡率 是指某地区 1 年内每 10 万名活产儿中孕产妇死亡数。孕产妇死亡数是指产妇从妊娠开始至产后 42 天内死亡者，不论妊娠时间与部位，包括内外科原因、计划生育手术、宫外孕及葡萄胎死亡者，但不包括意外原因(车祸、中毒)死亡者。

四、文化

简要说明

1．本篇资料主要反映广东省文化事业的基本情况。

2．本篇资料主要包括：

(1)各级各类文化事业机构及人员基本情况，艺术表演团体和场馆基本情况，公共图书馆、博物馆、文化馆（站）基本情况，文化市场情况等。

(2)地区全省和 21 个地级以上市。

(3)年份主要有当年、近 5 年和 1978 以来连续年份。

3．统计资料来源：本篇资料由广东省文化和旅游厅负责整理、审核、提供。

2020 年广东省文化和旅游业发展概述

2020 年，全省文化旅游系统以习近平新时代中国特色社会主义思想为指导，深入贯彻习近平总书记对广东系列重要讲话和重要指示批示精神，坚持统筹疫情防控与经济社会发展、文旅事业和文旅产业发展，加快将文化和旅游业打造成为全省精神文明建设的重要支撑、物质文明建设的重要支柱，奋力建设文化和旅游强省，实现了文化和旅游改革发展良好新局面。主要情况如下：

一是文旅融合发展奠定“四梁八柱”新格局。经省委深改委同意出台《广东省加快推进文化和旅游融合发展三年行动计划（2020–2022 年）》及系列配套文件，完善载体建设，新增 3 个国家级全域旅游示范区，12 家公共文化设施成功创建 A 级旅游景区。

二是艺术精品创作展演结出新硕果。高举旗帜深化文艺惠民，以演出为中心环节，提出“三条线”建设理念，圆满完成“决胜全面建成小康社会”“抗击疫情”等主题文艺展演任务，举办第十四届广东省艺术节等活动，三个项目入选全国美术馆十佳优秀展览项目。

三是公共文化服务水平实现新提升。全省公共文化基础设施完成历史性五级全覆盖，“三馆合一”等重大文化工程项目加快建设，涌现粤书吧等新型阅读空间 1900 多家，举办群众艺术花会等惠民品牌活动。

四是全省文化遗产保护利用争创新范例。推动岭南优秀传统文化创造性转化、创新性发展，中央红色交通线旧址等 30 处入选全国重点文物保护单位革命文物名录，率先建立“岁修”制度，岭南特色文化遗产保护有力推进。“南海 I 号”出水文物总数达 18 万件（套），入选“全国十大考古新发现”。

五是疫情防控常态化下文旅消费展现新活力。经省委、省政府同意出台《促进文化旅游体育业平稳健康发展扩大市场消费的若干政策措施》，推出 4 亿元一揽子政策举措，对 1200 多家文化和旅游企业进行补贴和贷款贴息支持，打造“广东人游广东”等品牌活动，成功举办 2020 广东国际旅游产业博览会。

六是粤港澳人文湾区和世界级旅游目的地建设呈现新亮点。积极服务“一核一带一区”和“双区”建设大局，出台落实《粤港澳大湾区发展规划纲要》三年行动计划，举办粤港澳大湾区艺术精品巡演等交流活动，推出 5 个主题的 27 条广东省粤港澳大湾区文化遗产游径，实施粤美乡村文旅振兴工程，率先出台《广东省民宿管理暂行办法》政府规章。

七是文化和旅游市场安全有序繁荣发展迈出新步伐。加强“放管服”改革，88 项省级行政权力事项压减至 43 项，幅度超过 51%。成立粤港澳大湾区“9+2”旅游市场监管协作体，加大行业安全监管力度，制定《涉旅突发事件应急预案》，切实保障文旅市场安全有序发展。

撰稿：张炜嘉

4-1 文化事业机构及人员基本情况(2020年)

指　　标	机构数(个)	从业人员(人)	文化部门		其他部门	
			机构数(个)	从业人员(人)	机构数(个)	从业人员(人)
合　计	**18607**	**291177**	**2630**	**44059**	**15977**	**247118**
艺术业	593	16568	110	5688	483	10880
图书馆业	148	5163	148	5163		
#少儿图书馆	6	277	6	277		
群众文化服务业	1763	13481	1763	13481		
省级文化馆	1	43	1	43		
地市级文化馆	21	607	21	607		
县区级文化馆	122	1,947	122	1947		
文化站	1619	10884	1619	10884		
艺术展览创作机构	32	650	28	592	4	58
#美术馆	28	572	24	514	4	58
艺术教育业	2	322	2	322		
#高等职业学校	2	322	2	322		
文化市场经营机构(不含非公有制艺术表演团体和场馆)	15354	231594			15354	231594
文艺科研	7	101	7	101		
#文化科技研究机构	3	46	3	46		
综合性艺术研究机构	3	46	3	46		
地方戏艺术研究机构	1	9	1	9		
文化行政主管部门	152	8186	152	8186		
其他文化机构	107	7324	72	3815	35	3509
#文化市场执法机构	11	215	11	215		
文物业	449	7788	348	6711	101	1077
文物科研机构	4	158	4	158		
文物保护管理机构	25	298	23	291	2	7
博物馆	296	5811	197	4741	99	1070
文物商店						
其他文物机构	2	67	2	67		

4-2 各市文化、文物事业机构数（2020年）

单位：个

市 别	艺术表演团体	文化馆	公共图书馆	博物馆
全 省	**475**	**144**	**148**	**296**
广 州	52	12	13	60
深 圳	55	10	12	51
珠 海	8	4	4	2
汕 头	11	8	9	10
佛 山	1	6	6	24
韶 关	4	11	11	12
河 源	3	7	7	7
梅 州	29	9	10	22
惠 州	5	6	5	10
汕 尾	37	5	4	5
东 莞	12	1	1	16
中 山	11	1	1	8
江 门	21	8	8	11
阳 江	3	5	5	5
湛 江	129	10	10	8
茂 名	47	6	6	7
肇 庆	6	9	9	10
清 远	1	9	10	9
潮 州	4	4	4	6
揭 阳	13	6	6	6
云 浮	9	6	6	5
省 直	14	1	1	2

4-3 各市文化、文物事业机构人员情况(2020年)

单位：人

市别	艺术表演团体	公共图书馆	群众艺术馆、文化馆	文化站	博物馆
全省	**12549**	**5163**	**2597**	**10884**	**5811**
广州	1891	870	253	1105	1170
深圳	1591	1711	395	981	1141
珠海	116	120	92	197	104
汕头	280	116	125	416	147
佛山	52	346	146	450	702
韶关	172	111	194	359	190
河源	143	107	109	258	121
梅州	640	141	134	555	170
惠州	175	125	114	465	210
汕尾	770	56	53	161	88
东莞	152	173	78	2400	424
中山	258	53	27	437	142
江门	394	138	96	438	134
阳江	49	64	67	224	135
湛江	3228	97	100	397	153
茂名	321	143	71	389	76
肇庆	157	176	123	494	201
清远	19	110	126	345	94
潮州	162	42	63	196	109
揭阳	419	106	108	398	71
云浮	176	75	80	219	50
省直	1384	283	43		179

4-4 艺术表演团体基本情况(2020年)

指　　标	剧团数(个)	从业人员(人)	国内演出场次(万场次)	#农村演出场次	国内观众人次(万人次)	演出收入(千元)
合　计	**475**	**12549**	**3.38**	**1.83**	**1689.91**	**408168**
按隶属关系分						
#省级	9	1251	0.06	0.01	38.89	38792
地市级	23	1584	0.22	0.07	161.67	90681
县区级	443	9714	3.07	1.77	1489.35	278695
按登记注册类型分						
#国有剧团	69	4289	0.57	0.29	496.52	160765
集体经营剧团						
其他	406	8260	2.78	1.55	1193.39	247403
按剧种分						
话剧、儿童剧、滑稽剧团	18	622	0.21		85.02	50800
歌舞、音乐类	78	3114	0.45	0.17	412.10	151867
京剧、昆曲类	1	5				
地方戏曲类	263	6272	1.74	1.35	749.81	106233
杂技、魔术、马戏类	6	305	0.04	0.01	51.92	9622
曲艺类	39	596	0.32	0.26	98.93	16344
综合性艺术表演团体	70	1635	0.63	0.05	292.13	73302

4-5 艺术表演场馆基本情况(2020年)

指　　标	单位	合　计	剧场、影剧院	省级	地市级	县、区级
机构数	(个)	118	66	2	19	97
从业人员数	(人)	4019	2273	123	810	3086
座席数	(个)	284693	175518	3185	20197	261311
演(映)出场次	(场)	8900	4000	200	1500	7200
#艺术演出场次	(场)	5700	2600	100	1000	4600
#艺术演出观众人次	(万人次)	176.48	133.39	9.33	49.04	118.11
#财政补助收入	(千元)	299474	203858	18459	147837	133178
艺术演出收入	(千元)	284628	252908	390	36387	247851

4-6 公共图书馆基本情况(2020年)

指　　标	单位	合　计	#少儿图书馆	省级	地市级	县、区级
机构数	(个)	148	6	1	27	120
从业人员	(人)	5163	277	283	1735	3145
总藏量	(万册、件)	11687.33	911.93	976.27	4800.78	5910.28
#图书	(万册)	10066.24	856.83	738.02	4338.38	4989.84
报刊	(万册)	576.82	15.94	159.50	215.84	201.48
微缩制品	(万件)	2.79		2.55	0.03	0.21
其他	(万册)	651.00	0.04	2.86	55.65	592.79
本年新购藏量	(万册、件)	917.86	59.91	23.99	296.15	597.72
本年新增电子图书	(万册)	795.31	6.50	5.35	448.86	341.10
公用房屋建筑面积	(万平方米)	169.45	6.79	9.10	66.64	93.71
#书库		31.55	1.32	1.84	11.45	18.26
阅览室		57.26	3.12	1.49	21.90	33.87
阅览室座席数	(个)	125331	4731	8109	36666	80556
总流通人次	(万人次)	5493.81	229.18	673.01	1841.12	2979.68
#书刊文献外借人次		1432.10	119.53	130.36	597.27	704.47
书刊文献外借册次	(万册次)	5991.30	838.69	320.69	3256.65	2413.96
计算机	(台)	19732	744	1,035	6547	12150
网站访问量	(人次)	163372527	673965	5369460	139364065	18639002
为读者举办各种活动次数	(次)	13998	2208	75	4340	9583
参加人次	(万人次)	1513.58	76.08	92.36	365.07	1056.15

注：1.本年度无电子图书数量指标，替换为本年新增电子图书数量指标。
　　2.本年度网站访问量的单位由页次替换为人次。

4-7 文化馆(站)基本情况(2020年)

指 标	单位	合计	文化馆	文化站
机构数	(个)	1763	144	1619
从业人员	(人)	13481	2597	10884
举办各种活动				
举办展览	(个)	7131	1844	5287
组织文艺活动次数	(次)	54739	9739	45000
举办训练班班次	(次)	73294	34157	39137
训练班培训人次	(万人次)	361	153	208
组织公益性讲座	(次数)	1184	1184	
公共房屋建筑面积	(万米2)	447.29	83.67	363.62
本年收入合计	(千元)	3871555	1347397	2524158
#财政补助收入		3733426	1299765	2433661
事业收入		4038	4038	
本年支出合计	(千元)	4022689	1574364	2448325

4-8 博物馆基本情况(2020年)

指 标	藏品(件)		举办陈列展览	参观人次	门票收入
	合计	文物藏品	(个)	(万人次)	(千元)
合 计	**2531279**	**819757**	**2276**	**2494.08**	**46171**
综合类	792008	541796	1020	816.91	5840
历史类	265368	137522	479	1048.63	20757
艺术类	80988	51735	458	167.65	3504
自然科技类	1175081	7135	53	92.63	5024
其 他	217834	81569	266	368.23	11046

4-9 文化市场经营机构综合情况(2020年)

指 标	机构数 (个)	从业人员 (人)	营业收入 (千元)	营业利润 (千元)
合 计	**15831**	**242237**	**206380094**	**28380095**
按城乡分				
城 市	6381	178691	201106887	28430226
县 城	2928	40060	3664068	-63535
县以下	6522	23486	1609139	13404
按经营范围分				
娱乐场所	4795	76580	5769014	48604
互联网上网服务营业场所(网吧)	6521	18732	1511876	-251071
非公有制艺术表演团体	404	8225	935551	-17285
非公有制艺术表演场馆	73	2418	545409	-108554
经营性互联网文化单位	2682	117816	163758929	24021215
艺术品经营机构	444	1438	385940	115729
演出经纪机构	912	17028	33473375	4571457

4-10 各市文化市场经营机构综合情况(2020年)

市 别	机构数 (个)	从业人员 (人)	营业收入 (千元)	营业利润 (千元)
全 省	**15831**	**242237**	**206380094**	**28380095**
广 州	2763	51795	101503762	14420134
深 圳	252	114455	102191	-9761
珠 海	3962	4311	98236974	14036849
汕 头	388	3214	685950	-41083
佛 山	346	5015	823251	-107552
韶 关	633	1928	473292	14766
河 源	125	930	89042	7162
梅 州	258	2178	284492	30711
惠 州	695	6685	527637	-22017
汕 尾	267	1750	100329	-746
东 莞	1752	11149	949688	9624
中 山	710	7829	640241	-2034
江 门	763	4491	335815	-246
阳 江	285	2125	103582	-951
湛 江	525	7378	304944	-23747
茂 名	583	3199	202216	8832
肇 庆	306	3340	230759	18089
清 远	319	2163	156395	-5450
潮 州	67	662	38783	315
揭 阳	311	3063	189557	1854
云 浮	173	1684	92754	-1104
省本级	348	2893	308440	46450

4-11 娱乐场所综合情况(2020年)

项 目	机构数(个)	从业人员(人)	营业收入(千元)	营业利润(千元)
合 计	**4795**	**76580**	**5769014**	**48604**
按城乡分				
城 市	2424	36963	3166377	-37979
县 城	1227	22737	1475693	25745
县以下	1144	16880	1126944	60838
按经营范围分				
歌舞厅	1457	23198	1611185	78940
卡拉OK厅	2429	47334	3533639	-35311
游艺娱乐场所	814	3373	507399	6547
其 他	95	2675	116791	-1572

注：1.本年度歌舞娱乐场所指标替换为歌舞厅指标；2.本年度增加卡拉OK厅指标。

4-12 各市娱乐场所综合情况(2020年)

市 别	机构数(个)	从业人员(人)	营业收入(千元)	营业利润(千元)
全 省	**4795**	**76580**	**5769014**	**48604**
广 州	523	11039	1007098	-21108
深 圳	598	14398	1409412	-18709
珠 海	146	2390	174750	-15959
汕 头	181	2531	176540	5064
佛 山	262	3693	227935	12092
韶 关	131	1540	79418	163
河 源	60	757	74704	8393
梅 州	124	1191	92646	12292
惠 州	244	4577	339702	9445
汕 尾	109	970	55166	3140
东 莞	427	7187	509567	28304
中 山	302	4968	329942	-12525
江 门	403	3275	247866	8570
阳 江	151	1922	91597	1323
湛 江	165	3397	194392	1845
茂 名	188	1950	96176	1550
肇 庆	175	2855	184773	15281
清 远	191	1755	135696	-102
潮 州	36	522	31091	700
揭 阳	158	2425	139667	4010
云 浮	114	1362	74337	3043
省本级	107	1876	96539	1792

4-13 互联网上网服务营业场所(网吧)综合情况(2020年)

项 目	机构数(个)	从业人员(人)	营业收入(千元)	营业利润(千元)
合 计	**6521**	**18732**	**1511876**	**-251071**
按城乡分				
城 市	1995	9165	813120	-154165
县 城	1041	4183	287424	-45119
县以下	3485	5384	411332	-51787

4-14 各市互联网上网服务营业场所(网吧)综合情况(2020年)

市 别	机构数(个)	从业人员(人)	营业收入(千元)	营业利润(千元)
全 省	**6521**	**18732**	**1511876**	**-251071**
广 州	918	3,868	281258	-63367
深 圳	1,109	2,804	355198	-58408
珠 海	156	583	53776	-15541
汕 头	136	381	25229	-2047
佛 山	324	902	69597	-15510
韶 关	108	298	22151	-5607
河 源	50	156	11443	-901
梅 州	107	302	13619	-2435
惠 州	419	1,508	110106	-15162
汕 尾	100	161	9292	-3038
东 莞	1,228	3,228	275145	-22211
中 山	327	1,023	72628	-19717
江 门	268	494	30799	-690
阳 江	123	166	9833	-2095
湛 江	224	814	43870	-11010
茂 名	330	419	21513	-1921
肇 庆	98	275	18429	-3696
清 远	110	250	14650	-1796
潮 州	23	74	3759	-547
揭 阳	136	374	20828	-3133
云 浮	44	128	8005	-112
省本级	183	524	40748	-2127

4-15 文物业基本情况(2020年)

项　　目	机构数(个)	从业人员(人)	专业技术人才(人)	文物藏品合计(件)	举办陈列、展览(个)	参观人次(万人次)	业务用房(万米²)
合　计	**449**	**7788**	**2469**	**2658274**	**2337**	**2616.29**	**195.21**
文物科研机构	4	158	107	65904		0.01	4.01
文物保护管理机构	25	298	75	8996	61	122.20	7.74
博物馆(纪念馆)	296	5811	2243	2531279	2276	2494.08	169.44
文物行政部门	122	1454		304			13.13
其他文物机构	2	67	44	51791			0.95
省　级	5	287	192	194526	29	70.67	8.96
地市级	101	3190	1325	729031	931	1224.58	81.78
县市级	343	4311	952	1734717	1377	1321.04	104.47

注：1.本年度博物馆指标替换为博物馆(纪念馆)指标；2.本年度文物商店指标替换为文物行政部门指标。

4-16 文化部门文化产业增加值情况(2020年)

项　　目	总产出(千元)	增加值(千元)	营业盈余(千元)
总　计	**16144284**	**9224515**	**79795**
艺术业	1060409	1023952	17261
其中：艺术表演团体	708976	780182	7471
艺术表演场馆	351433	243770	9790
图书馆	1886484	1314357	126
群众文化	2411389	1974824	376
艺术教育	159936	135606	-1
文艺科研	52989	41192	4
文物业	2472556	1293947	4933
其他	8100521	3440637	57096

4-17 各市公共图书馆机构数(2015-2020年)

单位：个

市　别	2015	2016	2017	2018	2019	2020
全　省	**140**	**142**	**143**	**143**	**146**	**148**
广　州	13	13	13	13	13	13
深　圳	11	11	11	11	11	12
珠　海	3	3	3	3	3	4
汕　头	9	9	9	9	9	9
佛　山	6	6	6	6	6	6
韶　关	9	10	10	10	11	11
江　门	7	7	7	7	8	8
湛　江	8	9	9	9	10	10
茂　名	5	5	6	6	6	6
肇　庆	9	9	9	9	9	9
惠　州	5	5	5	5	5	5
梅　州	10	10	10	10	10	10
汕　尾	4	4	4	4	4	4
河　源	7	7	7	7	7	7
阳　江	5	5	5	5	5	5
清　远	10	10	10	10	10	10
东　莞	1	1	1	1	1	1
中　山	1	1	1	1	1	1
潮　州	4	4	4	4	4	4
揭　阳	6	6	6	6	6	6
云　浮	6	6	6	6	6	6
省　直	1	1	1	1	1	1

4-18 各市群艺馆(文化馆)机构数(2015-2020年)

单位：个

市 别	2015	2016	2017	2018	2019	2020
全 省	**146**	**146**	**146**	**145**	**145**	**144**
广 州	12	12	12	12	12	12
深 圳	8	8	8	8	8	10
珠 海	4	4	4	4	4	4
汕 头	8	8	8	8	8	8
佛 山	7	7	7	7	7	6
韶 关	11	11	11	11	11	11
江 门	8	8	8	8	8	8
湛 江	11	11	11	10	10	10
茂 名	7	6	6	6	6	6
肇 庆	9	9	9	9	9	9
惠 州	6	6	6	6	6	6
梅 州	9	9	9	9	9	9
汕 尾	6	6	6	6	6	5
河 源	7	7	7	7	7	7
阳 江	5	5	5	5	5	5
清 远	9	10	10	10	10	9
东 莞	1	1	1	1	1	1
中 山	1	1	1	1	1	1
潮 州	4	4	4	4	4	4
揭 阳	6	6	6	6	6	6
云 浮	6	6	6	6	6	6
省 直	1	1	1	1	1	1

4-19 各市博物馆机构数(2015-2020年)

单位：个

市 别	2015	2016	2017	2018	2019	2020
全 省	**177**	**177**	**184**	**184**	**241**	**296**
广 州	30	29	29	29	28	60
深 圳	16	16	16	15	49	51
珠 海	2	2	2	2	2	2
汕 头	6	6	7	7	7	10
佛 山	16	17	17	17	21	24
韶 关	9	9	9	9	11	12
江 门	8	8	8	8	9	11
湛 江	6	6	8	8	8	8
茂 名	6	6	6	6	7	7
肇 庆	8	8	8	9	8	10
惠 州	6	6	7	7	9	10
梅 州	10	10	10	10	10	22
汕 尾	5	5	5	5	5	5
河 源	6	6	7	7	7	7
阳 江	3	3	3	3	4	5
清 远	11	11	11	11	13	9
东 莞	7	7	7	7	16	16
中 山	5	5	5	5	8	8
潮 州	4	4	6	6	6	6
揭 阳	6	6	6	6	6	6
云 浮	5	5	5	5	5	5
省 直	2	2	2	2	2	2

注：2019年博物馆的统计范围增加了民办博物馆。

4-20 各市文化站机构数(2015-2020年)

单位：个

市别	2015	2016	2017	2018	2019	2020
全省	**1596**	**1602**	**1610**	**1610**	**1614**	**1619**
广州	161	167	169	169	170	176
深圳	57	57	61	61	67	79
珠海	24	24	24	24	24	24
汕头	71	71	71	71	71	66
佛山	32	32	32	32	32	32
韶关	107	107	107	107	107	107
江门	79	79	79	79	74	73
湛江	118	118	120	120	121	121
茂名	109	109	109	109	111	111
肇庆	104	104	104	104	104	104
惠州	73	73	73	73	73	73
梅州	112	112	112	112	112	112
汕尾	57	57	57	57	56	52
河源	101	101	101	101	101	100
阳江	46	46	46	46	46	46
清远	87	87	87	87	87	85
东莞	33	33	33	33	33	33
中山	24	24	24	24	24	24
潮州	50	50	50	50	50	50
揭阳	88	88	88	88	88	88
云浮	63	63	63	63	63	63

4-21 各市公共图书馆公用房屋面积(2015-2020年)

单位：平方米

市 别	2015	2016	2017	2018	2019	2020
全 省	**1257580**	**1288770**	**1340190**	**1370660**	**1511120**	**1694500**
广 州	280070	270930	271960	271960	275080	295100
深 圳	234500	248420	267280	267030	274730	416700
珠 海	23290	47440	48900	48900	51840	54600
汕 头	43680	43680	45290	46090	45790	48900
佛 山	87820	87820	93600	98070	98870	94500
韶 关	28630	29630	29630	26580	37150	49700
江 门	33070	33070	46010	46010	58880	58900
湛 江	37360	39360	39360	39360	43110	37700
茂 名	42550	42550	44550	44550	42290	47500
肇 庆	43450	43450	43830	43830	43830	43900
惠 州	43940	44240	44440	44440	47850	48100
梅 州	36020	34980	36280	36280	40120	45100
汕 尾	22580	23000	23000	23000	23000	23000
河 源	43730	43790	47500	47240	53530	53600
阳 江	21670	21670	21670	22150	25550	25600
清 远	34490	34730	36660	36660	37940	36600
东 莞	53650	53650	53650	53650	53650	53700
中 山	2360	1760	1760	1760	71680	71700
潮 州	9050	9050	9270	37570	41650	45300
揭 阳	27780	27780	27780	27780	35880	35900
云 浮	17610	17490	17490	17490	17710	17400
省 直	90280	90280	90280	90280	91000	91000

4-22 各市群艺馆(文化馆)公用房屋面积(2015-2020年)

单位：平方米

市别	2015	2016	2017	2018	2019	2020
全省	**718350**	**687970**	**682680**	**674500**	**721590**	**836700**
广州	68050	65450	66530	71020	72190	70200
深圳	215270	136470	123420	114070	117410	199400
珠海	15670	41330	41330	41330	40800	40800
汕头	24950	24950	24440	24950	31200	27700
佛山	82240	82240	86880	71810	66040	69200
韶关	27490	26850	26630	29860	33670	38300
江门	33870	33870	33170	40570	47690	50900
湛江	21610	24660	24660	24660	32150	32200
茂名	18990	16270	16270	16270	19830	23400
肇庆	27070	27070	31210	31210	33660	32300
惠州	22920	22920	22920	22920	27800	27500
梅州	23210	23210	23210	23210	22900	28600
汕尾	11250	11250	11250	11250	12750	17700
河源	20370	20370	19720	19720	22470	25100
阳江	17530	17530	17530	17530	23970	20400
清远	28410	25550	25550	25550	26410	33500
东莞	5550	24300	24300	24300	24300	24300
中山	7190	7190	7190	7190	7190	7200
潮州	11220	13300	13300	13300	13900	18900
揭阳	15700	15900	15900	15900	17400	21200
云浮	18000	18000	8000	18600	19740	19800
省直	1790	9290	9290	9290	8110	8100

4–23 各市博物馆公用房屋面积(2015–2020年)

单位：平方米

市 别	2015	2016	2017	2018	2019	2020
全 省	**1126490**	**1179930**	**1282430**	**1295850**	**1480070**	**1694700**
广 州	207390	225010	1052740	234260	232660	359900
深 圳	121280	157700	191290	199210	288180	281000
珠 海	10750	10750	10750	10750	10750	35800
汕 头	46500	47750	48720	49720	53510	59300
佛 山	108120	120670	116670	116990	124700	130400
韶 关	37230	37920	37920	37920	44980	46000
江 门	33230	33230	78300	72760	75760	90300
湛 江	67850	67840	68160	68160	68160	68200
茂 名	24810	24810	24810	24810	13470	13500
肇 庆	31530	34420	34420	34420	34470	43100
惠 州	35470	32880	36020	33020	47580	49500
梅 州	53150	53150	53150	53950	53950	76800
汕 尾	12610	12610	12610	12610	12610	14800
河 源	15080	22170	24580	24580	28290	28300
阳 江	22610	22610	25060	25060	29930	40000
清 远	33050	33050	36850	36850	40390	34500
东 莞	73630	51160	57930	65320	113420	113400
中 山	28830	28830	28830	28830	40610	40700
潮 州	27380	27380	29470	29470	29470	29500
揭 阳	48940	48940	49090	49090	49090	49100
云 浮	14070	14070	15070	15070	15070	15100
省 直	72980	72980	73040	73040	73040	75500

4-24 各市文化站公用房屋面积(2015-2020年)

单位：平方米

市 别	2015	2016	2017	2018	2019	2020
全 省	**3176100**	**3236300**	**3268340**	**3317640**	**3532210**	**3636200**
广 州	431590	457610	463530	459290	460560	500900
深 圳	245860	241040	267670	300320	339830	444100
珠 海	70950	73050	75830	75880	81760	83700
汕 头	156060	157980	143400	158460	154570	120800
佛 山	322370	323950	323950	323830	323830	317200
韶 关	78330	80020	80650	80780	81840	97200
江 门	124610	130610	130870	137950	132930	142000
湛 江	136020	146600	142540	138590	144780	140600
茂 名	126700	126970	128340	111110	115140	120000
肇 庆	124490	124850	125920	130430	132590	133900
惠 州	158100	156740	148290	147470	150040	154500
梅 州	139700	140500	140160	140000	142520	139900
汕 尾	36990	36990	36990	36990	35880	33200
河 源	69460	69750	70570	72010	72010	70700
阳 江	47280	47800	48270	48510	53290	58800
清 远	72640	75880	81610	83220	96350	99000
东 莞	470760	480660	495550	506920	621690	580700
中 山	163700	161890	162070	162070	165900	148000
潮 州	44980	46450	45090	46580	53700	62800
揭 阳	86550	87730	87730	87930	96980	109800
云 浮	68960	69230	69310	69310	76020	78400

4-25 各市人均拥有公共图书馆藏书册数(2015-2020年)

单位：册/人

市别	2015	2016	2017	2018	2019	2020
全省	**0.60**	**0.66**	**0.72**	**0.77**	**0.84**	**0.93**
广州	1.06	1.13	1.20	1.33	1.47	1.55
深圳	1.10	1.28	1.30	1.29	1.41	1.60
珠海	0.83	0.84	0.90	0.92	1.02	1.08
汕头	0.27	0.27	0.33	0.35	0.37	0.42
佛山	0.49	0.56	0.63	0.67	0.72	0.77
韶关	0.59	0.65	0.69	0.77	0.84	1.03
江门	0.51	0.52	0.57	0.65	0.70	0.82
湛江	0.21	0.22	0.25	0.29	0.30	0.33
茂名	0.20	0.20	0.27	0.29	0.30	0.32
肇庆	0.52	0.54	0.62	0.65	0.69	0.72
惠州	0.32	0.38	0.40	0.41	0.39	0.41
梅州	0.41	0.45	0.49	0.52	0.56	0.68
汕尾	0.11	0.11	0.12	0.29	0.33	0.39
河源	0.31	0.46	0.54	0.63	0.77	0.85
阳江	0.35	0.37	0.41	0.44	0.49	0.51
清远	0.35	0.35	0.40	0.50	0.62	0.71
东莞	0.25	0.26	0.27	0.29	0.31	0.32
中山	0.43	0.46	0.55	0.58	0.66	0.72
潮州	0.20	0.21	0.23	0.35	0.39	0.49
揭阳	0.18	0.19	0.21	0.23	0.27	0.29
云浮	0.42	0.44	0.48	0.52	0.56	0.61

注：2020年人均藏书册数按全国第七次人口普查数据计算，2015-2019年数据根据全国第七次人口普查数据平滑调整。

4-26 各市公共图书馆人均购书费(2015-2020年)

单位：元/人

市别	2015	2016	2017	2018	2019	2020
全省	**2.03**	**2.49**	**2.71**	**2.68**	**3.03**	**2.48**
广州	2.89	4.39	5.35	4.58	6.31	4.30
深圳	5.46	6.14	6.19	6.28	6.94	6.31
珠海	3.64	4.02	3.71	3.35	4.27	4.63
汕头	0.26	0.20	0.88	0.53	0.43	0.33
佛山	2.06	2.22	2.63	3.14	2.30	1.95
韶关	1.18	1.30	0.71	1.37	0.62	1.63
江门	0.80	0.82	0.90	1.15	1.30	1.70
湛江	0.22	0.21	0.49	0.61	0.42	0.49
茂名	0.15	0.11	0.21	0.58	0.51	0.34
肇庆	1.14	0.51	1.32	0.82	1.02	0.46
惠州	0.71	0.42	0.99	0.69	0.61	0.89
梅州	0.96	0.51	0.88	0.66	0.98	1.23
汕尾	0.09	0.08	0.22	3.23	0.64	0.37
河源	2.45	3.72	0.69	1.05	1.84	1.16
阳江	0.89	1.07	1.78	1.57	1.40	1.26
清远	0.31	0.46	1.08	1.13	1.23	0.78
东莞	0.74	0.70	0.78	0.77	0.78	0.44
中山	1.15	2.22	4.29	4.11	4.43	3.36
潮州	0.17	0.18	0.20	3.92	0.74	0.61
揭阳	0.17	0.36	0.51	0.37	0.41	0.23
云浮	0.25	0.54	0.47	0.56	0.33	0.31

注：2020年人均购书经费按全国第七次人口普查数据计算，2015-2019年数据根据全国第七次人口普查数据平滑调整。

4-27 各市文化文物事业费(2015-2020年)

单位：万元

市 别	2015	2016	2017	2018	2019	2020
全 省	**680475**	**837741**	**1046025**	**1264102**	**1498244**	**1417336**
广 州	147192	183838	228049	251704	248534	200236
深 圳	132582	157902	234416	299189	275325	285528
珠 海	32091	51084	57525	46330	232273	156466
汕 头	11766	14307	21020	25410	49257	22188
佛 山	46428	56148	74613	91177	108711	79468
韶 关	9532	14017	14232	15746	33439	33053
江 门	13394	17487	21672	30548	44946	48756
湛 江	10938	10813	11281	103226	22604	98876
茂 名	5260	5785	7223	12676	16895	12382
肇 庆	11612	17154	17833	19583	22132	25489
惠 州	32425	30762	36680	31956	50800	37976
梅 州	14496	20500	20367	17528	20606	29701
汕 尾	7137	6922	7155	11634	6888	12675
河 源	10516	10172	12828	14816	17758	19916
阳 江	6209	13404	9374	10344	12666	14051
清 远	9338	14149	15575	18697	20919	22177
东 莞	64717	77358	94633	99267	119044	127124
中 山	19334	22429	33805	28908	35411	38629
潮 州	6247	8846	12503	16944	16958	11323
揭 阳	5759	6762	7877	8400	13699	14227
云 浮	5733	6490	8552	6141	5933	19772
省 直	77769	91413	98813	103875	123449	107325

4-28 历年文化文物事业机构数

单位：个

年 份	艺术表演团体（公有制）	艺术表演场所	博物馆	公共图书馆	群众艺术馆、文化馆	文化站
1978	172	7	30	76		15
1979	197	47	25	86	2	1650
1980	195	42	26	97	13	1766
1981	190	40	36	103	14	1802
1982	190	38	45	108	13	1880
1983	186	39	61	108	15	1966
1984	178	38	87	114	15	2006
1985	171	38	106	117	15	1989
1986	159	96	106	117	15	2046
1987	155	92	106	118	16	2046
1988	131	83	101	100	16	1753
1989	131	82	101	102	19	1788
1990	130	83	106	103	20	1809
1991	122	78	107	104	20	1839
1992	125	80	108	108	20	1920
1993	126	81	108	110	20	1957
1994	132	78	111	111	20	1927
1995	134	79	113	114	21	1957
1996	136	69	114	115	137	1878
1997	138	75	117	119	139	1923
1998	139	76	122	120	139	1913
1999	140	76	128	121	139	1902
2000	138	76	131	125	140	1902
2001	139	69	140	129	140	1868
2002	141	71	140	131	142	1802
2003	144	70	144	129	139	1700
2004	140	69	143	128	141	1601
2005	139	68	146	129	139	1586
2006	138	67	147	129	142	1589
2007	128	46	153	130	143	1597
2008	127	48	152	132	143	1600
2009	119	45	152	133	145	1594
2010	111	44	164	133	144	1594
2011	89	40	161	134	154	1596
2012	58	28	168	137	145	1599
2013	75	45	175	137	147	1599
2014	72	44	176	138	147	1599
2015	72	66	177	140	146	1596
2016	72	75	177	142	146	1602
2017	74	83	184	143	146	1610
2018	74	86	184	143	145	1610
2019	72	84	241	146	145	1614
2020	71	118	296	148	144	1619

4-29 历年公共图书馆业务活动情况

年 份	机构数（个）	总藏量（万册、件）	#书 刊	总流通人次（万人次）	#外借人次	书刊文献外借册次（万册次）	发放借书证数（万个）
1986	117	1096	1096	804		928	37
1990	103	1261	1261	903		1441	50
1991	104	1327	1319	1241	480	663	49
1992	108	1408	1396	1452	478	607	32
1993	110	1494	1479	1432	469	619	36
1994	111	1591	1570	1631	527	666	43
1995	114	1651	1633	1447	504	687	49
1996	115	1860	1840	1500	586	858	35
1997	119	1901	1879	1634	660	983	42
1998	120	2027	2000	1857	737	1142	45
1999	121	2088	2051	2026	734	1136	44
2000	125	2330	2296	2517	840	1234	44
2001	129	2239	2186	2505	880	1236	89
2002	131	2300	2227	2627	992	2843	119
2003	129	2498	2431	2635	1032	3132	129
2004	128	2740	2637	3021	1021	1636	141
2005	129	3119	3059	3543	1511	2037	144
2006	129	3454	3316	4695	1777	3097	173
2007	130	3698	3540	3819	1115	1851	190
2008	132	3995	3904	4101	1173	2081	209
2009	133	4367	4112	4565	1238	2536	245
2010	133	4615	4336	4540	1166	2267	258
2011	134	5890	4713	6072	1329	2618	300
2012	137	6567	5096	6418	1459	3070	342
2013	137	6101	5629	7357	1588	3499	410
2014	138	6367	5997	7657	1698	3848	438
2015	140	7008	6616	7855	1697	4377	524
2016	142	7900	7229	8335	1954	5219	620
2017	143	8708	7958	9147	2111	6851	680
2018	143	9548	8730	10518	2161	7213	747
2019	146	10543	9611	12201	2349	7933	860
2020	148	11687	10720	5494	1432	5991	935

注：1.表中1986年数包括海南行政区。
2.书刊是指古籍、报刊、图书。

4-30 历年群众文化事业业务活动、经费收支及设施情况

年 份	机构数（个）	举办展览个数（个）	组织文艺活动次数（次）	举办培训班次（次）
1986	152	839	2151	1290
1990	145	724	2338	1808
1991	142	668	3472	2235
1992	146	833	2634	1846
1993	184	665	2902	2197
1994	948	1279	4093	3247
1995	1100	1619	5377	3949
1996	2015	5228	18031	10811
1997	2062	6304	21200	10734
1998	2052	5778	21327	13802
1999	2041	7076	21327	10941
2000	2024	6918	22969	11932
2001	2008	6523	22980	13611
2002	1944	6569	22099	13218
2003	1839	6997	21824	13190
2004	1742	6609	23658	14735
2005	1725	7228	23132	14288
2006	1731	7392	25285	19613
2007	1740	7268	34004	17924
2008	1743	7760	30555	20817
2009	1739	7536	29983	27522
2010	1738	7399	32382	29041
2011	1740	7930	37970	29590
2012	1744	7627	38842	30198
2013	1746	8176	41121	31158
2014	1746	7979	47791	45111
2015	1742	8199	50270	45679
2016	1748	8758	57166	52333
2017	1756	8774	56705	62429
2018	1755	8879	62742	69550
2019	1759	9731	75484	85036
2020	1763	7131	54739	73294

4-30 续表

年 份	收入合计（万元）	#财政补助收入	支出合计（万元）	公用房屋建筑面积（万米^2）
1986	192		912	9
1990	414		1478	19
1991	1990	1250	1846	13
1992	2500	1448	2198	15
1993	3676	2064	3108	15
1994	5312	2854	4864	46
1995	6714	3514	5937	26
1996	17187	5551	17005	138
1997	21005	6847	20497	140
1998	24696	8757	25189	159
1999	27976	11805	27814	180
2000	26414	12113	27213	193
2001	27827	14671	26853	193
2002	32250	18455	32677	207
2003	43554	25682	42018	288
2004	49354	31799	47538	232
2005	61089	40125	57669	238
2006	72577	47583	69416	235
2007	79486	56138	76499	261
2008	85678	64876	84031	284
2009	92396	75038	89841	278
2010	109816	85211	101362	270
2011	129786	116226	137740	332
2012	154069	136560	150638	346
2013	166169	143041	161075	357
2014	173539	152669	170951	366
2015	203182	181570	193291	389
2016	243539	221674	230000	392
2017	281003	265738	279593	395
2018	407841	394114	330415	399
2019	368950	355110	388200	425
2020	387156	373343	402269	447

4-31 历年博物馆业务活动情况

年 份	机构数（个）	藏品数（件）	#文物藏品一级品	参观人次（万人次）	#未成年人次
1985	106	342909	1470	633	
1986	106	354569	1573	688	
1990	106	412249	1708	666	
1991	107	418321	1448	715	
1992	108	444682	1443	1198	
1993	108	461828	1565	594	
1994	111	459243	952	562	
1995	113	458864	1062	550	
1996	114	466919	1105	655	
1997	117	464157	1353	732	
1998	122	463131	1180	703	
1999	128	472204	1491	731	
2000	131	490948	1843	822	
2001	140	492298	1174	839	266
2002	140	530249	1200	866	223
2003	144	542982	1195	826	132
2004	143	592570	1136	1002	303
2005	146	662177	1120	1036	288
2006	147	712703	1163	1071	281
2007	153	703627	1172	1130	249
2008	152	710814	1186	1251	297
2009	152	828060	1296	1891	488
2010	164	807102	1289	2457	521
2011	161	838181	1321	2761	562
2012	168	982169	1318	3204	618
2013	175	996706	1362	3599	782
2014	176	1080018	1352	4021	904
2015	177	958465	1353	4252	912
2016	177	953330	1374	4727	1082
2017	184	1004848	1414	5111	1370
2018	184	1038580	1414	5512	1448
2019	241	1218419	1559	6861	1837
2020	296	2531279	2244	2494	632

主要统计指标解释

文化机构 是指专门从事文化工作并具有法人资格，独立核算的事业、企业单位以及单独核算，附属于事业单位的经营性专业文化活动单位。包括从事艺术、图书馆、群众文化、文物管理、文化艺术教育、娱乐等机构以及其他文化机构。

艺术表演团体 是指从事戏曲、音乐、舞蹈、杂技等专业艺术表演，具有独立账户，实行单独核算的团体，不包括半工半艺、半农半艺和民间职业剧团。

艺术表演场所 是指由各级文化主管部门、文化单位和其他部门(除部队系统外)举办的，具有观众厅、舞台、灯光设备，经常供专业艺术表演团体演出，并在工商、税务部门登记，公开售票的营业场所。

图书馆 是指通过文献、信息的收集、整理、存储和利用，为社会读者服务的文化、教育与科学机构。

图书馆总藏量 是指本馆已编目的古籍、图书、期刊和报纸的合订本、小册子、手稿以及缩微制品、录像带、录音带、光盘等视听文献资料数量之和。

文物机构 包括文物管理机构、博物馆(综合类博物馆、历史类博物馆、艺术类博物馆、自然科技类博物馆及其他博物馆)和文物店的文物专业机构。

藏品 藏品是文博机构根据收藏品的文化属性、自然属性等情况，所划分的文物藏品、模型藏品(含具有收藏、展示价值的雕塑、绘画等艺术作品)和复制品藏品的总和。

五、劳动就业和社会保障

简要说明

1．本篇资料主要反映广东省劳动就业和社会保险的基本情况。

2. 本篇资料主要包括：

(1)劳动合同签订情况，劳动争议仲裁情况，职业介绍情况，就业和失业情况，基本养老、职工医疗、失业、工伤、生育保险情况以及社会保险基金收入、支出、结余等情况。

(2)地区全省 21 个地级以上市。

(3)年份主要为 2013—2020 年数据。

3．统计资料来源：本篇资料由广东省人力资源和社会保障厅、广东省社会保险基金管理局、广东省医疗保障局负责整理、审核、提供。

2020 年广东省劳动就业和社会保障概述

2020 年，全省人社系统坚持以习近平新时代中国特色社会主义思想为指导，深入学习贯彻党的十九大和十九届二中、三中、四中、五中全会精神，深入贯彻落实习近平总书记出席深圳经济特区建立 40 周年庆祝大会和视察广东重要讲话、重要指示精神，坚决落实人社部和省委、省政府各项决策部署，坚定不移把就业优先政策抓紧抓实抓到位，把保障改善民生作为根本出发点和落脚点，各项工作取得新进展、新突破、新成效。

一、劳动就业方面

（一）完善就业优先政策体系。制定出台 2.0 版“促进就业九条”，提出 66 项促就业政策点。建立“1+4”防范和应对大规模裁员和失业风险预案。修订实施公益性岗位管理办法，强化对困难人员的兜底帮扶。率先出台实施灵活就业人员服务管理办法。印发我省支持多渠道灵活就业实施意见、高校毕业生就业攻坚十大行动、国有企业吸纳高校毕业生、基层公共就业创业服务岗位吸纳高校毕业生等文件，联合教育等 4 部门出台补助盲人按摩机构稳定残疾人就业和维护疫情严重地区务工人员就业权利等文件，着力构建稳就业保居民就业政策体系。

（二）聚焦打赢疫情防控阻击战有序推进复工复产。坚持把统筹推进疫情防控和经济社会发展工作作为重中之重，坚持减负稳岗扩就业并举，全力支持企业渡过难关。研究报送省政府复工复产 20 条、省委统筹推进新冠肺炎疫情防控和经济社会发展工作的若干措施等涉及人社职责的政策。出台应对疫情影响稳就业政策，协助构建支持复工复产政策体系。建立 24 小时重点企业用工调度保障、网络招聘供需对接机制，立足市级用工调剂、省内劳动力开发、省际劳务协作加大用工调度，珠三角市级用工调剂超过 10 万人次。组织包机 5 架次、专列 73 趟、专车 6795 班次，“点对点、一站式”接回外省务工人员 27.6 万人，带动 1000 万人有序返粤返岗。实施疫情防控物资企业吸纳就业补贴、受疫情影响职工工资补贴等超过 8000 万元。面向“三个一百”重点企业、制造核心企业以及中小微和服务业企业，开展送政策、送资金、送技工“三送”活动，探索实施免申请、承诺制等方式，第一时间把惠企政策转变为“救命钱”“及时雨”，全年为全省 304.4 万家企业减免延缴三项社保费 1970.6 亿元，向 190.91 万家企业发放失业保险稳岗返还 130.07 亿元，向 4 万家企业发放以工代训资金 38.85 亿元。

（三）全力做好重点群体特别是高校毕业生就业工作。切实将高校毕业生就业放在首位，实施高校毕业生就业攻坚行动。扩大政策性岗位供给，公务员、事业单位、国企、基层项目提供政策性岗位超 12.5 万个。截至 2020 年底，应届高校毕业生整体就业率超 97%，离校未就业高校毕业生就业率超过 90%，建档立卡贫困家庭毕业生 100%实现就业。开展落实“三稳”工作督导，协作地区贫困劳动力在粤稳定就业率 90%以上，切实将其稳在岗位、稳在企业、稳在广东。加大公益性岗位安置力度。鼓励各类用人单位吸纳就业困难人员就业，出台对吸纳长期失业人员给予一次性 5000 元补贴的新政策。指导各地做好企业规模裁员分流安置工作，努力将农民工稳在岗位、稳在企业、稳在当地。

（四）构建和谐稳定劳动关系。注重加强形势分析，及时掌握劳动争议发生原因、发展趋势、构成特点，及时妥善处理大量劳动人事争议案件。对标“根治欠薪”要求扎实推进欠薪治理。健全劳动关系领域形势分析、信息共享、研判预警机制。强化劳动监察日常监管，依法严肃查处使用童工等重大违法行为，扎实推进根治欠薪工作，坚决防范处置劳动关系领域涉稳风险。2020 年，全省劳动人事争议调解仲裁结案 40.59 万件，涉案金额达到 104.84 亿元，分别同比上升 27.27%、20.85%；全省办结劳动保障监察案件 8639 件、处置 30 人以上群体性事件 45 宗、处理欠薪案件 2707 件、欠薪群体性事件 5 宗，同比分别下降 14.97%、37.50%、18.76%、72.22%，累计为 9.75 万劳动者追回工资待遇 9.58 亿元。

二、社会保障方面

（一）参保范围不断扩大，保障能力显著增强。加大社保扩面征缴力度，完善灵活就业人员参加企业养老保险政策，落实困难群体参加城乡居民养老保险政府代缴政策，推行建筑工程按项目参加工伤保险办法，出台灵活就业人员、公务员参加工伤保险办法，参保人数稳步增长。截至2020年底，全省城镇职工基本养老保险、城乡居民基本养老保险、失业保险、工伤保险参保人数分别为4873.1万人、2657.2万人、3603.4万人、3866.7万人，同比分别增长5.2%、0.6%、2.9%、1.3%。2020年1–12月，全省城镇职工基本养老保险、城乡居民基本养老保险、失业保险、工伤保险基金征缴收入分别为2953.9亿元、55亿元、49.2亿元、20.3亿元，基金待遇支出分别为3096.9亿元、260.3亿元、84.1亿元、70.9亿元，基金累计结余分别为12338.3亿元、475.1亿元、473亿元、232.1亿元。

（二）社会保险待遇稳步提高，人民群众获得感持续增强。完善社会保险待遇正常调整机制，连续16年提高企业退休人员养老金水平，2020年调整后达2760元，"十三五"期间年均增长5.9%；建立城乡居保待遇和基础养老金正常调整机制，城乡居保基础养老金最低标准从每人每月170元提高到180元，增长5.88%；全省失业保险金标准由最低工资标准的80%提高至90%，人均领取失业金1691元/月，比2015年人均1234元/月增长37.0%；人均工伤伤残津贴达4353元/月。

（三）完善社保制度体系，深入推进社保体制机制改革。进一步规范企业养老保险省级统筹制度，自2021年1月1日起按规定调整费率至14%。稳妥推进机关事业单位养老保险制度改革。落实城乡居保基金市级管理改革，全省各地级以上市实现"六统一"基金管理模式。积极推进失业保险基金省级统筹，落实失业保险扩大保障范围政策，2020年全年发放失业补助金20.96亿元，惠及99.29万人。深化工伤保险基金省级统筹。出台特定人员参加工伤保险办法，创新办法将超过法定退休年龄劳动者、实习学生、村居两委干部、家政服务机构从业人员、新业态从业人员、提供公共服务的志愿者等非劳动关系人员纳入工伤保险范围。完善港澳台居民参保政策。在全国率先开展养老保险基金委托投资运营，为全国探索社保基金保值增值途径制定投资管理办法提供了实践基础。

（四）全面实施社保费减免政策，加大降费力度，支撑实体经济发展。为全面应对新冠疫情，根据国家相关文件精神并结合广东实际，出台一系列文件阶段性减免、延缴、缓缴企业养老保险、失业保险、工伤保险费，2020年阶段性减免延缓养老、失业、工伤保险费1970.6亿元，向129.75万家企业稳岗返还133亿元。持续降低失业保险费率，2019年10月1日起进一步阶段性调整失业保险浮动费率制度，全省用人单位平均缴费费率进一步降至0.44%。降低工伤保险费率，2019年起实施阶段性降低工伤保险费率50%的政策，并延长至2021年4月底，平均工伤保险费率降至0.16%，为全国最低，2020年全省降成本约36亿元。发挥失业保险援企稳岗功能，全省向190.91万家次参保企业发放失业保险稳岗返还130.07亿元，惠及职工3687.14万人次。

（五）优化社保经办服务，提升管理服务水平。建成全省统一的集中式社保信息系统，专业化、标准化、信息化程度不断提高。持续推进全省事项标准化建设。规范经办服务管理，将"一窗受理""一网通办"与业务通办工作深度融合，组织实施"人社快办"行动，推动落实13项业务的省内通办和9项业务的跨省通办。提升业务网办水平，实现省本级100%网上可办、50项网上全流程办理、13项秒办秒批，17项纳入第一批四免清单，56项证明材料通过告知承诺制、数据共享和材料电子影像化等方式取消提交。扩大服务供给覆盖面，全面贯通省、市、县、镇、村五级网络，继续加大社银合作力度，形成1584个镇级公共服务平台与1407个合作金融机构网点互补的服务网络，向全省城乡居保参保人提供就近、便捷、高效的经办服务。社会保障卡实现全覆盖、多应用，持卡人数达11428万人，常住人口持卡率达98.95%。

撰稿：刘梓君

5-1 劳动人事争议仲裁情况(2020年)

项　　目	单位	合计	国有企业	集体企业	港澳台及外资企业	私营企业	机关	事业单位	社会团体	军队文职人员单位聘用	其他
上年末结争议案件数	(件)	11486	42	22	472	9344	12	64	19		1511
当期立案受理情况											
立案受理案件总数	(件)	163568	575	171	7245	130085	283	786	211	26	24186
集体劳动争议	(件)	3485	7	3	327	2670	3	2	4	1	468
劳动者申诉	(件)	159121	530	171	7147	126480	276	738	200	26	23553
按争议类型分											
劳动报酬	(件)	68288	131	41	2114	56408	90	147	102	1	9254
社会保险	(件)	12618	58	27	712	9921	12	30	5		1853
确认劳动关系	(件)	9301	44	26	739	7216	24	75	6	5	1166
工作时间及休假	(件)	1459	12	5	63	1210	4	3	2		160
解除、终止劳动合同	(件)	54231	274	58	2896	42636	138	410	73	17	7729
履行聘用合同	(件)	10						2			8
解除人事关系	(件)	26						14			12
其他	(件)	17635	56	14	721	12694	15	105	23	3	4004
立案受理案件涉及劳动者人数	(人)	243364	674	423	16924	187507	356	886	263	35	36296
集体劳动争议	(人)	82547	101	234	9888	59757	76	96	54	10	12331
案件处理情况											
结案数	(件)	168845	586	180	7468	134561	284	810	211	25	24720
按处理方式分											
仲裁调解	(件)	80443	260	70	3005	64761	154	375	103	13	11702
仲裁裁决	(件)	80487	303	100	4128	63738	123	407	101	12	11575
其他	(件)	7915	23	10	335	6062	7	28	7		1443
按处理结果分											
用人单位胜诉	(件)	15810	114	29	1088	12137	54	114	22	3	2249
劳动者胜诉	(件)	31171	57	24	1805	24874	21	152	37	4	4197
双方部分胜诉	(件)	90049	330	87	3612	71011	164	421	105	18	14301
其他	(件)	31815	85	40	963	26539	45	123	47		3973
期末累计未结案数	(件)	6209	31	13	249	4868	11	40	19	1	977
案外调解案件数	(件)	261937	6136	275	23624	206681	302	236	146	1	24536

5-2 各市职业技能鉴定综合情况(2013-2020年)

市　别	期末职业技能鉴定机构（个）							
	2013	2014	2015	2016	2017	2018	2019	2020
全　省	**557**	**563**	**554**	**575**	**455**	**423**	**404**	**112**
广　州	94	94	95	93	57	54	53	5
深　圳	51	51	51	52	52	24	15	8
珠　海	7	7	8	7	10	9	10	1
汕　头	7	7	7	7	6	5	5	1
佛　山	26	19	28	35	33	32	34	11
韶　关	12	13	12	11	8	10	8	1
河　源	12	12	11	15	15	16	16	4
梅　州	14	14	15	15	15	15	14	6
惠　州	23	25	27	25	25	25	22	5
汕　尾	6	6	6	6	7	6	8	5
东　莞	7	11	7	15	15	15	19	3
中　山	8	11	8	10	10	9	9	3
江　门	20	21	17	21	22	22	21	6
阳　江	10	10	7	7	9	9	5	2
湛　江	16	17	17	17	17	17	17	13
茂　名	11	11	10	10	10	10	11	7
肇　庆	20	20	19	21	22	21	19	6
清　远	11	12	14	15	15	15	15	3
潮　州	10	10	10	10	8	8	8	
揭　阳	15	16	14	16	16	16	16	2
云　浮	12	12	12	10	11	11	12	6
省　直	165	164	159	157	72	74	67	14
按经济区域分								
珠 三 角	256	259	260	279	318	285	250	62
东　翼	38	39	37	39	37	35	37	8
西　翼	37	38	34	34	36	36	33	28
山　区	61	63	64	66	64	67	84	14

注：2020年国家全面完成水平评价类技能人员职业资格退出国家职业资格目录，国家《职业资格目录清单》之外不得开展职业资格许可和职业资格认定，因此职业技能鉴定机构大幅减少。

5-2 续表1

市　别	本期参加鉴定考核(人)							
	2013	2014	2015	2016	2017	2018	2019	2020
全　省	**1747737**	**1655521**	**1683826**	**1312832**	**1045362**	**742270**	**702789**	**702452**
广　州	360743	347785	284727	259881	192331	125101	98305	43072
深　圳	61311	70205	82173	52244	93698	34280	23488	37798
珠　海	21232	20689	26757	17978	14310	12274	12206	9445
汕　头	18388	21997	15245	6890	7494	7848	6185	8514
佛　山	96853	60349	72157	66362	49022	50080	54679	41132
韶　关	48861	29674	33427	18255	18877	11882	10123	8002
河　源	25318	21462	20239	29521	9533	6586	7343	6670
梅　州	47203	22156	29644	33261	16254	15440	23462	14360
惠　州	36105	46824	36014	30217	23234	18103	18952	17795
汕　尾	5512	5489	3042	6762	15493	10548	9586	3741
东　莞	22720	27812	52345	52932	23959	21062	18813	7191
中　山	27653	23648	33340	24516	18982	12763	13259	12897
江　门	45826	35631	43943	42327	27424	20203	17838	10740
阳　江	37883	10962	5409	4936	7813	10321	8440	5334
湛　江	49996	43932	42957	40734	32221	25319	27766	14975
茂　名	46116	23912	34215	23905	32467	28373	36039	38161
肇　庆	41618	20521	34636	36971	33362	20246	16022	13505
清　远	29981	45643	58955	40403	23738	20037	19932	17384
潮　州	13409	15188	15887	15048	6486	4516	4365	5859
揭　阳	21236	17835	9019	10554	19241	9236	11796	10613
云　浮	37050	52108	9527	17620	12930	8984	13784	7859
省　直	652723	691699	740168	481515	366493	269068	250406	367405
按经济区域分								
珠三角	714061	653464	666092	583428	476322	314112	273562	193575
东　翼	58545	60509	43193	39254	48714	32148	31932	28727
西　翼	133995	78806	82581	69575	72501	64013	72245	58470
山　区	188413	171043	151792	139060	81332	62929	74644	54275

注：2020年国家全面完成水平评价类技能人员职业资格退出国家职业资格目录，同时推行社会化职业技能等级认定，2020年全省职业技能等级认定试点评价2.22万人次，获证1.34万人次。

5-2 续表2

市 别	本期获取职业资格证书(人)							
	2013	2014	2015	2016	2017	2018	2019	2020
全 省	**1352527**	**1234363**	**1156563**	**867702**	**649818**	**445885**	**441370**	**393451**
广 州	298792	283719	219693	202142	149279	96089	74609	31338
深 圳	26755	29907	32613	29758	39876	19389	16896	15103
珠 海	17692	16630	18886	11361	9273	7274	7538	6059
汕 头	15357	17962	12422	4903	5390	5250	4576	6635
佛 山	74418	34478	42107	42120	32558	32579	39866	30678
韶 关	42007	23329	24021	15379	16005	9169	7809	6033
河 源	21388	16243	13458	18562	5702	4514	4958	4782
梅 州	41951	18987	19751	25885	11833	11391	18843	12553
惠 州	30728	41469	31997	20550	16277	10612	13833	14578
汕 尾	4466	4486	2191	5647	12915	8536	7153	3061
东 莞	15188	20777	37010	37200	15815	12956	12006	5036
中 山	25011	21010	27867	18081	15658	10860	11105	10484
江 门	38322	27192	30031	24659	18733	12504	11132	6788
阳 江	33745	9305	3505	2959	5133	6163	5890	3706
湛 江	43467	37949	37238	35137	25362	17477	19756	11090
茂 名	34588	18925	25823	16100	23420	19095	27210	31067
肇 庆	37142	18395	26888	25413	21783	12841	10091	9315
清 远	26726	37733	39407	25110	14794	10703	10021	10948
潮 州	11698	13678	13995	12386	5276	3551	3397	5391
揭 阳	19067	15529	7580	8862	15755	7539	9265	8807
云 浮	31506	44129	7778	14382	10354	6472	11429	6483
省 直	462513	482531	482302	271106	178627	120921	113987	153516
按经济区域分								
珠三角	564048	493577	467092	411284	319252	215104	197076	129379
东 翼	50588	51655	36188	31798	39336	24876	24391	23894
西 翼	111800	66179	66566	54196	53915	42735	52856	45863
山 区	163578	140421	104415	99318	58688	42249	53060	40799

注：2020年国家全面完成水平评价类技能人员职业资格退出国家职业资格目录，同时推行社会化职业技能等级认定，2020年全省职业技能等级认定试点评价2.22万人次，获证1.34万人次。

5-3 各市就业再就业进展情况(2013—2020年)

市　别	城镇新增就业人数(人)							
	2013	2014	2015	2016	2017	2018	2019	2020
全　省	**1645396**	**1596011**	**1555421**	**1470549**	**1488981**	**1476511**	**1399571**	**1336995**
广　州	536170	495003	432578	427346	413825	407783	337337	295033
深　圳	84342	93010	96930	103117	100844	109174	160302	173003
珠　海	43308	45876	47585	46968	46923	47095	40856	38040
汕　头	61644	61026	60615	54806	61845	53923	49130	49700
佛　山	90961	82363	82699	80852	85918	85741	86570	86176
韶　关	53904	51754	51410	34846	35001	33414	30342	25342
河　源	49050	41643	42755	40587	43453	45839	36426	36417
梅　州	32374	31939	31052	30679	30726	25788	22085	20942
惠　州	65603	72883	75066	71685	75408	73443	71577	71004
汕　尾	45503	46488	48902	48633	48634	50477	50051	52256
东　莞	84835	83956	84667	83269	85011	95362	94977	94771
中　山	50882	55965	65915	47128	61073	62009	57094	56989
江　门	47065	47354	49088	47520	48227	48810	47118	45945
阳　江	44630	42506	42468	41919	39321	36756	33121	25302
湛　江	73119	77284	77637	78482	79831	79821	73809	71914
茂　名	75015	71286	71269	71252	70566	64743	60124	50546
肇　庆	47196	48113	49622	43516	42740	43791	44684	42128
清　远	52756	51952	51215	46356	47838	44111	37139	36185
潮　州	31273	25013	23775	20213	18733	15181	15179	15151
揭　阳	35816	35015	35993	30952	32029	32633	31615	30620
云　浮	39950	35582	34180	20423	21035	20617	20035	19531

5-3 续表1

市别	城镇失业人员再就业人数（人）							
	2013	2014	2015	2016	2017	2018	2019	2020
全省	**677163**	**686746**	**672233**	**624716**	**619507**	**538976**	**551269**	**516762**
广州	215894	268866	274968	248239	232280	138313	177177	154599
深圳	43271	32592	21500	22402	28651	31500	29485	26880
珠海	13352	13252	12809	13106	12695	12868	10433	12566
汕头	31152	28270	29045	29187	31490	28257	25295	27262
佛山	43384	40433	38712	34573	36247	35416	35548	35194
韶关	42543	40555	39109	29652	28535	29635	22752	22268
河源	10800	10227	9310	8014	8421	8549	8754	8797
梅州	28975	27151	25472	24070	24262	24591	16814	16438
惠州	21198	20514	18703	18816	19183	18955	18859	19006
汕尾	23222	22834	20983	20061	21887	20582	22013	15462
东莞	8213	8343	9276	10136	11441	19844	19931	16727
中山	7681	5477	7355	8721	8835	11213	10666	15033
江门	34187	32058	32680	31958	32762	33421	31953	31864
阳江	29729	27452	24398	23057	22223	21880	13324	13138
湛江	43479	39305	37848	37362	35146	36329	42471	35885
茂名	21291	17740	17082	17070	17134	19122	17049	17256
肇庆	11286	12696	14107	12560	12401	12711	13236	13145
清远	15329	13350	13327	13138	13311	13247	15074	14709
潮州	8112	4027	4526	4028	4163	4062	4026	4021
揭阳	12605	12277	12202	11154	11207	11163	10091	10220
云浮	11460	9327	8821	7412	7233	7318	6318	6292

5-3 续表2

市别	就业困难人员实现再就业人数（人）							
	2013	2014	2015	2016	2017	2018	2019	2020
全 省	**201651**	**187459**	**183981**	**169938**	**172589**	**167950**	**138871**	**113013**
广 州	118208	115488	115633	109736	117333	113904	90690	68460
深 圳	26190	18942	10663	10855	10050	7140	5065	3739
珠 海	2286	2188	2576	2273	2230	2265	2203	2000
汕 头	3176	3163	3012	2935	2922	2750	2591	2508
佛 山	11883	8098	8547	6960	7197	6768	7219	7406
韶 关	3598	3101	4062	2666	2717	2561	2317	2219
河 源	2140	2133	2278	3211	2325	2087	2391	2583
梅 州	3511	3289	3533	3242	2660	2533	1652	1625
惠 州	3453	3579	3632	3231	3501	3162	3196	2910
汕 尾	2209	2213	2107	2079	2301	2413	2316	1638
东 莞	2723	2637	2604	2203	2213	4493	2733	2121
中 山	1349	1257	1824	1336	1308	1297	1280	1275
江 门	2854	2647	5231	3199	2883	3022	2885	2549
阳 江	3495	2721	2913	2429	2270	2152	2098	2060
湛 江	1891	1729	1677	1252	1057	1016	1070	1107
茂 名	3522	3688	3236	2245	2083	2420	2243	2018
肇 庆	1848	2109	2667	2072	1928	2475	2074	2096
清 远	1110	3020	1453	1227	1359	1360	1363	1253
潮 州	1389	1014	1773	2289	1098	1028	1021	1016
揭 阳	2098	2058	2256	2102	2050	2040	1542	1532
云 浮	2718	2385	2304	2396	1104	1064	922	898

5-4 职业介绍工作情况(2009-2020年)

年 份	期末职业介绍机构(个)	本期单位登记招聘(人)	本期登记求职(人)	本期职业指导(人)	本期介绍成功(人)
2009	1850	11226180	10023535	3537443	3921215
2010	1817	8951958	7306739	2540150	2382833
2011	1803	8927994	6516529	2514776	2156377
2012	1755	11585779	10757844	3626594	3832113
2013	1419	5374076	3044225	713675	1216890
2014	1661	5533418	3258464	901833	1446366
2015	1482	6405494	3971046	1025018	1346625
2016	1562	6606302	3117370	810308	1018032
2017	1820	6220386	3468471	757998	
2018	1655	5861408	3233291	843232	
2019	1509	5428000	3228467	798546	
2020	1508	4849414	2106858	669281	

注：根据人社部统计调查制度，从2017年起不再统计“本期职业介绍成功人次”。

5-5 各市养老、失业、工伤保险参保人数(2020年)

单位：人

市别	基本养老保险	城镇职工基本养老保险	企业+其他	城乡居民基本养老保险	失业保险	工伤保险
全省	**75302223**	**48730604**	**45510467**	**26571619**	**36034313**	**38666578**
广州	9632943	8204077	7823361	1428866	6918212	6829268
深圳	12696858	12685530	12447678	11328	12224363	12417355
珠海	1566091	1468847	1402356	97244	1180909	1191249
汕头	3164001	990087	837909	2173914	540053	780556
佛山	4615116	4105894	3926339	509222	3063907	3359892
韶关	1770094	735212	597982	1034882	338201	428801
河源	1856595	527736	428322	1328859	272445	350202
梅州	2708335	1009300	839074	1699035	374078	505080
惠州	3080725	1997021	1841450	1083704	1500885	1595291
汕尾	1193580	312244	229981	881336	123386	168082
东莞	5969418	5909491	5809506	59927	4378565	4526485
中山	2375034	2368308	2294105	6726	1679117	1693848
江门	3056257	1533482	1394634	1522775	940246	1031174
阳江	1668702	420441	329471	1248261	190386	304230
湛江	3847234	1045987	852844	2801247	467016	529893
茂名	3493110	812084	621826	2681026	337999	369368
肇庆	2425327	803263	665159	1622064	466926	517458
清远	2487368	850066	723666	1637302	469529	527361
潮州	1569943	488496	411685	1081447	210337	374378
揭阳	3070358	622156	471445	2448202	173729	276189
云浮	1575952	361700	280546	1214252	184024	223292
省直	1479182	1479182	1281128			667126
按经济区域分						
珠三角	45417769	39075913	37604588	6341856	32353130	33162020
东翼	8997882	2412983	1951020	6584899	1047505	1599205
西翼	9009046	2278512	1804141	6730534	995401	1203491
山区	10398344	3484014	2869590	6914330	1638277	2034736

注：各区域不包括省直。

5-6 各市城镇职工基本养老保险参保人数(2013-2020年)

单位：人

市别	2013	2014	2015	2016	2017	2018	2019	2020
全省	**41830372**	**48094651**	**50865270**	**53924323**	**52870775**	**49196558**	**46334397**	**48730604**
广州	6029256	9255618	10082417	11022950	8647125	7835244	7689932	8204077
深圳	8349147	8700187	9536284	10288926	11335302	11569970	12136911	12685530
珠海	1077967	1098172	1119736	1149873	1217071	1295362	1350415	1468847
汕头	1278801	1479812	1549391	1610806	1399337	1345533	940740	990087
佛山	3519813	3941387	4330233	4831894	4817252	4254980	3855516	4105894
韶关	617485	657828	678239	691724	713473	784726	683112	735212
河源	449296	730407	755554	789619	591848	502914	464854	527736
梅州	917931	964969	980987	1018088	1056752	1074669	934517	1009300
惠州	2068017	2129107	2121840	2257171	2300054	2204588	1866355	1997021
汕尾	452740	504331	519194	578165	363834	345850	286896	312244
东莞	5292575	6307614	6706260	6779214	6870729	5902927	5866039	5909491
中山	2170032	2196658	2385219	2420049	3082839	2563779	2272298	2368308
江门	1812026	1861874	1919834	1935710	1862082	1678236	1480297	1533482
阳江	529491	553305	569981	584853	461330	511594	383890	420441
湛江	992790	1065665	1111628	1148860	1217082	1253212	1017840	1045987
茂名	879206	852293	966861	1050009	1064936	1026408	783671	812084
肇庆	720716	744478	763506	819604	820873	893674	736651	803263
清远	753357	1026356	1071102	1116053	1184815	843750	771255	850066
潮州	622371	571101	583203	600681	561727	603853	449383	488496
揭阳	933835	942865	961179	989222	749724	765418	564012	622156
云浮	347014	419677	435193	448280	428961	346450	327633	361700
省直	2016506	2090947	1717429	1792572	2123629	1593421	1472180	1479182
按经济区域分								
珠三角	31039549	36235095	38965329	41505391	40953327	38198760	37254414	39075913
东翼	3287747	3498109	3612967	3778874	3074622	3060654	2241031	2412983
西翼	2401487	2471263	2648470	2783722	2743348	2791214	2185401	2278512
山区	3085083	3799237	3921075	4063764	3975849	3552509	3181371	3484014

注：各区域不包括省直。

5-7 各市城镇职工基本养老保险(执行企业养老保险制度)参保人数(2013-2020年)

单位：人

市　别	2013	2014	2015	2016	2017	2018	2019	2020
全　省	**40146329**	**46360502**	**49172179**	**52479874**	**50745794**	**46259117**	**43257786**	**45510467**
广　州	6029256	9255618	10082417	11022950	8647125	7512575	7335424	7823361
深　圳	8288069	8640601	9470021	10240743	11188089	11385332	11924058	12447678
珠　海	989613	1006941	1027078	1149873	1195361	1241975	1288284	1402356
汕　头	1185569	1388184	1458401	1518963	1291594	1209218	793286	837909
佛　山	3398934	3825892	4214209	4702652	4658312	4077792	3681306	3926339
韶　关	547084	584221	605315	618343	630403	662158	550745	597982
河　源	385714	665823	693973	724374	506337	415324	368730	428322
梅　州	828700	875579	893697	930798	918350	914049	767539	839074
惠　州	1954508	2033153	2023751	2257171	2164117	2062369	1714546	1841450
汕　尾	405922	455975	470847	514467	300136	270129	206564	229981
东　莞	5238314	6253061	6706260	6705561	6781806	5809857	5771314	5809506
中　山	2170032	2116574	2290617	2420049	3018414	2495650	2200589	2294105
江　门	1696284	1748845	1807120	1822333	1748257	1545312	1347773	1394634
阳　江	473627	497873	520268	535436	408250	431040	295045	329471
湛　江	868875	943710	987168	1027338	1097590	1065093	829052	852844
茂　名	773090	747377	862293	947900	962491	854444	601192	621826
肇　庆	613591	636179	664705	714956	718232	761290	599800	665159
清　远	691769	965201	1010282	1116053	1110105	733207	651038	723666
潮　州	572906	522006	534294	551914	512793	541917	376342	411685
揭　阳	803295	814464	823561	850559	610502	627863	419507	471445
云　浮	301013	379972	392134	401178	355350	269600	248485	280546
省　直	1930164	2003253	1633768	1706263	1922180	1372923	1287167	1281128
按经济区域分								
珠三角	30378601	35516864	38286178	41036288	40119713	36892152	35863094	37604588
东　翼	2967692	3180629	3287103	3435903	2715025	2649127	1795699	1951020
西　翼	2115592	2188960	2369729	2510674	2468331	2350577	1725289	1804141
山　区	2754280	3470796	3595401	3790746	3520545	2994338	2586537	2869590

注：各区域不包括省直。

5-8 各市城乡居民基本养老保险参保人数(2013-2020年)

单位：人

市别	2013	2014	2015	2016	2017	2018	2019	2020
全省	**23515774**	**24337298**	**24997176**	**25432218**	**25867477**	**26564636**	**26423254**	**26571619**
广州	1237724	1233208	1292677	1252938	1255678	1242198	1400947	1428866
深圳	6261	6761	7075	7422	7877	7754	10222	11328
珠海	152980	111068	93974	92352	92295	92509	95161	97244
汕头	1854750	1896394	1958199	2002678	2064778	2122283	2156758	2173914
佛山	624911	643830	626288	588878	566245	544136	528817	509222
韶关	871385	892564	910984	944389	972098	1029806	1045638	1034882
河源	1191364	1221315	1241684	1259906	1268495	1319624	1323932	1328859
梅州	1666879	1667234	1671201	1671201	1673523	1694914	1689964	1699035
惠州	1015869	1108416	1089687	1089995	1120917	1137680	1077419	1083704
汕尾	897287	1174001	1390160	1418141	1418253	1435460	981950	881336
东莞	95091	89510	84405	79080	74143	69457	64722	59927
中山	519	779	1033	1148	1193	2348	2834	6726
江门	1582414	1577209	1552372	1560060	1554064	1543147	1529232	1522775
阳江	1087341	1123708	1156077	1179607	1194376	1228992	1240974	1248261
湛江	2366441	2438635	2517433	2550360	2593951	2725661	2764311	2801247
茂名	1998590	2115450	2201817	2418808	2492738	2605107	2629851	2681026
肇庆	1387299	1446731	1494867	1527130	1562145	1591048	1600926	1622064
清远	1412188	1448038	1476552	1493897	1511455	1578043	1615262	1637302
潮州	860440	884244	911129	935148	970257	1023363	1056156	1081447
揭阳	2081119	2113365	2156844	2191394	2298802	2374232	2409043	2448202
云浮	1124922	1144838	1162718	1167686	1174194	1196874	1199135	1214252
省直								
按经济区域分								
珠三角	6103068	6217512	6242378	6199003	6234557	6230277	6310280	6341856
东翼	5693596	6068004	6416332	6547361	6752090	6955338	6603907	6584899
西翼	5452372	5677793	5875327	6148775	6281065	6559760	6635136	6730534
山区	6266738	6373989	6463139	6537079	6599765	6819261	6873931	6914330

注：城乡居民基本养老保险2009年起开展试点，2011年全面建立，2012年实现制度和人群全覆盖。

5-9　各市失业保险参保人数(2013—2020年)

单位：人

市　别	2013	2014	2015	2016	2017	2018	2019	2020
全　省	**27050903**	**28401826**	**29301287**	**30200988**	**31636678**	**33617475**	**35008121**	**36034313**
广　州	4132275	4417340	4740721	5021366	5407969	6087077	6442012	6918212
深　圳	9304475	9421817	9746880	10261264	10894867	11273563	11666407	12224363
珠　海	874204	892406	895909	921908	981782	1046865	1086178	1180909
汕　头	697680	725649	750370	723237	799929	858995	877314	540053
佛　山	2088290	2201481	2223240	2298121	2448370	2639945	2832250	3063907
韶　关	280313	283371	291472	292648	297982	319198	321094	338201
河　源	269066	274493	285627	289073	293935	302580	242288	272445
梅　州	234978	242923	256098	270135	299203	333599	364331	374078
惠　州	1273804	1307447	1273875	1246426	1252443	1276225	1373199	1500885
汕　尾	150279	166019	200091	200214	210190	225015	236790	123386
东　莞	3224378	3925945	4121413	4091081	4040060	4186677	4311632	4378565
中　山	1494161	1510826	1418121	1402273	1432420	1540294	1579360	1679117
江　门	712397	739990	747178	768675	818075	865596	890409	940246
阳　江	196967	206978	211165	212395	165221	175931	188783	190386
湛　江	363820	365886	384017	396236	424573	443176	466493	467016
茂　名	261282	261305	257868	261589	278202	289046	314557	337999
肇　庆	410538	415387	430477	436433	450171	519519	542182	466926
清　远	355813	368076	354238	364132	376464	430326	437655	469529
潮　州	366237	310979	317797	325576	341528	359507	377396	210337
揭　阳	192216	192910	219564	240003	240018	260059	265203	173729
云　浮	167730	170598	175166	178203	183276	184282	192588	184024
省　直								
按经济区域分								
珠 三 角	23514522	24832639	25597814	26447547	27726157	29435761	30723629	32353130
东　翼	1406412	1395557	1487822	1489030	1591665	1703576	1756703	1047505
西　翼	822069	834169	853050	870220	867996	908153	969833	995401
山　区	1307900	1339461	1362601	1394191	1450860	1569985	1557956	1638277

5-10 各市工伤保险参保人数(2013-2020年)

单位：人

市 别	2013	2014	2015	2016	2017	2018	2019	2020
全 省	**30572534**	**30925925**	**31227245**	**32461732**	**34020266**	**35924892**	**38158480**	**38666578**
广 州	4153885	4153258	4314000	4954809	5793067	6398682	7322657	6829268
深 圳	9879598	9986876	10324941	10833673	11006848	11403799	11861454	12417355
珠 海	883880	903897	908714	943526	997980	1065589	1104234	1191249
汕 头	676518	703793	725406	700098	782480	875277	852824	780556
佛 山	2181318	2244812	2256874	2314321	2460516	2647134	3165081	3359892
韶 关	400516	411949	383526	385190	388548	409830	423356	428801
河 源	270441	281008	287180	304202	324024	330166	304105	350202
梅 州	247689	281846	287528	358181	425643	515061	530918	505080
惠 州	1424805	1454069	1478558	1482971	1481650	1495757	1464841	1595291
汕 尾	160122	185927	200075	205520	212122	220962	232032	168082
东 莞	4960279	4922846	4644604	4450691	4305484	4374817	4485281	4526485
中 山	1511092	1528092	1434899	1453195	1552222	1578629	1626753	1693848
江 门	738552	769738	778938	840582	933338	1056879	1011607	1031174
阳 江	220014	232166	235988	240110	280143	302419	335047	304230
湛 江	369386	394295	409753	414484	444140	467964	518364	529893
茂 名	312356	318233	358141	343662	342645	349702	353804	369368
肇 庆	431364	442620	450303	456663	471223	542716	568515	517458
清 远	404210	413761	422757	424944	428773	472408	465866	527361
潮 州	364419	307268	315049	324269	341799	362116	406707	374378
揭 阳	190242	199024	211003	210694	212877	213026	235853	276189
云 浮	172111	175904	182582	186401	194362	205937	223575	223292
省 直	619737	614543	616426	633546	640382	636022	665606	667126
按经济区域分								
珠 三 角	26164773	26406208	26591831	27730431	29002328	30564002	32610423	33162020
东 翼	1391301	1396012	1451533	1440581	1549278	1671381	1727416	1599205
西 翼	901756	944694	1003882	998256	1066928	1120085	1207215	1203491
山 区	1494967	1564468	1563573	1658918	1761350	1933402	1947820	2034736

注：各区域不包括省直。

5-11 各市城镇职工基本养老保险缴费人数(2013-2020年)

单位：人

市别	2013	2014	2015	2016	2017	2018	2019	2020
全省	**29348594**	**30409491**	**30356915**	**30828841**	**32525667**	**35360363**	**37279199**	**39800229**
广州	3679428	3965515	4275127	4538704	4944402	5797147	6231097	6766905
深圳	7550538	7697924	8153177	8832324	9766488	10507063	11124399	11803186
珠海	991587	1003956	1006727	1022538	1080406	1150255	1194186	1300158
汕头	688866	703891	551319	474270	560386	595356	630553	667303
佛山	2279439	2377632	2387429	2498508	2638790	2845788	3057459	3298066
韶关	389744	405807	396361	411936	355478	420754	445189	491969
河源	319049	351381	248995	262197	256807	313227	331095	399104
梅州	555124	563749	427171	353487	442887	526970	564505	628817
惠州	1520505	1540061	1437824	1289119	1403085	1491824	1576862	1723026
汕尾	318114	306143	247043	256955	133938	187853	176086	203182
东莞	3715184	4403342	4523447	4529515	4548764	4637913	4793097	4882115
中山	1877698	1875603	1735626	1703698	1756029	1816738	1802957	1927963
江门	1038099	903774	907900	924766	951585	1006682	1036429	1072646
阳江	284096	267351	272990	218805	209767	241144	268538	303347
湛江	599625	589286	551339	555611	583491	606913	629295	629131
茂名	504751	566357	577651	426505	339437	449234	498040	524376
肇庆	451739	437701	398572	419530	374312	490440	521184	579077
清远	542619	457302	373269	381515	447232	524118	570078	652190
潮州	295606	236222	228870	205747	204537	243466	262490	297579
揭阳	629760	603729	511316	400020	354578	335995	361180	419241
云浮	206768	241914	224104	182228	203203	216908	238025	264255
省直	910255	910851	920658	940863	970065	954575	966455	966593
按经济区域分								
珠三角	23104217	24205508	24825829	25758702	27463861	29743850	31337670	33353142
东翼	1932346	1849985	1538548	1336992	1253439	1362670	1430309	1587305
西翼	1388472	1422994	1401980	1200921	1132695	1297291	1395873	1456854
山区	2013304	2020153	1669900	1591363	1705607	2001977	2148892	2436335

注：各区域不包括省直。

5-12 各市城镇职工基本养老保险离退休人数(2013-2020年)

单位：人

市别	2013	2014	2015	2016	2017	2018	2019	2020
全省	**4213018**	**4458614**	**4732539**	**5245801**	**5690455**	**6366195**	**6712032**	**7111384**
广州	785604	829400	871625	911042	954887	1092749	1142993	1208148
深圳	210101	231772	255480	280728	309573	357686	407107	467734
珠海	86380	94216	113009	127335	136665	145107	156229	168689
汕头	195494	204667	215271	221432	254759	275882	288303	298233
佛山	465829	494921	525500	553526	583814	618112	653396	692885
韶关	136354	143984	150146	155943	174262	209238	218329	226008
河源	59930	63418	68381	72470	95163	102618	105307	113630
梅州	216511	233561	245612	259784	318670	334394	347958	358778
惠州	91952	96531	102907	110122	121582	152424	161682	173044
汕尾	46601	49541	58240	65106	69257	90829	97852	102278
东莞	73457	76842	84646	341695	363704	388547	413014	437987
中山	269578	279676	293046	304128	320382	336047	349804	367066
江门	256308	280657	299152	314959	337499	375480	393765	409452
阳江	61918	64721	69797	73353	77016	98453	102122	107719
湛江	240313	254007	268408	289583	302077	359484	369058	394418
茂名	141808	147710	154399	162692	172410	221965	233691	252857
肇庆	118518	125255	133892	141770	149078	183650	192084	201010
清远	105968	114496	119707	126926	132391	167290	174044	181984
潮州	112175	119333	126806	139671	145524	167970	178670	184462
揭阳	127833	132721	144949	151766	159040	162433	176366	185101
云浮	46041	48382	51430	54420	73561	76705	79537	88655
省直	364345	372803	380136	387350	439141	449132	470721	491246
按经济区域分								
珠三角	2357727	2509270	2679257	3085305	3277184	3649802	3870074	4126015
东翼	482103	506262	545266	577975	628580	697114	741191	770074
西翼	444039	466438	492604	525628	551503	679902	704871	754994
山区	564804	603841	635276	669543	794047	890245	925175	969055

注：各区域不包括省直。

5-13 各市领取失业保险金人数(2013-2020年)

单位：人

市　别	2013	2014	2015	2016	2017	2018	2019	2020
全　省	**189025**	**281414**	**424390**	**452934**	**444502**	**405265**	**443252**	**525676**
广　州	62458	64430	92488	106137	127712	96851	103778	125517
深　圳	9474	50977	74678	95772	85227	102177	117953	129466
珠　海	5493	9187	17690	17158	16489	12246	13495	18124
汕　头	5228	4705	5346	5859	5765	5025	4558	5095
佛　山	29266	32653	38739	41430	41350	37527	36912	44115
韶　关	6383	5175	6835	7713	6274	4737	4343	5558
河　源	4078	4071	5295	4899	4291	3631	3815	5644
梅　州	5799	3447	7182	6030	4750	4531	4758	8229
惠　州	5953	7671	13267	16242	13742	12475	15985	21682
汕　尾	1449	1019	1087	1228	6490	1512	1638	5199
东　莞	7868	42521	89163	73331	57767	54434	58766	59075
中　山	6545	14024	24265	29136	29547	30041	35418	43068
江　门	10594	14179	17484	17173	15748	14761	16159	17151
阳　江	4934	3460	2589	2952	3009	2736	2661	2402
湛　江	7433	6544	6476	5952	6091	5089	4432	6629
茂　名	3964	3369	3754	4027	3401	3407	3334	3445
肇　庆	4636	5419	7632	7023	5871	5636	6602	8100
清　远	4424	5905	7508	7308	6109	4734	5782	9865
潮　州	1660	1565	1726	2043	2495	1984	1241	2112
揭　阳	27	42	44	172	290	325	281	787
云　浮	1359	1051	1142	1349	2084	1406	1341	4413
省　直								
按经济区域分								
珠三角	142287	241061	375406	403402	393453	366148	405068	466298
东　翼	8364	7331	8203	9302	15040	8846	7718	13193
西　翼	16331	13373	12819	12931	12501	11232	10427	12476
山　区	22043	19649	27962	27299	23508	19039	20039	33709

5-14 各市享受工伤保险待遇人数(2013-2020年)

单位：人

市别	2013	2014	2015	2016	2017	2018	2019	2020
全省	**167458**	**171285**	**168347**	**145110**	**145294**	**145435**	**155760**	**147012**
广州	20189	14965	15302	14727	15146	15599	15884	15179
深圳	41875	39573	38974	36573	36252	33746	32215	30117
珠海	5666	6652	6827	6319	6628	6907	7278	7617
汕头	825	685	752	656	964	1048	1081	1374
佛山	19314	18531	17225	15173	14079	12371	18300	11878
韶关	4528	5722	5213	7186	7393	7074	7377	6364
河源	1445	1601	1631	1593	1424	1596	1756	1919
梅州	1886	1972	2314	1810	1912	2080	2230	2593
惠州	5336	5779	6134	5846	6678	7816	9175	7434
汕尾	160	254	271	336	344	332	358	402
东莞	34583	43339	40936	24594	23001	24028	27383	29703
中山	14788	14952	14623	12774	13066	13532	12864	11330
江门	4414	5038	5613	5715	5564	6454	6244	6431
阳江	801	847	815	884	913	1057	953	1222
湛江	703	878	1338	1157	1190	1356	1331	1375
茂名	1245	1307	1138	1185	1403	1303	1536	1627
肇庆	2340	2247	2184	2230	2401	2510	2698	3050
清远	2953	3400	3088	2997	3070	1950	3174	2586
潮州	506	545	457	453	467	519	438	513
揭阳	503	493	551	167	558	271	261	651
云浮	1646	742	844	751	811	1579	1589	1508
省直	1752	1763	2117	1984	2030	2307	1635	2139
按经济区域分								
珠三角	148505	151076	147818	123951	122815	122963	132041	122739
东翼	1994	1977	2031	1612	2333	2170	2138	2940
西翼	2749	3032	3291	3226	3506	3716	3820	4224
山区	12458	13437	13090	14337	14610	14279	16126	14970

注：各区域不包括省直。

5-15 各市养老、失业、工伤保险基金收入情况(2020年)

单位：万元

市别	城镇职工基本养老保险	企业+其他	城乡居民基本养老保险	失业保险	工伤保险
全省	**38581411**	**28979514**	**2830566**	**805870**	**292793**
广州	6725859	5329372	377932	236324	82130
深圳	10365947	9040840	5370	263238	64731
珠海	1529978	1262845	36536	26101	8866
汕头	970530	321404	159075	15245	5471
佛山	2463647	1846637	116486	36305	18418
韶关	540080	232946	115107	6726	5318
河源	366415	199998	105451	4630	3065
梅州	681012	325177	193121	6799	3259
惠州	1302278	978143	136019	18060	14762
汕尾	218684	107654	130101	3024	2132
东莞	3998365	3681430	40695	85574	27213
中山	1572510	1219647	788	33204	12339
江门	949045	568196	148374	15717	6607
阳江	300436	142071	108894	1465	2247
湛江	579703	326626	221050	9441	3755
茂名	654903	293608	219237	10973	4765
肇庆	524630	278928	153276	7891	4142
清远	672126	315908	169030	8805	4250
潮州	355634	141612	88072	2688	1669
揭阳	554925	188037	204437	3816	2531
云浮	277378	123722	101516	4192	2431
省直	2977326	2054715		5651	12692
按经济区域分					
珠三角	29432259	24206036	1015475	722414	239207
东翼	2099773	758707	581684	24774	11803
西翼	1535042	762305	549181	21878	10767
山区	2537011	1197751	684226	31152	18323

注：1.基金收入为不含上下级往来的基金收入小计，基金收入=收入总计－上级补助收入－下级上解收入。
2.城镇职工基本养老保险=企业职工基本养老保险+机关事业单位基本养老保险。
3.各区域不包括省直。

5-16 各市养老、失业、工伤保险基金支出情况(2020年)

单位：万元

市　　别	城镇职工基本养老保险	企业+其他	城乡居民基本养老保险	失业保险	工伤保险
全　省	**33136436**	**22439957**	**2652897**	**2385987**	**720059**
广　州	6643380	5391770	576051	660929	89968
深　圳	4675375	2526644	5207	814319	172427
珠　海	1021051	565880	29704	126420	32586
汕　头	1327981	778073	133230	43820	8007
佛　山	2704775	2091485	173790	137538	56215
韶　关	915194	554584	81798	15664	21946
河　源	439513	219649	93928	12249	10104
梅　州	1074744	633820	147918	7712	8217
惠　州	791625	428423	98440	71838	36169
汕　尾	329225	204637	80046	8242	2947
东　莞	1226975	1039730	40991	229734	132966
中　山	1027601	877401	408	99967	43651
江　门	1375706	989431	129400	49484	27273
阳　江	425160	246535	83124	4505	7385
湛　江	1372866	992586	199523	18262	8554
茂　名	1025057	628634	192141	11092	8193
肇　庆	753002	424901	122333	25894	14645
清　远	735874	386506	119817	23980	14164
潮　州	628821	407448	78809	7981	2713
揭　阳	742345	365409	180574	4087	2619
云　浮	329525	172775	85664	12269	5709
省　直	3570641	2513638			13601
按经济区域分					
珠三角	20219490	14335664	1176325	2216123	605900
东　翼	3028371	1755567	472659	64130	16287
西　翼	2823083	1867755	474788	33859	24132
山　区	3494850	1967333	529125	71874	60140

注：1.基金支出为不含上下级往来的基金支出小计，基金支出=支出总计-补助下级支出-上解上级支出。
2.城镇职工基本养老保险=企业职工基本养老保险+机关事业单位基本养老保险。
3.各区域不包括省直。

5-17　各市养老、失业、工伤保险基金征收收入情况(2020年)

单位：万元

市　别	城镇职工基本养老保险	企业+其他	城乡居民基本养老保险	失业保险	工伤保险
全　省	**29539370**	**22807244**	**550288**	**491594**	**203105**
广　州	5461066	4669181	96759	142769	39968
深　圳	7419125	6326271	869	135796	54631
珠　海	948656	744572	6160	17182	7354
汕　头	701604	310275	24277	7592	4428
佛　山	2036924	1613504	12445	31142	14560
韶　关	421804	226853	23126	5359	4995
河　源	330540	178480	14263	3166	2490
梅　州	540206	305284	63161	5682	2428
惠　州	1131750	842681	17163	15084	14416
汕　尾	206548	99319	54333	2385	1794
东　莞	2903643	2607427		61995	18062
中　山	1092257	915223	381	19052	5791
江　门	784021	528862	17760	9126	4600
阳　江	277430	135914	20784	1057	2081
湛　江	560229	312535	32899	7346	3187
茂　名	576183	238831	36059	7161	3086
肇　庆	464035	253919	31623	6165	3698
清　远	522100	287784	39964	6637	3457
潮　州	237322	129675	9282	2113	1432
揭　阳	389583	182447	34117	2385	1867
云　浮	242304	113300	14860	2400	2259
省　直	2292041	1784906			6522
按经济区域分					
珠三角	22241477	18501640	183160	438312	163080
东　翼	1535057	721716	122009	14474	9520
西　翼	1413842	687281	89743	15564	8354
山　区	2056953	1111701	155376	23244	15629

注：1.城镇职工基本养老保险=企业职工基本养老保险+机关事业单位基本养老保险。
2.各区域不包括省直。

5-18 各市养老、失业、工伤保险基金累计结余情况(2020年)

单位：万元

市别	城镇职工基本养老保险	企业+其他	城乡居民基本养老保险	失业保险	工伤保险
全省	**123383256**	**117014724**	**4750524**	**4729976**	**2320715**
广州	9721844	9293125	1451243	1663909	394260
深圳	55996776	54557231	3958	1155036	385538
珠海	5338150	5237152	120786	136749	55259
汕头	452200	150295	212548	155442	36284
佛山	5983099	5469644	153257	167219	227603
韶关	187012	125776	182806	86504	17005
河源	456330	389464	118891	28493	9622
梅州	512839	445978	163839	34497	20067
惠州	4657968	4505898	323932	61600	85496
汕尾	213040	116167	107171	24733	18995
东莞	21687889	20988728	709	197698	158952
中山	5256860	4906765	684	93983	66402
江门	879673	770607	234159	114564	28112
阳江	360519	217521	178636	22524	11004
湛江	308918	168250	264873	103885	27065
茂名	354027	182996	266537	135006	43677
肇庆	390592	324098	247711	84273	25385
清远	718607	650947	296917	81594	21972
潮州	91192	77893	78175	39878	20556
揭阳	321064	169520	183090	50311	13823
云浮	310255	203378	160602	27952	11695
省直	9184402	8063289		264125	641941
按经济区域分					
珠三角	109912852	106053248	2536437	3675032	1427007
东翼	1077496	513875	580984	270364	89659
西翼	1023463	568768	710047	261415	81746
山区	2185043	1815543	923056	259040	80362

注：1.城镇职工基本养老保险=企业职工基本养老保险+机关事业单位基本养老保险。
2.各区域不包括省直。

5-19 各市城镇职工基本养老保险基金收入情况(2013-2020年)

单位：万元

市别	2013	2014	2015	2016	2017	2018	2019	2020
全省	**18425447**	**20593987**	**25636279**	**28187145**	**34570408**	**45713483**	**55932191**	**38581411**
广州	3376463	3516710	4311477	4673198	5604423	7754148	12455171	6725859
深圳	4866468	5754698	7021093	7534695	10652718	12188664	12739466	10365947
珠海	694206	676109	954251	1033646	1084283	1695532	2022961	1529978
汕头	343155	350398	390514	431304	494085	679321	1248175	970530
佛山	1472813	1487930	1846531	2253486	2836121	3391296	3466905	2463647
韶关	226139	250163	249984	290566	300128	524491	898228	540080
河源	142628	153905	176880	208912	276589	374204	734795	366415
梅州	230483	253018	262886	569532	430363	867005	895138	681012
惠州	454451	590868	889728	893315	1216881	1668360	2335879	1302278
汕尾	90577	109711	127319	128736	146543	221897	331464	218684
东莞	1751219	2031585	3280419	3625163	3899621	5133382	4965106	3998365
中山	650689	875857	1177121	1243855	1757281	1858777	2239878	1572510
江门	579091	621487	669852	741356	915976	1047336	1944154	949045
阳江	120259	124321	151078	184595	210593	298183	438054	300436
湛江	333503	370890	408148	441874	480477	567720	943266	579703
茂名	273625	296545	323679	352134	355721	507831	727610	654903
肇庆	262216	268813	316481	368416	380831	568562	1102147	524630
清远	240447	269431	271708	338595	355902	550344	951768	672126
潮州	156393	170295	183667	197555	200540	264695	621980	355634
揭阳	225346	257536	312563	343979	396250	506377	760667	554925
云浮	105947	114250	123669	155990	213230	278778	394221	277378
省直	1829329	2049467	2187233	2176244	2361854	4766579	3715156	2977326
按经济区域分								
珠三角	14107616	15824057	20466953	22367130	28348134	35306057	43271668	29432259
东翼	815471	887940	1014063	1101574	1237418	1672291	2962286	2099773
西翼	727387	791756	882905	978603	1046791	1373734	2108931	1535042
山区	945644	1040767	1085127	1563595	1576212	2594822	3874150	2537011

注：1.基金收入为不含上下级往来的基金收入小计，基金收入=收入总计-上级补助收入-下级上解收入。
2.城镇职工基本养老保险=企业职工基本养老保险+机关事业单位基本养老保险。
3.2013-2019年数据已相应调整为基金收入小计口径。
4.各区域不包括省直。

5-20 各市城镇职工基本养老保险(执行企业养老保险制度)基金收入情况(2013-2020年)

单位：万元

市别	2013	2014	2015	2016	2017	2018	2019	2020
全省	**17597863**	**19714402**	**24282015**	**26635893**	**30700483**	**38028285**	**39317435**	**28979514**
广州	3376463	3516710	4111153	4673198	5604363	7054687	8309145	5329372
深圳	4826024	5698011	6943612	7418455	9106248	11331032	11735252	9040840
珠海	593919	576308	818471	880231	929727	1292070	1411191	1262845
汕头	319014	323488	363961	410383	435003	463210	476827	321404
佛山	1372400	1384642	1748107	2092474	2212530	2757383	2867566	1846637
韶关	202721	227845	226175	266025	283141	289401	296271	232946
河源	119712	129256	150967	175068	237294	250319	246553	199998
梅州	210252	230423	235112	551399	358710	477944	374112	325177
惠州	423501	552966	842378	866340	1121562	1353340	1428351	978143
汕尾	80000	95432	109608	112097	128143	148883	120925	107654
东莞	1730074	2009701	3153207	3268016	3656096	4836467	4692380	3681430
中山	597284	822725	1110512	1159485	1485777	1674633	1680745	1219647
江门	510395	550479	585412	643082	788814	819399	867728	568196
阳江	109320	113921	138202	169335	165888	178245	186724	142071
湛江	299604	337675	358338	402330	429123	417376	447595	326626
茂名	246191	266542	286473	311152	312536	308624	325012	293608
肇庆	231271	233610	268199	301084	323734	343370	385001	278928
清远	223760	248744	265259	336352	330300	369248	400109	315908
潮州	145699	156246	170876	185353	182009	173121	198744	141612
揭阳	129860	143396	166962	191651	223026	286708	255240	188037
云浮	91469	102825	112920	124819	137913	147176	157594	123722
省直	1758929	1993457	2116111	2097563	2248543	3055649	2454368	2054715
按经济区域分								
珠三角	13661331	15345152	19581051	21302365	25228852	31462381	33377360	24206036
东翼	674573	718562	811407	899484	968181	1071922	1051736	758707
西翼	655115	718138	783013	882817	907547	904245	959331	762305
山区	847914	939093	990433	1453663	1347359	1534088	1474640	1197751

注：1.基金收入为不含上下级往来的基金收入小计，基金收入=收入总计-上级补助收入-下级上解收入。
2.2013-2019年数据已相应调整为基金收入小计口径。
3.各区域不包括省直。

5-21 各市城乡居民基本养老保险基金收入情况(2013-2020年)

单位：万元

市别	2013	2014	2015	2016	2017	2018	2019	2020
全省	**1417086**	**1806131**	**2067315**	**1847977**	**1881695**	**2158325**	**2842978**	**2830566**
广州	502531	655935	383467	268065	265271	253841	608433	377932
深圳	2633	2363	2876	2749	3052	3572	4450	5370
珠海	30179	32948	36193	31304	30332	36145	39273	36536
汕头	55045	72554	95686	95497	91483	112051	145971	159075
佛山	97521	90348	327773	107597	128632	158930	142352	116486
韶关	36540	39861	60576	66492	70907	79934	93213	115107
河源	39625	51186	62226	69081	62496	84307	104847	105451
梅州	42134	66951	91187	139003	95133	121271	159605	193121
惠州	66435	82339	99343	103743	109851	125471	128056	136019
汕尾	26270	28997	39180	47631	55921	75553	91966	130101
东莞	32442	31232	37921	32751	34837	35409	35200	40695
中山	37	57	121	165	188	332	513	788
江门	67277	76231	98332	107045	114813	124621	140076	148374
阳江	37598	46129	72282	72684	63777	75670	94461	108894
湛江	78719	113524	124195	148051	130495	183062	204375	221050
茂名	71952	100434	131300	135599	136773	177382	213017	219237
肇庆	42309	72899	97069	93835	105084	113478	137180	153276
清远	47234	56798	77561	86873	156285	115082	154045	169030
潮州	29752	35977	51828	53047	52082	65421	80966	88072
揭阳	74106	97666	100489	116971	108588	140608	175014	204437
云浮	36746	51701	77709	69793	65694	76185	89966	101516
省直								
按经济区域分								
珠三角	841364	1044352	1083095	747254	792061	851800	1235533	1015475
东翼	185173	235194	287183	313146	308074	393633	493917	581684
西翼	188269	260087	327777	356334	331044	436113	511852	549181
山区	202279	266497	369259	431242	450515	476779	601676	684226

注：1.基金收入为不含上下级往来的基金收入小计，基金收入=收入总计-上级补助收入-下级上解收入。
2.2013-2019年数据已相应调整为基金收入小计口径。
3.各区域不包括省直。

5-22 各市失业保险基金收入情况(2013-2020年)

单位：万元

市别	2013	2014	2015	2016	2017	2018	2019	2020
全省	**1277209**	**1355816**	**1551683**	**1019792**	**1135192**	**1218696**	**1580223**	**805870**
广州	351536	333233	340984	226462	268221	256837	589564	236324
深圳	516328	542881	594219	330126	390480	450363	468952	263238
珠海	53455	56564	48529	41587	42132	51658	57115	26101
汕头	30640	32703	33188	20617	26953	28137	25037	15245
佛山	65600	69532	69784	65185	56431	66067	81750	36305
韶关	19087	16535	19221	13658	13157	12449	11167	6726
河源	9289	9510	10052	6918	6907	8590	7120	4630
梅州	6111	9709	13166	8833	8395	8010	9338	6799
惠州	13767	22445	30081	27853	33991	37436	31564	18060
汕尾	5020	5323	6638	4089	5633	4178	4941	3024
东莞	44983	75479	186178	117123	120946	134498	132009	85574
中山	30262	45564	46593	50088	53769	47023	46224	33204
江门	29555	32125	37968	26230	28621	21596	24156	15717
阳江	6870	3743	2671	4388	5732	6737	2486	1465
湛江	15948	19400	25503	13984	16364	14546	14353	9441
茂名	20290	19875	22467	13750	15720	16182	12758	10973
肇庆	19235	17613	20437	16267	10507	15483	15009	7891
清远	16039	17162	16507	15605	14502	16723	15916	8805
潮州	9465	8599	8780	5494	5191	5280	4813	2688
揭阳	5687	5415	7081	5398	6338	5839	6411	3816
云浮	7042	7015	7553	4992	4671	5434	4765	4192
省直	1001	5389	4084	1144	531	5632	14776	5651
按经济区域分								
珠三角	1124721	1195436	1374773	900921	1005098	1080960	1446344	722414
东翼	50812	52040	55687	35598	44115	43434	41201	24774
西翼	43108	43018	50641	32122	37816	37465	29597	21878
山区	57568	59931	66499	50006	47632	51206	48306	31152

注：1.基金收入为不含上下级往来的基金收入小计，基金收入=收入总计-上级补助收入-下级上解收入。
2.2013-2019年数据已相应调整为基金收入小计口径。
3.各区域不包括省直。

5-23 各市工伤保险基金收入情况(2013-2020年)

单位：万元

市别	2013	2014	2015	2016	2017	2018	2019	2020
全省	**588027**	**644803**	**689122**	**589429**	**739429**	**729135**	**523421**	**292793**
广州	97287	98522	99732	90147	144848	113816	90013	82130
深圳	123730	133137	168312	119144	189104	204691	111401	64731
珠海	20622	20830	19536	16700	17968	22254	22169	8866
汕头	7086	8454	8280	7673	10671	9435	9145	5471
佛山	57017	66347	68615	70391	65101	63082	55015	18418
韶关	8815	9712	9109	9794	11172	11759	9549	5318
河源	3878	4309	4500	3276	4864	6354	4381	3065
梅州	4918	5579	6262	6650	7443	8798	6441	3259
惠州	16933	26386	30172	24012	35637	40998	25783	14762
汕尾	2015	2268	3547	4196	3602	5076	4788	2132
东莞	120983	135860	132696	119183	124306	99646	73789	27213
中山	34337	43348	45755	37770	27836	26926	21696	12339
江门	11564	13344	13897	14541	16934	19113	14910	6607
阳江	2207	1947	2739	4643	6401	6003	3887	2247
湛江	5343	7222	8961	6217	11725	8540	6623	3755
茂名	9155	9769	11452	8686	10439	10020	6253	4765
肇庆	8062	8372	10192	8751	11586	13824	8906	4142
清远	9442	9642	6823	9024	10454	11697	8273	4250
潮州	4232	4654	4865	3258	3851	3647	2841	1669
揭阳	2381	2426	2678	2095	2165	3040	3090	2531
云浮	2942	3217	4368	4163	5589	6761	4520	2431
省直	35078	29459	26631	19112	17733	33652	29948	12692
按经济区域分								
珠三角	490535	546146	588907	500639	633321	604351	423682	239207
东翼	15714	17802	19370	17222	20289	21199	19865	11803
西翼	16705	18938	23152	19546	28565	24563	16763	10767
山区	29995	32459	31062	32907	39521	45370	33164	18323

注：1.基金收入为不含上下级往来的基金收入小计，基金收入=收入总计-上级补助收入-下级上解收入。
2.2013-2019年数据已相应调整为基金收入小计口径。
3.各区域不包括省直。

5-24 各市城镇职工基本养老保险基金征收收入情况(2013-2020年)

单位：万元

市别	2013	2014	2015	2016	2017	2018	2019	2020
全省	**17477823**	**19233875**	**22730817**	**26222045**	**31432847**	**36871967**	**48109116**	**29539370**
广州	3252917	3354970	3855343	4526504	5370892	6832165	10618022	5461066
深圳	4751820	5363531	6162593	6940615	9406328	9790062	10865519	7419125
珠海	603533	625518	857145	936862	1039517	1209049	1421836	948656
汕头	324657	328519	369127	409173	440743	633190	1097011	701604
佛山	1392568	1392348	1652417	2136346	2627195	2897180	3143284	2036924
韶关	214027	238925	238311	273791	280554	445229	592897	421804
河源	128775	140144	165294	198577	252628	349666	714014	330540
梅州	212655	235298	235426	542788	382557	808311	776880	540206
惠州	438096	531906	797856	866162	1106323	1437130	2141555	1131750
汕尾	86778	98282	112074	118483	133759	213126	320410	206548
东莞	1553632	1903826	2881681	3273690	3593552	4116476	4544051	2903643
中山	616209	834511	1097050	1185614	1446309	1616473	2126088	1092257
江门	555756	600201	618339	686677	808377	972352	1582463	784021
阳江	112334	110715	141211	163200	187928	273417	406522	277430
湛江	316569	317597	356761	402622	419980	542362	910816	560229
茂名	256701	261929	291901	317761	327724	474281	680151	576183
肇庆	247003	252590	281936	324950	353225	533955	930923	464035
清远	227491	249045	256878	307316	337877	516411	862421	522100
潮州	150629	155259	163745	172521	180120	244749	519235	237322
揭阳	196787	212710	239204	288382	360549	433679	558886	389583
云浮	98562	104379	115652	146123	203212	263745	363671	242304
省直	1740322	1921673	1840871	2003886	2173496	2268958	2932461	2292041
按经济区域分								
珠三角	13411534	14859401	18204360	20877420	25751719	29404843	37373742	22241477
东翼	758851	794770	884150	988559	1115171	1524744	2495542	1535057
西翼	685604	690241	789873	883583	935632	1290060	1997488	1413842
山区	881510	967791	1011561	1468595	1456828	2383362	3309882	2056953

注：1.城镇职工基本养老保险=企业职工基本养老保险+机关事业单位基本养老保险。
2.各区域不包括省直。

5–25 各市城镇职工基本养老保险(执行企业养老保险制度)基金征收收入情况(2013–2020年)

单位：万元

市别	2013	2014	2015	2016	2017	2018	2019	2020
全省	**16771968**	**18472881**	**21758167**	**24837514**	**28015152**	**31721717**	**35241604**	**22807244**
广州	3252917	3354970	3855343	4526504	5370833	6478160	7613652	4669181
深圳	4721046	5316526	6097101	6837075	7868517	8954880	9963335	6326271
珠海	516333	531774	727173	793927	887222	976731	1147973	744572
汕头	303308	306348	343639	388836	418547	447877	461737	310275
佛山	1297478	1296947	1563575	1986576	2122553	2299444	2608045	1613504
韶关	195131	220353	217748	252006	268642	280008	288744	226853
河源	109818	120752	142301	169429	220036	223428	230415	178480
梅州	194727	215023	214117	530220	316895	449387	355066	305284
惠州	407162	497040	757809	839585	1016409	1132807	1289573	842681
汕尾	76734	88137	100757	105650	120775	141900	111274	99319
东莞	1537138	1885441	2764329	2917280	3351742	3829228	4279725	2607427
中山	568767	782454	1031656	1105967	1304648	1436905	1549392	915223
江门	497755	539028	553505	617314	728565	766964	817397	528862
阳江	101538	100549	128593	150818	153924	159679	178808	135914
湛江	283155	288276	322956	367124	373624	395818	427961	312535
茂名	231782	234209	258290	281971	288939	293193	295334	238831
肇庆	219130	221520	246627	287833	312807	322858	358299	253919
清远	212370	231889	251919	307300	314408	341970	376639	287784
潮州	140337	143278	151820	160961	168432	165542	174808	129675
揭阳	121941	130811	144172	160497	210915	274071	242614	182447
云浮	85782	95080	105581	116509	129693	134029	146573	113300
省直	1697620	1872476	1779155	1934132	2067026	2216838	2324243	1784906
按经济区域分								
珠三角	13017726	14425700	17597118	19912061	22963295	26197977	29627391	18501640
东翼	642320	668574	740388	815944	918670	1029389	990432	721716
西翼	616475	623034	709839	799913	816487	848690	902102	687281
山区	797828	883097	931666	1375464	1249674	1428822	1397436	1111701

注：各区域不包括省直。

5-26 各市城乡居民基本养老保险基金征收收入情况(2013-2020年)

单位：万元

市别	2013	2014	2015	2016	2017	2018	2019	2020
全省	**438886**	**600113**	**614487**	**388669**	**398325**	**356239**	**389890**	**550288**
广州	231808	325303	110934	95050	76430	85315	110503	96759
深圳	875	458	374	408	645	731	867	869
珠海	10816	13387	6761	6885	7300	7420	6616	6160
汕头	16121	22427	22996	21356	18991	20359	17722	24277
佛山	24924	27739	244301	18626	14543	18329	16516	12445
韶关	10307	9215	14902	19382	19822	14754	14945	23126
河源	7949	10629	10955	10605	10534	11243	10407	14263
梅州	6537	9880	19333	53132	12285	16097	22499	63161
惠州	12507	14003	18593	16341	17862	20084	16808	17163
汕尾	1831	2223	5146	5155	9296	14089	20173	54333
东莞								
中山	1	2	5	6	10	111	195	381
江门	18029	14655	15100	15685	21711	20389	15152	17760
阳江	8134	10650	10586	13905	11238	12025	12570	20784
湛江	21178	31306	3670	23376	25214	25376	23453	32899
茂名	15308	28603	33045	23166	18546	23187	19793	36059
肇庆	11095	25899	31770	17128	17283	32780	20423	31623
清远	10758	13854	14469	13029	80867	-364	27887	39964
潮州	5092	6879	6782	6403	6854	6702	6804	9282
揭阳	17559	16965	17786	14995	17185	17292	16839	34117
云浮	8061	16038	26978	14037	11708	10319	9719	14860
省直								
按经济区域分								
珠三角	310055	421446	427838	170129	155785	185159	187080	183160
东翼	40603	48494	52710	47909	52326	58442	61539	122009
西翼	44620	70559	47301	60447	54999	60588	55816	89743
山区	43612	59616	86637	110185	135215	52049	85456	155376

5-27 各市失业保险基金征收收入情况(2013-2020年)

单位：万元

市别	2013	2014	2015	2016	2017	2018	2019	2020
全省	**1192134**	**1238942**	**1460799**	**936274**	**995465**	**1034278**	**958755**	**491594**
广州	305995	275611	326496	212584	205514	243652	272773	142769
深圳	512940	534106	576275	323525	388746	382156	274480	135796
珠海	46043	52633	43105	33648	36386	35910	33471	17182
汕头	25801	26686	30921	19795	19215	17908	15071	7592
佛山	59784	59396	63726	50527	51131	57453	62549	31142
韶关	16829	14781	16337	10055	9658	9509	8730	5359
河源	8735	8615	9605	6856	6735	5196	5718	3166
梅州	5732	9439	12719	8061	7630	7345	6936	5682
惠州	13682	19283	25426	27786	31242	27663	30066	15084
汕尾	4822	4953	5668	3849	3967	4130	3652	2385
东莞	39879	73654	180387	109696	106815	118599	126354	61995
中山	28743	40166	43257	43068	46410	43610	41218	19052
江门	28627	29839	32928	20215	18799	16401	17794	9126
阳江	6658	3559	2618	3833	4710	3784	2154	1057
湛江	15541	16488	20120	14336	10071	11446	12267	7346
茂名	18106	17367	18544	12227	11647	11484	10148	7161
肇庆	18599	17369	17434	10780	10177	10757	10101	6165
清远	15208	15990	15241	11823	13292	13248	12413	6637
潮州	8831	7918	7837	4727	4329	4389	3969	2113
揭阳	5076	4883	5479	4750	5096	5029	4615	2385
云浮	6504	6207	6675	4135	3894	4608	4277	2400
省直								
按经济区域分								
珠三角	1054292	1102057	1309034	831829	895221	936201	868806	438312
东翼	44530	44440	49905	33121	32608	31456	27306	14474
西翼	40305	37414	41282	30396	26427	26714	24569	15564
山区	53008	55032	60577	40930	41209	39906	38074	23244

5-28　各市工伤保险基金征收收入情况(2013-2020年)

单位：万元

市　别	2013	2014	2015	2016	2017	2018	2019	2020
全　省	**538126**	**584412**	**611261**	**532386**	**645154**	**622630**	**438923**	**203105**
广　州	86914	87286	97948	89067	96548	103791	86623	39968
深　圳	117997	125002	128363	108826	176615	161851	102718	54631
珠　海	18660	19261	17838	13492	14724	19554	14161	7354
汕　头	6418	6632	7560	7469	9322	8262	7580	4428
佛　山	52573	57936	64038	59755	59475	57470	37329	14560
韶　关	8666	9576	8960	9662	10945	11693	9161	4995
河　源	3657	3989	4476	3260	4832	4923	4296	2490
梅　州	4544	5356	5814	5872	6963	8214	5403	2428
惠　州	16888	20679	29231	23968	30919	34746	24159	14416
汕　尾	1903	2265	2653	3632	3592	5066	3445	1794
东　莞	111286	128741	126442	102110	117675	89973	63151	18062
中　山	29550	41086	42953	32525	25867	26584	18895	5791
江　门	11228	11715	12168	12851	13893	17888	13033	4600
阳　江	2044	1884	2722	3764	5671	5486	3787	2081
湛　江	4733	6436	7583	6119	10361	7926	5934	3187
茂　名	7952	8982	10123	8004	8481	8919	5356	3086
肇　庆	8030	8076	8761	8076	11266	12278	7983	3698
清　远	9213	9106	6592	8005	10009	11311	7486	3457
潮　州	3896	4309	4483	2864	3515	3451	2541	1432
揭　阳	2180	2307	2403	1939	2001	2858	2926	1867
云　浮	2884	3165	3639	4090	5063	6606	4022	2259
省　直	26910	20623	16510	17038	17415	13778	8937	6522
按经济区域分								
珠三角	453126	499782	527742	450670	546983	524136	368051	163080
东　翼	14397	15513	17099	15904	18430	19637	16492	9520
西　翼	14729	17302	20428	17887	24513	22331	15076	8354
山　区	28964	31192	29481	30889	37813	42748	30367	15629

注：各区域不包括省直。

5-29 各市城镇职工基本养老保险基金支出情况(2013-2020年)

单位：万元

市别	2013	2014	2015	2016	2017	2018	2019	2020
全省	**10500236**	**12891373**	**14754831**	**16786756**	**18980432**	**24506413**	**37614548**	**33136436**
广州	2561474	3187395	3355432	3905649	4123019	4880130	8754757	6643380
深圳	1094318	1302172	1447750	1594755	1814579	2218909	3183512	4675375
珠海	271737	308207	354485	454436	658932	831961	1186054	1021051
汕头	343242	432705	523041	556071	747726	852953	1459844	1327981
佛山	993882	1210959	1399681	1678589	2145920	2397602	2645012	2704775
韶关	254985	318447	361060	413281	491829	746730	1125654	915194
河源	96332	121691	146261	177391	195208	327764	718615	439513
梅州	285785	370799	440626	658124	608847	892344	1159010	1074744
惠州	198779	242835	286018	312349	397708	721683	1391122	791625
汕尾	77444	103247	121344	135769	153288	248134	417832	329225
东莞	402011	504268	765854	879827	854678	1001276	1185937	1226975
中山	448673	533749	613149	667176	797431	841754	1534186	1027601
江门	439825	560533	683981	736348	819676	1039931	2053327	1375706
阳江	104781	133063	158022	171884	190851	302349	463638	425160
湛江	433727	544938	649528	704141	780009	937128	1543648	1372866
茂名	274250	337994	381401	417687	475457	760658	926106	1025057
肇庆	218733	272066	314087	343671	447168	614338	1220093	753002
清远	170977	216063	257687	276080	305181	583413	922437	735874
潮州	173768	223944	267362	293106	325671	419156	827622	628821
揭阳	230127	286837	359816	389406	427957	478454	825530	742345
云浮	81200	101617	116226	129013	185293	279066	450065	329525
省直	1344187	1577848	1752020	1892002	2034002	3130682	3620547	3570641
按经济区域分								
珠三角	6629432	8122184	9220437	10572800	12059111	14547584	23154000	20219490
东翼	824581	1046733	1271563	1374352	1654642	1998696	3530828	3028371
西翼	812758	1015995	1188951	1293712	1446317	2000135	2933392	2823083
山区	889279	1128617	1321860	1653889	1786359	2829317	4375781	3494850

注：1.基金支出为不含上下级往来的基金支出小计，基金支出=支出总计-补助下级支出-上解上级支出。
2.城镇职工基本养老保险=企业职工基本养老保险+机关事业单位基本养老保险。
3.2013-2019年数据已相应调整为基金支出小计口径。
4.各区域不包括省直。

5-30 各市城镇职工基本养老保险(执行企业养老保险制度)基金支出情况(2013—2020年)

单位：万元

市别	2013	2014	2015	2016	2017	2018	2019	2020
全省	**10032562**	**12386447**	**13983071**	**15634582**	**17116704**	**18701092**	**20631319**	**22439957**
广州	2561474	3187395	3355432	3905649	4122995	4387192	4686015	5391770
深圳	1028321	1241864	1377426	1516705	1727435	1961345	2233462	2526644
珠海	216046	241579	279091	336317	383822	440498	508196	565880
汕头	339772	429115	518831	551754	602890	658809	731628	778073
佛山	928501	1141392	1312001	1523780	1692042	1783857	2040566	2091485
韶关	249154	312619	353990	409893	432401	464670	513751	554584
河源	92407	116830	140372	146312	164938	178041	203395	219649
梅州	281889	365904	435700	474705	578544	561547	675469	633820
惠州	195389	238307	281100	306869	342836	359931	412051	428423
汕尾	75757	101221	118414	133191	149839	168168	213260	204637
东莞	399966	501374	596333	671618	729792	858063	948737	1039730
中山	407883	485055	562084	608323	657957	750303	802344	877401
江门	385439	499089	608236	655176	728287	816022	921177	989431
阳江	103313	131105	155659	169626	186733	199463	227939	246535
湛江	428477	538164	641935	696962	770418	845379	910976	992586
茂名	269626	331484	375600	411341	450142	491187	539476	628634
肇庆	198717	249480	286032	315925	357150	384165	495477	424901
清远	167821	212842	253032	272701	299583	336053	346024	386506
潮州	163049	211653	253102	278290	308385	343583	381959	407448
揭阳	142807	186347	224029	242995	269477	299027	345897	365409
云浮	64773	99637	114056	126451	137800	152321	190327	172775
省直	1331982	1563994	1740616	1879996	2023240	2261467	2303192	2513638
按经济区域分								
珠三角	6321736	7785535	8657735	9840362	10742316	11741376	13048026	14335664
东翼	721385	928336	1114376	1206230	1330590	1469587	1672745	1755567
西翼	801416	1000753	1173194	1277929	1407292	1536029	1678392	1867755
山区	856044	1107832	1297150	1430062	1613266	1692632	1928965	1967333

注：1.基金支出为不含上下级往来的基金支出小计，基金支出=支出总计-补助下级支出-上解上级支出。
2.2013—2019年数据已相应调整为基金支出小计口径。
3.各区域不包括省直。

5-31 各市城乡居民基本养老保险基金支出情况(2013–2020年)

单位：万元

市别	2013	2014	2015	2016	2017	2018	2019	2020
全省	**909255**	**1058758**	**1469326**	**1570524**	**1705862**	**2018885**	**2500551**	**2652897**
广州	231673	273754	313873	327091	336535	345745	552861	576051
深圳	2204	2419	3087	3024	3193	3732	4182	5207
珠海	15744	18783	34911	24781	21867	24351	27159	29704
汕头	35506	41068	62133	70575	79094	102744	123640	133230
佛山	77100	84785	145836	139665	148220	160265	174113	173790
韶关	23234	27303	40334	48353	50585	63905	74376	81798
河源	30219	33377	49337	54097	59800	74189	86730	93928
梅州	58335	65322	88169	98576	104569	125266	145995	147918
惠州	46293	50721	63439	68131	73498	87895	96075	98440
汕尾	21883	26004	39651	44028	49500	62575	73656	80046
东莞	32313	30915	35112	32466	34934	35367	34965	40991
中山	29	55	117	141	171	236	362	408
江门	42033	53672	68883	77379	85968	107227	123809	129400
阳江	25315	28092	42256	46334	52300	65180	76932	83124
湛江	55620	65220	99064	109012	123379	151778	183305	199523
茂名	52759	63185	95881	106078	121760	149435	179181	192141
肇庆	32194	39853	60703	69709	77330	98092	115497	122333
清远	33749	39378	58795	64280	72745	92997	110701	119817
潮州	21579	28063	39120	43228	48750	62850	74743	78809
揭阳	48329	57442	85383	95578	107294	137199	161954	180574
云浮	23142	29344	43240	48000	54368	67858	80313	85664
省直								
按经济区域分								
珠三角	479583	554957	725961	742387	781718	862910	1129023	1176325
东翼	127297	152577	226287	253409	284638	365367	433994	472659
西翼	133694	156497	237201	261424	297440	366393	439419	474788
山区	168679	194724	279875	313306	342067	424214	498116	529125

注：1.基金支出为不含上下级往来的基金支出小计，基金支出=支出总计-补助下级支出-上解上级支出。
2.2013–2019年数据已相应调整为基金支出小计口径。

5-32 各市失业保险基金支出情况(2013-2020年)

单位：万元

市别	2013	2014	2015	2016	2017	2018	2019	2020
全省	**242767**	**276708**	**363175**	**953036**	**714748**	**731159**	**1126473**	**2385987**
广州	96075	103624	127131	319443	217674	217817	213283	660929
深圳	33012	33587	48569	344511	209036	208064	413561	814319
珠海	11158	14748	18287	33999	30882	29037	55469	126420
汕头	3629	4501	4592	13599	10186	8614	26834	43820
佛山	29211	35172	36122	48092	57393	52116	92225	137538
韶关	4396	7028	4613	8306	9517	5392	6352	15664
河源	3038	2661	3283	5039	4385	3940	13494	12249
梅州	4183	4196	3809	5251	4578	4214	7563	7712
惠州	4356	5696	9372	19672	16858	18253	33708	71838
汕尾	1059	821	1098	1525	1349	1855	5071	8242
东莞	20218	28092	56571	81713	73914	91659	125345	229734
中山	5997	9597	18013	26810	31529	41265	60387	99967
江门	7643	7154	10400	13098	16319	15143	27913	49484
阳江	3615	2690	2073	2468	3018	3024	3794	4505
湛江	5107	5241	4722	4487	4535	5528	5436	18262
茂名	2865	2768	2990	3439	5177	7202	5101	11092
肇庆	3093	3794	5017	8404	5770	5924	8106	25894
清远	2044	2912	4140	7243	6208	5974	8685	23980
潮州	984	1610	1545	2794	3362	3202	6435	7981
揭阳	18	34	33	1292	907	985	794	4087
云浮	1067	783	793	1852	2152	1953	6920	12269
省直								
按经济区域分								
珠三角	210763	241464	329482	895742	659375	679277	1029996	2216123
东翼	5690	6966	7268	19210	15804	14656	39133	64130
西翼	11587	10699	9785	10394	12730	15753	14330	33859
山区	14728	17580	16638	27691	26839	21473	43014	71874

注：1.基金支出为不含上下级往来的基金支出小计，基金支出=支出总计-补助下级支出-上解上级支出。
2.2013-2019年数据已相应调整为基金支出小计口径。

5-33 各市工伤保险基金支出情况(2013-2020年)

单位：万元

市别	2013	2014	2015	2016	2017	2018	2019	2020
全省	**365209**	**417760**	**447170**	**476976**	**512384**	**600505**	**656827**	**720059**
广州	51139	55009	57218	62259	66837	70790	81025	89968
深圳	86579	94726	108295	119089	135955	174075	174670	172427
珠海	11062	12473	14946	17241	18980	21818	29043	32586
汕头	2668	2627	2902	3039	3157	4898	4959	8007
佛山	31919	31690	35422	40524	42885	49820	58592	56215
韶关	14146	16331	14681	14212	15663	16392	17792	21946
河源	2252	2868	3612	3262	3556	5056	6313	10104
梅州	3899	4625	4458	4611	5877	7069	9645	8217
惠州	7329	12880	11685	15611	17036	25151	30361	36169
汕尾	875	731	758	968	1049	997	1728	2947
东莞	91039	114137	114036	112739	111901	116349	125200	132966
中山	22911	25122	28263	29598	31774	33340	39485	43651
江门	8132	9743	11764	12527	15399	19648	20178	27273
阳江	2146	3137	2765	3204	3524	4662	3596	7385
湛江	2796	3488	4440	5388	4424	6141	6766	8554
茂名	3138	3966	4253	4208	5050	4854	6117	8193
肇庆	4700	5127	5248	5571	7805	8486	12000	14645
清远	5193	6162	6483	7873	5248	9612	8779	14164
潮州	782	1568	1368	1414	1356	1973	1680	2713
揭阳	931	833	970	1765	1053	1172	1485	2619
云浮	2141	2210	2641	2063	3000	4368	5196	5709
省直	9433	8307	10961	9811	10856	13833	12216	13601
按经济区域分								
珠三角	314810	360907	386877	415159	448571	519478	570554	605900
东翼	5256	5759	5998	7186	6615	9040	9853	16287
西翼	8080	10591	11458	12800	12997	15657	16479	24132
山区	27631	32196	31875	32021	33344	42496	47725	60140

注：1.基金支出为不含上下级往来的基金支出小计，基金支出=支出总计-补助下级支出-上解上级支出。
2.2013-2019年数据已相应调整为基金支出小计口径。
3.各区域不包括省直。

5-34 各市城镇职工基本养老保险基金累计结余情况(2013-2020年)

单位：万元

市别	2013	2014	2015	2016	2017	2018	2019	2020
全省	**46731270**	**54441665**	**65327542**	**76525518**	**92450988**	**111288058**	**123435702**	**123383256**
广州	3730589	3938467	4717802	5087069	6194315	8707564	11183221	9721844
深圳	18401319	22679887	28014975	33646981	41491898	49065447	55650618	55996776
珠海	2292228	2643325	3206818	3747050	4099826	4739354	5333762	5338150
汕头	215664	280011	258416	264745	221250	116213	313632	452200
佛山	3453024	3685024	4061323	4536850	5141250	6033982	6500608	5983099
韶关	190320	242669	223213	225026	199759	60760	225703	187012
河源	282853	340064	386987	434854	512475	557549	551578	456330
梅州	673651	600553	496752	466955	384811	524658	439427	512839
惠州	1294857	1624390	2192654	2731240	3467286	4181480	4744723	4657968
汕尾	132290	165534	192951	214545	224513	217105	209300	213040
东莞	6436240	7898729	10286571	12880479	15609551	18796672	21050514	21687889
中山	1549640	1863238	2393735	2924985	4050076	4840318	5204220	5256860
江门	841415	903679	885834	885685	971201	978605	863873	879673
阳江	206069	236372	262047	312714	340376	359581	397225	360519
湛江	214924	353439	352706	352889	372738	278224	434655	308918
茂名	258090	358798	404275	444560	388811	317820	404460	354027
肇庆	307110	365696	402527	473321	428833	430222	376335	390592
清远	476590	569639	616351	714030	767748	734679	729711	718607
潮州	151892	170966	141898	117047	73257	70936	67738	91192
揭阳	156801	224953	226338	239065	223793	298753	292246	321064
云浮	202024	229997	253231	298291	333348	333060	298606	310255
省直	5263681	5066233	5350137	5527135	6953875	9645077	8163546	9184402
按经济区域分								
珠三角	38306422	45602435	56162239	66913660	81454235	97773644	110907875	109912852
东翼	656647	841464	819603	835402	742813	703007	882916	1077496
西翼	679083	948609	1019028	1110163	1101925	955625	1236340	1023463
山区	1825438	1982922	1976534	2139156	2198139	2210705	2245025	2185043

注：1.城镇职工基本养老保险=企业职工基本养老保险+机关事业单位基本养老保险。
　　2.各区域不包括省直。

5-35 各市城镇职工基本养老保险(执行企业养老保险制度)基金累计结余情况(2013-2020年)

单位：万元

市别	2013	2014	2015	2016	2017	2018	2019	2020
全省	**43941281**	**51277017**	**61580390**	**72580141**	**86499279**	**103456472**	**115972587**	**117014724**
广州	3730589	3938467	4517478	5087069	6194281	8501006	10899379	9293125
深圳	18291021	22573210	27901142	33494958	39880549	46854030	53385250	54557231
珠海	1958337	2276261	2779367	3284303	3757633	4385161	5045397	5237152
汕头	73958	114986	71048	60773	103033	-23972	123223	150295
佛山	3172800	3371080	3736635	4205959	4640647	5513212	5985413	5469644
韶关	59647	95506	59312	39971	57146	-34884	132432	125776
河源	162112	199535	226434	271535	340132	411045	431960	389464
梅州	545786	454987	328337	463826	340274	421858	296036	445978
惠州	1146947	1443106	1968939	2486029	3181628	3942555	4571297	4505898
汕尾	77618	98609	111245	118778	113795	113339	99084	116167
东莞	6290714	7734213	10164364	12609336	15219768	18253187	20473932	20988728
中山	1488724	1797884	2312837	2818569	3811629	4509178	5053912	4906765
江门	746781	799481	772941	756220	805963	809340	747792	770607
阳江	148044	169904	185067	222732	209808	211961	234938	217521
湛江	43024	155098	112148	79966	58053	-95057	190428	168250
茂名	108062	185279	199350	205000	131381	130654	199321	182996
肇庆	210021	255989	272594	303802	292234	298604	246163	324098
清远	367095	442677	487595	586411	620125	653319	673052	650947
潮州	127275	144590	116991	94754	49719	31396	49419	77893
揭阳	107193	161695	153266	160076	130060	164777	130885	169520
云浮	147844	166372	181028	197479	204711	199566	188351	203378
省直	4937689	4698085	4922272	5032595	6356710	8206196	6814923	8063289
按经济区域分								
珠三角	37035934	44189691	54426297	65046245	77784332	93066273	106408536	106053248
东翼	386044	519880	452550	434381	396607	285541	402611	513875
西翼	299130	510281	496565	507698	399242	247558	624687	568768
山区	1282484	1359077	1282706	1559222	1562388	1650904	1721830	1815543

注：各区域不包括省直。

5-36 各市城乡居民基本养老保险基金累计结余情况(2013-2020年)

单位：万元

市　别	2013	2014	2015	2016	2017	2018	2019	2020
全　省	**2195395**	**2976814**	**3573471**	**3851618**	**4027451**	**4166892**	**4570597**	**4750524**
广　州	1302932	1685112	1754706	1695680	1624416	1532512	1649362	1451243
深　圳	4370	4314	4103	3828	3687	3526	3795	3958
珠　海	59610	73775	75058	81581	90046	101840	113954	120786
汕　头	52445	83931	117484	142406	154796	164103	186434	212548
佛　山	107352	113377	295314	263245	243657	242321	210561	153257
韶　关	42919	55477	75718	93857	114180	130209	149045	182806
河　源	28140	47709	60598	76277	78974	89092	107208	118891
梅　州	73382	75011	78029	118456	109020	105025	118636	163839
惠　州	76997	108615	144519	180131	216484	254061	286042	323932
汕　尾	13283	16276	15804	19408	25828	38806	57117	107171
东　莞	-2586	-2269	540	825	728	771	1005	709
中　山	9	11	15	39	56	153	304	684
江　门	72338	94896	123013	152679	181524	198918	215186	234159
阳　江	32388	56996	87022	113372	124849	135339	152867	178636
湛　江	70925	119229	144360	183399	190514	221798	242868	264873
茂　名	60458	97706	133125	162646	177659	205605	239441	266537
肇　庆	33763	90865	127231	151357	179111	194497	216179	247711
清　远	39182	57377	76143	98736	182276	204361	247705	296917
潮　州	26197	34258	46966	56786	60117	62688	68911	78175
揭　阳	64743	104966	120072	141464	142759	146168	159227	183090
云　浮	36549	59181	93651	115445	126770	135098	144751	160602
省　直								
按经济区域分								
珠 三 角	1654785	2168696	2524499	2529365	2539710	2528599	2696387	2536437
东　翼	156668	239431	300326	360064	383500	411766	471689	580984
西　翼	163771	273931	364507	459417	493022	562742	635176	710047
山　区	220172	294755	384139	502771	611220	663785	767345	923056

5-37 各市失业保险基金累计结余情况(2013-2020年)

单位：万元

市　别	2013	2014	2015	2016	2017	2018	2019	2020
全　省	**4078000**	**5156808**	**6345616**	**6412362**	**6832806**	**7320343**	**6310093**	**4729976**
广　州	1758611	1976250	2181934	2079281	2123501	2156439	2094750	1663909
深　圳	684061	1184447	1714189	1682616	1854354	2085745	1712539	1155036
珠　海	187102	227737	256572	262966	273298	294920	236577	136749
汕　头	135294	162822	190817	197005	213179	232199	183676	155442
佛　山	260391	293158	325138	340418	338086	350609	268393	167219
韶　关	74302	83504	97990	102731	106070	113109	95064	86504
河　源	29893	36680	43291	44982	47308	51856	35025	28493
梅　州	15939	21479	30706	34030	37605	41332	34768	34497
惠　州	67388	83927	104233	111791	128263	146676	114435	61600
汕　尾	17498	22055	27547	30041	34212	36490	29183	24733
东　莞	136416	182807	310788	342290	386031	425772	343867	197698
中　山	108662	143868	171597	193677	214854	219335	160174	93983
江　门	108791	133104	159877	172122	183818	189820	147676	114564
阳　江	22726	23779	24370	26312	28944	32652	24841	22524
湛　江	66201	80093	100484	109477	120897	129701	112422	103885
茂　名	94622	111386	130443	140297	150478	159215	134837	135006
肇　庆	69458	82919	97918	105357	109771	119109	102162	84273
清　远	59331	73325	85315	93320	101290	111940	96267	81594
潮　州	37131	44221	51154	53719	55407	57429	44374	39878
揭　阳	29429	34858	41859	45901	51208	55994	50337	50311
云　浮	24751	31184	37663	40703	43099	46547	35051	27952
省　直	90002	123204	161733	203326	231134	263454	253674	264125
按经济区域分								
珠三角	3380880	4308217	5322246	5290518	5611975	5988425	5180574	3675032
东　翼	219352	263956	311377	326666	354005	382112	307570	270364
西　翼	183549	215258	255297	276086	300319	321568	272100	261415
山　区	204216	246172	294965	315766	335372	364784	296175	259040

注：各区域不包括省直。

5-38 各市工伤保险基金累计结余情况(2013-2020年)

单位：万元

市 别	2013	2014	2015	2016	2017	2018	2019	2020
全 省	**1944265**	**2170908**	**2413260**	**2525711**	**2752757**	**2881386**	**2747980**	**2320715**
广 州	355160	394334	432684	456142	529799	568328	507242	394260
深 圳	428643	461554	515521	509458	557165	580481	483093	385538
珠 海	65080	72951	76778	75645	73959	74346	67941	55259
汕 头	26646	32569	37816	42487	49651	54060	49865	36284
佛 山	204704	237132	267648	294699	314033	324652	293553	227603
韶 关	4916	12888	17078	19975	15050	18644	18172	17005
河 源	10516	12185	13073	13172	14317	15946	13419	9622
梅 州	14639	18384	21431	24184	25477	27298	22860	20067
惠 州	58042	71171	88881	96011	113713	128501	114031	85496
汕 尾	9476	11324	14205	17707	20113	24343	25299	18995
东 莞	232024	248681	261300	261723	269022	246847	204311	158952
中 山	67341	84331	100394	106718	101154	94133	77823	66402
江 门	41334	44774	46521	48227	49179	48499	42642	28112
阳 江	10809	9917	9996	11717	14443	16079	14570	11004
湛 江	22757	26655	31087	31856	38851	41218	36661	27065
茂 名	35679	41518	48477	52767	57756	62788	56363	43677
肇 庆	19841	23116	27856	30906	34296	39547	33859	25385
清 远	18863	22351	22436	23558	28423	30757	27482	21972
潮 州	17287	20574	24070	26091	28442	30232	27466	20556
揭 阳	8954	10844	12636	13247	14263	16360	15639	13823
云 浮	7094	8502	10129	12455	14865	17503	16233	11695
省 直	284460	305155	333242	356965	388782	420824	599458	641941
按经济区域分								
珠 三 角	1472169	1638044	1817583	1879529	2042322	2105336	1824495	1427007
东 翼	62363	75311	88727	99532	112469	124995	118269	89659
西 翼	69245	78090	89560	96340	111051	120084	107593	81746
山 区	56028	74310	84147	93344	98132	110148	98165	80362

注：各区域不包括省直。

5-39 各市医疗、生育保险参保人数(2020年)

单位：人

市　别	基本医疗保险	城镇职工基本医疗保险	城乡居民基本医疗保险	生育保险
全　省	**109914368**	**45781375**	**64132993**	**37998226**
广　州	13481361	8441958	5039403	6335769
深　圳	16085580	13029297	3056283	13047905
珠　海	2133125	1450743	682382	1193331
汕　头	5017661	599127	4418534	578440
佛　山	5964459	3623460	2340999	2969783
韶　关	2993667	639999	2353668	386705
河　源	3081351	380996	2700355	328233
梅　州	4587841	527117	4060724	380208
惠　州	4357909	1831716	2526193	1831716
汕　尾	2942586	330088	2612498	234670
东　莞	6311931	6311931		4931393
中　山	2940535	2940535		1668371
江　门	3956058	1471799	2484259	987560
阳　江	2739787	329187	2410600	244150
湛　江	7240820	828992	6411828	547059
茂　名	6666243	550691	6115552	382824
肇　庆	4149463	786789	3362674	597605
清　远	4094822	706985	3387837	503529
潮　州	2663034	399853	2263181	404027
揭　阳	5840950	310112	5530838	201771
云　浮	2665185	290000	2375185	243177
省　直				
按经济区域分				
珠三角	59380421	39888228	19492193	33563433
东　翼	16464231	1639180	14825051	1418908
西　翼	16646850	1708870	14937980	1174033
山　区	17422866	2545097	14877769	1841852

注：1.省直医疗、生育保险属地化管理，无数据，下表同。
2.东莞市和中山市执行城乡统一医疗保险，在职工医疗口径反映。
3.各区域不包括省直。

5-40 各市城镇职工基本医疗保险参保人数(2015-2020年)

单位：人

市别	2015	2016	2017	2018	2019	2020
全省	**37118478**	**38141004**	**39626374**	**41706925**	**43757263**	**45781375**
广州	6076242	6368229	6842761	7519504	8031247	8441958
深圳	10391166	10930554	11510112	11952451	12395741	13029297
珠海	1105038	1125515	1191554	1297457	1348304	1450743
汕头	516030	547542	547005	569921	585071	599127
佛山	2777424	2887199	3029694	3246530	3476991	3623460
韶关	540012	556280	576427	603038	619011	639999
河源	301132	313760	333359	348904	361799	380996
梅州	430967	460184	461207	480084	500279	527117
惠州	1618333	1562028	1550800	1565756	1720406	1831716
汕尾	281330	315049	320672	326329	324138	330088
东莞	6019153	5745699	5660857	5832967	6154985	6311931
中山	2546162	2554049	2669843	2782258	2837132	2940535
江门	1211309	1258931	1323598	1378735	1419251	1471799
阳江	270819	274660	279587	293128	306654	329187
湛江	633640	636073	680339	761843	793309	828992
茂名	422490	443834	465238	490876	512168	550691
肇庆	618203	647338	645844	701739	749376	786789
清远	553793	581805	595520	623941	667864	706985
潮州	319139	327716	336174	350319	361527	399853
揭阳	262883	376902	361672	322080	318277	310112
云浮	223213	227657	244111	259065	273733	290000
省直						
按经济区域分						
珠三角	32363030	33079542	34425063	36277397	38133433	39888228
东翼	1379382	1567209	1565523	1568649	1589013	1639180
西翼	1326949	1354567	1425164	1545847	1612131	1708870
山区	2049117	2139686	2210624	2315032	2422686	2545097

5-41　各市城乡居民基本医疗保险参保人数(2015-2020年)

单位：人

市　别	2015	2016	2017	2018	2019	2020
全　省	**64241734**	**63360624**	**64024306**	**64450781**	**64077401**	**64132993**
广　州	4449913	4595558	4774043	4957484	4990779	5039403
深　圳	1740390	1987463	2450977	2716744	2970216	3056283
珠　海	477551	516059	559551	603204	629868	682382
汕　头	4608609	4465462	4475685	4452173	4420523	4418534
佛　山	2070038	2113652	2147662	2219548	2284388	2340999
韶　关	2293995	2286268	2365184	2371824	2357682	2353668
河　源	3058058	3028877	2901622	2866343	2752323	2700355
梅　州	4419101	4266971	4248547	4194098	4106081	4060724
惠　州	2661439	2726134	2761150	2801753	2517512	2526193
汕　尾	2741373	2740662	2740821	2741591	2652671	2612498
东　莞						
中　山						
江　门	2658610	2567456	2564541	2534216	2494322	2484259
阳　江	2358769	2366689	2400955	2416721	2417672	2410600
湛　江	6655940	6571417	6469957	6319825	6326353	6411828
茂　名	6431180	5847409	5948018	5983469	6015336	6115552
肇　庆	3513387	3444162	3439310	3440270	3398256	3362674
清　远	3537141	3453915	3435122	3387847	3376957	3387837
潮　州	2294945	2330940	2307478	2307667	2288047	2263181
揭　阳	5714175	5523233	5532815	5641546	5633269	5530838
云　浮	2557120	2528297	2500868	2494458	2445146	2375185
省　直						
按经济区域分						
珠三角	17571328	17950484	18697234	19273219	19285341	19492193
东　翼	15359102	15060297	15056799	15142977	14994510	14825051
西　翼	15445889	14785515	14818930	14720015	14759361	14937980
山　区	15865415	15564328	15451343	15314570	15038189	14877769

注：1.东莞市居民医疗2010年起与职工医疗制度合并，中山市居民医疗2014年起与职工医疗制度合并。
2.2013年广州、韶关、河源含新农合参合人数，其中韶关、河源于2014年并入城乡居民医保；2014年广州含新农合人数，次年并入城乡居民医保。

5-42 各市生育保险参保人数(2015-2020年)

单位：人

市 别	2015	2016	2017	2018	2019	2020
全 省	**30817976**	**31618895**	**33008912**	**34953368**	**36693633**	**37998226**
广 州	4368202	4766093	5189222	5852979	6281315	6335769
深 圳	10328970	10906510	11605683	12026177	12467099	13047905
珠 海	902786	939103	999181	1067679	1106359	1193331
汕 头	727332	702391	580807	654399	728678	578440
佛 山	2240608	2307210	2452850	2643801	2833214	2969783
韶 关	238203	256052	284214	347901	362619	386705
河 源	222118	235381	267369	286791	306557	328233
梅 州	285660	289278	305209	329540	348317	380208
惠 州	1618333	1562028	1550800	1565756	1720406	1831716
汕 尾	190084	201514	219538	228260	230745	234670
东 莞	5108233	4783780	4661485	4741815	4870292	4931393
中 山	1438604	1420551	1488528	1558025	1593482	1668371
江 门	765743	806710	856919	909182	936180	987560
阳 江	197481	201390	201295	213040	226255	244150
湛 江	431234	451404	474085	496252	517697	547059
茂 名	280469	280633	304518	318016	340114	382824
肇 庆	414176	417303	429952	507880	548050	597605
清 远	365893	374706	386954	413118	449737	503529
潮 州	303592	313802	332581	352322	374562	404027
揭 阳	214411	224924	216876	227839	225630	201771
云 浮	175844	178132	200846	212596	226325	243177
省 直						
按经济区域分						
珠 三 角	27185655	27909288	29234620	30873294	32356397	33563433
东 翼	1435419	1442631	1349802	1462820	1559615	1418908
西 翼	909184	933427	979898	1027308	1084066	1174033
山 区	1287718	1333549	1444592	1589946	1693555	1841852

注：省直生育保险2015年属地化管理，主要移交广州市。

5-43 各市参保女职工生育人数(2015-2020年)

单位：人

市 别	2015	2016	2017	2018	2019	2020
全 省	**327038**	**544298**	**690933**	**622028**	**687432**	**616395**
广 州	69305	98311	136272	132897	133491	129266
深 圳	93155	196771	178379	156792	206046	183179
珠 海	14270	18529	25214	22315	24360	20592
汕 头	5730	4304	13257	13625	12025	12607
佛 山	37441	53156	75925	70881	66100	65592
韶 关	2101	4190	7912	7620	7009	5535
河 源	3864	3329	14743	13369	13513	11585
梅 州	4308	5812	9218	2090	7961	6842
惠 州	13406	43531	27965	25469	24993	26579
汕 尾	1137	2018	3521	2949	2975	3455
东 莞	26973	41206	65425	58854	56960	52405
中 山	21024	3289	27018	26145	26704	23713
江 门	9146	21227	23723	19790	18344	16138
阳 江	1653	4518	7232	5361	5197	5251
湛 江	2453	9577	13061	10891	15586	7922
茂 名	3904	9425	20016	13811	18700	8605
肇 庆	4402	6021	10914	11504	10259	9508
清 远	3114	6753	10143	10899	10074	10872
潮 州	2892	3910	6761	5763	5603	5899
揭 阳	2059	3505	6515	5146	4590	4949
云 浮	1349	4916	7719	5857	16942	5901
省 直	3352					
按经济区域分						
珠 三 角	289122	482041	570835	524647	567257	526972
东 翼	11818	13737	30054	27483	25193	26910
西 翼	8010	23520	40309	30063	39483	21778
山 区	14736	25000	49735	39835	55499	40735

5-44 各市医疗、生育保险基金收入情况(2020年)

单位：万元

市　　别	城镇职工基本医疗保险（含生育保险）	城乡居民基本医疗保险
全　　省	**17447146**	**5826131**
广　　州	5534852	595897
深　　圳	4628270	481690
珠　　海	494658	
汕　　头	231549	378568
佛　　山	1661377	
韶　　关	279274	195001
河　　源	158466	249944
梅　　州	236876	352877
惠　　州	512937	219681
汕　　尾	67960	207746
东　　莞	1164764	
中　　山	498196	
江　　门	524141	220907
阳　　江	131625	198037
湛　　江	360302	547624
茂　　名	208667	558977
肇　　庆	241248	285184
清　　远	221981	283980
潮　　州	109720	268390
揭　　阳	80999	578703
云　　浮	99283	202924
省　　直		
按经济区域分		
珠 三 角	15260442	1803359
东　　翼	490230	1433408
西　　翼	700595	1304638
山　　区	995880	1284726

注：根据《国务院办公厅关于全面推进生育保险和职工基本医疗保险合并实施的意见》(国办发〔2019〕10号)精神，生育保险基金并入职工基本医疗保险基金，统一征缴，统筹层次一致。同时，职工基本医疗保险基金严格执行社会保险基金财务制度，不再单列生育保险基金收入。

5-45 各市医疗、生育保险基金支出情况(2020年)

单位：万元

市　别	城镇职工基本医疗保险（含生育保险）	城乡居民基本医疗保险
全　省	**14279602**	**5142468**
广　州	4447497	386713
深　圳	2766348	338916
珠　海	604683	
汕　头	233305	286827
佛　山	1519231	
韶　关	223968	194787
河　源	141923	242251
梅　州	204065	355152
惠　州	563113	214728
汕　尾	50780	183381
东　莞	1229104	
中　山	393175	
江　门	507407	188250
阳　江	113378	172517
湛　江	342532	460001
茂　名	216613	519907
肇　庆	238997	282192
清　远	218885	288737
潮　州	100641	236702
揭　阳	76134	553393
云　浮	87822	238015
省　直		
按经济区域分		
珠三角	12269556	1410798
东　翼	460860	1260303
西　翼	672523	1152425
山　区	876663	1318942

5-46 各市医疗、生育保险基金征收收入情况(2020年)

单位：万元

市　　别	城镇职工基本医疗保险(含生育保险)	城乡居民基本医疗保险
全　　省	**15791764**	**1999824**
广　　州	5120148	197801
深　　圳	4205135	296439
珠　　海	431072	
汕　　头	228081	126928
佛　　山	1290485	
韶　　关	270743	64807
河　　源	153478	74804
梅　　州	229861	112566
惠　　州	501418	74803
汕　　尾	67092	58736
东　　莞	1002065	
中　　山	383150	
江　　门	511119	83297
阳　　江	125619	67267
湛　　江	352681	190820
茂　　名	203348	174648
肇　　庆	235234	98781
清　　远	213341	92472
潮　　州	92539	62276
揭　　阳	79310	155283
云　　浮	95844	68096
省　　直		
按经济区域分		
珠 三 角	13679825	751121
东　　翼	467023	403223
西　　翼	681648	432735
山　　区	963268	412745

注：根据《国务院办公厅关于全面推进生育保险和职工基本医疗保险合并实施的意见》(国办发〔2019〕10号)精神，生育保险基金并入职工基本医疗保险基金，统一征缴，统筹层次一致。同时，职工基本医疗保险基金严格执行社会保险基金财务制度，不再单列生育保险基金收入。

5-47 各市医疗、生育保险基金累计结余情况(2020年)

单位：万元

市别	城镇职工基本医疗保险(含生育保险)	城乡居民基本医疗保险
全　省	**34733719**	**4836713**
广　州	12540496	610503
深　圳	14707467	417054
珠　海	355488	
汕　头	100226	671817
佛　山	2322947	
韶　关	368968	161659
河　源	115020	193764
梅　州	139807	162719
惠　州	675788	55406
汕　尾	77258	163243
东　莞	1147121	
中　山	649575	
江　门	428067	209816
阳　江	144803	111141
湛　江	250112	542848
茂　名	215437	440256
肇　庆	99430	263253
清　远	198102	99453
潮　州	74114	317421
揭　阳	19999	340291
云　浮	103493	76069
省　直		
按经济区域分		
珠三角	32926379	1556032
东　翼	271596	1492771
西　翼	610352	1094245
山　区	925391	693664

注：根据《国务院办公厅关于全面推进生育保险和职工基本医疗保险合并实施的意见》(国办发〔2019〕10号)精神，生育保险基金并入职工基本医疗保险基金，统一征缴，统筹层次一致。同时，职工基本医疗保险基金严格执行社会保险基金财务制度，不再单列生育保险基金收入。因无法测算出生育保险基金收入情况，故无法测算生育保险基金累计结余情况。

5-48 各市城镇职工基本医疗保险(含生育保险)基金收入情况(2015—2020年)

单位：万元

市别	2015	2016	2017	2018	2019	2020
全省	**9851772**	**11100107**	**13134947**	**15290268**	**17529217**	**17447146**
广州	3268748	3661691	4119883	4769309	5940100	5534852
深圳	2284019	2611802	3300004	3980842	4406411	4628270
珠海	324222	378635	476794	495021	523211	494658
汕头	146372	153859	173428	195696	231309	231549
佛山	916529	972672	1329139	1537324	1779266	1661377
韶关	167124	184938	199112	231371	230090	279274
河源	89959	97828	109252	128307	145343	158466
梅州	116519	132753	148837	171516	197174	236876
惠州	375067	365336	421054	486287	513178	512937
汕尾	40907	45687	50957	59215	66813	67960
东莞	649371	858401	940444	1033400	1093771	1164764
中山	332483	398783	439542	464118	497028	498196
江门	336711	346068	405860	488744	531927	524141
阳江	67940	81077	95069	125687	133726	131625
湛江	177875	201082	242390	295600	342608	360302
茂名	139028	154086	169299	185963	198783	208667
肇庆	138602	150284	153045	202753	225003	241248
清远	137194	145266	172509	204914	214695	221981
潮州	52526	58294	68238	79759	99804	109720
揭阳	30349	34445	44770	63031	67346	80999
云浮	59890	66946	75279	91413	91631	99283
省直	339	176	44			
按经济区域分						
珠三角	8625752	9743672	11585764	13457796	15509896	15260442
东翼	270154	292285	337392	397702	465271	490230
西翼	384843	436245	506758	607250	675116	700595
山区	570686	627731	704990	827520	878934	995880

注：根据《国务院办公厅关于全面推进生育保险和职工基本医疗保险合并实施的意见》(国办发〔2019〕10号)精神，生育保险基金并入职工基本医疗保险基金，统一征缴，统筹层次一致。同时，职工基本医疗保险基金严格执行社会保险基金财务制度，不再单列生育保险基金收入。因无法统计生育保险基金收入情况，故无法计算生育保险基金累计结余。为保持2020年职工基本医疗保险(含生育保险)收入口径与其他年份一致，对2015—2019年数据统一口径化。

5-49　各市城乡居民基本医疗保险基金收入情况(2015-2020年)

单位：万元

市别	2015	2016	2017	2018	2019	2020
全　省	**3487869**	**4182457**	**4162728**	**4568552**	**5363880**	**5826131**
广　州	252167	292784	314309	390324	498251	595897
深　圳	167706	198230	271439	332694	408835	481690
珠　海	27329	35207				
汕　头	232064	272659	284771	323954	379326	378568
佛　山	221323	213315				
韶　关	115664	133878	153597	167690	190215	195001
河　源	152555	166253	211696	197033	242677	249944
梅　州	222213	260677	276917	325825	333677	352877
惠　州	143577	160643	176565	201005	218688	219681
汕　尾	127978	160040	157775	187965	193263	207746
东　莞						
中　山						
江　门	139183	165560	189102	211848	221086	220907
阳　江	118354	278073	159414	172041	196396	198037
湛　江	311272	382796	440055	466724	470080	547624
茂　名	324291	391743	437161	441210	497999	558977
肇　庆	178867	212134	220967	195909	329486	285184
清　远	179117	223992	216339	253118	276339	283980
潮　州	108808	130438	148995	149976	263260	268390
揭　阳	313914	324156	342985	378704	446483	578703
云　浮	151487	179880	160639	172534	197819	202924
省　直						
按经济区域分						
珠三角	1130152	1277873	1172382	1331781	1676346	1803359
东　翼	782764	887293	934526	1040598	1282332	1433408
西　翼	753917	1052612	1036631	1079975	1164475	1304638
山　区	821036	964680	1019189	1116198	1240727	1284726

5-50 各市城镇职工基本医疗(含生育保险)保险基金征收收入情况 (2015-2020年)

单位：万元

市别	2015	2016	2017	2018	2019	2020
全省	**9487055**	**10659948**	**12150081**	**14266862**	**15311249**	**15791764**
广州	3214648	3604762	3930558	4676774	5023939	5120148
深圳	2170472	2481190	2941489	3585911	3938263	4205135
珠海	320285	363264	435465	457464	454858	431072
汕头	138048	143472	160172	188763	222720	228081
佛山	865636	905873	1120074	1237817	1355885	1290485
韶关	160234	173497	192528	225138	225757	270743
河源	84867	90112	103098	121257	139806	153478
梅州	103794	119653	139517	161869	189107	229861
惠州	351183	358909	393308	444279	495734	501418
汕尾	39277	42868	49808	58165	65505	67092
东莞	632522	815117	906005	974480	954454	1002065
中山	318039	379599	419547	458685	394835	383150
江门	327004	335171	389229	477703	521763	511119
阳江	64834	76250	89817	115883	127657	125619
湛江	170553	196775	225078	285914	334959	352681
茂名	128450	144094	161697	181987	195406	203348
肇庆	132297	140512	147025	191976	220714	235234
清远	130087	136834	166393	198789	208031	213341
潮州	50147	55807	65735	77398	87035	92539
揭阳	28237	32844	41879	58480	66596	79310
云浮	56413	63336	71657	88132	88225	95844
省直	29	8	2			
按经济区域分						
珠三角	8332086	9384397	10682699	12505089	13360445	13679825
东翼	255709	274991	317594	382806	441856	467023
西翼	363837	417119	476592	583785	658022	681648
山区	535395	583432	673193	795183	850925	963268

注：根据《国务院办公厅关于全面推进生育保险和职工基本医疗保险合并实施的意见》(国办发〔2019〕10号)精神，生育保险基金并入职工基本医疗保险基金，统一征缴，统筹层次一致。同时，职工基本医疗保险基金严格执行社会保险基金财务制度，不再单列生育保险基金收入。因无法测算出生育保险基金收入情况，故无法计算生育保险基金累计结余情况。为保持2020年职工基本医疗保险(含生育保险)征收收入口径与其他年份一致，对2015-2019年数据统一口径化。

5-51 各市城乡居民基本医疗保险基金征收收入情况(2015-2020年)

单位：万元

市 别	2015	2016	2017	2018	2019	2020
全 省	**3382278**	**3928235**	**4049411**	**1515789**	**1699741**	**1999824**
广 州	250568	287695	309958	141373	170016	197801
深 圳	163737	195235	267829	197796	251227	296439
珠 海	26955	34310				
汕 头	226498	265912	271261	110464	109965	126928
佛 山	219380	211843				
韶 关	112995	129758	149851	48440	57751	64807
河 源	145775	158804	195038	66472	67296	74804
梅 州	219683	253431	273783	98320	99579	112566
惠 州	139105	160201	176158	67320	72308	74803
汕 尾	126390	158147	153788	47498	38408	58736
东 莞						
中 山						
江 门	138062	160502	187714	84654	84153	83297
阳 江	117359	139063	158791	53123	60380	67267
湛 江	304730	377008	432665	166479	122109	190820
茂 名	301042	369559	405035	139292	129352	174648
肇 庆	178184	209532	219309	28550	143494	98781
清 远	172632	217794	210935	74982	85863	92472
潮 州	103376	128574	144653	41532	56277	62276
揭 阳	307656	319041	333714	93021	93137	155283
云 浮	128153	151827	158931	56472	58426	68096
省 直						
按经济区域分						
珠 三 角	1115991	1259318	1160967	519694	721198	751121
东 翼	763920	871674	903416	292515	297786	403223
西 翼	723131	885630	996491	358894	311841	432735
山 区	779238	911614	988537	344686	368916	412745

5-52 各市城镇职工基本医疗保险(含生育保险)基金支出情况(2015-2020年)

单位：万元

市别	2015	2016	2017	2018	2019	2020
全省	**7302284**	**8191678**	**10253823**	**11624429**	**13372553**	**14279602**
广州	2460807	2573996	3191006	3618007	4241668	4447497
深圳	1116844	1389114	1842612	2084229	2587692	2766348
珠海	277964	325199	440911	458889	563133	604683
汕头	130385	156930	164720	280408	229634	233305
佛山	742888	842080	1181827	1293505	1444494	1519231
韶关	128957	143532	178050	206965	220474	223968
河源	80337	84454	108650	116782	138635	141923
梅州	116782	132187	147854	163169	176450	204065
惠州	291579	332295	386375	433358	499958	563113
汕尾	38234	42140	48750	51838	53942	50780
东莞	555938	676029	809482	922199	950166	1229104
中山	279471	323518	398808	393578	429119	393175
江门	309027	344285	355496	448009	510484	507407
阳江	60409	73873	90302	103494	117064	113378
湛江	154379	185586	217924	289651	324912	342532
茂名	137805	136089	171519	180184	204496	216613
肇庆	131348	148031	168849	201723	220829	238997
清远	156108	136075	159629	182286	196839	218885
潮州	47272	56867	63551	69967	90887	100641
揭阳	29848	35755	43005	49183	86448	76134
云浮	47985	53626	70247	77005	85228	87822
省直	7918	19	14256			
按经济区域分						
珠三角	6165866	6954547	8775366	9853497	11447543	12269556
东翼	245739	291692	320026	451396	460912	460860
西翼	352593	395548	479745	573329	646472	672523
山区	530169	549874	664431	746207	817626	876663

注：根据《国务院办公厅关于全面推进生育保险和职工基本医疗保险合并实施的意见》(国办发〔2019〕10号)精神，生育保险基金并入职工基本医疗保险基金，统一征缴，统筹层次一致。同时，职工基本医疗保险基金严格执行社会保险基金财务制度，不再单列生育保险基金收入。为保持2020年职工基本医疗保险(含生育保险)基金支出与其他年份一致，对2015-2019年数据统一口径化。

5-53　各市城乡居民基本医疗保险基金支出情况(2015-2020年)

单位：万元

市　别	2015	2016	2017	2018	2019	2020
全　省	**2817740**	**3634054**	**3816030**	**4470623**	**4982963**	**5142468**
广　州	209629	231047	282643	341665	402254	386713
深　圳	136592	173179	252047	300909	352544	338916
珠　海	24127	36332				
汕　头	124789	213925	239228	273528	297971	286827
佛　山	206943	212395				
韶　关	94580	111810	128913	165254	187858	194787
河　源	121341	177178	173526	217412	243953	242251
梅　州	163443	236295	287718	340329	366689	355152
惠　州	142193	162283	179306	214068	215594	214728
汕　尾	119154	133949	154616	181650	171297	183381
东　莞						
中　山						
江　门	128454	142895	146351	172796	216402	188250
阳　江	108893	275395	187264	183832	165806	172517
湛　江	268182	314766	353097	421283	455978	460001
茂　名	286787	302495	374845	435192	476807	519907
肇　庆	144497	173602	190430	221825	239740	282192
清　远	140351	204522	238795	264224	293324	288737
潮　州	62945	105870	112684	124756	229339	236702
揭　阳	213121	285984	353977	413074	463593	553393
云　浮	121720	140132	160590	198829	203814	238015
省　直						
按经济区域分						
珠 三 角	992435	1131733	1050777	1251263	1426535	1410798
东　翼	520009	739728	860505	993007	1162199	1260303
西　翼	663862	892656	915206	1040307	1098592	1152425
山　区	641435	869937	989542	1186046	1295638	1318942

5-54 各市城镇职工基本医疗保险(含生育保险)基金累计结余情况(2015-2020年)

单位：万元

市　别	2015	2016	2017	2018	2019	2020
全　省	**17765339**	**20673762**	**23750320**	**27416159**	**31572824**	**34733719**
广　州	6586836	7674532	8603407	9754709	11453141	12540496
深　圳	6450133	7672822	9130214	11026827	12845545	14707467
珠　海	310276	363710	469305	505436	465514	355488
汕　头	179381	176311	185018	100307	101981	100226
佛　山	1198583	1329174	1602210	1846029	2180801	2322947
韶　关	217171	258578	279640	304046	313662	368968
河　源	66268	79642	80244	91768	98477	115020
梅　州	76372	76940	77924	86271	106996	139807
惠　州	592105	625139	659816	712745	725964	675788
汕　尾	34077	37625	39830	47208	60077	77258
东　莞	643325	825694	956656	1067856	1211461	1147121
中　山	296965	372232	412965	483506	551416	649575
江　门	297008	298792	349156	389891	411334	428067
阳　江	75730	82934	87701	109894	126556	144803
湛　江	168736	184232	208698	214646	232342	250112
茂　名	207540	225537	223317	229097	223383	215437
肇　庆	105528	107777	91974	93004	97178	99430
清　远	132453	141642	154523	177151	195007	198102
潮　州	40000	41426	46114	55906	64822	74114
揭　阳	19931	18622	20387	34235	15133	19999
云　浮	52870	66191	71222	85629	92032	103493
省　直	14055	14212				
按经济区域分						
珠三角	16480759	19269872	22275703	25880003	29942357	32926379
东　翼	273389	273984	291348	237654	242014	271596
西　翼	452006	492703	519716	553637	582281	610352
山　区	545134	622993	663553	744867	806174	925391

注：根据《国务院办公厅关于全面推进生育保险和职工基本医疗保险合并实施的意见》(国办发〔2019〕10号)精神，生育保险基金并入职工基本医疗保险基金，统一征缴，统筹层次一致。同时，职工基本医疗保险基金严格执行社会保险基金财务制度，不再单列生育保险基金收入。因无法统计出2020年生育保险基金收入情况，故无法计算生育保险基金累计结余。为保持2020年职工基本医疗保险(含生育保险)基金累计结余口径与其他年份一致，对2015-2019年数据统一口径化。

5-55 各市城乡居民基本医疗保险基金累计结余情况(2015-2020年)

单位：万元

市　别	2015	2016	2017	2018	2019	2020
全　省	**2887286**	**3439902**	**3674206**	**3772134**	**4153051**	**4836713**
广　州	163260	224998	256663	305323	401319	610503
深　圳	141760	166810	186203	217988	274279	417054
珠　海	14404	13279				
汕　头	344017	402752	448295	498721	580076	671817
佛　山	124804	125724				
韶　关	109900	131968	156652	159088	161446	161659
河　源	150088	143376	207726	187347	186071	193764
梅　州	198929	223311	212510	198006	164994	162719
惠　州	64802	63163	60422	47359	50453	55406
汕　尾	81346	107437	110596	116911	138877	163243
东　莞						
中　山						
江　门	68009	90674	133424	172476	177160	209816
阳　江	91993	94671	66822	55031	85621	111141
湛　江	240694	308724	395683	441123	455224	542848
茂　名	222412	311660	373976	379995	401187	440256
肇　庆	127362	165895	196431	170515	260262	263253
清　远	134856	154326	132301	121195	104210	99453
潮　州	165712	190279	226590	251810	285732	317421
揭　阳	339283	377454	366462	332091	314981	340291
云　浮	103652	143401	143449	117154	111159	76069
省　直						
按经济区域分						
珠三角	704401	850543	833144	913661	1163474	1556032
东　翼	930358	1077922	1151943	1199534	1319667	1492771
西　翼	555099	715055	836481	876149	942032	1094245
山　区	697425	796382	852639	782790	727880	693664

主要统计指标解释

城镇登记失业率 指报告期末，城镇登记失业人数占期末从业人员总数与期末实有城镇登记失业人数之和的比重。

社会保险 是指社会保障的一个子系统和核心。它是指以劳动者为保障对象，以劳动者的年老、患病、生育、伤残、死亡等暂时或永久性丧失劳动能力以及失业中断劳动而失去收入来源等特殊事件为保障内容的一种社会保障制度。社会保险分为基本保险和补充保险，基本保险包括养老保险、医疗保险、失业保险、工伤保险和生育保险等内容，补充保险主要包括各种互助保障、个人或单位自主参加的其他保险。

参加保险人数 是指报告期末按照国家法律、法规和有关政策规定参加基本社会保险的人数。

社会保险基金收入 是指根据国家规定，由纳入基本社会保险范围的单位，按照国家规定的缴费基数和缴费比例缴纳的社会基金以及通过其他方式取得的形成基金来源的收入，包括单位缴纳的社会统筹基金收入、个人缴纳社会保险费、财政补贴收入、利息收入及其他收入。

社会保险基金支出 是指按照国家政策规定的开支范围和开支标准从社会统筹基金中支付给参加基本社会保险人员个人的费用以及由于保险关系转移、上下级之间调剂资金等原因而发生的支出。

社会保险基金结余 是指截至报告期末基本养老保险的基金结余金额(含统筹基金结余和个人账户积累)，包括银行存款、财政专户、债券投资和其他。

六、社会安全

简要说明

1. 本篇资料主要反映广东省网信、公安、检察、法院、司法、消防以及安全生产的基本情况。

2. 本篇资料主要包括：

(1)全省刑事案件立案和破案、违反治安管理案件、交通和火灾事故及机动车拥有情况；人民检察院受理举报、控告、申诉案件情况；人民法院审理案件及判处罪犯情况；全省律师、公证及人民调解情况；全省各类生产安全事故情况、全省火灾事故情况、全省消防救援队伍接处警情况、全省网信工作开展情况等。

(2)地区全省和 21 个地级以上市。

(3)年份有当年、近 5 年和 1978 年以来连续年份。

3. 统计资料来源：本篇资料由广东省委网络安全和信息化委员会办公室、广东省公安厅、广东省人民检察院、广东省高级人民法院、广东省司法厅、广东省应急厅、广东省消防救援总队、广东省信访局负责整理、审核、提供。

2020年广东社会安全概述

一、推动社会治安态势持续向好，全力消除公共安全隐患

2020 年，全省公安机关全力做好维护社会稳定各项工作，有力维护了广东社会大局平稳、巩固了全省社会治安秩序持续向好态势。一是强力推进以扫黑除恶专项斗争为龙头的严打整治专项行动，推动社会治安态势持续向好。全省共打掉涉黑组织 66 个，恶势力犯罪集团 316 个；涉黑恶案件立案 5447 起，破案 5148 起，刑拘犯罪嫌疑人 11511 人，逮捕 7750 人。深入推进“飓风 2020”专项行动，依法严厉打击各类突出违法犯罪，全省共立刑事案件 55.33 万起，破案 22.98 万起。深入推进打击治理跨境赌博工作，全省侦办跨境赌博案件 734 起，发起全国集群战役 2 次、“飓风”集群打击 42 次，侦破国家挂牌督办案件 22 起，抓获嫌疑人 8245 人，冻结涉案资金 50.12 亿元。深入推进“护苗”专项行动，共立五类涉性侵害案件 5646 起，破案 5639 起，破案率 99.88%。深入推进护航金融“利剑 2020”专项行动，共立经济犯罪案件 19988 起，破案 13469 起。二是全力消除公共安全隐患。开展道路交通事故预防“减量控大 2020”专项行动，全省共发生道路交通事故 26444 起、死亡 4809 人，同比分别下降 4.59%、8.09%。

二、履行法律监督职能，推动“四大检察”深入开展

2020 年，广东省检察机关依法严厉打击各类刑事犯罪活动，共批准和决定逮捕各类犯罪嫌疑人 113380 人，提起公诉 158255 人。依法开展刑事诉讼活动监督，共监督公安机关立案 1162 件，监督公安机关撤案 1252 件，针对侦查活动违法提出纠正 1487 件次，按二审程序和审判监督程序提出抗诉 529 件。积极办理认罪认罚从宽制度案件，共对 150010 名犯罪嫌疑人适用认罪认罚。全面推动其他检察业务工作开展，对民事判决、裁定、调解书共提出抗诉 167 件，提出再审检察建议 213 件；对行政判决、裁定、调解书提出抗诉 4 件；对公益诉讼案件立案 7343 件，提起公益诉讼 519 件；共受理各类首次举报、控告和申诉案件 13452 件。

三、依法履行审判职能，服务经济社会高质量发展

2020 年，全省法院新收各类案件 279.0 万件，审结 278.7 万件。推进更高水平平安广东建设，严惩危害国家安全犯罪和暴力恐怖、涉枪涉爆犯罪，审结刑事一审案件 11.7 万件，判处罪犯 16.2 万人。全面强化司法服务保障，服务民营经济健康发展，审结民商事一审案件 121.7 万件。依法平等保护各类市场主体产权，审结各类合同纠纷一审案件 82.1 万件，审结知识产权与竞争纠纷一审案件 17.4 万件。依法支持行政机关“放管服”改革，审结行政一审案件 2.3 万件。开展“南粤执行风暴 2020”专项活动，执结案件 102.8 万件。

四、始终坚持“两个至上”，全力防范化解重大消防安全风险

着力“防大火、控小火、遏亡人”，构建责任、重点、法制、基础、科技、全民“六大火灾防控体系”，大力推行“党政领治、行业联治、单位自治、专家诊治、社会共治” 工作模式和“1+N”联合监管机制，持续深化行业消防安全标准化管理，消防安全责任链条更加紧实。坚决落实“六稳”“六保”任务，推进科学防范复工复产复学复市消防安全风险“九项刚性措施”，对涉疫场所 “一对一”服务指导，为重点企业送服务上门，确保全省涉疫场所零冒烟、零起火。扎实推进国家部署的消防安全专项整治三年行动，持续深化“打通消防生命通道”“敲门行动”等“十大工程”和电动自行车、城中村等“四项治理”，全年检查单位 10.85 万家，督促整改隐患 3.7 万处，有力确保了社会面火灾形势持续平稳。全省消防救援队伍始终坚持战斗力标准，瞄准“全灾种、大应急”任务需要，深化全员岗位大练兵，狠抓作战训练安全，强化基本体能、技能、理论、专业技术“三基一专”训练，开展特勤业务、地震救援、装备操作“三项技能会操”，承办国际绳索救援大赛，举行总队级石油化工等“全链条、全要素、全过程”大型综合实战演练 8

次，导调式开展支队、大队级实战演练2600余次，创新重大灾害事故核心圈、影响圈、增援圈力量前置作战模式，在全国率先开展“高低大化”灭火救援作战编成试点并顺利通过国家验收，队伍实战能力显著提升，出色完成珠海“1·14”长炼石化爆炸、4轮“龙舟水”强降雨抢险救援、揭阳“9·9”甬莞高速苯酚泄漏事故、汕头“10·23”南澳山火处置等急难险重任务。

五、全面推进社会管理法治化，推进社会共建共治共享格局建设

2020年，法治广东建设重点抓好的八件实事、43项任务圆满完成。推进法治政府建设示范创建活动深入开展取得明显成效，深圳市、珠海市、广州市南沙区和东莞市深化商事制度改革、江门市“多证合一”“证照分离”改革分别获评全国法治政府建设示范地区、示范项目。完善疫情防控相关法规制度，推动出台《依法防控新型冠状病毒肺炎疫情切实保障人民群众生命健康安全的决定》。修订野生动物保护地方性法规，制定一批防疫地方性法规。出台19条举措强化复工复产复商复市法治服务保障，广东法律服务网提供涉疫情公共法律服务超过10.55万次。完善省人大常委会与省政府的立法工作沟通协调机制，修订出台省政府规章立项工作规定等5项制度，健全省政府立法制度体系框架。围绕省委“1+1+9”工作部署，加快推进粤港澳大湾区建设、优化营商环境、促进经济高质量发展、打好三大攻坚战等方面立法。省人大常委会审议通过法规、法规性决定22件，审查批准设区的市法规、决定和自治县单行条例50件，备案审查规范性文件250件；省政府制定规章9件，修改规章17件。继续深化“放管服”改革，实现81种常用电子证照全省覆盖。实现“证照分离”全覆盖，涉企经营许可办理时间压缩83.5%。贯彻落实民法典推动社会和谐善治，组织民法典宣讲团，推动民法典走到群众身边、走进群众心里。出台贯彻实施民法典进一步加强法治政府建设的意见及贯彻实施民法典提高制度建设质量的指导意见，出台涉及民法典的规章和行政规范性文件清理工作指引。

全省监狱实现疫情零感染、罪犯零脱逃“双零”。推动成立“广东省社区矫正委员会”，实现全省社区矫正机构与法院网上办案，探索统一戒毒模式“广东样本”取得新成效，全省28个收治场所全部建成全国统一戒毒模式，省禁毒科普馆正式开馆。全省人民调解组织调处矛盾纠纷44.5万件，全省衔接刑释人员5.06万人，有效助力平安广东建设。广东法律服务网服务总量超613万次，同比增长49.4%，开展律师进工业园区工作，实现100个省级以上工业园区全覆盖。全省组织办理法律援助案件24.7万件。组建广东省涉外经贸法律服务律师团，推动成立全省首家涉外公共法律服务中心、“一带一路”律师联盟广州中心，引导和服务企业加强境外经营合规管理、风险防范、权益维护。

六、完善安全生产责任体系，筑牢安全生产底线防线

2020年，广东省应急管理系统统一部署、统一协调、统一行动，推动形成安全生产“齐抓共管”格局；牵头开展安全生产专项整治三年行动和八大专项整治，集中开展“奋战一百天 全年保平安”安全生产攻坚行动；实现市、县（市、区）、镇街三级安委会“双主任”制全覆盖，制度化、规范化各级党政领导特别是主要领导定期研究部署、带队检查安全生产工作；压实企业主体责任，深入推进安全监管执法“三个转变”，实行“安全三问”现场考核制，坚持“线上监管+线下执法”相结合，对重点领域企业开展明查暗访，运用应急联动“一键通”系统，对重点企业主要负责人是否在岗进行随机抽查；全面推行安全生产“一线三排”工作机制，先后印发安全生产“一线三排”工作指引、实施指南、标识牌样图等，召开企业家座谈会，全面排查、科学排序、有效排除各类风险隐患；全面开展安全风险分析研判，坚持每周一张风险评估表、每月一份风险分析报告、每季度召开一次灾害风险形势综合会商研判会、每半年公布一次重大风险，排查管控各类风险4.7万处，先后三批向社会公布343处重大风险；全面实行“一盘棋”应急响应机制，针对国内外典型事故，先后49次启动全国全省“一盘棋”应急响应，举一反三，加强防范；强化安全生产专项整治，狠抓安全生产专项整治三年行动，危化品方面，印发《关于全面加强危险化学品安全生产工作的实施方案》，对全省 23 个园区清理退出，对 31 个园区开展治理整顿；实现 381 家危险化学品重大危险源企业、802 个危险化学品重大危险源检查“全覆盖”。建筑施工方面，突出加强深基坑、高支模、起重吊装及起重机械安装拆卸、脚手架、暗挖等工程安全管理，严格落实“六不施工”要求。道路交通方面，组织建设全省“两客一危一重货”车辆监控预警融合平台，加大对“两客一危一货一面”、公交车、校车等重点车辆的安全整治。水上交通和渔业船舶方面，强化砂石船“六禁”安全管理，落实渔船安全“6 个 100%”，全面加强海洋渔船、内陆渔船安全监管和清理取缔涉渔“三无”船舶。工矿行业方面，组织对 11 家边坡高度超过 200 米的露天矿山进行安全风险评估，对 133 家地下矿山实施安全综合整治，对 76 家涉氨制冷企业全覆盖执法检查。全省安全生产形势持续稳定好转，事故起数、死亡人数同比分别下降 35.8%和 18.3%；除水上交通外，全省各行业、各领域连续两年未发生重大以上事故。

七、全面加大信访工作改革创新力度

2020 年，全省信访系统认真学习贯彻落实习近平关于加强和改进人民信访工作的重要思想，在省委、省政府的坚强领导下，科学应变、主动求变、迎难而上，统筹疫情防控和信访工作，着力化解群众信访突出问题，全面加大信访工作改革创新力度，信访工作专业化、法治化、信息化水平明显提升，为做好“六稳”工作、落实“六保”任务作出了积极贡献，有力有效地服务经济社会发展和安全大局。积极推动解决涉疫信访问题，积极协调化解了 14285 件反映复工复产复学、因疫情权益受损等涉疫信访事项。积极参与做好重大项目的社会风险评估，及时妥善处理了 897 件涉及重大项目、邻避项目等信访事项。重点化解民生领域突出信访问题，全年共办理涉及群众切身利益的金融、住房、就业、养老、医疗卫生、教育、食品安全等民生领域信访事项 207501 万件。创新成立复查复核律师工作室，利用律师专业化力量，充分发挥信访工作监督和倒逼纠错功能，办理复查复核信访事项 290 件，纠错率为 7.6%。积极开展人民意见征集活动，全省信访系统共举办人民建议征集活动 50 多场，办理群众意见建议类信访 28243 万件，有力推动省相关部门出台涉商铺租赁、野生动物养殖、盲人按摩群体补助等政策。

八、网络安全防护能力不断提高

组织开展全省重点单位网络安全检查、联防联控和复工复产中数据安全和个人信息保护专项检查，有力保障重要数据和个人信息安全，做好网络安全事件和风险通报处置工作。圆满完成网上举办第 127、128 届广交会网络保障工作，有力保障了展会安全。加强网络安全宣传培训，举办 2020 年广东省网络安全宣传周，提升全民网络安全意识和技能，组织 90 多家互联网企业和网络安全企业参与，开展各类宣传活动 1200 余场，覆盖受众 2.3 亿人次。

撰稿：张智慧 骆文经 高晓奇 沙洲洲 车媚媚 杨鹃 曾秋红 郭晖 李伟锋 李卫雄

6-1　全省刑事案件立案和破案情况(2015年)

单位：起

项　　目	立　案	破　案
合　计	**783500**	**240629**
伤　害	12739	7161
盗　窃	422988	80549
其中：入室盗窃	116632	19134
盗机动车	77270	19753
抢　劫	19263	6456
其中：入室抢劫	854	276
抢机动车	1193	405
抢　夺	35441	7297
其　他	293069	139166

6-2　全省刑事案件立案和破案情况(2016年)

单位：起

项　　目	立　案	破　案
合　计	**654568**	**244615**
伤　害	12071	7273
盗　窃	356788	80002
其中：入室盗窃	95974	18226
盗机动车	60380	18218
抢　劫	13551	5200
其中：入室抢劫	605	211
抢机动车	632	216
抢　夺	24868	6297
其　他	247290	145843

6-3　全省刑事案件立案和破案情况(2017年)

单位：起

项　　目	立　　案	破　　案
合　　计	**571262**	**254399**
伤　　害	10797	6833
盗　　窃	271812	69826
其中：入室盗窃	71310	13459
盗机动车	41531	14021
抢　　劫	8508	4186
其中：入室抢劫	428	226
抢机动车	333	127
抢　　夺	13384	4252
其　　他	266761	169302

6-4　全省刑事案件立案和破案情况(2018年)

单位：起

项　　目	立　　案	破　　案
合　　计	**525089**	**259087**
伤　　害	10678	9035
盗　　窃	225408	123769
其中：入室盗窃	48800	25221
盗机动车	32238	27306
抢　　劫	5010	3607
其中：入室抢劫	260	227
抢机动车	105	76
抢　　夺	4666	3214
其　　他	279327	119462

6-5 全省刑事案件立案和破案情况(2019年)

单位：起

项　　目	立　案	破　案
合　计	**499024**	**262212**
伤　害	8947	6821
盗　窃	162058	56443
其中：入室盗窃	30658	8467
盗机动车	22463	8661
抢　劫	2928	2287
其中：入室抢劫	172	116
抢机动车	83	60
抢　夺	1607	953
其　他	323484	195708

6-6 全省刑事案件立案和破案情况(2020年)

单位：起

项　　目	立　案	破　案
合　计	**553301**	**229759**
伤　害	8843	7705
盗　窃	121455	66999
其中：入室盗窃	20413	9899
盗机动车	15936	11434
抢　劫	1798	1687
其中：入室抢劫	112	112
抢机动车	77	62
抢　夺	979	688
其　他	420226	152680

6-7 各市刑事案件立案情况(2015-2020年)

单位：起

市　别	2015	2016	2017	2018	2019	2020
全　省	**783500**	**654568**	**571262**	**525089**	**499024**	**553301**
广　州	189042	160985	133830	117049	104786	102797
深　圳	112736	92483	83156	71564	58323	87722
珠　海	30359	21541	19721	18730	17049	14534
汕　头	17426	13642	12461	11940	12605	12890
佛　山	62156	49630	43140	41032	40850	47465
韶　关	14000	13287	11463	10617	11050	11265
河　源	9133	6747	6489	6546	7850	8904
梅　州	9707	8269	7542	7817	8613	9404
惠　州	53213	39435	32770	29257	29213	29068
汕　尾	3192	3197	3322	3264	2995	3591
东　莞	96781	85931	76549	72290	76323	75955
中　山	35478	30950	29225	28206	24953	28750
江　门	34905	29544	23515	21560	19120	20994
阳　江	9405	9405	8338	8261	7943	8850
湛　江	20932	17682	16518	16318	18152	23152
茂　名	14170	12280	11669	11409	11253	14749
肇　庆	21091	16710	13164	12519	11636	12972
清　远	19313	16841	15058	15099	13906	15850
潮　州	7812	7514	7355	6514	6829	7282
揭　阳	14480	11523	9609	9534	10099	11378
云　浮	8169	6972	6368	5563	5476	5729

6-8 各市刑事案件破案情况(2015-2020年)

单位：起

市　别	2015	2016	2017	2018	2019	2020
全　省	**240629**	**244615**	**254399**	**259087**	**262212**	**229759**
广　州	34743	33017	34622	38269	42631	38691
深　圳	27571	30617	32048	31624	34672	27756
珠　海	10482	10758	11740	12505	10795	6074
汕　头	7989	8212	8563	8417	8269	6611
佛　山	32166	32819	32159	32671	30401	30964
韶　关	6693	6938	6025	6619	6066	3816
河　源	3634	3647	3962	3767	3904	3954
梅　州	5012	5301	5763	5767	5889	6057
惠　州	15023	15508	15676	15753	14034	9551
汕　尾	1628	1773	2083	2114	2118	2208
东　莞	24836	26063	27265	26435	30409	30965
中　山	12909	12721	13500	13894	14697	14184
江　门	9617	10209	11194	11042	11184	8281
阳　江	5029	5030	5381	5210	5377	4634
湛　江	8676	8942	9066	9260	9267	8904
茂　名	8642	6613	8035	7938	7524	5964
肇　庆	8487	8638	9479	9133	6102	3799
清　远	7064	6978	6806	6953	7025	6020
潮　州	2707	2786	2929	2820	2857	3057
揭　阳	4420	4719	4487	5074	5143	5071
云　浮	3301	3326	3616	3822	3848	3198

6-9 全省违反治安管理案件情况(2019年)

项目	发现受理 (起)	查处 (起)	处罚人员 (人次)
合计	**772818**	**622728**	**399156**
扰乱公共场所秩序	21856	20337	18731
妨害公共安全	16235	15566	9033
殴打他人	89323	75105	31777
盗窃	275316	193027	28125
抢夺	1519	1090	536
诈骗	80361	54807	2839
卖淫嫖娼	11110	10898	24938
赌博	25804	25190	105762
其他	251294	226708	177415

6-10 全省违反治安管理案件情况(2020年)

项目	发现受理 (起)	查处 (起)	处罚人员 (人次)
合计	**640130**	**512036**	**278554**
扰乱公共场所秩序	15690	14075	12029
妨害公共安全	10880	10302	4693
殴打他人	78959	64127	22664
盗窃	230754	171792	27509
抢夺	803	652	344
诈骗	85034	60634	3348
卖淫嫖娼	9126	8975	20184
赌博	17868	17349	79404
其他	191016	164130	108379

6-11 各市违反治安管理案件发现受理情况(2015-2020年)

单位：起

市　别	2015	2016	2017	2018	2019	2020
全　省	**1030810**	**944512**	**817176**	**741447**	**772818**	**640130**
广　州	185125	179697	165474	152002	137220	121422
深　圳	220618	179451	127649	110755	111698	91430
珠　海	31672	45314	48258	32675	35027	23109
汕　头	22698	19906	20442	21070	18289	14111
佛　山	119902	101368	93008	80563	81977	62540
韶　关	19506	18195	14381	13791	15435	14989
河　源	11216	12663	11077	9477	7971	7137
梅　州	16408	12533	11098	10058	9710	10649
惠　州	43045	38954	30616	26775	28651	20925
汕　尾	3618	4367	4940	4921	5238	5119
东　莞	128576	117779	104508	105686	146422	104907
中　山	62053	61939	53944	54074	55470	39399
江　门	24543	24291	19520	17065	16362	15877
阳　江	14856	15168	11246	11331	12447	11635
湛　江	25440	23253	22376	21271	21205	22230
茂　名	16070	13636	13229	11839	11406	14686
肇　庆	28054	22990	17930	15300	15768	15238
清　远	23349	22123	19227	16741	15376	18934
潮　州	10598	10380	9828	9331	9640	9830
揭　阳	12744	10770	10807	9154	9268	8824
云　浮	10719	9735	7618	7568	8238	7139

6-12　各市违反治安管理案件查处情况(2015-2020年)

单位：起

市　别	2015	2016	2017	2018	2019	2020
全　省	**886539**	**813773**	**704363**	**619079**	**622728**	**512036**
广　州	179866	174578	161946	142750	132427	116784
深　圳	207117	171290	122644	106866	108781	89652
珠　海	31658	45301	48232	32641	34984	23061
汕　头	20936	18481	18906	19618	16529	12111
佛　山	119834	101119	92818	80558	80594	60993
韶　关	17874	16084	12621	11995	13232	12909
河　源	9467	9968	8351	6377	4339	3736
梅　州	15409	11653	10600	9595	9255	9810
惠　州	41100	36159	28736	25852	26347	17827
汕　尾	3594	4354	4869	4546	5043	4452
东　莞	58375	57176	52869	47773	64695	38842
中　山	33380	31588	26360	26355	25653	18281
江　门	21299	20952	16787	13964	13037	11987
阳　江	14762	15111	11233	11330	12443	11635
湛　江	21354	20101	18492	18033	17666	18040
茂　名	13963	11893	11610	9889	9467	13045
肇　庆	27545	22579	17777	14793	14812	14139
清　远	22717	21854	18904	16492	14305	17322
潮　州	10598	10380	9828	9332	9637	9830
揭　阳	7436	6139	5234	4703	3976	3294
云　浮	8255	7013	5546	5617	5506	4286

6-13 各市违反治安管理案件处罚人员情况(2015-2020年)

单位：人次

市　别	2015	2016	2017	2018	2019	2020
全　省	**513065**	**484868**	**447939**	**420196**	**399156**	**278554**
广　州	84575	83845	86611	85429	70310	47343
深　圳	57505	54624	43889	45692	49187	31532
珠　海	23498	37236	41101	22950	24802	13194
汕　头	11875	9460	11961	13247	9459	5527
佛　山	65550	57993	59170	62516	54759	31603
韶　关	11657	7504	5408	4492	4093	3812
河　源	8382	6956	5857	4605	3854	2717
梅　州	9849	7072	6299	4093	4299	3945
惠　州	35373	34334	25509	26422	23052	16215
汕　尾	4534	6001	7793	7245	7263	3659
东　莞	49312	51116	44820	37544	56394	42927
中　山	20493	21062	20804	24553	19353	13235
江　门	19376	19458	15724	14659	14252	11436
阳　江	12468	10453	6707	6312	5545	5041
湛　江	20064	15504	14498	12876	12401	11904
茂　名	19452	17335	14745	11194	8378	6861
肇　庆	11693	8467	6446	7306	6575	4546
清　远	16567	12950	10036	8845	8496	8249
潮　州	8660	6170	6414	6178	5756	4771
揭　阳	10390	9030	8157	6885	4718	4681
云　浮	11792	8298	5990	7153	6210	5356

6–14 历年全省刑事治安案件情况

年份	刑事案件		治安案件		
	立案(起)	破案(起)	发现受理(起)	查处(起)	处罚违法人员(人次)
1990	194685	79403	122374	113854	253169
1991	197362	86926	155939	145512	338358
1992	135254	70883	201299	166374	381061
1993	148007	84554	207546	172185	399454
1994	163533	100951	210746	189046	430676
1995	164691	108757	218085	202655	460588
1996	145819	100330	218987	208248	487504
1997	129740	85982	223877	213890	484637
1998	128310	81785	228318	218750	484185
1999	145884	87092	246153	231259	493400
2000	467222	131627	309009	260026	571223
2001	524440	141871	391019	317598	626082
2002	474137	169103	400391	297668	554323
2003	516971	161765	409209	266207	447841
2004	514507	178984	439026	275974	435497
2005	497525	186476	465598	323186	452751
2006	468589	188055	901751	795086	692183
2007	447576	178859	1042397	979934	784686
2008	422016	168869	1101926	1066451	804132
2009	486476	192179	1226409	1190608	997559
2010	536146	196105	1037680	1000515	749510
2011	483950	187690	940024	904404	622990
2012	648255	211917	1048029	1007265	686815
2013	947933	221510	1085101	1008796	663159
2014	864551	206947	1070602	933703	604842
2015	783500	240629	1030810	886539	513065
2016	654568	244615	944512	813773	484868
2017	571262	254399	817176	704363	447939
2018	525089	259087	741447	619079	420196
2019	499024	262212	772818	622728	399156
2020	553301	229759	640130	512036	278554

6-15 全省交通事故及原因情况(2019年)

项　　目	发生数(起)	死亡(人)	受伤(人)	直接财产损失(元)
合　计	**23630**	**5045**	**22585**	**76891371**
机动车违法	20971	4488	20151	67820010
非机动车违法	1282	196	1207	2211837
行人乘车人违法	327	129	251	1870873
道　路				
其他违法	202	50	115	1037192
非违法过错	733	154	801	3761254
意　外	43	20	36	182216
其他违法	72	8	24	7989

6-16 全省交通事故及原因情况(2020年)

项　　目	发生数(起)	死亡(人)	受伤(人)	直接财产损失(元)
合　计	**26444**	**4809**	**25837**	**76727923**
机动车违法	22833	4192	22368	68423481
非机动车违法	1903	238	2028	2478535
行人乘车人违法	374	145	270	1440822
道　路	4		5	12500
其他违法	302	51	194	895473
非违法过错	1	1		2000
意　外	808	144	780	3206521
其他违法	219	38	192	268591

6-17　全省交通事故机动车违法行为情况(2019年)

项　　目	发生数 (起)	死亡 (人)	受伤 (人)	直接财产损失 (元)
合　　计	**20971**	**4488**	**20151**	**67820010**
不按规定使用灯光	44	15	39	75500
超速行驶	332	207	237	2041200
酒后驾驶	336	102	274	736630
逆　　行	719	96	881	1989651
疲劳驾驶	99	54	78	1641200
无证驾驶	1917	446	2184	3779304
未按规定让行	3192	471	3433	5282930
违法变更车道	831	129	855	2064470
违反交通信号	736	135	817	1425662
违法占道行驶	133	30	143	271750
违法超车	581	83	721	1144030
违法倒车	474	64	291	639320
违法掉头	362	27	418	551441
违法会车	367	59	433	671434
违法抢行	54	21	47	87400
违法装载	38	16	35	121400
违法停车	117	29	115	758700
其　　他	10639	2504	9150	44537988

6-18 全省交通事故机动车违法行为情况(2020年)

项　　目	发生数 (起)	死亡 (人)	受伤 (人)	直接财产损失 (元)
合　　计	**22833**	**4192**	**22368**	**68423481**
不按规定使用灯光	34	5	36	88500
超速行驶	342	186	254	1193320
酒后驾驶	2265	348	1620	7628281
逆　　行	707	111	826	1389691
疲劳驾驶	69	40	62	709800
无证驾驶	1795	340	2084	3009384
未按规定让行	3164	401	3510	5229637
违法变更车道	834	113	896	2567572
违反交通信号	712	145	771	3605350
违法占道行驶	123	30	134	309510
违法超车	571	75	679	1370540
违法倒车	495	72	314	599216
违法掉头	317	32	401	690905
违法会车	417	46	421	533546
违法抢行	48	12	41	101900
违法装截	37	14	32	172800
违法停车	117	21	123	384385
其　　他	10786	2201	10164	38839144

6-19 各市交通事故发生起数情况(2015-2020年)

单位：起

市　别	2015	2016	2017	2018	2019	2020
全　省	**24672**	**24876**	**24138**	**24293**	**23630**	**26444**
广　州	2676	2544	2357	2567	2521	2972
深　圳	1148	1325	2011	1736	1735	1390
珠　海	425	403	403	401	393	389
汕　头	389	514	643	575	574	610
佛　山	2311	2056	1896	1895	1932	1852
韶　关	425	457	425	365	350	329
河　源	454	332	244	311	163	321
梅　州	293	314	335	307	301	3089
惠　州	495	494	466	446	438	358
汕　尾	591	644	601	656	610	516
东　莞	3594	3644	3469	3394	2974	3345
中　山	1707	1592	1590	1513	1527	1451
江　门	3391	3368	3035	2686	1882	1690
阳　江	640	620	618	588	558	519
湛　江	2009	2358	2073	2290	1929	2194
茂　名	696	714	740	623	641	617
肇　庆	1283	1271	949	1004	941	757
清　远	819	875	835	666	600	506
潮　州	502	500	528	470	506	522
揭　阳	424	509	568	1438	2715	2672
云　浮	397	339	350	360	337	340

6-20 各市交通事故受伤情况(2015-2020年)

单位：人

市别	2015	2016	2017	2018	2019	2020
全省	**27765**	**26883**	**24680**	**24138**	**22585**	**25837**
广州	2953	2591	2284	2475	2282	2588
深圳	1171	999	1218	970	1036	912
珠海	431	371	363	314	309	303
汕头	325	537	644	572	552	483
佛山	2449	2075	1833	1794	1708	1644
韶关	477	557	472	438	404	311
河源	494	297	303	352	159	425
梅州	283	295	356	297	262	3645
惠州	485	460	464	458	408	327
汕尾	729	742	714	753	689	590
东莞	3933	3927	3631	3216	2616	3003
中山	1790	1561	1469	1265	1260	1223
江门	4193	4025	3498	2845	1870	1668
阳江	773	711	713	680	621	578
湛江	2624	2998	2535	2796	2385	2520
茂名	714	710	722	632	480	436
肇庆	1442	1481	988	1109	1051	797
清远	997	1018	910	715	564	478
潮州	554	590	590	473	493	530
揭阳	474	531	595	1581	3080	3011
云浮	468	403	376	401	351	361

6-21　各市交通事故死亡人数情况(2015-2020年)

单位：人

市　别	2015	2016	2017	2018	2019	2020
全　省	**5549**	**5556**	**5459**	**5040**	**5045**	**4809**
广　州	847	809	794	736	729	669
深　圳	421	408	355	286	271	235
珠　海	100	98	99	89	93	89
汕　头	176	179	163	148	152	143
佛　山	593	561	542	431	502	471
韶　关	174	199	186	167	170	163
河　源	102	110	109	99	97	92
梅　州	149	146	151	148	141	278
惠　州	290	289	288	275	270	229
汕　尾	136	149	139	126	117	107
东　莞	482	482	481	444	454	434
中　山	292	246	245	219	231	217
江　门	342	315	314	302	294	280
阳　江	157	181	180	169	167	156
湛　江	212	269	262	237	215	198
茂　名	235	234	232	230	218	204
肇　庆	231	254	253	237	235	196
清　远	190	197	198	198	176	166
潮　州	135	143	142	136	128	119
揭　阳	173	171	199	233	266	251
云　浮	112	116	127	130	118	112

6-22 各市交通事故直接财产损失情况(2015-2020年)

单位：元

市 别	2015	2016	2017	2018	2019	2020
全 省	**67839882**	**74138103**	**105531355**	**79766936**	**76891371**	**76727923**
广 州	8111100	9381840	9689490	8872130	7423680	9422630
深 圳	8825510	8957000	9730551	8994301	7087406	6452400
珠 海	947950	888811	885010	536911	533454	418450
汕 头	1043600	1202050	1362650	1249460	1535671	1433850
佛 山	6173830	4613650	4599050	3673211	3890955	3964070
韶 关	3272640	6316182	5777752	4560550	4387600	4107801
河 源	3002879	2449686	2149601	2437653	1633900	2237800
梅 州	283681	215250	247243	380530	231000	1985943
惠 州	2679950	2809050	35768625	11877100	11167501	12308750
汕 尾	1419896	1387069	1198350	1330331	1784370	518500
东 莞	5512657	6596807	6536273	7323930	7041980	8077400
中 山	2491716	2313011	2264350	1473582	2097559	1900203
江 门	7491800	7566960	5710401	5470971	4028483	3397309
阳 江	2064780	1657861	1106620	1366460	1208690	1104180
湛 江	3054142	4030826	2660268	3656486	3172659	3575741
茂 名	1550150	1804504	1685004	1541002	1772250	1258500
肇 庆	3099380	4343023	5782980	5842231	6410830	3752200
清 远	2145361	2196108	3183180	1822600	1240250	1104980
潮 州	1113293	1675955	1284595	1226815	1178203	1369115
揭 阳	1282117	1945109	2247762	4037882	7256710	6962901
云 浮	2218450	1705351	1655600	2087800	1288220	1220200

6-23 历年全省发生交通事故情况

年份	发生起数（起）	死亡人数（人）	受伤人数（人）	直接经济损失（万元）
1990	25909	3639	14875	5044
1991	30306	4429	16979	6622
1992	34023	5509	18286	10464
1993	42700	6933	21075	19799
1994	46140	7647	23848	28028
1995	42115	7809	25210	28700
1996	39574	7725	27884	26554
1997	39086	7617	32882	26517
1998	38914	8246	36124	23051
1999	54812	9065	51883	25624
2000	66072	10208	63759	27526
2001	69555	10801	64788	30099
2002	78929	12035	75040	35834
2003	68903	11151	73170	31388
2004	68423	10657	78562	24127
2005	67756	9959	77591	20883
2006	56171	8828	67242	13298
2007	46558	7994	55565	12075
2008	39389	7182	46998	10014
2009	32455	6542	38598	8553
2010	30480	6223	36540	8051
2011	26586	5873	31015	9359
2012	25719	5714	29095	7915
2013	25424	5647	28435	8017
2014	26820	5629	30585	7368
2015	24672	5549	27765	6784
2016	24876	5556	26883	7414
2017	24138	5459	24680	10553
2018	24293	5040	24138	7977
2019	23630	5045	22585	7689
2020	26444	4809	25837	7673

6-24 各市机动车拥有量情况(2019年)

单位：辆

市别	机动车总计	汽车				
		合计	载客	其中大型	其中轿车	其中个人
全省	**31150762**	**23269545**	**20809590**	**175057**	**13653906**	**19005316**
广州	2882296	2789056	2373629	38794	1446766	1993129
深圳	3482011	3430227	2971331	35014	1846376	2640113
珠海	766517	691188	635540	9207	426223	568855
汕头	1272498	791807	700134	4778	477173	667305
佛山	3188524	2735785	2509135	12582	1660842	2336066
韶关	581391	423498	385725	2205	253280	363146
河源	670720	422034	377533	2328	257976	347813
梅州	767383	580940	510157	3084	358176	483385
惠州	1514009	1308679	1212376	8115	821602	1095727
汕尾	370360	285564	265666	2738	180714	239587
东莞	3241928	3235140	3025648	20864	1932602	2749013
中山	1511633	1209051	1080953	6355	715391	1019861
江门	2308588	882240	789025	4080	551641	742224
阳江	865498	430771	384450	1575	288271	371820
湛江	846885	676399	597741	4459	425027	571861
茂名	1850704	718041	642478	3303	463736	622082
肇庆	1365145	603353	530555	3549	344375	503972
清远	933289	691296	613219	3626	395814	570275
潮州	859098	376672	333343	1008	224315	321746
揭阳	927607	592008	525562	3600	352958	501520
云浮	872852	360420	316794	1522	222485	295816
省直属	71826	35376	28596	2271	8163	

6–24 续表

单位：辆

市　别	汽　车			摩托车	挂车	其它类型车
	载　货	其中个人	其他汽车			
全　省	**2375049**	**1338558**	**84906**	**7725440**	**155541**	**236**
广　州	399888	170971	15539	66449	26555	236
深　圳	442821	86476	16075	4361	47423	
珠　海	53039	30863	2609	72530	2799	
汕　头	89964	67128	1709	477644	3047	
佛　山	219936	142528	6714	440338	12401	
韶　关	36291	25385	1482	154883	3010	
河　源	40433	31783	4068	246497	2189	
梅　州	68488	56350	2295	181462	4981	
惠　州	92017	56579	4286	199959	5371	
汕　尾	18682	14643	1216	84398	398	
东　莞	203067	113744	6425	121	6667	
中　山	125445	90572	2653	299305	3277	
江　门	91003	60304	2212	1420936	5412	
阳　江	44577	37113	1744	432216	2511	
湛　江	76185	62631	2473	166133	4353	
茂　名	72944	59632	2619	1126504	6159	
肇　庆	71147	53049	1651	757891	3901	
清　远	75779	56091	2298	231214	10779	
潮　州	41033	34276	2296	482018	408	
揭　阳	64665	55789	1781	334544	1055	
云　浮	42329	32651	1297	509587	2845	
省直属	5316		1464	36450		

6–25 各市机动车拥有量情况(2020年)

单位：辆

市别	机动车总计	汽车				
		合计	载客	其中大型	其中轿车	其中个人
全省	**33552701**	**25009249**	**22319565**	**166394**	**14601750**	**20457155**
广州	3081809	2981224	2527591	36648	1508066	2146927
深圳	3588883	3532623	3042611	33029	1855752	2709693
珠海	832645	757058	696399	8830	464744	628426
汕头	1336313	870467	770774	4658	522927	738383
佛山	3363031	2909885	2665697	12081	1759870	2478348
韶关	702710	472382	429811	2218	283537	405048
河源	745182	465643	416198	2311	287167	385738
梅州	889839	639617	561960	3094	395385	530516
惠州	1643012	1417692	1308227	7708	883695	1184349
汕尾	484503	326016	303533	2586	206420	278170
东莞	3418096	3409628	3176200	19602	2022588	2889430
中山	1588065	1289960	1153951	5427	766221	1090462
江门	2393377	962527	861278	3887	605138	812297
阳江	970523	480706	428807	1582	321398	415590
湛江	1042852	767886	680056	4310	484949	653803
茂名	2097378	822340	737113	3371	534990	715474
肇庆	1435180	648881	570106	3194	375003	541687
清远	1061844	759015	671416	3702	437789	622017
潮州	912373	411855	362810	946	244246	351548
揭阳	998215	654957	580802	3469	389179	555192
云浮	892048	393464	345508	1461	244765	324057
省直属	74823	35423	28717	2280	7921	

6–25 续表

单位：辆

市别	汽车			摩托车	挂车	其它类型车
	载货		其他汽车			
		其中个人				
全省	**2600061**	**1431247**	**89623**	**8358245**	**184950**	**257**
广州	435767	184774	17866	70695	29633	257
深圳	472561	90247	17451	4350	51910	
珠海	57677	33848	2982	72339	3248	
汕头	97792	72429	1901	462046	3800	
佛山	236541	147412	7647	437828	15318	
韶关	40880	28223	1691	226808	3520	
河源	46977	36000	2468	275642	3897	
梅州	75641	60170	2016	243172	7050	
惠州	104436	58473	5029	218327	6993	
汕尾	21350	16517	1133	157839	648	
东莞	226064	120375	7364	386	8082	
中山	133156	92741	2853	294444	3661	
江门	98650	64018	2599	1423997	6853	
阳江	49942	40910	1957	486467	3350	
湛江	85144	70002	2686	269971	4995	
茂名	82532	66016	2695	1268055	6983	
肇庆	76980	52410	1795	781665	4634	
清远	84962	60481	2637	288824	14005	
潮州	48212	40072	833	500068	450	
揭阳	72957	62001	1198	341544	1714	
云浮	46632	34128	1324	494378	4206	
省直属	5208		1498	39400		

6-26　各市机动车拥有量情况(2015-2020年)

单位：辆

市　别	2015	2016	2017	2018	2019	2020
全　省	**25204173**	**24886359**	**28698957**	**28953224**	**31150762**	**33552701**
广　州	2438611	2424109	2489029	2660191	2882296	3081809
深　圳	3193498	3225879	3265998	3366643	3482011	3588883
珠　海	455623	547997	624579	699330	766517	832645
汕　头	1030809	920952	1119604	1200360	1272498	1336313
佛　山	2465559	2554518	2809010	3020746	3188524	3363031
韶　关	426103	445738	512715	565287	581391	702710
河　源	457931	443238	580668	601117	670720	745182
梅　州	610679	551170	718752	648773	767383	889839
惠　州	990915	1099115	1341417	1369550	1514009	1643012
汕　尾	142719	151108	236776	296153	370360	484503
东　莞	1881403	2251147	2633304	2953450	3241928	3418096
中　山	1033884	1136423	1282574	1408462	1511633	1588065
江　门	2765997	2506000	2933682	2252979	2308588	2393377
阳　江	811782	716331	815326	741360	865498	970523
湛　江	741555	670591	866533	736064	846885	1042852
茂　名	1584968	1467264	1814763	1635705	1850704	2097378
肇　庆	1252105	1235075	1451532	1375027	1365145	1435180
清　远	773492	614439	801840	834370	933289	1061844
潮　州	632161	565452	730053	793814	859098	912373
揭　阳	696527	621783	771813	843472	927607	998215
云　浮	748430	672161	830469	879820	872852	892048
省直属	69422	65869	68520	70551	71826	74823

6-27 各市机动车驾驶员情况(2015-2020年)

单位：人

市别	2015	2016	2017	2018	2019	2020
全省	**28747452**	**31335114**	**34153327**	**37557811**	**41373910**	**43799566**
广州	3963063	4303245	4653852	4989006	5378157	5680871
深圳	3363384	3626806	3937912	4387755	4941972	5336627
珠海	687238	778943	883508	978455	1080016	1147013
汕头	1175172	1257936	1388607	1457364	1553429	1639296
佛山	2884632	3066708	3287750	3474547	3693659	3844675
韶关	618914	653523	713327	787539	877668	965791
河源	891715	995922	1046671	1250333	1435813	1439933
梅州	931523	991524	1044790	1122111	1200977	1240310
惠州	1346795	1562937	1847898	2126611	2409726	2517714
汕尾	512924	561827	605058	692042	783070	857663
东莞	2254668	2565483	2712209	2981600	3239260	3365113
中山	1121679	1262240	1421839	1583303	1749048	1849492
江门	1572244	1663421	1751684	1817622	1917014	1997717
阳江	880974	920133	982660	1110845	1236399	1292077
湛江	875453	964955	1051380	1167152	1344190	1478764
茂名	1459808	1568014	1696060	1795224	1929733	2094966
肇庆	1199304	1289037	1322048	1367779	1470766	1584702
清远	838369	903533	1144848	1518516	1920276	2102960
潮州	651447	721910	810166	901128	950492	985029
揭阳	830125	944811	1064756	1208431	1364808	1450120
云浮	688021	732206	786304	840448	897437	928733

6-28 各市户籍人口情况(2019年)

单位：人

市别	年末总人口	性别		年龄			
		男	女	18 岁以下	18-35 岁	35-60 岁	60 岁以上
全省	**96634099**	**49553165**	**47080934**	**23424816**	**26321861**	**32114703**	**14772719**
广州	9537157	4749376	4787781	1977291	2280840	3523952	1755074
深圳	5417885	2707047	2710838	1411166	1681210	1990319	335190
珠海	1332854	662105	670749	288062	331299	532621	180872
汕头	5717049	2874991	2842058	1420831	1738533	1701844	855841
佛山	4612756	2243678	2369078	1049775	1112729	1662588	787664
韶关	3371999	1738142	1633857	746373	787323	1263473	574830
河源	3726959	1915194	1811765	976424	914643	1281702	554190
梅州	5458530	2818973	2639557	1313258	1407452	1832432	905388
惠州	3897359	1957093	1940266	1044631	1003349	1343184	506195
汕尾	3646842	1902960	1743882	1004287	1169046	993321	480188
东莞	2510586	1236985	1273601	677385	598392	896298	338511
中山	1828888	893448	935440	425040	446140	669340	288368
江门	4001066	2008539	1992527	690464	972737	1493178	844687
阳江	3013111	1598648	1414463	701538	744199	1080135	487239
湛江	8541490	4550831	3990659	2205784	2564059	2469955	1301692
茂名	8177119	4385198	3791921	2112883	2419158	2428418	1216660
肇庆	4538600	2361095	2177505	1070086	1195551	1545802	727161
清远	4461443	2315174	2146269	1053563	1145373	1571154	691353
潮州	2758523	1399435	1359088	598789	753406	919651	486677
揭阳	7070683	3645650	3425033	1909547	2242885	1931472	986779
云浮	3013200	1588603	1424597	747639	813537	983864	468160

6-29 各市户籍人口情况(2020年)

单位：人

市别	年末总人口	性别		年龄			
		男	女	18 岁以下	18-35 岁	35-60 岁	60 岁以上
全　省	**98086571**	**50231432**	**47855139**	**24070213**	**25974596**	**33061361**	**14980401**
广　州	9851142	4892561	4958581	2126908	2274479	3650287	1799468
深　圳	5845791	2905228	2940563	1557020	1766383	2165297	357091
珠　海	1392176	687897	704279	314700	331139	556197	190140
汕　头	5755585	2896001	2859584	1423328	1729250	1726085	876922
佛　山	4737736	2296229	2441507	1119452	1087504	1728741	802039
韶　关	3365996	1735499	1630497	748621	759312	1278528	579535
河　源	3721774	1913986	1807788	968972	893137	1308878	550787
梅　州	5439593	2812798	2626795	1301866	1359519	1862578	915630
惠　州	3977574	1991176	1986398	1075791	990065	1400458	511260
汕　尾	3640959	1901261	1739698	994535	1146073	1024868	475483
东　莞	2638788	1294594	1344194	743089	596959	953470	345270
中　山	1908812	926028	982784	469034	442867	701763	295148
江　门	4015866	2013015	2002851	700962	942419	1515016	857469
阳　江	3020398	1602118	1418280	710143	720795	1102029	487431
湛　江	8595758	4580872	4014886	2241102	2503115	2523821	1327720
茂　名	8232969	4411401	3821568	2129222	2374879	2494604	1234264
肇　庆	4554056	2368780	2185276	1082365	1173538	1576781	721372
清　远	4499292	2334929	2164363	1076327	1108134	1610893	703938
潮　州	2759274	1400465	1358809	600370	720292	938321	500291
揭　阳	7111913	3669230	3442683	1930245	2256153	1942996	982519
云　浮	3021119	1597364	1423755	756161	798584	999750	466624

6-30 各市暂住人口分布情况(2019年)

单位：人

市别	合计	性别		暂住时间			
		男	女	半年以下	半年至一年	一年至五年	五年以上
全省	**50936330**	**29670021**	**21266309**	**10976730**	**11429456**	**19659820**	**8870324**
广州	10067300	5707775	4359525	2582451	1918482	4649651	916716
深圳	17090191	9554959	7535232	4171436	3007048	5608744	4302963
珠海	2138576	1262733	875843	367730	336141	944635	490070
汕头	719924	472668	247256	49601	138048	409981	122294
佛山	5363759	3230502	2133257	992686	719220	3173347	478506
韶关	69623	44044	25579	19096	14997	29065	6465
河源	117193	80250	36943	18299	15092	58208	25594
梅州	51165	33378	17787	7642	12843	24291	6389
惠州	2219760	1419973	799787	168797	245055	1147918	657990
汕尾	97784	58681	39103	25573	31185	33500	7526
东莞	9673671	5785802	3887869	2105641	4181868	2242234	1143928
中山	1782916	1003690	779226	169791	397603	769619	445903
江门	514644	337607	177037	60314	93870	214139	146321
阳江	106464	67370	39094	25831	25893	41455	13285
湛江	39729	28314	11415	8716	12712	13113	5188
茂名	52754	34877	17877	6218	29862	15157	1517
肇庆	337237	224032	113205	28505	116475	143886	48371
清远	241577	153785	87792	74430	48648	83275	35224
潮州	68728	48584	20144	16991	40334	10749	654
揭阳	145142	95354	49788	66530	38957	27671	11984
云浮	38193	25643	12550	10452	5123	19182	3436

6-30 续表1

单位：人

市 别	来自地区			
	省内		省外	
	乡村	城镇	乡村	城镇
全 省	**11070499**	**4506976**	**25003296**	**10355559**
广 州	2949935	933833	5219805	963727
深 圳	3691499	1856742	9291038	2250912
珠 海	673156	57689	1313049	94682
汕 头	132638	79958	374176	133152
佛 山	1314451	337546	533798	3177964
韶 关	13228	7678	37940	10777
河 源	12727	24512	34204	45750
梅 州	6236	7919	28343	8667
惠 州	354187	302977	870006	692590
汕 尾	24981	14963	41887	15953
东 莞	1294889	498761	5688823	2191198
中 山	323784	196640	828826	433666
江 门	84540	61666	236688	131750
阳 江	15877	21237	45147	24203
湛 江	4768	4134	23957	6870
茂 名	12368	14674	16970	8742
肇 庆	93993	33846	149188	60210
清 远	33635	26606	131308	50028
潮 州	7139	2069	43520	16000
揭 阳	18508	18119	77846	30669
云 浮	7960	5407	16777	8049

6−30 续表2

单位：人

市别	居住处所						
	租赁房屋	单位内部	工地现场	旅店	居民家中	自购房屋	其他
全 省	**31093029**	**8765859**	**512893**	**593916**	**2328055**	**4161431**	**3481147**
广 州	7468765	682804	52311	111584	169865	1083751	498220
深 圳	11753561	2194241	151586	33849	534470	1564685	857799
珠 海	500667	112778	5734	257418	39111	74601	1148267
汕 头	387459	151188	8644	44762	30033	22452	75386
佛 山	3747236	698446	20371	37544	204599	403424	252139
韶 关	23709	13265	3503	1667	11449	12059	3971
河 源	56647	18154	2201	204	1894	2813	35280
梅 州	23376	5734	8904	550	3427	6832	2342
惠 州	1093404	668861	17592	13809	98799	168892	158403
汕 尾	44847	20844	19109	1008	9608	1283	1085
东 莞	4305016	3538764	96690	71902	1030433	480247	150619
中 山	1079322	293455	58209	6196	79170	194185	72379
江 门	187507	120477	12510	6135	30341	56757	100917
阳 江	45408	24126	4158	464	17336	9378	5594
湛 江	14566	10787	2267	75	5110	2993	3931
茂 名	7698	12038	3174	1128	11476	3010	14230
肇 庆	179307	54303	28601	297	20653	44133	9943
清 远	84717	70732	4268	229	11418	24064	46149
潮 州	34060	20100	4140	2268	6136	506	1518
揭 阳	42073	47900	7499	2598	7060	2942	35070
云 浮	13684	6862	1422	229	5667	2424	7905

6-31 各市暂住人口分布情况(2020年)

单位：人

市别	合计	性别		暂住时间			
		男	女	半年以下	半年至一年	一年至五年	五年以上
全省	**48478291**	**28416728**	**20061563**	**7724692**	**4884262**	**22309979**	**13559358**
广州	10547530	5996586	4550944	2375055	1243500	4950154	1978821
深圳	16210719	9105952	7104767	3468709	2463883	6557602	3720525
珠海	2251902	1302788	949114	30851	21843	1172829	1026379
汕头	658116	423739	234377	64146	61783	390623	141564
佛山	5430515	3278200	2152315	1192436	509891	3210937	517251
韶关	70324	44117	26207	15775	14965	32303	7281
河源	64839	43054	21785	3813	6776	33401	20849
梅州	65245	43350	21895	16200	12372	29740	6933
惠州	2031664	1295505	736159	127143	147579	1169325	587617
汕尾	185859	130469	55390	57657	6451	65680	56071
东莞	7113860	4393830	2720030	134359	159362	2797797	4022342
中山	2579256	1530235	1049021	48050	68961	1296761	1165484
江门	513503	332427	181076	52157	53306	244830	163210
阳江	91287	61102	30185	11721	8746	48772	22048
湛江	49354	35160	14194	10494	10487	21388	6985
茂名	49805	31823	17982	5938	18870	22949	2048
肇庆	183028	117669	65359	17367	25027	106724	33910
清远	102070	63912	38158	15208	14239	59042	13581
潮州	70237	46263	23974	27517	6016	21641	15063
揭阳	171825	116279	55546	43641	21025	60831	46328
云浮	37353	24268	13085	6455	9180	16650	5068

6-31 续表1

单位：人

市别	来自地区			
	省内		省外	
	乡村	城镇	乡村	城镇
全省	**9575226**	**5872324**	**23005967**	**10024774**
广州	3171238	954813	5427636	993843
深圳	3550409	2107051	8440440	2112819
珠海	478979	284640	978453	509830
汕头	110407	73671	334627	139411
佛山	357177	1368822	532314	3172202
韶关	13627	9494	36770	10433
河源	6609	7446	31464	19320
梅州	8013	10225	32452	14555
惠州	313408	278726	763347	676183
汕尾	38421	22176	105112	20150
东莞	911454	493165	4135485	1573756
中山	418805	126334	1532354	501763
江门	84106	45932	269034	114431
阳江	13574	10966	48775	17972
湛江	5668	6731	28165	8790
茂名	10228	14006	16770	8801
肇庆	41378	22290	72651	46709
清远	18724	15700	52142	15504
潮州	4019	4516	29088	32614
揭阳	11534	9306	119682	31303
云浮	7448	6314	19206	4385

6-31 续表2

单位：人

市别	居住处所						
	租凭房屋	单位内部	工地现场	旅店	居民家中	自购房屋	其他
全省	**28884969**	**7711453**	**421119**	**400857**	**1558341**	**4083194**	**5418358**
广州	7959738	595802	75610	76344	166370	1153623	520043
深圳	10933659	2054859	171262	32760	660787	1516361	841031
珠海	690632	106064	9514	173038	38773	70515	1163366
汕头	318463	149505	21313	27132	34932	22344	84427
佛山	3802680	627596	18963	22273	244825	476367	237811
韶关	25930	7929	1816	1154	13779	17224	2492
河源	18415	16945	2767	332	4929	11601	9850
梅州	26481	6185	11269	2050	7930	9730	1600
惠州	794764	718453	15824	24427	124386	204389	149421
汕尾	64832	38768	21788	898	35352	10235	13986
东莞	3518881	3010651	10750	15198	76023	264592	217765
中山	252663	73604	412	167	41946	169403	2041061
江门	197695	132292	8629	2175	40462	82930	49320
阳江	40165	20030	3598	355	8964	10282	7893
湛江	18722	12861	3300	815	6096	4447	3113
茂名	10058	11933	5814	788	11161	2311	7740
肇庆	71204	41268	23591	115	17070	19131	10649
清远	24020	25370	2818	424	12806	30140	6492
潮州	43740	14037	1193	505	1987	1881	6894
揭阳	56235	41270	8451	19752	4407	2222	39488
云浮	15992	6031	2437	155	5356	3466	3916

6-32 全省火灾事故情况(2014-2020年)

项　　目	起数 (起)	死亡 (人)	受伤 (人)	直接财产损失 (万元)
2014年合计	**22156**	**120**	**115**	**45571**
其中：较大火灾	5	20	3	537
重大火灾	1	12	5	13
特别重大火灾				
2015年合计	**17992**	**141**	**100**	**37857**
其中：较大火灾	9	34	29	297
重大火灾				
特别重大火灾				
2016年合计	**16923**	**132**	**150**	**40379**
其中：较大火灾	8	34	9	180
重大火灾				
特别重大火灾				
2017年合计	**16438**	**106**	**69**	**29931**
其中：较大火灾	8	34	7	262
重大火灾				
特别重大火灾				
2018年合计	**13064**	**77**	**70**	**27173**
其中：较大火灾	4	18	1	55
重大火灾				
特别重大火灾				
2019年合计	**13197**	**98**	**60**	**31738**
其中：较大火灾	8	36	4	1350
重大火灾				
特别重大火灾				
2020年合计	**54683**	**117**	**109**	**55374**
其中：较大火灾	8	29	1	4152
重大火灾				
特别重大火灾				

注：1.2020年火灾指数升高与统计口径变化有关。
　　2.2020年亡人数据含刑事放火和安全生产爆炸事故引发火灾死亡38人。

6–33 各市消防救援接处警情况(2020年)

单位：起

市别	火灾扑救	抢险救援	社会救助	公务执勤	其他出动	合计
全省	**54967**	**40007**	**29887**	**736**	**7804**	**133401**
广州	8555	10422	5141	101	4036	28255
深圳	5576	5770	3061	60	1140	15607
珠海	1085	793	1034		366	3278
汕头	2004	742	1020		138	3904
佛山	3830	4101	3876	1	26	11834
韶关	1554	480	1393	201		3628
河源	1474	545	644		33	2696
梅州	970	313	89		37	1409
惠州	3985	2698	1844		3	8530
汕尾	683	404	403			1490
东莞	4726	3933	1725		741	11125
中山	3382	2828	2041			8251
江门	2740	1186	1820	6		5752
阳江	1261	495	770		23	2549
湛江	4515	650	810	178	815	6968
茂名	1995	656	557	14	26	3248
肇庆	1387	1673	1234		21	4315
清远	1978	1318	1386	175	310	5167
潮州	1431	411	98			1940
揭阳	1040	296	234		89	1659
云浮	796	293	707			1796

注：接处警数据为119系统数据，含虚假警。

6-34 全省火灾事故原因情况(2018-2020年)

项　　目	起数 (起)	死亡 (人)	受伤 (人)	直接财产损失 (万元)	烧毁面积 (m²)
2018年合计	**13064**	**77**	**70**	**27173**	**467005**
电气火灾	3714	42	25	13643	207253
生产作业类火灾	708	2	1	4540	53894
生活用火不慎	2550	2	14	1010	34846
吸　烟	303	2	1	164	6807
玩　火	184	3		105	3302
自　燃	804	2		2213	21033
雷　击	5			2	247
静　电	27		2	138	439
不明确原因	809			1126	26819
放　火	165	4	2	230	6642
其　他	3795	20	25	4001	105724
2019年合计	**13197**	**98**	**60**	**31738**	**322987**
电气火灾	2695	51	15	12907	78216
生产作业类火灾	845	8	5	5086	50797
生活用火不慎	2954	10	5	2700	49545
吸　烟	408		2	100	6706
玩　火	103			178	1811
自　燃	1174	1	17	2748	15080
雷　击	15			18	532
静　电	23			559	4106
不明确原因	692	2	1	1202	22512
放　火	156	22	3	353	21056
其　他	4132	4	12	5887	72627
2020年合计	**54683**	**117**	**109**	**55374**	**1197358**
电气火灾	15110	46	46	21672	196395
生产作业类火灾	1519	11	19	11954	60110
生活用火不慎	12038	14	15	2874	230221
吸　烟	2481	1		270	20670
玩　火	468	5	3	677	10261
自　燃	6521	3	4	8416	149249
雷　击	30			28	895
静　电	189			273	2284
不明确原因	1750	1	8	2576	41504
放　火	786	27	4	1034	22495
其　他	11158	9	10	5600	463275

6-35 各市火灾事故发生起数情况(2015—2020年)

单位：起

市　别	2015	2016	2017	2018	2019	2020
全　省	**17992**	**16923**	**16438**	**13064**	**13197**	**54683**
广　州	2696	2614	2485	2305	2662	8555
深　圳	1767	1540	2096	1613	981	5577
珠　海	569	352	233	102	116	1088
汕　头	531	598	506	480	491	2007
佛　山	1371	1167	891	677	755	3830
韶　关	584	747	978	888	835	1490
河　源	405	238	265	225	192	1467
梅　州	409	401	326	195	217	976
惠　州	522	465	514	399	354	3876
汕　尾	455	599	567	562	649	659
东　莞	1668	1657	1326	1029	842	4718
中　山	1314	930	643	410	529	3345
江　门	751	882	590	511	776	2738
阳　江	582	491	434	420	544	1261
湛　江	674	575	467	242	257	4518
茂　名	503	705	855	652	444	1995
肇　庆	505	296	302	246	323	1381
清　远	774	816	1237	1113	1254	1981
潮　州	763	785	737	258	209	1041
揭　阳	863	774	745	537	527	1384
云　浮	286	291	241	200	240	796

注：2020年火灾起数升高与统计口径变化有关。

6-36 各市火灾事故死亡人数情况(2015-2020年)

单位：人

市　别	2015	2016	2017	2018	2019	2020
全　省	**141**	**132**	**106**	**77**	**98**	**117**
广　州	23	22	12	15	24	11
深　圳	8	16	12	7	7	13
珠　海	5	4				
汕　头	12	15	6	7	3	6
佛　山	19	9	12	1	4	10
韶　关		1	2		2	
河　源	2	1	2		1	4
梅　州	9	5	2	1	2	4
惠　州	8	9	4	3	1	7
汕　尾	4	2	11	6	15	4
东　莞	12	14	6	6	7	16
中　山	7	5	5	3	15	5
江　门	5	3	3	1		1
阳　江	2	6		2	2	3
湛　江		2	9		5	9
茂　名	1	3	4	5	2	2
肇　庆			1		1	4
清　远	4	3	4	14	2	1
潮　州	4	2	2	2	2	7
揭　阳	11	9	6	4	3	10
云　浮		1	3			

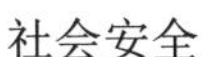

6-37 各市火灾事故受伤人数情况（2015-2020年）

单位：人

市别	2015	2016	2017	2018	2019	2020
全省	**100**	**150**	**69**	**70**	**60**	**109**
广州	12	15	9	13	12	6
深圳	15	45	21	16	15	24
珠海	18	10				3
汕头		4	1		2	
佛山	13	8	6	1	3	17
韶关	1	7	3			
河源						1
梅州		5	1			4
惠州	1	16		2		3
汕尾		2	3	1	1	1
东莞	3	10	5	3	15	21
中山	8	6	1	4	4	6
江门		1	1			5
阳江		7		5		2
湛江	3	5	6	10	6	5
茂名	3	3	3	10		2
肇庆			6			
清远	2			1	2	2
潮州	4					1
揭阳	3	6	1	3		4
云浮	1		2	1		2

6-38 各市火灾事故直接财产损失情况（2015-2020年）

单位：万元

市别	2015	2016	2017	2018	2019	2020
全省	**37856.9**	**40378.9**	**29931**	**27173**	**31738**	55373.6
广州	3001.2	5485.6	3141.3	3018	4224	4644.4
深圳	410.1	3037.8	1750	1648	2804	2882.7
珠海	2810.7	148.1	392.9	721	277	1222.7
汕头	1419.6	1768	679	417	644	1391.3
佛山	721.1	4984.5	4165	2004	5766	8637.6
韶关	4280.4	990.1	1368.4	1105	581	395.2
河源	3236.6	156.4	310.7	417	450	883.6
梅州	1836.3	873.3	1497	495	740	708.5
惠州	1331.8	1856.9	699.1	364	447	2100.1
汕尾	1593.7	1318.6	1487.5	605	438	469.1
东莞	1888.9	6539.9	4189.7	4787	5889	14523.7
中山	923.7	2267.5	1644.5	1494	1175	2145.0
江门	638.7	3917.6	1808.3	1768	1292	5606.8
阳江	1856.8	809	551.8	540	409	676.5
湛江	422.7	588.6	1495.5	848	1151	1725.8
茂名	1347.6	1212.2	788.8	497	536	837.5
肇庆	5605.1	239.6	768.1	2585	864	2357.4
清远	1579.3	1526.9	1088.9	1703	2972	2593.6
潮州	468.3	491.6	214.6	149	309	288.7
揭阳	2228.4	1758.9	1564.3	1237	477	813.8
云浮	255.9	407.7	325.4	771	293	469.4

6–39 省级立法情况(2015–2020年)

项　　目	提请省人大常委会审议法规(项)					
	2015	2016	2017	2018	2019	2020
经济类立法	5	3		3	3	3
文化类立法		2	2			1
社会类立法	7	3	4	4	2	3
生态类立法		4	2	2	2	4
政府自身建设类立法	2	1			1	1
其他				1	3	3

6–39 续表

项　　目	省政府常务会议通过规章(项)					
	2015	2016	2017	2018	2019	2020
经济类立法	5	3	6	3	5	5
文化类立法			1	1		
社会类立法	5	4	6	4	3	1
生态类立法	1		2			
政府自身建设类立法	2	4		1	1	2
其他		1	1	1	3	1

6-40 全省社区矫正工作情况统计表(2015-2020年)

单位：人

年份	本年度列管社区矫正对　象	本年度接收社区矫正对　象	本年度解除社区矫正对　象	本年度由社区矫正转为收监执行对象	本年度社区矫正对象再犯罪	累计接收社区矫　正对　象	累计解除和中止社区矫正对象	累计社区矫正对　象再犯罪
2015	34513	25081	23228	387	97	107737	73367	273
2016	59774	25404	25209	290	78	133157	98576	351
2017	62299	27793	27732	228	65	160950	126308	416
2018	66358	31716	31288	284	55	192666	157596	471
2019	68042	32972	33603	297	51	225638	191199	522
2020	70958	35254	33989	309	51	260892	225188	573

注：2019年社区矫正法出台。列管社区矫正对象出自《中华人民共和国司法行政行业标准》。列管社区矫正对象人数：上个期间末在册社区矫正对象数量与本期间内新接收的社区矫对象人数之和。

6-41 省级行政复议情况(2015-2020年)

单位：件

项　　目	2015	2016	2017	2018	2019	2020
全省各级行政复议机关共收到行政复议案件	19397	23808	29447	33565	33961	28923
办理国务院行政复议裁决案件	8	8	10	14	8	10
省政府本级行政复议案件	624	673	693	598	626	485

6-42 省级行政应诉情况(2015-2020年)

单位：件

项目	2015	2016	2017	2018	2019	2020
全省各级行政机关共办理行政应诉案件	12378	15273	16961	19007	20071	19517
省政府本级行政应诉案	342	519	501	232	348	248

6-43 全省司法所建设情况(2015-2020年)

年份	建所数(个)	工作人员总数(人)	司法助理员数(人)	编制情况(人)		
				司法行政编	地方行政编	其他
2015	1616	6036	3958	3522	152	284
2016	1628	6908	3952	3512	154	286
2017	1631	6567		3516	113	298
2018	1631	8048		3748	102	286
2019	1631	8413	3973	3611	108	254
2020	1631	8798	3925	3637	59	334

资料来源：2001—2020年《全国司法行政基层工作统计分析和统计资料》(司法部基层工作指导司编，法律出版社)。
注：司法助理人数由政法专项编制、地方行政编制、地方事业编制。

6-44 各市司法鉴定工作情况(2020年)

市 别	司法鉴定所(个)	司法鉴定人(人)	办理法医类案件(件)	办理物证类案件(件)	办理声像资料类案件(件)	办理环境损害类案件(件)
全 省	**207**	**2377**	**223238**	**47719**	**5336**	**1877**
广 州	39	574	66093	9186	2930	1733
深 圳	27	465	61101	7772	2262	144
珠 海	7	40	2115	631	7	
汕 头	7	111	6438	1878	5	
佛 山	12	127	9607	4627	53	
韶 关	13	96	4236	3401		
河 源	4	39	1783	821		
梅 州	5	116	1160			
惠 州	15	34	6163	1693	29	
汕 尾	5	44	2800			
东 莞	11	138	25044	11573	41	
中 山	7	71	5340	358		
江 门	8	86	7639	577		
阳 江	6	39	1489			
湛 江	6	61	5508	378		
茂 名	9	59	4951	41		
肇 庆	5	72	1546	248	3	
清 远	11	126	5787	3730		
潮 州	2	22	85	421	7	
揭 阳	5	36	3098			
云 浮	3	21	1255	384		

6-45　全省人民调解业务情况表(2015-2020年)

年份	已建调委会数(个)	调委会人数(人)	调解总数(件)	调解成功数(件)	预防纠纷(预防自杀)	
					(件)	(人)
2015	32549	181205	326174	318659	335	289
2016	33274	178052	323552	316908	206	551
2017	33750	181441	361079	358631		
2018	31898	170775	397191	389979		
2019	31666	172280	460674	450056	48249	
2020	31494	172816	444984	435278	39490	

6-45　续表

年份	民间纠纷转化为民商事案件(防止转化为刑事案件)刑事案件(防止转化为刑事)		民间纠纷转化为治安案件(制止群体械斗)械斗		民间纠纷转化为刑事案件(防止群体上访)	
	(件)	(人)	(件)	(人)	(件)	(人)
2015	1306	6864	517	22615	3460	76856
2016	1259	6626	516	19177	2521	69526
2017	463	731				
2018	567	578				
2019	77	503				
2020	108		19		37	

资料来源：2001-2020年《全国司法行政基层工作统计分析和统计资料》(司法部基层工作指导司编，法律出版社)。
注：自2019年起司法部正式报表的统计项目作了部分修改，内容栏中括号内表述的是2018年以前的统计数据。

6-46 各市人民调解工作情况(2020年)

市别	调解委员会总数(个)	村(居)调委会(个)	乡镇(街道)调委会(个)	企事业单位调委会(个)	社会团体和其他组织调委会(个)	调解员总数(人)	调解案件总数(件)
全省	**31494**	**19339**	**6987**	**1771**	**1758**	**172816**	**444984**
广州	3316	1151	1614	233	142	15712	73319
深圳	1703	1213	243	57	81	8860	13821
珠海	1358	34	822	90	333	6876	122296
汕头	413	122	201	25	40	2712	10879
佛山	1216	549	537	14	48	5995	2318
韶关	1350	329	455	273	261	12478	19484
河源	1592	1056	267	77	113	9269	11944
梅州	2172	1637	308	34	72	14277	19200
惠州	2148	1623	280	49	84	13809	22316
汕尾	1813	1257	292	129	29	8789	11168
东莞	1502	1056	241	108	22	8859	4245
中山	2539	2042	205	120	60	11830	17602
江门	887	679	143	8	5	3420	3007
阳江	1585	1253	182	19	30	8691	7597
湛江	924	714	124	11	27	4715	10294
茂名	1424	1031	191	67	50	7192	8009
肇庆	1233	349	239	385	228	9567	63360
清远	403	154	124	25	76	2933	5749
潮州	1113	897	124	21	20	5188	3511
揭阳	1730	1345	275	10	11	6155	7107
云浮	1073	848	120	16	26	5489	7758

6-47　各市公证工作情况(2020年)

市　别	机构（个）	公证员（人）	国内公证（件）	涉外公证（件）	涉港澳台公证（件）	案件总数（件）
全　省	**156**	**937**	**1235756**	**158960**	**26494**	**1421210**
广　州	12	189	344600	40592	3132	388324
深　圳	11	153	391276	36656	3434	431366
珠　海	5	36	27289	4491	3717	35497
汕　头	9	39	27830	2056	201	30087
佛　山	8	81	81552	6917	1410	89879
韶　关	11	31	12308	925	204	13437
河　源	7	16	6881	435	259	7575
梅　州	9	32	9496	827	335	10658
惠　州	8	42	82687	2895	572	86154
汕　尾	5	10	3499	568	360	4427
东　莞	3	40	80037	5899	3589	89525
中　山	6	33	28057	6355	3071	37483
江　门	8	41	41623	30191	3081	74895
阳　江	5	11	3026	592	276	3894
湛　江	7	22	18506	2852	542	21900
茂　名	7	20	11897	1711	406	14014
肇　庆	10	23	11326	2153	329	13808
清　远	9	17	8101	1204	239	9544
潮　州	3	12	2877	617	66	3560
揭　阳	6	26	6048	892	272	7212
云　浮	6	20	3536	455	204	4195
南方处	1	43	33304	9677	795	43776

6-48 全省公证工作情况表(2015-2020年)

年份	公证处(个)	工作人员(人)	其中		出证总数(件)	其中		
			公证员	公证员助理		国内公证	涉外公证	涉台港澳公证
2015	146	2190	770	543	1525912	1044876	429298	51738
2016	147		806		1603887	1163173	393150	57564
2017	147	2309	883		1253064	927684	287961	37419
2018	157	2512	862	914	1783427	1327191	408370	47866
2019	156	2524	890	898	1664068	1229981	392494	41593
2020	156	2750	937	1002	1421210	1235756	158960	26494

资料来源：2001—2020年《公证工作统计报表》(广东省司法厅，2001—2020)。

6-49 全省律师工作情况表(2015-2020年)

年份	律师事务所总数(个)	律师总数(人)	担任法律顾问(家)	律师事务(件)				
				刑事诉讼辩护及代理	民事案件诉讼代理	经济案件诉讼代理	行政案件诉讼代理	非诉讼代理
2015	2290	28221	59664	30739	225385		9689	174951
2016	2654	32190	64339	38449	277188		10985	204550
2017	2788	35045	70687	63511	288156		12854	165275
2018	2901	43434	77954	92642	371893		18319	214252
2019	3418	48971	84359	109733	514353		20392	317205
2020	3541	54957	92416	117566	610739		19470	262059

资料来源：2001—2020年《律师工作统计报表》，中华人民共和国民事诉讼法(2017年修正)。

6-50 各市律师工作情况(2020年)

市别	律师事务所(个)	律师总数(人)	兼职律师(人)	律师辅助人员(人)	担任法律顾问(处)	民事诉讼代理(件)
全省	3541	54957	779	11290	92416	610739
广州	812	17902	466	2782	22415	140973
深圳	1025	17077	56	2880	23881	171647
珠海	111	1893	30	402	3096	17446
汕头	89	818	18	158	1971	7649
佛山	343	3797	35	1377	8487	58546
韶关	59	630	23	90	1347	8557
河源	44	427	9	159	1163	5659
梅州	41	394	11	60	702	2817
惠州	101	1612	11	500	3352	19029
汕尾	19	111		28	253	823
东莞	292	3896	33	1085	9998	62304
中山	130	1675	9	492	6129	34650
江门	88	1204	11	289	2964	21024
阳江	35	305	4	52	459	6758
湛江	69	705	27	145	814	10092
茂名	40	528	7	101	823	10547
肇庆	71	522	21	281	1168	7914
清远	67	643		208	1320	10117
潮州	44	284	7	54	891	3078
揭阳	22	305	1	45	503	6178
云浮	39	229		102	680	4931

6-50 续表

市 别	刑事诉讼辩护及代理(件)	行政诉讼代理(件)	非诉讼法律事务(件)	解答法律咨询和代写法律文书(件)	参加公益事业和社会活动(件)
全 省	117566	19470	262059	128390	117011
广 州	24956	4105	50008	9545	11994
深 圳	17276	2718	82243	17637	19049
珠 海	3231	681	11756	4906	3223
汕 头	2651	263	1290	4494	2209
佛 山	7851	1877	8957	12832	18245
韶 关	4531	458	705	2549	6136
河 源	1316	275	713	1320	1366
梅 州	2339	326	312	9128	3983
惠 州	5818	1110	11012	7487	5844
汕 尾	764	108	81	518	774
东 莞	11300	1715	18846	5512	8183
中 山	4099	1472	42628	29714	4599
江 门	5745	1110	4160	4189	4746
阳 江	1435	191	336	1111	1480
湛 江	6433	875	1952	7456	7458
茂 名	3903	462	1015	2325	3937
肇 庆	2145	549	15397	790	1805
清 远	2620	668	9114	2746	3096
潮 州	2112	54	489	755	1922
揭 阳	4674	227	470	1801	4186
云 浮	2367	226	575	1575	2776

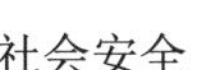

6-51 全省仲裁情况(2015-2020年)

年份	仲裁委员会(个)	受理仲裁案件总数(件)	涉外仲裁(件)			
			涉港案件总数	涉澳案件总数	涉台案件总数	其他案件总数
2015	14	17808	770	168	162	259
2016	14	65107	741	162	166	601
2017	13	1690076	1018	272	238	578
2018	15	213304	1154	304	188	887
2019	16	74975	487	70	47	118
2020	19	47693	464	52	51	154

6-52 全省法律援助工作情况表(2015-2020年)

年份	已建机构数(个)	法律援助机构工作人员(人)	其中有律师资格或法律职业资格	受理案件总数(件)	其中：受理法律援助案件类型(件)		
					刑事案件	民事案件	行政案件
2015	152	780	373	81301	23112	57783	504
2016	150	748	361	79881	20963	58475	443
2017	153	730	378	75061	23283	51249	529
2018	153	809	410	142453	81774	60013	666
2019	153	899	366	240515	173417	66267	831
2020	153	804	356	245551	184133	60800	618

6-52 续表

年份	经费总额(万元)	咨询(人次)	法律援助受援人数(人)	其中：各类受援人数(人)				
				残疾人	老年人	未成年人	妇女	农民工
2015	13338.07	382083	96632	2058	2454	15889	20446	52664
2016	19574.73	788727	94039	2091	1693	12649	24567	56106
2017	21623.93	1096355	89647	2536	1936	14012	25241	48771
2018	29588.32	1058080	158866	1892	2312	12424	32541	68937
2019	38347.74	430554	259808	1669	2859	14265	32838	74985
2020	36383.64	2700941	254719	1636	2743	11735	39592	99632

6-53 各市法律援助工作情况(2020年)

市别	法律援助机构数(个)	法律援助机构工作人员(人)	其中有律师资格或法律职业资格(人)	经费总数(万元)	业务经费(万元)	受理案件(件)	受援人总数(人)	咨询(人次)
全省	**153**	**804**	**356**	**36383.64**	**22760.03**	**245551**	**254719**	**2700941**
省本级	1	15	5	1172.78	574.00	2048	2048	2217139
广州	12	87	35	5854.14	3377.37	23313	26526	48815
深圳	11	83	34	9334.96	7345.88	49509	55674	232678
珠海	7	32	14	1212.25	543.96	7680	7680	16088
汕头	8	44	20	1204.27	441.38	5320	5986	5535
佛山	6	44	24	2668.43	1426.01	25605	25827	25428
韶关	11	51	42	1432.61	546.80	6411	6476	6517
河源	7	33	8	723.02	416.20	4612	4612	2845
梅州	9	42	24	882.30	489.50	3469	3476	9908
惠州	7	53	14	1352.10	742.00	13484	13484	20503
汕尾	6	17	5	452.43	319.00	4839	4835	3529
东莞	1	9	4	1603.10	1334.70	31740	31740	35106
中山	1	10	4	1166.41	765.00	13735	13735	12993
江门	8	31	18	1238.10	795.98	7553	7620	12420
阳江	6	24	9	611.46	358.00	4348	4406	3743
湛江	11	37	21	1118.01	883.92	11205	11219	17452
茂名	6	29	14	673.57	421.40	5861	4957	10201
肇庆	9	42	22	882.66	479.20	4926	4927	7760
清远	9	44	10	1152.29	586.27	6472	6066	4523
潮州	5	15	7	391.05	234.59	4000	4000	916
揭阳	6	40	15	716.69	337.87	5928	5930	2622
云浮	6	22	7	541.01	341.00	3493	3495	4220

6-54　人民检察院提起公诉情况(2020年)

单位：件

案件类别	简易程序	出庭公诉	一　审	二　审	上诉案	抗诉案	再审	审监
合　计	**56518**	**112900**	**103031**	**9856**	**9564**	**292**	**8**	**5**
贪污贿赂案件	147	940	633	307	290	17		
渎职侵权案件	17	120	70	50	45	5		
普通刑事案件	56354	111840	102328	9499	9229	270	8	5

6-55　人民检察院批准(决定)逮捕犯罪嫌疑人和提起公诉被告人情况(2020年)

案件类别	批捕、决定逮捕	提起公诉	
	(人)	(件)	(人)
合　计	**113380**	**111859**	**158255**
普通刑事犯罪小计	112751	111007	157141
危害国家安全案	11	7	9
危害公共安全案	3425	31422	31825
破坏社会主义市场秩序案	11625	7325	14651
侵犯公民人身、民主权利案	13953	12982	16176
侵犯财产案	40288	32605	43564
妨害社会管理秩序案	43437	26658	50907
危害国防利益案	12	8	9
职务犯罪小计	629	852	1114
贪污贿赂案	542	751	968
渎职侵权案	87	101	146

6-56 人民检察院办理刑事抗诉案件情况(2020年)

单位：件

案件类别	提出抗诉	审判结果			
		合计	改判	维持原判	发回重审
合计	**529**	**305**	**141**	**107**	**57**
二审小计	499	292	131	105	56
贪污贿赂案件	26	17	6	6	5
渎职侵权案件	3	5	3	2	
普通刑事案件	470	270	122	97	51
再审小计	20	8	7	1	
贪污贿赂案件					
渎职侵权案件					
普通刑事案件	20	8	7	1	
审监小计	10	5	3	1	1

6-57 人民检察院办理民事、行政抗诉案件情况(2020年)

单位:件

案件类别	合计	民事案件	行政案件
受案	14597	7179	7418
提请抗诉	290	276	14
抗诉	171	167	4
提出再审检察建议	214	213	1
不支持监督申请	3617	3091	526
抗诉案件再审	219	217	2
改判	77	77	
发回重审	54	54	
调解	13	13	
维持原判	59	58	1
和解撤诉	8	8	
其他	8	7	1

6-58 人民检察院纠正违法情况(2015-2020年)

项 目	2015	2016	2017	2018	2019	2020
书面提出纠正合计（件、人次）	2771	2676	3803	4538	3020	11496
立案监督小计	996	862	1954	2399	1438	2414
监督立案	413	285	804	1055	717	1162
监督撤案	583	577	1150	1344	721	1252
侦查监督小计	1134	1301	1476	1676	1185	1487
审查批捕环节	504	712	534	605	431	1103
审查起诉环节	630	589	942	1071	754	384
刑事审判监督小计	52	41	42	28	28	55
刑罚执行监督人次小计（人次）	589	472	331	435	369	7540
监管活动	378	275	228	199	69	2891
超期羁押	16	6	6	26	10	118
减刑、假释、保外就医	195	191	97	210	290	4531
已纠正合计 （件、人次）	2610	2505	3386	4183	2674	9073
立案监督小计	996	862	1954	2399	1438	2414
监督立案	413	285	804	1055	717	1162
监督撤案	583	577	1150	1344	721	1252
侦查监督小计	991	1156	1185	1314	967	1173
审查批捕环节	438	635	392	465	351	874
审查起诉环节	553	521	793	849	616	299
刑事审判监督小计	42	36	36	20	13	41
刑罚执行监督人次小计（人次）	581	451	211	450	256	5445
监管活动	374	269	191	208	140	1982
超期羁押	16	6	7	24	18	131
减刑、假释、保外就医	191	176	13	218	98	3332

注：2020年书面提出纠正合计 同比上升280.66%。

6-59 人民检察院办理刑事申诉案件情况(2020年)

单位：件

案件分类	受 案	立案复查	结 案
合 计	**1422**	**542**	**1210**
不服检察机关处理决定小计	659	421	441
不服不批捕	45	13	34
不服不起诉	569	403	371
不服撤案	2	2	2
其 他	43	3	34
不服法院刑事判决裁定小计	763	121	769
刑罚执行中被害人申诉	198	49	168
刑罚执行中被告人申诉	207	28	254
刑罚执行完毕后被害人申诉	58	9	51
刑罚执行完毕后被告人申诉	199	20	208
其 他	101	15	88

6-60 人民检察院办理举报、控告和申诉案件情况(2020年)

单位：件

案 件 类 别	受 理	处 理			
			#分送检察机关	#转其他机关	#其他
合 计	**13452**	**12098**	**10227**	**123**	**1748**
首次举报	71	60	16	44	
首次控告	848	682	364	46	272
首次申诉	12533	11356	9847	33	1476

6−61　各市人民检察院办理民事公益诉讼案件情况(2020年)

单位：件

市　别	线索数	立案数	诉前程序数	起诉数
广　州	303	224	181	69
深　圳	66	42	38	30
珠　海	34	26	23	15
汕　头	19	10	8	7
佛　山	83	132	123	49
韶　关	40	24	22	20
河　源	36	26	22	22
梅　州	34	31	19	13
惠　州	186	84	49	37
汕　尾	11	9	8	8
东　莞	163	117	120	62
中　山	80	35	33	13
江　门	134	110	107	61
阳　江	12	11	11	8
湛　江	29	23	19	13
茂　名	40	33	31	16
肇　庆	38	33	31	22
清　远	40	20	15	7
潮　州	1	1	1	1
揭　阳	32	28	18	12
云　浮	105	62	63	30
广　铁				

6-62 各市人民检察院办理行政公益诉讼案件情况(2020年)

单位：件

市别	线索数	立案数	诉前程序数	行政机关纠正违法或履行职责数	起诉数
广州	1088	722	386	335	
深圳	1276	868	252	715	
珠海	141	126	34	40	
汕头	243	208	188	67	
佛山	1020	1056	466	350	1
韶关	138	78	64	41	
河源	104	98	82	82	
梅州	401	371	349	309	
惠州	587	358	176	142	1
汕尾	39	33	20	21	
东莞	121	86	67	54	
中山	31	19	12	22	
江门	437	422	286	265	2
阳江	176	164	145	132	
湛江	1289	1097	1030	886	
茂名	151	101	83	73	
肇庆	193	147	122	107	
清远	156	121	110	68	
潮州	24	26	20	22	
揭阳	43	28	17	17	
云浮	208	122	117	117	
广铁	12	9	1	2	

6-63 人民检察院批准逮捕、提起公诉未成年刑事犯罪嫌疑人情况(2020年)

案件类别	批准逮捕		提起公诉	
	(件)	(人)	(件)	(人)
合计	**2734**	**4057**	**2838**	**4168**
危害国家安全案				
危害公共安全案	32	35	96	99
破坏社会主义市场经济秩序案	23	40	34	49
侵犯公民人身权利、民主权利案	579	804	626	878
妨害社会管理秩序案	692	1163	715	1195
侵犯财产案	1408	2015	1367	1947
其他				

6-64 各市人民检察院办理认罪认罚从宽制度案件情况(2020年)

市别	适用认罪认罚		提出量刑建议	采纳量刑建议
	(件)	(人)	(人)	(人)
广州	17632	22618	18944	18098
深圳	15173	20565	16626	15307
珠海	2692	3902	2803	2681
汕头	4074	5643	4996	4712
佛山	12490	15506	12006	10926
韶关	2004	2778	2290	2118
河源	2062	2725	2163	1915
梅州	1821	2700	2417	2210
惠州	5815	7614	6033	5872
汕尾	1867	2457	1727	1588
东莞	16502	20342	13093	12313
中山	5673	6880	5242	5118
江门	3642	5043	4594	4424
阳江	1814	2626	2337	2255
湛江	5199	7366	5642	5306
茂名	3582	4783	3225	3094
肇庆	1977	2974	2578	2448
清远	2893	3957	3577	3339
潮州	1841	2409	2386	2338
揭阳	3642	5036	4389	4272
云浮	1280	1869	1745	1667
广铁	181	217	141	132

6-65 人民法院各类一审案件情况(2014-2020年)

单位：件

年 份	收案				结案			
		刑事	民事	行政		刑事	民事	行政
2014	678759	105226	560856	12677	654786	102903	539802	12081
2015	800445	129290	655124	16031	715795	122882	579042	13871
2016	828934	111081	702254	15599	811358	113829	681896	15633
2017	897205	116139	762896	18170	916700	116760	782164	17776
2018	1039261	120487	897332	21442	1031561	119862	890383	21316
2019	1238625	130693	1084783	23149	1216812	130239	1063663	22910
2020	1359430	114497	1222929	22004	1356747	116515	1216937	23295

6-66 人民法院刑事一审案件情况

单位：件

项 目	2020年	
	收 案	结 案
合 计	**114497**	**116515**
危害国家安全罪	6	11
危害公共安全罪	31869	32069
破坏社会主义市场经济秩序罪	7739	7925
侵犯公民人身权利民主权利罪	13451	13549
侵犯财产罪	33238	33942
妨害社会管理秩序罪	27278	27911
危害国防利益罪	9	17
贪污贿赂罪	807	981
渎职罪	100	110

6-67 人民法院刑事案件被告人判决生效情况

单位：件、人

项目	2020年	
	件	人
合 计	**114788**	**162087**
危害国家安全罪	15	19
危害公共安全罪	31923	32392
破坏社会主义市场经济秩序罪	7649	14610
侵犯公民人身权利民主权利罪	13259	16816
侵犯财产罪	33342	45364
妨害社会管理秩序罪	27445	51419
危害国防利益罪	14	15
贪污贿赂罪	1024	1294
渎职罪	117	158

6-68 人民法院判处刑事罪犯情况

单位：人

年份	判处罪犯总数					青少年罪犯占刑事罪犯比重(%)
		女性	青少年罪犯	不满18岁	18~25岁	
2020年	161971	14300	32105	4541	27564	19.82

6-69 人民法院民事一审案件情况（一）

单位：件

项　　目	2020年	
	收案	结案
人格权纠纷（合计）	**8919**	**8850**
生命权、健康权、身体权纠纷	6957	6936
姓名权纠纷	108	91
肖像权纠纷	204	221
名誉权纠纷	1371	1349
荣誉权纠纷	1	1
隐私权纠纷	52	52
人身自由权纠纷	4	3
一般人格权纠纷	56	53
其　他	166	144
劳动争议、人事争议（合计）	**44173**	**44011**
劳动争议	**43599**	**43388**
劳动合同纠纷	16211	16322
社会保险纠纷	662	715
福利待遇纠纷	20	19
其　他	26706	26332
人事争议	**35**	**33**
其　他	**539**	**590**

6-70 人民法院民事一审案件情况（二）

单位：件

项目	2020年	
	收案	结案
婚姻家庭、继承纠纷(合计)	**64884**	**65432**
婚姻家庭纠纷	**60092**	**60500**
离婚纠纷	48406	48711
离婚后财产纠纷	3016	3011
同居关系纠纷	1296	1334
抚养、扶养纠纷	5575	5595
赡养纠纷	420	435
探望权纠纷	439	430
其　他	940	984
继承纠纷	**4792**	**4932**
法定继承纠纷	2362	2504
遗嘱继承纠纷	246	268
被继承人债务清偿纠纷	295	274
其　他	1889	1886

6-71 人民法院民事一审案件情况(三)

单位：件

项　　目	2020年	
	收案	结案
物权纠纷(合计)	**17555**	**17868**
不动产登记纠纷	**71**	**68**
物权保护纠纷	**11099**	**11221**
物权确认纠纷	1358	1323
返还原物纠纷	1646	1729
排除妨害纠纷	1387	1393
恢复原状纠纷	400	418
财产损害赔偿纠纷	4212	4236
其　他	2096	2122
所有权纠纷	**4526**	**4590**
侵害集体经济组织成员权益纠纷	1551	1567
相邻关系纠纷	1297	1336
共有纠纷	1061	1076
其　他	617	611
用益物权纠纷	**1241**	**1286**
土地承包经营权纠纷	970	986
建设用地使用权纠纷	70	72
宅基地使用权纠纷	188	210
其　他	13	18
担保物权纠纷	**119**	**175**
占有保护纠纷	**236**	**241**
其　他	**263**	**287**

6-72　人民法院民事一审案件情况(四)

单位：件

项　　目	2020年	
	收案	结案
知识产权与竞争纠纷(合计)	**175800**	**173598**
知识产权合同纠纷	**3490**	**3318**
著作权合同纠纷	1366	1233
商标合同纠纷	91	97
专利合同纠纷	65	36
技术合同纠纷	231	230
特许经营合同纠纷	1705	1685
网络域名合同纠纷	3	13
其　他	29	24
知识产权权属、侵权纠纷	**171036**	**169153**
著作权权属、侵权纠纷	145205	146586
商标权权属、侵权纠纷	12415	12476
专利权权属、侵权纠纷	11696	8286
网络域名权属、侵权纠纷	84	94
其　他	1636	1711
不正当竞争纠纷	**963**	**895**
仿冒纠纷	45	45
侵害商业秘密纠纷	124	123
其　他	794	727
垄断纠纷	**2**	**2**
其　他	**309**	**230**

6-73 人民法院民事一审案件情况(五)

单位：件

项目	2020年	
	收案	结案
海事海商纠纷(合计)	**1087**	**1112**
船舶碰撞损害责任纠纷	39	32
船舶触碰损害责任纠纷	10	10
船舶污染损害责任纠纷	3	4
海上、通海水域人身损害责任纠纷	34	29
非法留置船舶、船载货物、船用燃油、船用物料损害责任纠纷	1	1
海上、通海水域货物运输合同纠纷	304	372
船舶经营管理合同纠纷	14	18
船舶买卖合同纠纷	23	23
船舶建造合同纠纷	19	22
船舶修理合同纠纷	19	22
航次租船合同纠纷	42	36
船舶租用合同纠纷	94	87
海上、通海水域货运代理合同纠纷	220	196
船舶物料和备品供应合同纠纷	25	29
船员劳务合同纠纷	148	134
海上、通海水域保险合同纠纷	31	31
港口作业纠纷	5	7
其　他	56	59

6-74 人民法院民事一审案件情况(六)

单位：件

项　　目	2020年	
	收案	结案
合同、不当得利、无因管理纠纷(合计)	**823623**	**820983**
确认合同效力纠纷	1886	1923
买卖合同纠纷	116588	115673
建设用地使用权合同纠纷	614	636
房地产开发经营合同纠纷	275	291
房屋买卖合同纠纷	44033	45381
房屋拆迁安置补偿合同纠纷	725	746
赠与合同纠纷	525	468
借款合同纠纷	295789	300335
保证合同纠纷	784	786
银行卡纠纷	140748	139062
租赁合同纠纷	46186	43706
融资租赁合同纠纷	6073	5827
承揽合同纠纷	13034	13056
建设工程合同纠纷	18029	17721
运输合同纠纷	3071	3070
委托合同纠纷	4570	4662
居间合同纠纷	3470	3465
合伙协议纠纷	4410	4281
农、林、渔、牧业、农村土地承包合同纠纷	1848	1929
服务合同纠纷	58650	57662
劳务合同纠纷	10857	10815
追偿权纠纷	6896	6848
不当得利纠纷	4437	4377
无因管理纠纷	178	222
其　他	39947	38041

6-75 人民法院民事一审案件情况(七)

单位：件

项目	2020年	
	收案	结案
与公司、证券、保险、票据等有关的纠纷(合计)	**39848**	**38190**
与企业有关的纠纷	**1775**	**1698**
挂靠经营合同纠纷	1460	1373
联营合同纠纷	79	96
企业承包经营合同纠纷	89	85
其　他	147	144
与公司有关的纠纷	**10194**	**9397**
股东资格确认纠纷	402	416
请求变更公司登记纠纷	323	257
股东出资纠纷	372	358
股东知情权纠纷	528	508
股权转让纠纷	4047	3911
股东损害公司债权人利益责任纠纷	1485	1118
公司解散纠纷	363	356
其　他	2674	2473
合伙企业纠纷	**323**	**317**
与破产有关的纠纷	**1233**	**1111**
证券纠纷	**2072**	**1657**
期货交易纠纷	**19**	**18**
信托纠纷	**22**	**14**
保险纠纷	**23195**	**22632**
票据纠纷	**973**	**1310**
信用证纠纷	**5**	**8**
其　他	**37**	**28**

6-76 人民法院民事一审案件情况(八)

单位：件

项　目	2020年	
	收案	结案
侵权责任纠纷(合计)	**41653**	**41548**
提供劳务者致害责任纠纷	87	79
提供劳务者受害责任纠纷	2449	2304
网络侵权责任纠纷	159	133
违反安全保障义务责任纠纷	237	238
教育机构责任纠纷	80	86
产品责任纠纷	489	488
机动车交通事故责任纠纷	34051	33989
医疗损害责任纠纷	896	1076
环境污染责任纠纷	88	232
饲养动物损害责任纠纷	124	133
物件损害责任纠纷	138	140
因申请诉中财产保全损害责任纠纷	186	218
其　他	2669	2432
适用特殊程序案件案由(合计)	**5387**	**5345**

6-77 人民法院行政一审案件情况

单位：件

项目	2020年	
	收案	结案
合计	**22004**	**23295**
公安	1548	1590
资源	1962	2187
城建	3013	3144
计划生育	5	9
工商	623	599
商标	8	6
质量监督	58	67
卫生	122	103
食品、药品	162	158
农业	180	188
环保	476	402
交通	192	193
信息、电讯	8	10
税务	77	85
金融	10	12
财政	33	38
劳动、社会保障	4026	4164
水利	64	113
司法行政	96	95
民政	93	95
教育	63	71
监察	1	1
乡政府	2258	2374
其他	6926	7591

6-78 各市人民法院各类一审案件收案情况(2014-2020年)

单位：件

市 别	2014	2015	2016	2017	2018	2019	2020
广 州	136988	144708	171998	153859	200045	314233	347938
深 圳	134610	164197	152057	187798	208736	245863	293451
珠 海	22542	24884	22694	22535	27295	31207	34646
汕 头	10336	14127	14409	17822	23239	19117	23513
佛 山	69113	84579	87351	84200	109705	122131	127799
韶 关	14031	17051	18716	18576	20766	24644	24407
河 源	7882	11054	12108	11240	13438	16082	17575
梅 州	11637	13609	14083	15169	17177	19295	22545
惠 州	26735	35484	37559	35984	48797	52310	53658
汕 尾	5698	4893	4792	5752	6984	8160	10768
东 莞	60099	65907	69671	70547	95625	89985	85136
中 山	36742	51433	56131	47193	56922	56154	56381
江 门	29169	32172	30999	31229	39669	45567	52935
阳 江	11145	14688	13951	13082	15882	21165	23245
湛 江	20798	24394	23376	25479	31053	32871	36282
茂 名	16661	18788	19792	22056	22972	28147	29562
肇 庆	17998	20708	18259	18975	23761	27455	27778
清 远	17660	22760	23332	25187	29684	33607	36490
潮 州	5064	6265	6540	6740	8106	8054	8843
揭 阳	9801	10834	10501	10132	13364	14166	16340
云 浮	10432	11819	11090	10734	11852	13525	13929
知 产	—	1866	2593	4665	3981	4250	7613
海 事	2023	2188	1938	1144	2226	2574	1387
铁 路	904	898	4891	6001	7974	7976	7194

6-79 各市人民法院各类一审案件结案情况(2014-2020年)

单位：件

市 别	2014	2015	2016	2017	2018	2019	2020
广 州	132094	129758	165968	160875	204509	303365	347324
深 圳	127216	131065	156234	188422	205458	233224	289557
珠 海	22054	23735	22373	22776	27720	30777	34454
汕 头	9554	14003	14071	17945	23170	19035	23221
佛 山	66310	77402	87872	84879	106880	122310	128153
韶 关	13609	15435	18220	18772	20648	25048	24445
河 源	8730	10954	11907	11281	12750	15740	16391
梅 州	11732	13102	14283	15189	16765	19302	22508
惠 州	25099	32914	33508	37383	48008	54536	53599
汕 尾	5320	4450	4834	6156	6989	8134	10364
东 莞	58845	60506	68367	72486	93712	90872	85282
中 山	36251	44535	51859	49228	56052	55426	61570
江 门	29508	30697	30487	32185	39742	46049	52786
阳 江	10945	13926	13907	13935	15527	20565	23130
湛 江	19856	22738	22474	26468	31331	32607	36420
茂 名	16143	17176	19159	22897	22971	27975	29250
肇 庆	17385	20192	18027	20597	23846	27531	27040
清 远	16501	21371	21984	25811	28998	33622	37832
潮 州	4795	5544	5993	6850	7639	8712	9614
揭 阳	9657	10450	10058	10426	13282	13708	15626
云 浮	10240	11392	10674	11100	11695	13521	13822
知 产	—	1433	2774	3533	4053	4159	5104
海 事	2123	2080	1850	1245	2129	2505	1363
铁 路	791	875	4405	5569	7672	7965	7780

6-80 各市人民法院各类案件收案情况(2014-2020年)

单位：件

市 别	2014	2015	2016	2017	2018	2019	2020
广 州	228200	252974	300755	341581	383619	557198	634939
深 圳	208752	258782	278156	384364	409368	524100	598648
珠 海	33867	40288	47646	51570	54565	65841	73555
汕 头	14783	19888	21709	27103	36244	34945	39426
佛 山	110284	136222	162914	179518	213301	261983	270210
韶 关	21038	25958	31583	33574	37457	46356	48808
河 源	10685	15363	18047	17797	21667	27330	31346
梅 州	17215	19745	21071	24131	28045	33556	38770
惠 州	40874	54937	63097	70249	83818	99316	108294
汕 尾	6830	6153	6287	8945	11731	14317	17921
东 莞	102188	119778	146512	156639	194393	215635	217400
中 山	55543	76147	98164	105145	109307	118771	122213
江 门	47343	49894	56320	61860	72813	94726	111379
阳 江	16014	22459	23253	25059	29011	38057	42233
湛 江	28213	33603	37082	43418	51543	57047	64435
茂 名	22459	27200	31757	36198	37535	50026	52749
肇 庆	24538	30273	29812	34350	42069	52787	54270
清 远	26640	35793	40449	44415	56724	67946	73785
潮 州	6854	8925	10336	11093	13198	14847	17926
揭 阳	12179	13753	14611	16230	18587	23034	26063
云 浮	14868	17568	18296	19869	21870	25891	28458
知 产	—	4941	4753	9213	10085	12896	13739
海 事	2315	3149	2562	2624	3377	4252	2873
铁 路	1138	1273	14574	20540	23061	27612	29206

6-81 各市人民法院各类案件结案情况(2014-2020年)

单位：件

市别	2014	2015	2016	2017	2018	2019	2020
广州	220547	230334	286156	349210	395778	546330	633154
深圳	200720	215077	276394	375534	408643	502841	592412
珠海	33190	36768	46306	51954	54885	65493	73573
汕头	14006	19800	20827	26922	35970	35112	39085
佛山	105031	125117	159760	178902	210100	262879	271720
韶关	20555	23609	30058	33563	36640	47765	48988
河源	11881	15123	17463	18059	20753	26959	30003
梅州	17385	19055	21327	23869	27422	33455	38876
惠州	39090	51844	56351	69666	83991	103672	107243
汕尾	6396	5635	6372	9281	11741	14316	17287
东莞	100548	111682	141085	158461	193693	216695	217861
中山	54971	66884	84209	100502	118193	120351	129244
江门	48174	47244	55204	63083	73140	95804	111123
阳江	15833	21131	22702	26441	28074	37480	42160
湛江	26859	31597	35597	44668	51457	56900	64929
茂名	21788	24988	30358	36694	37657	49896	52783
肇庆	23903	29004	28983	36376	41797	53348	53397
清远	24959	33061	38039	45347	54742	68909	76179
潮州	6524	7823	9025	10956	13294	15775	19011
揭阳	11971	13253	13812	16439	18744	22442	24946
云浮	14688	16801	17278	19855	21705	26306	28403
知产	—	3402	4907	7804	9407	13488	10853
海事	2420	2894	2403	2815	3262	4194	2866
铁路	972	1276	13738	20237	22718	27354	30143

6-82 全省各行业生产安全事故情况表(2016-2020年)

单位：起、人

行业	2016年					
	合计		其中			
			较大事故		重大事故	
	事故起数	死亡人数	事故起数	死亡人数	事故起数	死亡人数
合　计	**8331**	**3951**	**39**	**141**	**1**	**18**
A 农、林、牧、渔业	33	27	1	3		
B 采矿业	14	16	1	4		
C 制造业	314	322	5	25	1	18
D 电力、热力、燃气及水生产和供应业	12	11				
E 建筑业	372	353				
F 批发和零售业	37	33				
G 交通运输、仓储和邮政业	7419	3067	30	97		
H 住宿和餐饮业	14	9				
I 信息传输、软件和信息技术服务业	8	7				
J 金融业						
K 房地产业	10	9				
L 租赁和商务服务业	11	8				
M 科学研究和技术服务业	2	2				
N 水利、环境和公共设施管理业	11	14	1	4		
O 居民服务、修理和其他服务业	56	54				
P 教育						
Q 卫生和社会工作	1					
R 文化、体育和娱乐业	12	19	1	8		
S 公共管理、社会保障和社会组织	5					
T 国际组织						

注：表格空白处为0。

6-82 续表1

单位：起、人

行业	2017年					
	合计		其中			
			较大事故		重大事故	
	事故起数	死亡人数	事故起数	死亡人数	事故起数	死亡人数
合　计	**7044**	**3726**	**44**	**176**	**1**	**19**
A 农、林、牧、渔业	27	33	1	6		
B 采矿业	11	15	2	6		
C 制造业	300	269	2	10		
D 电力、热力、燃气及水生产和供应业	9	10				
E 建筑业	409	404	7	40		
F 批发和零售业	44	48	3	14		
G 交通运输、仓储和邮政业	6112	2829	29	100	1	19
H 住宿和餐饮业	14	9				
I 信息传输、软件和信息技术服务业	4	3				
J 金融业						
K 房地产业	8	9				
L 租赁和商务服务业	13	13				
M 科学研究和技术服务业	4	3				
N 水利、环境和公共设施管理业	21	19				
O 居民服务、修理和其他服务业	55	50				
P 教育	5	4				
Q 卫生和社会工作	3	3				
R 文化、体育和娱乐业	4	4				
S 公共管理、社会保障和社会组织	1	1				
T 国际组织						

6-82 续表2

单位：起、人

行业	2018年					
	合计		其中			
			较大事故		重大事故	
	事故起数	死亡人数	事故起数	死亡人数	事故起数	死亡人数
合　计	**6153**	**3345**	**36**	**158**	**1**	**12**
A 农、林、牧、渔业	29	32				
B 采矿业	9	9				
C 制造业	277	257	2	12		
D 电力、热力、燃气及水生产和供应业	17	16				
E 建筑业	439	434	4	16	1	12
F 批发和零售业	24	22	1	3		
G 交通运输、仓储和邮政业	5227	2448	27	115		
H 住宿和餐饮业	14	13				
I 信息传输、软件和信息技术服务业	5	4				
J 金融业	1					
K 房地产业	12	10				
L 租赁和商务服务业	20	19				
M 科学研究和技术服务业	5	4				
N 水利、环境和公共设施管理业	12	10				
O 居民服务、修理和其他服务业	53	60	2	12		
P 教育	4	2				
Q 卫生和社会工作						
R 文化、体育和娱乐业	5	5				
S 公共管理、社会保障和社会组织						
T 国际组织						

6-82 续表3

单位：起、人

行　　业	2019年					
	合　计		其中			
			较大事故		重大事故	
	事故起数	死亡人数	事故起数	死亡人数	事故起数	死亡人数
合　计	**5860**	**3157**	**33**	**126**		
A 农、林、牧、渔业	27	29	1	3		
B 采矿业	10	9				
C 制造业	233	212	3	13		
D 电力、热力、燃气及水生产和供应业	16	17				
E 建筑业	465	422	4	12		
F 批发和零售业	33	34	2	10		
G 交通运输、仓储和邮政业	4946	2308	18	72		
H 住宿和餐饮业	8	4				
I 信息传输、软件和信息技术服务业	10	9				
J 金融业						
K 房地产业	12	10				
L 租赁和商务服务业	18	16				
M 科学研究和技术服务业	3	4	1	3		
N 水利、环境和公共设施管理业	20	25	2	6		
O 居民服务、修理和其他服务业	51	53	2	7		
P 教育	1					
Q 卫生和社会工作						
R 文化、体育和娱乐业	6	4				
S 公共管理、社会保障和社会组织	1	1				
T 国际组织						

6-82 续表4

单位：起、人

行业	2020年					
	合计		其中			
			较大事故		重大事故	
	事故起数	死亡人数	事故起数	死亡人数	事故起数	死亡人数
合　计	**3758**	**2580**	**38**	**146**	**1**	**11**
A 农、林、牧、渔业	19	29	3	14		
B 采矿业	7	9	1	3		
C 制造业	206	191	1	3		
D 电力、热力、燃气及水生产和供应业	7	6				
E 建筑业	366	372	6	29		
F 批发和零售业	29	22				
G 交通运输、仓储和邮政业	3010	1849	26	93	1	11
H 住宿和餐饮业	9	11	1	4		
I 信息传输、软件和信息技术服务业	8	8				
J 金融业						
K 房地产业	1	1				
L 租赁和商务服务业	16	14				
M 科学研究和技术服务业						
N 水利、环境和公共设施管理业	19	17				
O 居民服务、修理和其他服务业	55	47				
P 教育	1					
Q 卫生和社会工作						
R 文化、体育和娱乐业	5	4				
S 公共管理、社会保障和社会组织						
T 国际组织						

6-83 各市生产安全事故情况表(2016-2020年)

单位：起、人

市别	2016年						2017年					
	合计		其中				合计		其中			
			较大事故		重大事故				较大事故		重大事故	
	事故起数	死亡人数	事故起数	死亡人数	事故起数	死亡人数	事故起数	死亡人数	事故起数	死亡人数	事故起数	死亡人数
全省	**8331**	**3951**	**39**	**141**	**1**	**18**	**7044**	**3726**	**44**	**176**	**1**	**19**
广州	888	498	2	7			836	455	6	30		
深圳	507	393	1	5			398	308	1	3		
珠海	131	82	1	3			116	74	1	6		
汕头	182	73	1	3			316	103				
佛山	464	278	2	7			404	279	2	9		
韶关	271	141	2	7			278	151	2	6		
河源	99	75	2	6			91	94	4	14		
梅州	105	64	1	3			65	53	2	6		
惠州	250	194	1	3			260	234	1	3	1	19
汕尾	371	115	2	6			269	143	5	22		
东莞	738	354	1	9	1	18	634	324	3	9		
中山	657	207					725	162	1	4		
江门	513	191	2	12			281	165	1	6		
阳江	218	161	3	11			169	120	2	8		
湛江	669	166	2	7			376	154	3	9		
茂名	275	112					176	93				
肇庆	352	196	5	16			268	140	2	6		
清远	847	263	6	19			586	280	4	18		
潮州	108	68	4	14			88	56				
揭阳	111	75					107	92	2	11		
云浮	337	126	1	3			336	117	1	3		
顺德区	210	92					233	103				

注：1.2018起，顺德区不再单列，统计数据纳入佛山市统计。2.表格空白处为0。

6-83 续表1

单位：起、人

市别	2018年						2019年					
	合计		其中				合计		其中			
			较大事故		重大事故				较大事故		重大事故	
	事故起数	死亡人数	事故起数	死亡人数	事故起数	死亡人数	事故起数	死亡人数	事故起数	死亡人数	事故起数	死亡人数
全　省	**6153**	**3345**	**36**	**158**	**1**	**12**	**5860**	**3157**	**33**	**126**		
广　州	658	374	3	10			623	366	2	6		
深　圳	362	302	1	3			383	305	2	7		
珠　海	118	65					96	59	1	3		
汕　头	375	87	1	4			415	74				
佛　山	610	333	1	7	1	12	477	303	3	9		
韶　关	195	140	2	11			216	120				
河　源	199	86	2	7			246	112				
梅　州	59	46	2	9			59	37	1	3		
惠　州	249	199	3	11			210	172	2	6		
汕　尾	221	94	1	4			165	96	1	3		
东　莞	553	326	3	12			399	262	4	16		
中　山	591	177	1	3			491	177	2	9		
江　门	133	103					156	91	1	3		
阳　江	195	104	2	7			164	120	2	12		
湛　江	247	153	1	3			582	157	4	18		
茂　名	176	88	3	11			117	82	2	7		
肇　庆	210	129	1	3			219	128	1	3		
清　远	357	226	4	26			285	202	1	7		
潮　州	74	52					136	55	1	4		
揭　阳	246	95					141	107	1	3		
云　浮	295	128	2	7			259	114	1	4		
顺德区	-	-	-	-	-	-	-	-	-	-	-	-

6-83 续表2

单位：起、人

市别	2020年					
	合计		其中			
			较大事故		重大事故	
	事故起数	死亡人数	事故起数	死亡人数	事故起数	死亡人数
全　省	**3758**	**2580**	**38**	**146**	**1**	**11**
广　州	449	331	3	11		
深　圳	307	264	2	7		
珠　海	84	59				
汕　头	179	75				
佛　山	377	248	3	9		
韶　关	115	84	2	6		
河　源	143	112	5	20		
梅　州	37	28	1	3		
惠　州	198	161	1	3		
汕　尾	92	70	1	8		
东　莞	293	200	2	6		
中　山	245	177	1	3		
江　门	105	77	2	11		
阳　江	139	94	2	6		
湛　江	163	90	2	8		
茂　名	73	65	3	11		
肇　庆	158	92	2	9		
清　远	138	136	4	18		
潮　州	107	39				
揭　阳	120	62				
云　浮	218	85				

注：2020年发生一起重大事故为水上交通事故，发生地属于广东海事局监管的海域。

6-84 全省生产安全事故类型情况表(2016-2020年)

单位：起、人

事故类型	2016年						2017年					
	合计		其中				合计		其中			
			较大事故		重大事故				较大事故		重大事故	
	事故起数	死亡人数	事故起数	死亡人数	事故起数	死亡人数	事故起数	死亡人数	事故起数	死亡人数	事故起数	死亡人数
合计	**8331**	**3951**	**39**	**141**	**1**	**18**	**7044**	**3726**	**44**	**176**	**1**	**19**
物体打击	119	112					122	115				
车辆伤害	70	60					70	60				
机械伤害	116	108					102	93				
起重伤害	31	29					30	39	2	12		
触电	107	106					99	98				
淹溺	43	62	4	18			46	54	2	8		
灼烫	6	3					7	1				
火灾	58	41	2	12			40	46	5	29		
高处坠落	321	303					338	309	1	9		
坍塌	42	54			1	18	60	75	6	22		
冒顶片帮	2	2					1	1				
透水							1	1				
爆破												
火药爆炸	1	4	1	4								
瓦斯爆炸	1											
锅炉爆炸												
容器爆炸	7	11	1	4			2	2				
其他爆炸	13	10					10	4				
中毒和窒息	20	30	2	7			18	18	1	4		
其他伤害	52	49	2	8			70	56				
道路运输	7322	2967	27	88			6028	2754	27	92	1	19

注：表格空白处为0。

6-84 续表1

单位：起、人

事故类型	2018年						2019年					
	合　计		其中				合　计		其中			
			较大事故		重大事故				较大事故		重大事故	
	事故起数	死亡人数	事故起数	死亡人数	事故起数	死亡人数	事故起数	死亡人数	事故起数	死亡人数	事故起数	死亡人数
合　计	**6153**	**3345**	**36**	**158**	**1**	**12**	**5860**	**3157**	**33**	**126**		
物体打击	117	112					120	105				
车辆伤害	57	51					70	65				
机械伤害	98	90					96	87				
起重伤害	35	34					29	28				
触　电	102	95					99	97				
淹　溺	39	62	4	22			39	46	2	6		
灼　烫	4	1					10	4				
火　灾	26	24	2	12			30	30	5	20		
高处坠落	370	336	1	4			355	298				
坍　塌	56	78	3	12	1	12	67	77	4	12		
冒顶片帮							1	1				
透　水												
爆　破	2	2										
火药爆炸	1	1										
瓦斯爆炸												
锅炉爆炸												
容器爆炸	2	3					2	3				
其他爆炸	9	6					12	12	1	3		
中毒和窒息	21	38	3	15			14	29	5	19		
其他伤害	56	47					53	43				
道路运输	5158	2365	23	93			4863	2232	16	66		

6-84 续表2

单位：起、人

事故类型	2020年					
	合 计		其中			
			较大事故		重大事故	
	事故起数	死亡人数	事故起数	死亡人数	事故起数	死亡人数
合 计	**3758**	**2580**	**38**	**146**	**1**	**11**
物体打击	108	104				
车辆伤害	42	36				
机械伤害	89	87				
起重伤害	31	24				
触 电	75	75				
淹 溺	29	57	6	25	1	11
灼 烫	2	1				
火 灾	14	14	3	10		
高处坠落	271	239				
坍 塌	57	85	5	26		
冒顶片帮	1	3	1	3		
透 水						
爆 破						
火药爆炸						
瓦斯爆炸						
锅炉爆炸						
容器爆炸	5	5				
其他爆炸	12	8				
中毒和窒息	15	18				
其他伤害	61	61	2	8		
道路运输	2946	1763	21	74		

 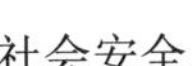 

6-85 到省信访情况(2015-2020年)

指标名称	计量单位	2015	2016	2017	2018	2019	2020
信访总数	件.人次	46741	54299	51493	58261	74182	72715
按信访形式分类							
来信数量	件次	10695	14263	15022	27865	21560	17890
#集体(联名)信	件次			1904	1884	1026	701
来访数量	批数	4443	4705	5329	7684	7433	8535
#集体访	批数	855	822	632	727	579	570
来访人数	人次	23088	21526	14920	19981	17386	18100
#集体访	人次	16177	14438	6983	8722	6144	5838
网上信访数量	件次	12958	18510	21551	22712	35236	36725

七、民政和退役军人事务

简要说明

1. 本篇资料主要反映广东省民政事业、退役军人事业发展情况。

2. 本篇资料主要包括：

(1)全省民政、退役军人事业发展情况。

(2)地区分全省和各地级以上市。

(3)年份主要为 2016—2020 年数据。

3. 统计资料来源：本篇资料由省民政厅、省退役军人事务厅负责整理、审核、提供。

2020年广东民政和退役军人事业发展概述

一、民政事业发展概述

2020年，面对"战疫"与"战贫"的严峻挑战和考验，全省各级民政部门在习近平新时代中国特色社会主义思想指引下，在省委、省政府和各级党委、政府的领导下，团结一心、众志成城，迎难而上、担当作为，圆满完成了各项目标任务，我省在民政部2020年重点工作综合评估中获评"优秀"等次。

（一）全力投入抗疫大战，牢牢守住民政领域疫情防控"两条工作底线"。各级民政部门牢牢守住了"民政服务机构不发生疫情"和"民政服务对象不因疫情影响而挨饿受困"两条工作底线，加大对特殊群体关爱帮扶力度，对受疫情影响暂时遇困的人员给予临时救助，启动社会救助和保障标准与物价上涨挂钩联动机制，发放临时价格补贴12亿元、慰问金1.5亿元；扎实履行社区防控指导职责，动员30万名城乡社区工作者投身疫情防控第一线，发动50多万名社会工作者和志愿者下沉基层助力疫情防控；动员社会各界捐款捐物60.5亿元，其中向湖北捐赠款物25.1亿元；引导社会组织支持约6万家企业复工复产。民政系统抗疫工作得到省委、省政府和民政部充分肯定，一批单位和个人被省、部评为先进集体、先进个人和优秀共产党员。

（二）强化责任担当，充分发挥脱贫兜底主力军作用。高质量完成省十件民生实事涉民政事项，省城乡低保保障水平分别为年人均10440元、8544元；城乡特困人员基本生活供养保障水平分别为年人均16970元、13800元；集中供养和分散供养孤儿最低养育标准分别达到1820元/月和1110元/月；困难残疾人生活补贴和重度残疾人护理补贴标准分别达到每人每月175元、235元；城乡低保、特困人员救助供养、孤儿基本生活保障、残疾人两项补贴等底线民生保障水平持续提高，继续保持全国前列。实施社会救助脱贫兜底行动，开展"两不愁三保障"核查，累计入户调查75万多户。实施困难群众主动发现机制和低保待遇渐退制度，全省建档立卡贫困人口中近45万户、91万多人纳入兜底保障范围，实现应保尽保、应救尽救、应兜尽兜。挂牌督战湛江市脱贫攻坚，如期完成任务。持续推进援藏援疆项目，引导社会组织开展支援"三区三州"建设和"社会组织扶百村"等工作，实施扶贫协作项目2700多个。全省救助生活无着流浪乞讨人员4.5万人次，为1525人成功寻亲，为1980名长期滞留对象办理落户安置。

（三）提高服务质量，推动养老事业加快发展。建立省级养老服务部门间联席会议制度，分别于4月和12月召开两次会议，部署养老服务重点工作任务。省民政厅等9部门联合印发《关于做好老年人居家适老化改造工作的通知》，启动实施居家适老化改造工程。珠海、惠州和云浮市被列为全国第五批居家和社区养老服务改革试点地区。建立3万余名农村留守老年人基础数据库，利用省慈善总会平台设立留守老年人关爱基金。推行"智慧助老"多元线上服务。截止2020年12月底，全省城乡社区养老服务设施逾2.24万个，养老机构1891家，养老床位47.02万张。持续推进公办养老机构社会化改革，继续实施养老机构消防安全达标工程，开展特困人员供养服务设施（敬老院）改造提升工程三年行动。创新养老服务模式，完善与东北三省养老服务南北合作模式，联合江西、广西两省签订旅居养老合作框架协议，打造"养老+旅居"新业态。

（四）推进体系建设，儿童福利保障能力进一步增强。出台《广东省加强儿童保障体系建设的意见》《广东省进一步加强孤儿保障工作若干措施》《关于进一步加强事实无人抚养儿童保障工作的实施意见》等政策文件。持续加强基础建设，配备村（居）儿童主任27240名、镇（街）儿童督导员1788名，初步构建起市、县、镇、村四级工作服务网络。推进区域性儿童福利机构综合改革，开展儿童福利机构标准化建设试点和未成年人救助保护机构能力提升试点工作，开通儿童福利机构医疗救治"绿色通道"和困境儿童24小时服务热线。实施“孤儿医疗康复明天计划”，服务残疾儿童 1.1 万余名。实施“福彩圆梦·孤儿助学工程”，按 1 万元/年标准资助已满 18 周岁在读中专、大专、本科和硕士研究生的孤儿，共计 1804 名。连续三年开展百家社会组织走近农村留守和困境儿童“牵手行动”，惠及 2.4 万名留守和困境儿童。

（五）注重激发活力，慈善事业进一步做大做强。推动修订通过《广东省志愿服务条例》，出台《广东省推动慈善事业高质量发展的若干措施》，为广东慈善事业发展提供政策法律支撑。积极推动慈善事业、志愿服务、社会工作融合发展，全省开展融合发展项目近 300 个。慈善组织规模不断壮大，全省有登记注册慈善组织 1384 家、公募慈善组织 155 家、慈善信托 38 单。标识的志愿服务组织 1318 家，注册志愿者超过 1300 万。做好“中华慈善奖”推荐工作，开展“中华慈善日”系列活动，全省开展慈善活动 815 项，募集慈善资金超过 1 亿元，惠及人数近 8 万人。深圳市承办第八届中国公益慈善项目交流展示会，达成意向对接资金逾 135 亿元。开展《慈善法》执法检查，不断规范慈善组织受赠与捐赠行为。加强和规范福利彩票销售管理，全省销售福利彩票 162.13 亿元，筹集福彩公益金 50.1 亿元，两项指标连续 13 年保持全国第一。

（六）注重政策创制，推进基层社会治理能力进一步提升。出台《关于加强广东省民政领域基层社会治理体系和治理能力现代化建设的若干措施》，着力建立完善“一核四社”城乡社区治理工作机制。扎实开展村（居）委会换届选举筹备工作，提请省人大常委会会议修订通过《广东省村民委员会选举办法》、组织编印《广东省村（居）民委员会选举工作指引》，配合省委组织部建立村（社区）“两委”干部人选县级联审机制。全省村（社区）全部完成村规民约（居民公约）修订任务，90%以上的村达到村务公开“五化”建设标准。加大培育发展社区社会组织，全省建立社会组织培育基地 62 个，成立枢纽型社区社会组织 961 个。扎实开展全省社会组织党建摸排和组织建设“双同步”工作。开展社会服务机构专项整治行动和规范行业协会商会收费专项行动；推行“年检”改“年报”制度，并与社会组织信用监管相衔接，全省共有 3307 家社会组织被列入异常名录，393 家社会组织被列入严重违法失信名单。加大处罚力度，全省共对违法违规社会组织作出行政处罚 673 宗，持续开展打击整治非法社会组织工作，处置打击整治非法社会组织 104 家。开展社会服务机构不规范行为专项整治行动，全省社会服务机构申请主动注销登记的 590 家；全省共撤销登记社会服务机构 279 家。推进广东社工“双百计划”升级为“广东兜底民生服务社会工作双百工程”，得到省、部领导的充分肯定。加强社工人才建设和社工岗位开发，全省有持证社工 11.3 万人，开发社工岗位 6 万个。进一步规范婚姻登记管理和服务，跨区域办理婚姻登记取得新进展，继广州、深圳之后，佛山、珠海、云浮等市实现了婚姻登记“全城通办”，全国首家婚姻服务创新综合平台落户广州市。进一步加强殡葬管理，清明祭扫实现平安、文明目标，得到省委、省政府主要领导高度肯定。贯彻落实《行政区划管理条例》和《行政区划管理条例实施办法》，规范我省行政区划变更的审核报批程序，审慎优化行政区划设置，完成广州、揭阳、珠海等市 5 项行政区划变更的审核、报批工作。稳妥开展不规范地名整治，积极指导各地规范地名使用和监管，做好地名命名更名工作，全年全省共核准、审批地名命名 4635 个，更名 2965 个，销名 449 个。各地通过拍摄纪录片、编纂图书、新媒体展示等多形式渠道，深入传承优秀地名文化。完成了第四轮广东省与广西壮族自治区行政区域界线，以及年度市、县、镇级界线联合检查工作。

二、退役军人事业发展概述

（一）退役军人移交安置、就业创业工作扎实推进

一是完成政府安排工作退役军人安置任务。2020 年我省安置计划分配军转干部 2388 人，安置到公务员（参照管理）单位比例达 90%，安置政府安排工作退役士兵和退出消防员 1204 人，安置到机关事业单位比例达 80%以上，联合中国人寿广东省分公司为 2.5 万名新退役士兵赠送“仁军保”人身意外伤害保险。二是完善教育培训体系。实施“百日免费线上技能培训”专项行动。对 1 万余名退役军人开展中高职和短期技能培训。

制度化推行全员适应性培训，率先开展培训大纲和系列教材编撰工作，培训退役军人 1.7 万人。积极开展高职扩招行动，4 万余名退役军人被录取，同比增长 137%。建立退役军人教育培训承训机构黄页，确定 229 家机构为退役军人提供服务。三是保障充分稳定就业就学。率先设立 1 万元的吸纳退役军人就业专项补贴，退役军人就业创业税收扣减达 2.6 亿元。全省共举办专场招聘活动 492 场，提供岗位 34.8 万个，1.3 万人达成就业意向。四是培育"广东军创"品牌。连续两年举办省退役军人创业大赛，承办首届全国退役军人创业创新大赛决赛，我省参赛项目综合成绩位居全国第一。

（二）退役军人服务保障力度持续加强

一是做好抚恤优待工作。落实优抚对象抚恤补助标准提标政策和区域协调机制，中央及省财政投入抚恤补助资金 25.6 亿元，惠及优抚对象 41 万人。明确我省 5 类优抚对象共 123 条优待目录清单，涉及养老、生活、医疗、住房等 8 个领域。实施"3331"工程，推动出台烈属抚恤工作三项制度、烈士评定三级规程，推进广东英烈网等"一网三库"建设。二是做好帮扶援助工作。全省各级退役军人事务部门共帮扶援助退役军人和其他优抚对象 42.68 万人次，投入帮扶援助资金 2.5 亿元（包括物资援助折合 2827.286 万元），人均帮扶援助资金 5869 元。其中省应急救助资金累计为有严重生活困难的 1206 名服务对象，拨付资金 3042.75 万元。三是提升服务中心（站）工作效能。深入开展"基层基础基本建设年"活动，建成五级退役军人服务中心（站）27618 个。开展服务中心（站）能力提升三年行动和星级示范创建活动，星级示范创建比例达 81.31%。开展"大走访"活动，全系统走访退役军人 142.7 万人次，办结服务事项 3.2 万多项。四是扎实推动信息化建设。按照"一库两平台"总体框架，建成退役军人数据库，实现一人一档；构建"一站式"服务系统和省市两级视频会议系统，搭建集多种业务功能于一体的综合管理平台；建立"互联网+退役军人服务"平台，建设退役军人电子卡，提供公共服务事项 7 项，实施清单数 14 项，签发电子证照 2 类，11 项依申请办理的政务服务事项网上可办率实现 100%。

（三）退役军人思想政治教育深入开展

一是退役军人作用积极发挥。开展"思想政治工作年"活动，实施退役军人党员组织关系转接"一站式"服务，将退役军人党员纳入党的基层组织常态化管理。实施"退役军人村官培养工程"，将优秀退役军人党员吸纳进基层组织班子。鼓励依法依规成立退役军人志愿服务队伍和服务组织等，打造深圳市"退役军人红星志愿服务队"、广州市黄埔区永和街道"东纵传承连"等品牌。二是尊重尊崇氛围日益浓厚。举办首届"广东最美退役军人"学习宣传活动，评选 10 名优秀代表并在四市巡回宣讲。实施退役士兵返乡迎接"六个一"活动，将荣立二等功以上荣誉表彰退役军人录入地方志。实施烈士纪念设施提质改造项目 15 个，建设烈士英名墙 12 个，开展"致敬 2020 清明祭英烈"网上祭扫活动，举办公祭烈士活动 719 场次，以省政府名义为 14 名烈属颁授《烈士光荣证》。三是双拥共建工作再上新台阶。开展创建双拥模范城（县）活动，分别有 17 个、65 个城（县）获国家、省级双拥模范城（县）称号。

撰稿：钟文菲、王德彬、陈树清

7-1 民政事业发展情况(2016-2020年)

项　　目	单位	2016	2017	2018	2019	2020
社会工作						
提供住宿的社会服务机构床位数	(万张)	21.22	22.59	22.09	24.53	26.75
#养老机构床位		18.96	20.22	20.31	22.84	25.16
精神疾病服务机构床位		0.46	0.46	0.17	0.17	0.17
儿童福利和救助保护机构床位		0.57	0.64	0.64	0.57	0.59
其他提供住宿机构床位		1.23	1.27	0.97	0.95	0.83
社区服务中心数	(个)	1871	2126	2071	1985	1881
城镇居民最低生活保障人数	(万人)	25.46	22.85	17.34	15.66	15.21
农村居民最低生活保障 人数	(万人)	145.14	146.77	123.75	124.74	127.76
家庭儿童收养登记总数	(件)	1436	1257	1115	901	634
福利彩票销售额	(亿元)	211.29	228.84	242.70	194.77	162.13
成员组织						
社会组织	(个)	59455	63784	67940	70860	71845
村民委员会	(万个)	1.97	1.98	1.98	1.98	1.94
社区居委会	(万个)	0.67	0.67	0.68	0.69	0.69
其他社会服务						
办理结婚登记	(万对)	78.61	75.81	71.38	67.45	63.33
办理离婚登记	(万对)	18.64	19.38	20.32	22.25	22.23
火化遗体数	(万具)	47.32	47.19	47.26	48.06	48.66

7-2 社会服务机构基本情况(2019-2020年)

项　　目	单位数（个）		职工人数（人）	
	2019	2020	2019	2020
一、社会工作				
提供住宿的社会服务机构	1909	2039	33718	36647
养老机构	1768	1891	29182	32041
特困人员供养机构	1156	1194	5989	7284
社会福利院	108	104	4612	4538
养老公寓等各类养老机构	504	593	18581	20219
精神疾病服务机构	1	1	697	699
社会福利医院	1	1	697	699
儿童福利和救助机构	44	55	1500	1707
儿童福利机构	33	36	1238	1403
未成年人救助保护中心	11	19	262	304
其他提供住宿机构	96	92	2339	2200
流浪乞讨人员救助管理机构	76	80	1757	1738
其他提供住宿机构	20	12	582	462
不提供住宿的社会服务机构	71336	53400	234582	190413
社会救助服务机构	2	2	28	32
福利彩票发行单位	55	55	959	795
民政部门直属康复辅具机构	1	1	47	44
社区服务机构	71249	30978	233119	132034
其他事业单位	29	29	429	482
二、成员组织和其他社会服务机构				
成员组织				
社会组织	70860	71845	914042	960898
社会团体	31494	31966	242489	246270
基金会	1184	1294	7814	4655
民办非企业	38182	38585	663739	709973
自治组织	26676	26322		
居委会	6875	6897		
村委会	19801	19425		
其他社会服务				
婚姻				
婚姻登记服务机构	58	57	400	386
殡葬				
殡仪馆	86	86	4133	4138
公墓	94	91	2393	2356
骨灰堂	1	3	13	38
殡葬管理机构	75	67	802	768
三、行政机关	150	150	4074	4119

7-3 各项民政事业经费情况(2016-2020年)

单位：亿元

项　　目	2016	2017	2018	2019	2020
民政事业经费合计	305.67	372.35	263.11	282.65	311.23
抚恤	42.05	45.57			
退役安置	30.51	34.13			
社会福利	55.33	80.64	89.25	109.50	117.74
社会救助	112.10	131.09	102.47	103.26	124.34
#城市最低生活保障	17.77	16.63	14.53	13.46	15.20
农村最低生活保障	43.94	47.67	47.82	51.15	67.54
临时救助	7.15	10.89	11.04	7.91	8.42
特困人员供养	18.77	21.46	24.44	27.89	31.44
其他社会救济	1.55	4.14	4.64	2.85	1.74
医疗救助	22.92	30.29			
自然灾害生活救助	3.74	2.71			
民政管理事务	37.04	47.93	48.84	44.70	42.01
行政事业单位离退休	5.55	6.44	4.35	4.18	4.62
其他	19.35	23.85	18.20	21.01	22.51

7-4 各市民政事业经费情况(2020年)

单位：亿元

市　别	社会服务事业费	社会福利	社会救助	民政管理事务	行政事业单位离退休	其他
全　省	**311.23**	**117.74**	**124.34**	**42.01**	**4.62**	**22.51**
省本级	4.41	1.04	0.35	2.45	0.33	0.25
广　州	58.96	25.80	9.76	12.49	1.45	9.45
深　圳	26.36	13.63	2.01	8.07	0.42	2.24
珠　海	5.45	2.10	1.12	1.63	0.23	0.35
汕　头	12.21	3.63	6.31	1.03	0.10	1.14
佛　山	10.90	6.22	2.36	1.53	0.23	0.55
韶　关	9.78	3.51	3.97	0.87	0.14	1.29
河　源	11.11	3.92	6.27	0.73	0.04	0.15
梅　州	15.38	5.20	8.11	1.05	0.13	0.89
惠　州	14.19	4.50	6.00	1.92	0.24	1.54
汕　尾	11.51	3.05	7.46	0.60	0.11	0.29
东　莞	7.45	3.95	1.62	1.38	0.11	0.39
中　山	6.33	3.75	1.18	1.22	0.17	0.01
江　门	10.69	4.27	4.65	0.89	0.15	0.72
阳　江	9.20	2.75	5.62	0.64	0.04	0.16
湛　江	24.38	6.06	16.10	1.02	0.24	0.96
茂　名	17.84	6.44	10.57	0.68	0.15	
肇　庆	13.99	4.38	7.73	1.04	0.08	0.77
清　远	13.33	4.83	7.13	0.97	0.05	0.35
潮　州	4.66	1.50	2.44	0.37	0.06	0.29
揭　阳	14.09	4.32	8.67	0.59	0.10	0.41
云　浮	9.01	2.88	4.92	0.84	0.05	0.31

7-5 各市城镇居民最低生活保障人数(2016-2020年)

单位：人

市别	2016	2017	2018	2019	2020
全省	**254644**	**228485**	**173417**	**156563**	**152074**
广州	22105	21723	21590	18742	18995
深圳	5916	5126	4013	3055	3505
珠海	3339	3528	2806	2813	3106
汕头	20528	20788	15919	14963	14558
佛山	6960	6864	4383	3817	4039
韶关	12231	7027	6099	5476	5806
河源	13149	9537	6788	6000	5980
梅州	10738	9827	7481	6501	6050
惠州	9681	6875	5262	5090	5566
汕尾	26674	24535	19702	18387	15641
东莞	3569	3419	2805	2873	3503
中山	2999	2778	2040	1776	2043
江门	8335	7644	4309	3969	4234
阳江	12348	11778	10226	9493	9112
湛江	21716	23948	17909	16321	14798
茂名	27788	25101	15096	13747	12499
肇庆	4955	4250	3882	3826	4001
清远	7581	6427	4571	4177	4116
潮州	7312	6121	3850	3473	3367
揭阳	20495	15123	10039	8236	7695
云浮	6225	6066	4647	3828	3460

7-6 各市城镇居民最低生活保障家庭数(2016—2020年)

单位：户

市 别	2016	2017	2018	2019	2020
全 省	**132521**	**119187**	**92686**	**84529**	**81666**
广 州	14282	14359	14392	11640	11962
深 圳	2550	2280	1861	1495	1715
珠 海	2258	2401	1954	1952	2074
汕 头	10588	10276	8280	7804	7506
佛 山	4563	4452	2559	2219	2268
韶 关	7545	4562	4030	3708	3807
河 源	6274	4568	3405	3096	2896
梅 州	5832	5428	4384	3992	3709
惠 州	4327	3245	2591	2590	2779
汕 尾	10216	9520	7887	7430	6157
东 莞	1938	1855	1515	1565	1847
中 山	1551	1341	1073	972	1083
江 门	4627	4210	2516	2390	2532
阳 江	6143	5808	5207	4941	4742
湛 江	11028	11904	9196	8745	7799
茂 名	13477	12201	6943	6350	5710
肇 庆	2899	2631	2446	2488	2549
清 远	4136	3575	2743	2625	2615
潮 州	3783	3474	2303	2136	2067
揭 阳	11189	7802	4742	4215	3924
云 浮	3315	3295	2659	2176	1925

7-7 各市农村居民最低生活保障人数(2016-2020年)

单位：人

市别	2016	2017	2018	2019	2020
全省	**1451361**	**1467670**	**1237512**	**1247362**	**1277643**
广州	26932	26193	26935	27370	27801
深圳					
珠海	3580	4619	3177	3273	3340
汕头	87526	98685	80538	78180	78391
佛山	15481	14004	8751	5729	6046
韶关	52424	47970	40493	40638	46502
河源	88205	77799	67220	70796	71910
梅州	161255	144858	117055	114544	112295
惠州	60811	52212	44630	44283	47756
汕尾	84899	97339	81740	83774	79781
东莞	8343	8515	5482	4859	4475
中山	6259	6394	4556	3366	4076
江门	50300	46837	29199	26706	27076
阳江	56154	55649	53442	54397	57481
湛江	207335	236850	211385	215270	222355
茂名	149594	166160	133496	126084	125795
肇庆	43563	39258	38005	50524	58276
清远	95521	87684	72009	78888	81254
潮州	45273	45072	37964	38450	38555
揭阳	143360	146480	123122	119039	120237
云浮	64546	65092	58313	61192	64241

7-8 各市农村居民最低生活保障家庭数(2016-2020年)

单位：户

市　别	2016	2017	2018	2019	2020
全　省	**606658**	**579442**	**485623**	**501966**	**513488**
广　州	12068	11734	11953	12175	12118
深　圳					
珠　海	2154	3180	1964	2033	2096
汕　头	34974	35808	27755	27385	27421
佛　山	8466	7810	5127	3340	3387
韶　关	24553	23157	20008	20760	23930
河　源	36109	34834	28223	29684	29226
梅　州	67773	61237	51701	51662	50858
惠　州	23093	20332	17664	18146	19050
汕　尾	33424	33242	27558	27255	25781
东　莞	4090	4337	2733	2482	2205
中　山	2696	2989	2345	1808	2071
江　门	24071	22398	14756	13831	14098
阳　江	24530	24281	23188	23429	24984
湛　江	70807	78614	71229	73321	76083
茂　名	60618	59302	46723	45799	46351
肇　庆	20639	19388	18659	26303	28135
清　远	40462	37291	30794	37009	38164
潮　州	18417	19369	16512	16888	16902
揭　阳	69342	51011	40817	41157	41704
云　浮	28372	29128	25914	27499	28924

7-9 各市城市特困(“三无”)人员救助集中供养人数(2017-2020年)

单位：人

市　　别	2017	2018	2019	2020
全　省	**716**	**1299**	**3413**	**4405**
省本级	99	93	114	111
广　州		10	1685	2066
深　圳	138	1	2	11
珠　海		47	48	46
汕　头	19	28	30	33
佛　山	23	229	265	262
韶　关		169	162	166
河　源	93	53	63	71
梅　州		86	179	233
惠　州	11	110	99	106
汕　尾	19	83	102	63
东　莞	55		95	180
中　山	10	113	123	140
江　门		139	193	242
阳　江	39	20	21	241
湛　江	13	12	25	101
茂　名	16	7	5	68
肇　庆		27	35	78
清　远	147	14	66	37
潮　州	15	17	36	39
揭　阳	6	12	24	64
云　浮	13	29	41	47

7–10 各市城市特困(“三无”)人员救助分散供养人数(2017–2020年)

单位：人

市　别	2017	2018	2019	2020
全　省	**5228**	**7481**	**10374**	**10485**
广　州			2703	2308
深　圳		1	3	4
珠　海	69	97	102	104
汕　头	523	503	487	491
佛　山		918	894	884
韶　关	261	283	311	359
河　源	186	237	287	280
梅　州	154	279	285	333
惠　州	334	326	337	345
汕　尾	673	942	1093	1103
东　莞	687	687	120	145
中　山	118	107	102	94
江　门	230	384	412	405
阳　江	520	612	628	638
湛　江	61	255	513	553
茂　名	426	506	564	617
肇　庆	175	229	279	324
清　远	202	331	310	383
潮　州	165	185	190	216
揭　阳	345	456	562	686
云　浮	99	143	192	213

7-11 各市农村特困人员救助集中供养人数(2016-2020年)

单位：人

市别	2016	2017	2018	2019	2020
全省	**22980**	**20776**	**16413**	**14758**	**14713**
广州	758	697	637	548	562
深圳					
珠海	239	257	144	129	136
汕头	388	342	176	144	122
佛山	937	816	596	569	547
韶关	1593	1424	1380	1378	1368
河源	1364	977	884	837	929
梅州	2180	2148	1665	1510	1525
惠州	656	591	574	595	608
汕尾	653	529	255	181	203
东莞	602	543	556	346	248
中山	539	447	399	363	333
江门	1226	1170	1041	998	1026
阳江	1094	1039	1002	885	1159
湛江	3991	3556	2240	1586	1380
茂名	1862	1495	1215	1169	1085
肇庆	1318	1107	954	909	852
清远	1643	1521	1306	1272	1234
潮州	189	195	166	142	136
揭阳	699	966	348	364	455
云浮	1049	956	875	833	805

7-12 各市农村特困人员救助分散供养人数(2016-2020年)

单位：人

市别	2016	2017	2018	2019	2020
全省	**208983**	**205274**	**203789**	**199608**	**194632**
广州	3696	3717	3682	3476	3165
深圳					
珠海	755	723	738	736	671
汕头	3286	3437	3441	3422	3479
佛山	1318	1282	888	939	1171
韶关	5068	5217	5285	5315	5367
河源	15270	13750	13093	12797	12220
梅州	12540	12595	14055	14202	14364
惠州	7723	7282	6996	6787	6586
汕尾	12228	11780	10966	10639	10041
东莞	222	220	226	222	164
中山	346	309	278	258	227
江门	6470	6728	7523	7797	7790
阳江	13744	13458	13477	13492	12798
湛江	34783	33516	32684	30281	28078
茂名	29402	28343	27330	26323	25490
肇庆	12117	12722	13237	13998	14350
清远	18040	18063	17708	17607	17413
潮州	3692	4345	4430	4528	4608
揭阳	13237	13129	13892	14006	14056
云浮	15046	14658	13860	12783	12594

7-13 各市孤儿人数(2016-2020年)

单位：人

市 别	2016	2017	2018	2019	2020
全 省	**35807**	**29408**	**24097**	**17199**	**14525**
省本级	125	50	49	20	15
广 州	2105	1942	1860	1698	1609
深 圳	1147	1141	1086	758	698
珠 海	303	216	191	180	175
汕 头	578	516	498	456	489
佛 山	614	567	502	454	430
韶 关	698	596	469	362	330
河 源	2080	1868	556	405	370
梅 州	1545	1081	887	821	755
惠 州	629	579	430	412	394
汕 尾	2902	2315	1667	1224	332
东 莞	807	747	695	646	619
中 山	568	474	432	407	363
江 门	726	624	543	453	439
阳 江	1920	1500	1302	1116	950
湛 江	5943	4935	4221	2404	1925
茂 名	5759	4655	4063	1483	1356
肇 庆	1066	981	597	573	536
清 远	2378	1062	986	812	728
潮 州	289	258	200	163	155
揭 阳	2513	2283	1959	1607	1204
云 浮	1112	1018	904	745	653

7-14 各市收养登记件数(2016-2020年)

单位：件

市　别	2016	2017	2018	2019	2020
全　省	**1436**	**1257**	**1115**	**901**	**634**
省本级	336	293	221	172	11
广　州	51	71	28	30	27
深　圳	49	27	39	31	22
珠　海	25	20	25	12	12
汕　头	6	10	6	12	80
佛　山	20	20	16	13	9
韶　关	135	60	54	25	7
河　源	22	22	17	15	10
梅　州	28	21	29	17	16
惠　州	52	36	34	26	9
汕　尾	14	7	26	20	12
东　莞	23	70	41	25	5
中　山	50	51	24	13	7
江　门	126	75	68	30	15
阳　江	80	62	26	20	9
湛　江	35	20	33	16	19
茂　名	39	59	22	31	28
肇　庆	36	35	31	89	169
清　远	148	167	192	170	123
潮　州	7	2		8	4
揭　阳	19	15	44	55	7
云　浮	135	114	139	71	33

7-15 各市提供住宿的社会工作机构数(2016-2020年)

单位：个

市　别	2016	2017	2018	2019	2020
全　省	**1643**	**1734**	**1711**	**1909**	**2039**
省本级	9	9	5	5	5
广　州	204	193	173	228	249
深　圳	34	39	38	40	53
珠　海	26	24	26	25	26
汕　头	37	34	27	38	46
佛　山	73	77	76	79	86
韶　关	101	126	123	120	129
河　源	113	112	108	98	99
梅　州	93	125	126	166	179
惠　州	93	93	90	88	90
汕　尾	59	56	52	49	53
东　莞	40	44	44	49	49
中　山	25	25	25	25	29
江　门	92	102	106	110	119
阳　江	57	66	66	76	86
湛　江	72	79	68	122	128
茂　名	85	93	134	151	159
肇　庆	130	136	135	134	137
清　远	98	94	94	98	105
潮　州	26	33	28	42	45
揭　阳	97	98	92	92	94
云　浮	79	76	75	74	73

注：根据民政部《民政事业统计调查制度》，“收养性单位”修改为“提供住宿的社会工作机构”。

7-16 各市提供住宿的社会工作机构床位数(2016-2020年)

单位：张

市 别	2016	2017	2018	2019	2020
全 省	**212206**	**225942**	**220919**	**245304**	**267529**
省本级	2607	2099	1429	1445	1155
广 州	54732	56779	52490	63377	69257
深 圳	8334	9068	10012	11425	12147
珠 海	3403	3985	4129	4138	4188
汕 头	4610	3780	3433	5052	6398
佛 山	14731	16819	17222	18186	18499
韶 关	6862	9122	8854	9044	8811
河 源	7098	9108	8933	3256	3429
梅 州	6822	8500	8746	10915	11867
惠 州	9896	9814	8209	8905	8183
汕 尾	3481	3242	3115	2062	2078
东 莞	6165	5593	5768	6386	6910
中 山	5128	5053	5141	5152	5273
江 门	12160	13482	14551	16282	18621
阳 江	4811	6539	6689	8914	10645
湛 江	6726	6673	5902	8264	9358
茂 名	13567	15522	17409	20046	27973
肇 庆	10448	11184	9565	10851	10807
清 远	7104	7712	7739	7915	8798
潮 州	1374	2418	2331	2967	2414
揭 阳	16834	14169	14820	15787	15919
云 浮	5313	5281	4432	4935	4799

7-17 各市提供住宿的社会工作机构年末收养人数(2016-2020年)

单位：人

市　别	2016	2017	2018	2019	2020
全　省	**86701**	**89887**	**88172**	**98700**	**102212**
省本级	1168	970	396	723	519
广　州	26287	26480	27615	32306	31932
深　圳	3635	4235	4597	5162	5070
珠　海	1621	1572	1413	1587	1795
汕　头	756	741	590	859	798
佛　山	9265	10045	10031	11614	12220
韶　关	3188	3954	3739	4050	4109
河　源	2849	2626	2487	1749	1614
梅　州	2435	3293	3257	4489	4539
惠　州	2532	2320	2107	2172	2643
汕　尾	1241	632	474	372	408
东　莞	2745	2839	2905	3320	3499
中　山	2313	2078	2346	2396	2373
江　门	5250	6050	6838	7239	7250
阳　江	2808	3100	2832	3358	4061
湛　江	2511	2094	1959	2716	3170
茂　名	6240	7170	6012	6172	6833
肇　庆	3064	2883	2640	2902	3257
清　远	3160	3073	2803	2894	3297
潮　州	289	271	315	349	342
揭　阳	1549	1757	1253	1175	1465
云　浮	1795	1704	1563	1096	1018

7-18 各市救助类单位数(2016-2020年)

单位：个

市别	2016	2017	2018	2019	2020
全省	**74**	**73**	**82**	**87**	**99**
省本级	3	3	3	3	3
广州	6	6	6	7	8
深圳	3	3	4	4	6
珠海	2	2	2	2	2
汕头	4	4	4	4	4
佛山	1	1	1	2	2
韶关	1	1	4	5	7
河源	2	1	1	1	1
梅州	6	5	4	4	4
惠州	5	5	5	5	5
汕尾	5	5	5	5	6
东莞	1	1	1	1	1
中山	1	1	1	1	2
江门	6	6	6	7	9
阳江	1	1	1	2	2
湛江	6	7	8	8	8
茂名	5	5	5	5	5
肇庆	2	2	3	3	4
清远	3	3	6	6	7
潮州	2	2	2	2	2
揭阳	4	4	5	5	5
云浮	5	5	5	5	6

7-19 各市救助类单位床位数(2016-2020年)

单位：张

市别	2016	2017	2018	2019	2020
全省	**7687**	**7520**	**7837**	**7562**	**7360**
省本级	1150	600	481	497	497
广州	1274	1634	1550	1584	1716
深圳	800	671	984	824	535
珠海	388	388	388	132	132
汕头	250	250	192	194	194
佛山	150	150	200	250	250
韶关	210	92	165	211	294
河源	182	160	160	160	160
梅州	226	525	522	511	245
惠州	411	320	337	337	337
汕尾	275	360	311	272	256
东莞	406	448	448	448	448
中山	40	50	50	50	50
江门	291	277	277	300	326
阳江	120	120	132	152	152
湛江	219	221	255	246	253
茂名	158	158	191	198	205
肇庆	111	46	54	54	62
清远	324	346	435	437	487
潮州	94	94	94	94	94
揭阳	543	462	463	463	463
云浮	65	148	148	148	204

7-20 各市救助类单位在站救助人次数(2016-2020年)

单位：人次

市别	2016	2017	2018	2019	2020
全省	**169642**	**140635**	**92837**	**62666**	**26235**
省本级	1823	1471	1766	1926	888
广州	45861	40351	16853	12103	5051
深圳	20933	8505	15528	6458	2989
珠海	2646	1634	1436	1097	595
汕头	2793	2993	2012	1484	617
佛山	3044	2739	2511	2029	1414
韶关	3276	2507	2246	1664	1055
河源	9792	4393	2526	1689	368
梅州	6700	6390	1847	1148	475
惠州	10229	9244	6899	3992	2148
汕尾	11578	12751	5759	3793	498
东莞	8559	5445	5477	5333	2288
中山	1737	1386	1357	1047	747
江门	5266	5098	4199	3280	1233
阳江	1859	2794	2279	1296	309
湛江	7966	8876	5615	4727	1650
茂名	5737	5241	3430	2196	1174
肇庆	5362	2808	1735	1325	628
清远	4471	5312	3679	2311	944
潮州	1808	2405	1607	1094	301
揭阳	5412	6552	3389	1989	571
云浮	2790	1740	687	685	292

7-21 各市救助类单位年末在站人数(2016-2020年)

单位：人

市别	2016	2017	2018	2019	2020
全省	**2175**	**3238**	**3066**	**2384**	**1905**
省本级	446	404	362	312	305
广州	500	1403	1266	948	612
深圳	618	487	571	418	230
珠海	30	30	30	6	5
汕头	59	74	131	107	110
佛山	33	66	34	26	17
韶关	48	66	78	86	103
河源					5
梅州	7	8	8	14	11
惠州	63	73	73	54	64
汕尾	53	95	60	7	18
东莞	251	277	193	140	140
中山	23	24	18	10	9
江门	2	43	34	53	53
阳江	6	5	1	1	1
湛江	26	36	37	37	41
茂名	7	5	10	10	10
肇庆		15	5	5	5
清远		76	95	70	70
潮州					
揭阳	3	49	60	76	94
云浮		2		4	2

7-22 各市老年人福利人数(2020年)

单位：人

市别	享受高龄补贴的老年人数	享受护理补贴的老年人数	享受养老服务补贴的老年人数
全省	**2863742**	**22157**	**98014**
广州	764090	5502	40294
深圳	140887		12754
珠海	23478		658
汕头	109013	78	
佛山	259631	312	22675
韶关	73109		
河源	85779		1289
梅州	132750		
惠州	78662		210
汕尾	52929	27	38
东莞	161447	5062	10150
中山	38734	234	9946
江门	107248		
阳江	69974	588	
湛江	162065		
茂名	163971	2981	
肇庆	113437	4	
清远	93735	3501	
潮州	52014		
揭阳	121260		
云浮	59529	3868	

7-23 各市残疾人福利人数(2018-2020年)

单位：人

市别	困难残疾人生活补贴人数			重度残疾人护理补贴人数		
	2018	2019	2020	2018	2019	2020
全省	**376759**	**384486**	**422250**	**743646**	**937919**	**1025247**
广州	53859	28466	30744	85741	102920	105939
深圳	592	544	684	18142	24882	27461
珠海	18240	19677	21068	9488	11457	11993
汕头	18546	20453	22131	39760	47151	49798
佛山	4668	3256	3347	22444	36437	38456
韶关	15759	16674	19413	30729	42582	47152
河源	22167	24126	24591	42639	50683	53159
梅州	35780	38164	38557	64216	76142	79357
惠州	18587	19887	22148	20099	29781	38970
汕尾	13580	14343	16496	32199	34531	38742
东莞	3312	3105	3233	2656	16854	19083
中山	2821	2055	2387	8075	13205	14258
江门	10290	10068	11362	32578	40101	41821
阳江	14124	15537	17989	27500	33111	36407
湛江	40184	45970	50563	60009	77229	86139
茂名	23301	27871	32572	62193	76416	85161
肇庆	16770	20902	23019	37279	53997	56486
清远	19826	25654	26842	50625	58252	60744
潮州	11738	11670	11829	22623	24898	25890
揭阳	16636	18677	22341	48342	54619	60169
云浮	15979	17387	20934	26309	32671	48062

7-24 各市临时救助次数(2016-2020年)

市　　别	2016(户次)	2017(户次)	2018(人次)	2019(人次)	2020(人次)
全　　省	**153380**	**185299**	**133847**	**133266**	**148845**
广　　州	3240	3014	3312	1638	1748
深　　圳	3109	1885	1535	1206	1144
珠　　海	505	577	2102	1550	2076
汕　　头	28317	23214	8176	9857	8916
佛　　山	8416	5500	4050	2906	3112
韶　　关	6939	5814	3513	4288	7449
河　　源	17190	27957	19963	15862	14452
梅　　州	4101	4629	4389	6307	9745
惠　　州	5742	7822	8095	7675	8906
汕　　尾	16180	17722	12229	10317	10930
东　　莞	640	637	518	360	49
中　　山	7229	25516	6575	6434	3188
江　　门	3186	3498	2507	2272	1879
阳　　江	4322	4281	6554	12939	12968
湛　　江	18199	25834	24362	19699	24777
茂　　名	2463	4439	4251	4531	3650
肇　　庆	3351	2618	3360	2878	6936
清　　远	3892	2703	2080	2047	5940
潮　　州	3810	8255	4720	2065	2332
揭　　阳	10130	4957	7485	14192	15679
云　　浮	2419	4427	4071	4243	2969

7-25 各市社区服务中心数(2016-2020年)

单位：个

市　别	2016	2017	2018	2019	2020
全　省	**1871**	**2126**	**2071**	**1985**	**1881**
广　州	157	158	184	187	171
深　圳	670	672	683	683	682
珠　海	20	25	25	25	25
汕　头	70	65	66	76	74
佛　山	127	130	130	32	49
韶　关	45	61	61	95	95
河　源	4	3	4	1	2
梅　州	7	73	73	77	65
惠　州	73	73	73	73	49
汕　尾	20	91	91	90	
东　莞	51	51	51	51	51
中　山	2	2	2	2	2
江　门	109	138	101	116	78
阳　江	30	48	48	48	47
湛　江	20	17	17	17	16
茂　名	88	101	85	60	61
肇　庆	105	104	104	104	104
清　远	31	84	83	39	81
潮　州	48	46	45	62	62
揭　阳	193	183	144	146	166
云　浮	1	1	1	1	1

7−26　各市社区服务站数(2016−2020年)

单位：个

市　别	2016	2017	2018	2019	2020
全　省	**20097**	**21793**	**22850**	**25627**	**26605**
广　州	1114	1937	2028	2069	2785
深　圳		659	659	660	662
珠　海	318	319	303	319	323
汕　头	1076	1086	1088	1087	1087
佛　山	558	578	779	787	791
韶　关	1399	1114	1114	1436	1436
河　源	1061	1064	1421	1437	1439
梅　州	2252	2164	2162	2170	2205
惠　州	1275	1278	1278	1280	1289
汕　尾	871	779	807	807	873
东　莞	1117	1117	982	770	756
中　山	286	286	286	286	286
江　门	1363	1143	1324	1317	1321
阳　江	827	930	977	977	835
湛　江	1814	1911	1911	1911	1967
茂　名	55	55	54	2243	1887
肇　庆	1554	1554	1554	1554	1551
清　远	1235	1096	1096	1170	1230
潮　州	81	60	137	456	988
揭　阳	1723	1698	1925	1926	1926
云　浮	118	965	965	965	968

7-27 各市社区养老服务机构和设施数总表(2020年)

单位：个

市别	社区养老服务机构和设施	未登记的特困人员救助供养机构	全托服务社区养老服务机构和设施	日间照料社区养老服务机构和设施	互助型社区养老设施	其他社区养老服务设施
全省	**22364**	**16**	**1442**	**14917**	**3931**	**2058**
广州	2390	3	33	1357	43	954
深圳	666	7	9	114		536
珠海	339		2	325		12
汕头	681		92	589		
佛山	1094			811	215	68
韶关	317		3	156	149	9
河源	2646		2	2473	171	
梅州	1986	1	37	1546	216	186
惠州	500	2	17	287	143	51
汕尾	263		20	71	125	47
东莞	1463		694	184	585	
中山	359			263		96
江门	794		2	425	313	54
阳江	923			238	685	
湛江	932	1	1	316	614	
茂名	1360	2	34	1064	260	
肇庆	2662			2449	195	18
清远	68		7	31	30	
潮州	960			956		4
揭阳	1109			1015	94	
云浮	852		489	247	93	23

7-28 社会组织情况(2016-2020年)

指标	年末实有单位数(个)	负责人(人)	#女性(人)
2016年			
社会团体	27077	60098	7139
民办非企业单位	31574	36749	12986
基金会	804	481	321
2017年			
社会团体	28648	65917	13162
民办非企业单位	34185	42378	16938
基金会	951	1713	726
2018年			
社会团体	30299	84983	9737
民办非企业单位	36553	52906	21606
基金会	1088	1315	54
2019年			
社会团体	31494	79983	11111
民办非企业单位	38182	72582	30829
基金会	1184	2271	67
2020年			
社会团体	31966	85347	14236
民办非企业单位	38585	69739	28725
基金会	1294	2945	401

7-29 各市社会团体单位数(2016-2020年)

单位：个

市　别	2016	2017	2018	2019	2020
全　省	**27077**	**28648**	**30299**	**31494**	**31966**
省本级	1894	1979	2037	2067	2068
广　州	2711	3015	3261	3423	3440
深　圳	3708	4130	4471	4642	4742
珠　海	926	1031	1095	1128	1136
汕　头	1195	1264	1275	1258	1254
佛　山	2131	2300	2418	2527	2557
韶　关	1005	1071	1133	1147	1159
河　源	661	714	764	819	847
梅　州	1324	1278	1319	1393	1402
惠　州	1151	1194	1314	1411	1406
汕　尾	448	481	515	538	565
东　莞	847	912	997	1076	1145
中　山	634	662	691	717	715
江　门	2766	2569	2531	2421	2344
阳　江	546	575	653	712	760
湛　江	776	844	899	939	955
茂　名	915	967	1043	1109	1119
肇　庆	867	913	958	1005	1035
清　远	741	801	873	939	956
潮　州	597	628	655	714	754
揭　阳	726	790	839	884	945
云　浮	508	530	558	625	662

7-30 各市民办非企业单位数(2016-2020年)

单位：个

市别	2016	2017	2018	2019	2020
全省	**31574**	**34185**	**36553**	**38182**	**38585**
省本级	753	807	825	799	779
广州	4277	4535	4536	4633	4551
深圳	4772	5148	5482	5731	5568
珠海	1170	1265	1320	1318	1294
汕头	1117	1228	1293	1298	1383
佛山	2230	2425	2555	2618	2573
韶关	728	776	773	785	781
河源	902	952	1027	1063	1076
梅州	674	787	898	980	1090
惠州	1533	1557	1696	1863	1970
汕尾	435	418	563	730	772
东莞	3276	3482	3622	3541	3426
中山	1567	1550	1616	1566	1554
江门	1052	1112	1134	1124	1116
阳江	652	754	846	922	970
湛江	1811	2006	2180	2210	2306
茂名	752	940	1171	1449	1571
肇庆	876	947	1111	1283	1366
清远	968	1155	1285	1342	1338
潮州	624	721	823	943	994
揭阳	1049	1216	1364	1523	1628
云浮	356	404	433	461	479

7-31 各市基金会单位数(2016-2020年)

单位：个

市别	2016	2017	2018	2019	2020
全省	**804**	**951**	**1088**	**1184**	**1294**
省本级	428	467	480	479	475
广州	26	42	64	79	104
深圳	251	300	354	395	432
珠海	4	8	10	10	13
汕头	8	12	16	17	19
佛山	6	12	19	26	30
韶关		1	2	2	3
河源	1	3	4	5	5
梅州	9	13	16	21	40
惠州	8	8	10	11	16
汕尾	1	1	2	2	2
东莞	23	30	37	47	55
中山	2	3	3	3	4
江门	2	2	2	3	3
阳江	2	3	4	4	4
湛江	1	4	7	6	6
茂名	5	5	6	7	8
肇庆				1	1
清远	2	2	3	3	3
潮州	3	7	9	12	14
揭阳	16	21	29	35	36
云浮	6	7	11	16	21

7-32 各市居委会单位数(2016-2020年)

单位：个

市别	2016	2017	2018	2019	2020
全省	**6702**	**6747**	**6794**	**6875**	**6897**
广州	1540	1549	1568	1596	1614
深圳	801	810	810	810	780
珠海	196	197	197	197	201
汕头	526	529	529	529	528
佛山	431	439	453	458	459
韶关	222	225	228	228	234
河源	179	182	184	188	188
梅州	195	194	194	196	201
惠州	220	224	227	246	258
汕尾	149	150	150	150	150
东莞	243	242	242	243	243
中山	127	127	127	127	127
江门	274	275	274	266	265
阳江	117	117	122	125	126
湛江	307	307	307	330	333
茂名	274	274	274	276	276
肇庆	293	296	296	296	294
清远	187	187	189	191	193
潮州	122	124	124	124	125
揭阳	181	181	181	181	181
云浮	118	118	118	118	121

7-33 各市村委会单位数(2016-2020年)

单位：个

市 别	2016	2017	2018	2019	2020
全 省	**19734**	**19785**	**19792**	**19801**	**19425**
广 州	1144	1144	1144	1144	1144
深 圳					
珠 海	122	122	122	122	122
汕 头	549	557	557	558	558
佛 山	327	327	326	329	329
韶 关	1205	1205	1205	1208	1208
河 源	1251	1251	1251	1251	1251
梅 州	2042	2042	2042	2044	2044
惠 州	1043	1043	1043	1043	1043
汕 尾	722	723	723	723	723
东 莞	350	350	350	350	350
中 山	150	150	150	150	150
江 门	1051	1050	1050	1050	1056
阳 江	710	710	710	710	710
湛 江	1628	1636	1636	1636	1636
茂 名	1628	1628	1628	1628	1628
肇 庆	1255	1255	1255	1255	1255
清 远	1371	1406	1413	1413	1031
潮 州	893	893	894	894	894
揭 阳	1446	1446	1446	1446	1446
云 浮	847	847	847	847	847

7-34 婚姻登记情况(2016-2020年)

指　　　　标	单位	2016	2017	2018	2019	2020
(一)登记结婚件数	件	786123	758123	713814	674522	633341
(二)登记结婚人数	人	1572246	1516246	1427628	1349044	1266682
1.按居住地分类						
(1)内地居民登记结婚件数	件	777990	750392	704411	665124	629197
内地居民登记结婚人数	人	1556826	1500502	1408874	1330244	1258394
(2)涉外及华侨、港澳台居民登记结婚件数	件	8133	7731	9403	9398	4144
内地居民	人	8077	7648	9163	9386	4142
其中：女性	人	5368	4619	4214	4172	1829
香港居民	人	2802	2682	2189	2259	713
澳门居民	人	809	677	650	668	579
台湾居民	人	780	695	680	694	328
华侨	人	1272	873	768	660	98
外国人	人	2526	2887	5356	5129	2428
2.按婚前状况分类						
初婚人数	人	1365312	1304060	1223100	1143482	1065152
再婚人数	人	206934	212186	204528	205562	201530
其中：女性	人	99589	106202	103424	104469	105297
恢复结婚件数	件	33170	35137	34048	29898	27742
3.按年龄分类						
其中：20～24	人	431319	396826	345681	291542	243187
25～29	人	655385	638100	603260	571978	550444
30～34	人	228708	225529	231485	242260	247435
35～39	人	99803	98622	95447	96878	93691
40以上	人	157031	157169	151755	146386	131925
(三)离婚登记	对	186406	193846	203181	222463	222287
1.内地居民登记离婚	对	185025	192514	201791	220974	220703
2.涉外及华侨、港澳台居民登记离婚	对	1381	1332	1390	1489	1584
其中：外国人	人	403	408	417	409	202

7-35 各市登记结婚人数(2016-2020年)

单位：人

市别	2016	2017	2018	2019	2020
全省	**1572246**	**1516246**	**1427628**	**1349044**	**1266682**
广州	175738	171636	155636	147514	135394
深圳	121652	125096	131280	134620	135250
珠海	24368	24434	24336	23336	21230
汕头	84128	83262	79284	75052	68892
佛山	70888	66770	60806	60680	56390
韶关	50696	48198	43986	41018	37544
河源	55644	52688	49030	45058	42000
梅州	88190	82858	75670	66814	62952
惠州	60924	58406	57562	54334	48480
汕尾	64286	61294	56536	52868	49478
东莞	35428	34356	33748	32486	31742
中山	29044	29002	26054	24962	23152
江门	59994	58340	55076	49554	43002
阳江	44830	42690	39098	37458	32658
湛江	143302	136850	129128	121438	115158
茂名	128700	120224	110710	102502	94510
肇庆	65834	63510	58180	54878	49452
清远	74718	68580	63468	58442	55614
潮州	38968	37932	35524	33816	31888
揭阳	110602	108216	103462	96456	98872
云浮	44312	41904	39054	35758	33024

7-36 各市内地居民结婚登记人数(2016-2020年)

单位：人

市别	2016	2017	2018	2019	2020
全省	**1556826**	**1500502**	**1427628**	**1330244**	**1258394**
广州	173812	169520	155636	145868	134656
深圳	120064	123578	131280	132814	134292
珠海	23596	23856	24336	22716	20770
汕头	83926	83048	79284	74728	68636
佛山	70318	66194	60806	60072	56132
韶关	50472	47988	43986	40832	37458
河源	55422	52518	49030	44864	41908
梅州	87770	82508	75670	66374	62772
惠州	60420	57804	57562	53762	48274
汕尾	62406	59220	56536	51250	49066
东莞	35110	34016	33748	32168	31594
中山	28586	28576	26054	24586	22926
江门	55902	54682	55076	46382	42018
阳江	44608	42252	39098	36340	32158
湛江	142806	136314	129128	119870	114338
茂名	128324	119946	110710	101424	93912
肇庆	65556	63214	58180	54568	49310
清远	74374	68252	63468	57684	55226
潮州	38904	37812	35524	33124	31538
揭阳	110374	107606	103462	95802	98602
云浮	44076	41598	39054	35016	32808

7-37 各市涉外及华侨、港澳台居民登记结婚件数(2016-2020年)

单位：件

市别	2016	2017	2018	2019	2020
全省	**8133**	**7731**	**9403**	**9398**	**4144**
广州	963	1090	918	823	369
深圳	794	759	839	903	479
珠海	386	289	337	310	230
汕头	101	112	152	162	128
佛山	285	288	258	304	129
韶关	112	105	118	93	43
河源	111	85	113	97	46
梅州	210	175	243	220	90
惠州	252	301	300	286	103
汕尾	1359	1037	763	809	206
东莞	159	170	154	159	74
中山	229	213	188	188	113
江门	2046	1829	1896	1586	492
阳江	111	219	526	559	250
湛江	248	268	621	782	410
茂名	188	139	324	539	299
肇庆	139	148	164	155	71
清远	172	164	515	379	194
潮州	36	60	295	346	175
揭阳	114	127	225	327	135
云浮	118	153	454	371	108

7-38 各市香港居民登记结婚人数(2016-2020年)

单位：人

市　别	2016	2017	2018	2019	2020
全　省	**2802**	**2682**	**2189**	**2259**	**713**
广　州	153	390	167	159	54
深　圳	274	232	273	312	129
珠　海	26	20	23	26	12
汕　头	22	38	22	19	34
佛　山	80	91	62	92	32
韶　关	30	46	20	26	9
河　源	57	38	46	34	15
梅　州	51	52	62	36	22
惠　州	142	185	171	171	56
汕　尾	1308	960	668	669	144
东　莞	49	58	61	52	14
中　山	35	34	32	34	4
江　门	284	278	292	330	78
阳　江	26	21	44	53	15
湛　江	57	54	50	60	14
茂　名	43	35	56	52	21
肇　庆	51	45	42	41	23
清　远	39	38	34	29	15
潮　州	4	1		9	
揭　阳	33	31	25	32	13
云　浮	38	35	39	23	9

7-39 各市离婚登记件数(2016-2020年)

单位：件

市 别	2016	2017	2018	2019	2020
全 省	**186406**	**193846**	**203181**	**222463**	**222287**
广 州	29223	25998	23275	25298	24919
深 圳	24998	25449	27806	31085	39461
珠 海	4580	4578	5341	6050	5647
汕 头	4054	4524	4738	5313	4791
佛 山	10180	10832	11268	12903	11939
韶 关	8033	8695	8997	9291	8769
河 源	8122	8538	9051	9718	9522
梅 州	9571	9988	10566	11439	10798
惠 州	7341	7855	8569	9720	9064
汕 尾	5622	5536	5824	6044	5823
东 莞	3987	4622	5578	6725	8403
中 山	4020	4522	5045	5357	5192
江 门	8115	8454	8816	9107	7973
阳 江	5119	5706	6143	6463	5601
湛 江	10891	12209	13135	14388	13493
茂 名	10131	11418	12283	13267	12108
肇 庆	8108	8744	9263	10022	8758
清 远	11134	11547	11738	12934	13003
潮 州	2223	2477	2769	3178	2900
揭 阳	5916	6543	7060	7949	7975
云 浮	5038	5611	5916	6212	6148

7-40 各市婚姻登记服务机构数(2016-2020年)

单位：个

市　别	2016	2017	2018	2019	2020
全　省	**60**	**58**	**56**	**58**	**57**
广　州	9	8	8	10	11
深　圳	2	2	2	2	2
珠　海	4	4	4	4	4
汕　头		1	1	1	1
佛　山	3	3	2	2	2
韶　关	2	1	1	1	2
河　源	6	5	5	5	5
梅　州	1	1	1	1	1
惠　州	2	1	1	1	1
汕　尾	4	4	3	3	1
东　莞	1	1	1	1	1
中　山	1	1	1	1	1
江　门	3	3	3	3	2
阳　江	3	3	3	3	3
湛　江	5	6	6	6	6
茂　名	4	4	4	4	4
肇　庆	2	3	2	2	2
清　远	1	1	2	2	2
潮　州	3	2	2	2	2
揭　阳	2	2	2	2	2
云　浮	2	2	2	2	2

7-41 各市殡葬服务机构数(2016-2020年)

单位：个

市 别	2016	2017	2018	2019	2020
全 省	**242**	**243**	**236**	**256**	**247**
广 州	19	19	20	21	18
深 圳	10	10	9	10	10
珠 海	3	3	3	4	4
汕 头	9	9	9	15	12
佛 山	15	15	13	13	16
韶 关	19	18	18	22	21
河 源	10	10	10	14	14
梅 州	20	23	22	28	24
惠 州	6	6	6	7	8
汕 尾	10	10	10	8	8
东 莞	5	5	3	3	4
中 山	3	3	3	2	2
江 门	19	19	19	18	15
阳 江	9	9	9	9	9
湛 江	14	15	15	15	16
茂 名	9	9	8	8	8
肇 庆	20	20	20	20	20
清 远	17	15	15	15	14
潮 州	5	5	5	5	5
揭 阳	9	9	8	8	8
云 浮	11	11	11	11	11

7-42　各市火化炉数(2016-2020年)

单位：个

市　别	2016	2017	2018	2019	2020
全　省	**432**	**445**	**445**	**450**	**449**
广　州	44	44	44	44	42
深　圳	13	13	13	13	13
珠　海	9	9	9	9	9
汕　头	18	18	18	19	19
佛　山	37	37	37	37	37
韶　关	33	33	33	34	34
河　源	19	20	19	20	20
梅　州	24	26	28	29	29
惠　州	18	18	20	20	20
汕　尾	13	13	13	14	14
东　莞	10	10	10	10	10
中　山	8	8	8	8	8
江　门	32	32	32	32	32
阳　江	12	12	14	15	15
湛　江	25	24	24	24	24
茂　名	11	13	13	13	13
肇　庆	26	32	30	28	29
清　远	25	25	25	25	25
潮　州	11	12	11	11	11
揭　阳	29	29	29	30	30
云　浮	15	17	15	15	15

7-43 各市全年处理遗体数(2016-2020年)

单位：具

市 别	2016	2017	2018	2019	2020
全 省	**473186**	**471898**	**472643**	**480585**	**486597**
广 州	60809	61195	62576	63927	64132
深 圳	15743	16084	16488	17369	17710
珠 海	7524	7694	7842	8165	8265
汕 头	27622	26709	27417	28240	28753
佛 山	28359	28594	28403	28929	29129
韶 关	17090	15553	17362	18154	18136
河 源	14636	15870	16094	16465	16729
梅 州	31247	29887	30342	31136	31413
惠 州	16968	17295	17700	18081	18582
汕 尾	10662	10974	11778	12637	12785
东 莞	16214	16195	16508	17103	17819
中 山	12604	12582	12641	12905	13285
江 门	30949	30348	30624	30585	30349
阳 江	15165	14679	14701	15238	15327
湛 江	38241	38933	29083	26552	27769
茂 名	18422	18558	19263	19198	19241
肇 庆	23383	24240	23711	24364	25365
清 远	23150	23695	24784	25162	25180
潮 州	17445	16715	17094	17432	17526
揭 阳	31905	31211	33286	33524	34037
云 浮	15048	14887	14946	15419	15065

7-44 历年民政事业费支出

单位：亿元

年份	民政事业费总支出	抚恤费	军队、离 退 休 费	社会福利费	城市居民最低生活保障事业费	农村及其他社会救济费	自然灾害	地方离、退 休人员费	其他
2003	34.18	5.60	3.36	6.49	2.92	3.49	1.56	0.93	7.64
2004	38.62	7.02	4.44	8.75	3.34	5.41	1.01	1.32	7.33
2005	48.34	8.27	5.00	7.87	3.92	8.35	3.53	1.08	10.32
2006	63.59	9.94	6.33	9.39	4.24	11.80	9.73	1.15	11.02

年份	民政事业费总支出	抚恤费	军队、离退休费	社 会福利费	城市居民最低生活保障事业费	农村及其他社会救济费	其他城镇社会救济	自然灾害	行政事业单位离退休	其他
2007	72.01	11.33	10.13	10.48	5.38	11.43	2.03	3.35	1.87	16.02

年份	民政事业费总支出	抚恤	退役安置	城市居民最低生活保障	农村最低生活保障	农村社会救济	其他城镇社会救济	社会福利	自然灾害生活救助	行政事业单位离退休	其他
2008	83.45	14.15	9.89	6.97	12.95	4.88	3.05	9.03	4.43	2.21	15.88
2009	102.11	16.27	13.52	8.01	16.31	5.71	3.38	13.67	2.20	2.44	20.61
2010	115.43	17.47	15.08	7.97	16.48	6.31	3.53	10.18	4.60	2.53	31.28
2011	148.07	21.04	18.60	9.74	24.74	7.67	3.81	17.21	2.85	2.71	39.69

年份	民政事业费总支出	抚恤	退役安置	社会福利	城市最低生活保障	农村最低生活保障	其他社会救济	医疗救助	自然灾害生活救助	离退休人员费	其他
2012	166.90	25.11	21.15	27.65	10.59	29.39	13.98	6.85	3.00	3.15	26.03
2013	198.17	29.61	20.65	30.84	13.05	34.01	17.95	8.97	6.88	3.45	32.76
2014	223.71	32.07	22.91	34.92	15.46	37.81	22.22	12.53	5.16	3.75	36.88
2015	259.52	35.81	29.98	40.89	15.95	39.35	24.85	16.69	5.11	4.20	46.68
2016	305.67	42.05	30.51	55.33	17.77	43.94	27.47	22.92	3.74	5.55	56.39
2017	372.35	45.57	34.13	80.64	16.63	47.67	36.50	30.29	2.71	6.44	71.78

年份	民政事业费总支出	社会福利	城市最低生活保障	农村最低生活保障	临时救助	特困人员供养	其他社会救济	民政管理事务	行政事业单位离退休	其他
2018	263.11	89.25	14.53	47.82	11.04	24.44	4.64	48.84	4.35	18.20
2019	282.65	109.50	13.46	51.15	7.91	27.89	2.85	44.70	4.18	21.01
2020	311.23	117.74	15.20	67.54	8.42	31.44	1.74	42.01	4.62	22.51

注：往年其他支出包含民政管理事务支出，从18年起民政管理事务支出单独统计。

7-45 历年民政基本建设投资

单位：万元、个、平方米

年份	计划总投资	本年完成投资						本年施工项目个数
			国家投资	国内贷款	自筹	#福利彩票公益金	其他	
2003	34496	40810	15334	962	20761	1912	3752	196
2004	25194	23512	8578	678	11224	3039	3031	282
2005	25253	14421	4474	20	7919	3734	2007	104

年份	计划总投资	本年完成投资								本年施工项目个数
			国家预算内投资	国内贷款	利用外资	自筹			其他	
							#福利彩票公益金	其他自筹资金		
2006	21137	15584	4094	851		6837	2081	4757	3802	121
2007	24734	20192	10179	1600	800	6385	3438	2947	1228	82
2008	16645	19871	3397	100		13685	3655	10030	2689	244
2009	18299	15981	8432			7374	3674	3700	175	95

年份	本年计划投资	本年实际完成投资						在建项目数/在建项目规模	本年完工项目规模
			国家预算内投资	国内（银行）贷款	利用外资	福利彩票公益金	其他		
2010	46477	41242	11511	2619		6869	20243	247	
2011	97643	94506	54425	600		10920	28561	238	
2012	60869	61620	28131	2009		13743	17737	244	
2013	88915	78522	36663			29521	12339	240	
2014	95278	88695	55326	310	80	21852	11128	184	
2015	102436	97290	56688			32341	8261	881554	
2016	174596	174956	62997			33905	78054	1313698	
2017	111063	111010	56353			34153	20504	1708971	217926
2018	147603	128237	67245			25174	35819	1901061	295852
2019	120414	109849	71799	1300		15336	21414	1670499	156803
2020	141311	142472	100721	4168		12726	24857	1724221	144449

7-46 各市民政事业费支出水平(2017-2020年)

地 区	2020年			2019年		
	民政事业费支出(亿元)	每万人民政事业费支出(万元/万人)	排名	民政事业费支出(亿元)	每万人民政事业费支出(万元/万人)	排名
全 省	**311.23**	**246.54**	—	**282.6**	**245.33**	—
省本级	4.41	—	—	4.6	—	—
珠三角	154.31	197.24	—	144.7	224.48	—
广 州	58.96	314.64	10	56.3	367.85	1
深 圳	26.36	149.46	18	26.8	199.63	16
珠 海	5.45	222.39	15	4.7	231.69	13
佛 山	10.90	114.48	20	11.8	144.51	20
惠 州	14.19	234.31	13	13.1	269.11	10
东 莞	7.45	71.06	21	6.6	77.82	21
中 山	6.33	142.81	19	6.1	179.85	18
江 门	10.69	222.46	14	8.9	192.50	17
肇 庆	13.99	339.89	8	10.4	248.32	11
粤东西北	152.50	317.69	—	133.3	262.71	—
汕 头	12.21	221.89	16	12.0	211.66	14
韶 关	9.78	342.69	7	8.2	271.17	9
河 源	11.11	391.73	3	9.6	310.37	4
梅 州	15.38	397.29	2	13.6	309.15	5
汕 尾	11.51	431.12	1	9.7	320.52	2
阳 江	9.20	353.23	5	8.1	315.28	3
湛 江	24.38	349.27	6	21.4	290.95	7
茂 名	17.84	288.72	11	15.3	238.55	12
清 远	13.33	335.43	9	11.8	303.98	6
潮 州	4.66	181.45	17	4.3	160.37	19
揭 阳	14.09	252.52	12	12.4	203.03	15
云 浮	9.01	377.91	4	6.9	272.85	8

7-46 续表

地 区	2018年			2017年		
	民政事业费支出（亿元）	每万人民政事业费支出（万元/万人）	排名	民政事业费支出（亿元）	每万人民政事业费支出（万元/万人）	排名
全 省	**263.1**	**231.90**	—	**372.3**	**333.38**	—
省本级	4.2	—	—	7.7	—	—
珠三角	139.9	222.05	—	192.5	409.51	—
广 州	53.1	356.17	1	86.4	595.93	1
深 圳	27.4	210.70	13	29.2	232.92	17
珠 海	4.1	218.36	12	6.7	381.28	4
佛 山	11.4	144.50	19	16.8	219.64	19
惠 州	11.8	243.63	9	15.2	317.69	11
东 莞	7.1	84.51	21	9.4	112.42	21
中 山	6.6	200.73	15	4.9	148.9	20
江 门	8.5	185.49	17	11.5	251.7	15
肇 庆	9.8	235.98	11	12.5	303.22	14
粤东西北	119.0	235.85	—	172.2	343.13	—
汕 头	8.9	157.20	18	13.9	248.26	16
韶 关	7.4	245.64	8	10.6	357.01	9
河 源	9.3	299.48	5	13	419.6	3
梅 州	13.2	300.78	3	19.7	450.86	2
汕 尾	9.0	300.32	4	11.3	378.85	5
阳 江	8.3	325.59	2	9.6	378.13	6
湛 江	18.1	247.21	7	27.5	376.33	7
茂 名	13.2	209.14	14	19.2	308.98	12
清 远	10.8	278.51	6	13.7	354.59	10
潮 州	3.6	135.34	20	5.9	220.88	18
揭 阳	11.3	185.63	16	18.7	307.43	13
云 浮	6.0	237.09	10	9.1	364.69	8

7-47　各市社会组织发展指数(2017-2020年)

地　区	2020年			2019年		
	社会组织数(个)	每万人拥有社会组织数量(个/万人)	排名	社会组织数(个)	每万人拥有社会组织数量(个/万人)	排名
全　省	**71845**	**5.69**	**—**	**70860**	**6.15**	**—**
省本级	3322	—	—	3345	—	—
珠三角	42596	5.44	—	42602	6.61	—
广　州	8095	4.32	21	8135	5.31	15
深　圳	10742	6.09	8	10768	8.01	2
珠　海	2443	9.97	1	2456	12.14	1
佛　山	5160	5.42	12	5171	6.34	8
惠　州	3392	5.60	11	3285	6.73	5
东　莞	4626	4.41	19	4664	5.51	12
中　山	2273	5.13	13	2286	6.76	4
江　门	3463	7.21	2	3548	7.66	3
肇　庆	2402	5.83	9	2289	5.47	13
粤东西北	25927	5.40	—	24913	4.91	—
汕　头	2656	4.83	16	2573	4.54	16
韶　关	1943	6.80	4	1934	6.38	6
河　源	1928	6.80	5	1887	6.08	10
梅　州	2532	6.54	7	2394	5.46	14
汕　尾	1339	5.02	14	1270	4.21	19
阳　江	1734	6.65	6	1638	6.37	7
湛　江	3267	4.68	17	3155	4.29	18
茂　名	2698	4.37	20	2565	4.00	20
清　远	2297	5.78	10	2284	5.88	11
潮　州	1762	6.87	3	1669	6.27	9
揭　阳	2609	4.68	18	2442	4.00	21
云　浮	1162	4.87	15	1102	4.33	17

7-47 续表

地区	2018年			2017年		
	社会组织数（个）	每万人拥有社会组织数量（个/万人）	排名	社会组织数（个）	每万人拥有社会组织数量（个/万人）	排名
全　省	**67940**	**5.99**	—	**63784**	**5.71**	—
省本级	3342	—	—	3253	—	—
珠三角	41307	6.56	—	39152	8.33	—
广　州	7861	5.27	13	7592	5.24	11
深　圳	10307	7.91	3	9578	7.65	3
珠　海	2425	12.82	1	2304	13.05	1
佛　山	4992	6.31	6	4737	6.19	6
惠　州	3020	6.25	7	2759	5.78	7
东　莞	4656	5.55	12	4424	5.3	9
中　山	2310	6.98	4	2215	6.79	4
江　门	3667	7.97	2	3683	8.07	2
肇　庆	2069	4.98	15	1860	4.52	15
粤东西北	23291	4.62	—	21379	4.26	—
汕　头	2584	4.58	16	2504	4.46	16
韶　关	1908	6.37	5	1848	6.2	5
河　源	1795	5.8	9	1669	5.4	8
梅　州	2233	5.1	14	2078	4.75	14
汕　尾	1080	3.61	20	900	3.02	21
阳　江	1503	5.88	8	1332	5.24	10
湛　江	3086	4.21	17	2854	3.91	17
茂　名	2220	3.52	21	1912	3.08	20
清　远	2161	5.58	11	1958	5.07	13
潮　州	1487	5.6	10	1356	5.12	12
揭　阳	2232	3.67	19	2027	3.33	19
云　浮	1002	3.97	18	941	3.76	18

7-48 各市社工发展指数(2017-2020年)

地区	2020年			2019年		
	持证社工人数(人)	每万人中持证社工人数(人/万人)	排名	持证社工人数(人)	每万人中持证社工人数(人/万人)	排名
全省	**113166**	**8.96**	—	**97803**	**8.34**	—
省本级	1894	—	—	1740	—	—
珠三角	96848	12.38	—	84145	13.05	—
广州	24284	12.96	5	20840	13.62	6
深圳	26875	15.24	1	21106	15.71	3
珠海	3642	14.87	2	2987	14.76	4
佛山	11989	12.60	6	13006	15.94	1
惠州	7577	12.51	7	6880	14.10	5
东莞	9735	9.29	9	8162	9.64	8
中山	5941	13.41	3	5384	15.93	2
江门	4831	10.06	8	4080	8.81	9
肇庆	1974	4.79	11	1700	4.06	11
粤东西北	14424	3.00	—	11918	2.35	—
汕头	1484	2.70	14	1320	2.33	13
韶关	3722	13.04	4	3237	10.68	7
河源	602	2.12	15	467	1.50	15
梅州	1092	2.82	13	822	1.88	14
汕尾	469	1.76	16	340	1.13	19
阳江	986	3.78	12	804	3.13	12
湛江	751	1.08	21	593	0.81	21
茂名	1001	1.62	19	753	1.17	18
清远	2559	6.44	10	2174	5.59	10
潮州	428	1.67	18	319	1.20	17
揭阳	958	1.72	17	830	1.36	16
云浮	372	1.56	20	259	1.02	20

7-48 续表

地区	2018年			2017年		
	持证社工人数（人）	每万人中持证社工人数（人/万人）	排名	持证社工人数（人）	每万人中持证社工人数（人/万人）	排名
全省	**82160**	**7.09**	—	**65275**	**5.84**	—
省本级	1684	—	—	1631	—	—
珠三角	70180	11.14	—	56017	9.11	—
广州	18283	12.27	5	14622	10.09	4
深圳	16082	12.35	4	11863	9.47	5
珠海	2589	13.69	2	2048	11.6	2
佛山	8904	11.26	6	7039	9.19	6
惠州	6413	13.28	3	5460	11.43	3
东莞	8011	9.55	8	6872	8.24	7
中山	4933	14.90	1	4272	13.1	1
江门	3539	7.70	9	2778	6.09	9
肇庆	1426	3.43	11	1063	2.58	11
粤东西北	10296	2.04	—	7627	1.52	—
汕头	1205	2.14	13	971	1.73	12
韶关	2965	9.89	7	2434	8.17	8
河源	382	1.23	16	254	0.82	16
梅州	658	1.50	14	433	0.99	15
汕尾	294	0.98	17	215	0.72	17
阳江	675	2.64	12	436	1.71	13
湛江	482	0.66	21	282	0.39	20
茂名	548	0.87	19	284	0.46	19
清远	1854	4.79	10	1402	3.63	10
潮州	248	0.93	18	164	0.62	18
揭阳	788	1.29	15	661	1.09	14
云浮	197	0.78	20	91	0.36	21

7-49 主要年份广东民政事业费支出情况

单位：万元

年 份	民政事业费总支出	城市居民最低生活保障支出	农村居民最低生活保障支出
1978			
1980	8337		
1990	21863		
2000	144461	11460	7874
2010	1154287	79665	164825
2015	2595187	159530	393493
2016	3056715	177732	439407
2017	3723481	166329	476739
2018	2631090	145315	478191
2019	2826465	134570	511535
2020	3112303	151952	675415

7-50 主要年份广东省低保水平情况对比

年份	城市居民最低生活保障			农村居民最低生活保障支出			农村特困人员救助供养		
	人数（万人）	总支出（亿元）	人均支出（元）	人数（万人）	总支出（亿元）	人均支出（元）	人数（万人）	总支出（亿元）	人均支出（元）
1978							12.33	0.06	48.83
1980							12.60	0.08	64.38
1990							15.68	0.81	515.67
2000	14.94	1.15	766.95	23.13	0.79	340.40	10.65	1.76	1650.77
2010	40.65	7.97	1959.77	184.01	16.48	895.76	25.45	5.40	2121.17
2015	29.69	15.95	5372.64	153.60	39.35	2561.73	24.01	17.26	7186.44
2016	25.46	17.77	6979.63	145.14	43.94	3027.55	23.20	18.16	7829.80
2017	22.85	16.63	7279.65	146.77	47.67	3248.27	22.61	20.84	9219.36
2018	17.34	14.53	8379.51	123.75	47.82	3864.13	22.02	23.23	10551.56
2019	15.66	13.46	8595.26	124.74	51.15	4100.94	21.44	25.28	11792.35
2020	15.21	15.20	9991.98	127.76	67.54	5286.41	20.93	28.38	13556.83

7－51 主要年份广东低保人数基本情况

年 份	城乡居民最低生活保障人数（万人）	#城镇	农村
1998	26.2	7.9	18.3
2000	38.0	14.9	23.1
2001	45.7	17.2	28.5
2002	86.8	30.3	56.5
2003	102.4	35.3	67.1
2004	116.3	37.8	78.5
2005	167.5	42.1	125.4
2006	172.8	38.9	133.9
2007	176.1	37.8	138.3
2008	200.3	39.7	160.6
2009	212.1	40.9	171.2
2010	224.7	40.7	184.0
2011	224.1	40.0	184.1
2012	215.0	37.2	177.8
2013	197.2	34.0	163.2
2014	190.4	31.6	158.8
2015	183.3	29.7	153.6
2016	170.6	25.5	145.1
2017	169.6	22.8	146.8
2018	141.1	17.3	123.8
2019	140.4	15.7	124.7
2020	143.0	15.2	127.8
2015−2020年年平均增长(%)	-4.8	-12.5	-3.6

7-52 各市退役军人社会服务机构单位数(2020年)

单位：个

市别	光荣院	优抚医院	军休所	军供站	军队离退休人员管理中心	烈士纪念设施管理保护单位
全省	**28**	**12**	**69**	**12**	**3**	**51**
广州		1	27	3		5
深圳				1	1	1
珠海					1	1
汕头			3	1		2
佛山	1	1	2			
韶关	1	1	3	1		8
河源	2		1	1		3
梅州	5	1	3	1		8
惠州	3	2	1			2
汕尾		1	3	1		4
东莞	1		1	1		
中山	1		1			1
江门			3			1
阳江		1	2			
湛江	4	1	9	1	1	4
茂名	3		5			1
肇庆	4	2	1	1		3
清远						
潮州	1		2			2
揭阳	2	1	2			1
云浮						4

7-53 各市抚恤、补助优抚对象总人数(2020年)

单位：人

市别	抚恤、补助优抚对象总人数	定期抚恤人数					定期补助人数合计
		定期抚恤人数合计	烈属	因公牺牲军人遗属	病故军人遗属	伤残人员	
全　省	**408591**	**32830**	**2236**	**713**	**1262**	**28619**	**375761**
省本级	**50**	**40**				**40**	**10**
广　州	**22492**	3830	102	51	91	3586	18662
深　圳	**4400**	1877	25	11	42	1799	2523
珠　海	**3430**	492	22	8	15	447	2938
汕　头	**28995**	2568	88	59	72	2349	26427
佛　山	**10748**	1039	98	19	34	888	9709
韶　关	**15685**	1071	78	26	63	904	14614
河　源	**18661**	1933	122	34	78	1699	16728
梅　州	**25667**	1775	155	52	118	1450	23892
惠　州	**15766**	1125	59	27	55	984	14641
汕　尾	**13248**	1444	440	19	48	937	11804
东　莞	**9572**	559	41	6	17	495	9013
中　山	**8205**	355	31	11	14	299	7850
江　门	**20774**	1160	91	37	68	964	19614
阳　江	**16655**	745	67	24	35	619	15910
湛　江	**38538**	3342	240	73	126	2903	35196
茂　名	**39567**	2444	114	62	105	2163	37123
肇　庆	**21955**	1127	62	32	45	988	20828
清　远	**21997**	907	87	25	56	739	21090
潮　州	**20553**	1370	52	40	52	1226	19183
揭　阳	**37012**	2880	218	78	93	2491	34132
云　浮	**14621**	747	44	19	35	649	13874

7–54 退役军人社会服务事业经费情况(2020年)

单位：万元

市别	社会服务事业费总计	抚恤和生活补助经费	优抚事业单位经费	军休服务管理机构补助经费	自主就业退役士兵一次性经济补助经费
全省	**667041**	**504892**	**37913**	**6594**	**117642**
省本级	**32565**	1461	17701	100	13303
广州	**103151**	65890	3014	3985	30262
深圳	**29945**	16162		456	13327
珠海	**9811**	7221		190	2400
汕头	**37195**	34354		143	2698
佛山	**28986**	17265	312	134	11275
韶关	**21286**	17506	1996	169	1615
河源	**27102**	25074		69	1959
梅州	**29812**	26913	554	125	2220
惠州	**33155**	23788	2750	124	6493
汕尾	**15279**	13893		80	1306
东莞	**22914**	15565	369	61	6919
中山	**10522**	6612	295	18	3597
江门	**32535**	28439		109	3987
阳江	**25071**	17720	5987	35	1329
湛江	**46104**	41945	438	577	3144
茂名	**41832**	37761	199	28	3844
肇庆	**27340**	24531	535	55	2219
清远	**22291**	20439		20	1832
潮州	**17436**	16719	327	37	353
揭阳	**37794**	31670	3436	79	2609
云浮	**14914**	13964			950

主要统计指标解释

民政经费 包括民政事业费实际支出、民政事业基本建设投资、社会福利基金三部分。其中民政事业费实际支出包括社会福利、社会救助、民政管理事务、行政事业单位离退休和其他款项用于民政支出。

社会福利院 是指不以盈利为目的提供食宿的，主要收养城市中无亲属子女赡养、无生活来源、无劳动能力的孤老、孤儿和残疾人为对象的综合性社会福利事业单位。

特困人员供养机构 是指已经在编制或者民政部门登记，为农村特困老年人等提供 24 小时集中居住和收留抚养照料服务的机构。

儿童福利院 是指民政部门设立的，主要为依法由民政部门担任监护人的未成年人提供收留抚养等服务的机构。

未成年人救助保护中心 是指对生活无着流浪乞讨未成年人实施救助，提供基本生活照料和教育、心理疏导、行为矫治等服务的专门机构。

生活无着人员救助管理站 是指救助生活无着流浪乞讨人员的专门单位。

社区服务中心 是指建设在乡、镇、街道层面，以“一站式”服务为特点的社区服务中心。街道办事处及社区组织依托社区服务中心，组织开展就业服务和职业培训、社区救助、社区治安、社区卫生和计划生育、社区环境和文化、教育、体育等公共服务。特别是针对老年人、残疾人、优抚对象和其他特殊群体开展救助帮扶、护理照料、拥军优属等专项服务。

社区服务站 是指在社区层面，建设功能为社区居家养老服务，重点发展面向老年人及其家庭的商品递送、医疗保健、家庭保洁、日间照料、陪伴等服务的设施和综合性、多功能的社区服务站。居委会及其他各类基层社区组织，应在市、区政府和街道办事处的指导下，依托社区服务站及其他社区公共服务设施，组织居民参与文化、教育、科技、体育、卫生、环境、法律、安全等进社区活动，保障各种公共服务延伸到社区全体居民，增强社区的凝聚力、归属感和安全感。组织动员驻区单位和社区居民开展邻里互助等群众性自我服务活动。社区服务站的基本条件：①有一定的场所（建筑面积在 100 平方米以上）；②有固定的管理人员；③所提供的服务项目必须在两项以上。

城市（农村）最低生活保障 是指国家对家庭人均收入低于当地政府公告的最低生活标准的人口给予一定现金资助，以保证该家庭成员基本生活所需的社会保障制度。城市（农村）最低生活保障指在报告期末纳入城市（农村）最低生活保障的居民数。

孤儿 是指失去父母或查找不到生父母的未满 18 周岁、由地方县级以上民政部门依据有关规定和条件认定的、并已经领取了孤儿基本生活费的未成年人。

儿童收养登记 是指中国公民以及外国人在中国境内收养子女和协议解除收养关系，在县级及以上民政部门办理的收养登记和解除收养关系登记。

抚恤、补助优抚对象总人数 包括定期抚恤人数、定期补助人数二部分，其中定期抚恤人数包括烈属、因公牺牲军人遗属、病故军人遗属和伤残人员人数。

退役军人社会服务事业经费 包括抚恤和生活补助经费、优抚事业单位经费、军体服务管理机构补助经费、自主就业退役士兵一次性经济补助经费四部分。

八、体育

简要说明

1. 本篇资料主要反映广东省体育事业发展情况。

2. 本篇资料主要包括：

(1)全省体育运动情况。

(2)地区分全省和各地级以上市。

3. 统计资料来源：本篇资料由广东省体育局负责整理、审核、提供。

8-1 体育系统分行政级别机构数(2015-2020年)

单位：个

年 份	合计			省级		
	小计	独立	合并	小计	独立	合并
2015	396	347	49	20	20	
2016	391	338	53	20	20	
2017	394	324	70	21	21	
2018	376	312	64	21	21	
2019	370	226	144	21	21	
2020	389	230	159	20	20	

8-1 续表

单位：个

年 份	地级			县级		
	小计	独立	合并	小计	独立	合并
2015	130	124	6	246	203	43
2016	127	121	6	244	197	47
2017	185	180	5	188	123	65
2018	127	122	5	228	169	59
2019	124	105	19	225	100	125
2020	123	102	21	246	108	138

8−2 体育系统分单位类型机构数(2015−2020年)

单位：个

指　　标	2015			2016			2017		
	小计	独立	合并	小计	独立	合并	小计	独立	合并
合　　计	**381**	**328**	**52**	**391**	**338**	**53**	**394**	**324**	**70**
体育行政机关	136	84	52	157	104	53	149	79	70
运动项目管理部门	7			7			6	6	
职业、运动技术学院	2			2			2	2	
体育运动学校	18			18			20	20	
竞技体校	1			1					
业余体校	46			41			52	52	
单项运动学校	4			4			5	5	
训练基地	7			7			7	7	
体育场馆	55			55			54	54	
体育科研机构	2			2			2	2	
其他事业单位	100			95			94	94	
其他机构	3			4			3	3	

8−2 续表

单位：个

指　　标	2018			2019			2020		
	小计	独立	合并	小计	独立	合并	小计	独立	合并
合　计	**376**	**312**	**64**	**370**	**226**	**144**	**389**	**230**	**159**
体育行政机关	142	78	64	151	7	144	171	12	159
运动项目管理部门	7	7		7	7		8	8	
职业、运动技术学院	2	2		2	2		2	2	
体育运动学校	20	20		20	20		20	20	
竞技体校									
少年儿童体育学院(业余体校)	56	56		57	57		58	58	
单项运动学校	5	5		5	5		3	3	
训练基地	6	6		5	5		5	5	
体育场馆	53	53		54	54		53	53	
体育科研机构	2	2		2	2		2	2	
其他事业单位	79	79		64	64		64	64	
其他机构	4	4		3	3		3	3	

8-3 体育系统人员情况(2017-2020年)

单位：人

指　　标	2017	2018	2019	2020
合　计	**10675**	**10186**	**11814**	**12429**
体育行政机关	2054	2022	3212	3772
运动项目管理部门	2240	2589	2748	2607
职业、运动技术学院	564	662	749	745
体育运动学校	1445	1272	1467	1879
竞技体校				
少年儿童体育学校(业余体校)	1070	1033	1112	1041
单项运动学院	147	126	121	125
训练基地	344	108	84	90
体育场馆	1587	1277	1337	1235
体育科研机构	61	66	63	64
其他事业单位	1152	1019	914	854
其他机构	11	12	7	17

8-4 体育国际交流情况(2015-2020年)

交流层次	单位	交流性质			交流类型		交流类型		交流形式	
		合计	来访	出访	世界	洲际	双边	其他	政府间	民间
2015年										
合　计		**185**	**23**	**162**	**120**	**7**	**58**		**175**	**10**
国家	(起)	127	4	123	95	7	8		4	
省级	(起)	58	19	39	25		50		171	10
地级	(起)									
合　计		**2811**	**1848**	**963**	**1750**	**120**	**941**		**2461**	**350**
国家	(人次)	1272	547	725	1540	95	187		547	
省级	(人次)	1539	1301	238	210	25	754		1914	350
地级	(人次)									
2016年										
合　计		**170**	**6**	**164**	**70**	**26**	**27**	**35**	**165**	**5**
国家	(起)	106	4	102	55	22	6	33	106	
省级	(起)	64	2	62	14	4	21	2	59	5
地级	(起)				1					
合　计		**2500**	**1511**	**989**	**552**	**328**	**459**	**1161**	**2220**	**280**
国家	(人次)	499	255	244	156	236	22	85	499	
省级	(人次)	1751	1006	745	146	92	437	1076	1721	280
地级	(人次)	250	250		250					
2017年										
合　计		**195**	**10**	**185**	**88**	**39**	**29**	**39**	**192**	**3**
国家	(起)	121	5	116	72	35	13	1	121	
省级	(起)	74	5	69	16	4	16	38	71	3
地级	(起)									
合　计		**3469**	**2555**	**914**	**884**	**117**	**557**	**1909**	**3041**	**428**
国家	(人次)	1219	951	268	769	76	371	1	1219	
省级	(人次)	2250	1604	646	115	41	186	1908	1822	428
地级	(人次)									

8-4 续表

交流层次	单位	交流性质			交流类型		交流类型		交流形式	
		合计	来访	出访	世界	洲际	双边	其他	政府间	民间
2018年										
合　计		**283**	**9**	**274**	**123**	**45**	**36**	**39**	**192**	**3**
国家	(起)	176	1	175	86	40	18	1	121	
省级	(起)	107	8	99	37	5	18	38	71	3
地级	(起)									
合　计		**2288**	**1110**	**1178**	**1127**	**183**	**667**	**1909**	**3041**	**545**
国家	(人次)	505	10	495	896	109	478	1	1219	
省级	(人次)	1783	1100	683	231	74	189	1908	1822	545
地级	(人次)									
2019年										
合　计		**279**	**13**	**266**	**219**	**6**	**213**	**60**	**279**	
国家	(起)	220	4	216	170	6	35	9	178	
省级	(起)	59	9	50	49		178	51	101	
地级	(起)									
合　计		**4310**	**3200**	**1110**	**1402**	**9**	**1393**	**2908**	**4310**	
国家	(人次)	426		426	426	9	93	13	426	
省级	(人次)	3884	3200	684	976		1300	2895	3884	
地级	(人次)									
2020年										
合　计		**28**	**6**	**22**	**14**	**4**	**2**	**2**	**28**	
国家	(起)	21	1	20	13	4	2	1	21	
省级	(起)	7	5	2	1			1		
地级	(起)									
合　计		**433**	**386**	**47**	**28**	**7**	**5**	**4**	**433**	
国家	(人次)	209	180	38	20	7	5	3	209	
省级	(人次)	224	206	9	8			1	224	
地级	(人次)									

8−5 当年等级运动员发展情况(2015−2020年)

单位：人

项 目	合计		国际级		国家级		一级		二级	
	合计	#女	合计	#女	合计	#女	合计	#女	合计	#女
2015	2446	1038	18	10	178	66	571	218	1679	744
2016	1916	877	1	1	2	1	737	279	1176	596
2017	3329	1426			77	14	892	417	2360	995
2018	4368	1765	12	5	123	52	1010	415	3223	1293
2019	3620	1523	12	5	121	58	1095	487	2392	973
2020	6458	2459	2	1	3	1	1019	374	5434	2083

8−6 当年等级裁判员发展情况(2015−2020年)

单位：人

项 目	合计		国际级		国家级		一级		二级	
	合计	#女	合计	#女	合计	#女	合计	#女	合计	#女
2015	1852	542					19	2	1833	540
2016	1842	486					314	71	1528	415
2017	1863	585					73	13	1790	572
2018	4428	1159					1162	327	3266	832
2019	3436	984					770	20	2666	964
2020	3661	895	1	1	1	1	830	169	2829	724

8-7 等级公益性社会体育指导员发展情况(2015—2020年)

单位：人

指 标	本年度认证人数	截至年末认证总人数	本年参加指导员的培训人数
2015年合计	**19264**	**224481**	**19872**
国家级		328	
一级	31	4299	100
二级	3798	34841	3850
三级	15435	185013	15922
2016年合计	**19836**	**244317**	**21274**
国家级	268	596	281
一级	1213	5512	1320
二级	5165	40006	5620
三级	13190	198203	14053
2017年合计	**20056**	**264373**	**21078**
国家级	32	628	45
一级	707	6219	738
二级	4054	44060	4113
三级	15263	213466	16182
2018年合计	**18821**	**283194**	**19560**
国家级	101	729	123
一级	688	6907	963
二级	3685	47925	3816
三级	14347	227633	14658
2019年合计	**61724**	**344918**	**62764**
国家级	125	854	127
一级	512	7419	813
二级	21359	69284	21853
三级	39728	267361	39971
2020年合计	**11956**	**356874**	**12302**
国家级		854	
一级	310	7729	405
二级	2119	71403	2341
三级	9527	276888	9556

8-8 国民体质监测站点基本情况(2015-2020年)

单位：个、人

指　　标	2015				2016				2017			
	合计	国家	省	县区	合计	国家	省	县区	合计	国家	省	县区
总站(点)数	1		1		1		1		2		2	
组建测试队	2		2		2		2		4		4	
测试工作人员数	40		40		60		60		80		80	
累计受测人员数	81469		81469		91892		91892		99744		99744	
本年度受测人员数	3161		3161		10423		10423		7852		7852	
本年度测试达标人数	2981		2981		9881		9881		7255		7255	
本年度测试达标(%)	94.3		94.3		94.8		94.8		92.4		92.4	

8-8 续表

单位：个、人

指　　标	2018				2019				2020			
	合计	国家	省	县区	合计	国家	省	县区	合计	国家	省	县区
总站(点)数	2		2		1		1		2		2	
组建测试队	4		4		2		2		3		3	
测试工作人员数	90		90		20		20		45		45	
累计受测人员数	109570		109570		120070		120070		124670		124670	
本年度受测人员数	9826		9826		10500		10500		4600		4600	
本年度测试达标人数	9197		9197		9796		9796		4246		4246	
本年度测试达标(%)	92.2		92.2		92.7		92.7		92.3		92.3	

8-9 体育比赛和体育活动情况(2015-2020年)

指　　标	单位	2015	2016	2017
体育比赛成绩				
破世界纪录	(项)	3	1	1
获世界冠军	(人次)	17	27	21
破亚洲纪录	(项)	2	4	1
破全国纪录	(项次)	5	5	3
获得全国冠军	(项次)	138	124	148
体育活动开展情况				
举办全民健身活动次数	(次)	4886	5000	4680

8-9 续表

指　　标	单位	2018	2019	2020
体育比赛成绩				
破世界纪录	(项)	4	1	1
获世界冠军	(人次)	26	30	1
破亚洲纪录	(项)	6	7	2
破全国纪录	(项次)	12	17	5
获得全国冠军	(项次)	151	102	114
体育活动开展情况				
举办全民健身活动次数	(次)	4700	5971	2959

8-10 全省体育场地情况(2018-2020年)

指　　标	单位	2018	2019	2020
一、综合指标				
场地数量	(个)	262900	286405	291603
场地面积	(万平方米)	27466	29363	30068
建筑面积	(万平方米)	2741	3332	3443
建设投资	(亿元)	1203	1964	2195
人均场地面积	(平方米)	2.42	2.55	2.39
二、基础运动场地		**19529**	**20923**	**21125**
田径场地	(个)	14500	14976	14987
游泳场地	(个)	5029	5947	6138
三、球类运动场地		**191982**	**205807**	**208582**
足球场地	(个)	9514	10554	11051
篮球场地	(个)	95500	99995	100955
排球场地	(个)	6168	6418	6448
乒乓球场地	(个)	55000	60584	61597
羽毛球场地	(个)	25800	28256	28531
四、冰雪运动场地		**19**	**20**	**23**
滑冰场地	(个)	17	16	18
滑雪场地	(个)	2	4	5
五、体育健身场地		**48896**	**58356**	**61472**
全民健身路径	(个)	31700	37124	38643
健身房	(个)	5996	6304	6763
健身步道	(公里)	11200	14928	16066
六、大型体育场馆		**95**	**126**	**126**
体育场	(个)	15	20	20
体育馆	(个)	69	92	92
游泳馆	(个)	11	14	14

注：2020年人均场地面积采用最新人口统计数计算。

8-11 彩票公益金使用情况(2015-2020年)

单位：万元

指标名称	2015	2016	2017	2018	2019	2020
彩票公益金收入	198617	192614	200915	195374	214839	167761
其中：本年彩票公益金	169363	161634	165841	169588	195878	157309
上年结余	29254	30980	35074	25786	18961	10452
彩票公益金支出	123520	159987	162335	170774	202758	157286
其中：用于体育事业的彩票公益金	126052	157823	162335	170774	202758	157286
1.体育设施	34096	40490	37538	44407	29387	26146
2.群众体育	30240	37419	49214	45952	46382	34510
3.竞技体育	46206	65038	54258	51536	72368	57650
4.青少年体育	7040	9746	11312	17993	24565	21931
5.其他(含体育扶贫)	8470	5130	10013	10886	30056	17049

8-12 体育彩票发行情况表(2015-2020年)

单位：万元、个

指标名称	2015	2016	2017	2018	2019	2020
本年销售体育彩票金额	1519266	1850301	1939389	2471864	2009125	1635854
其中：电脑彩票	1366793	1707547	1801260	2342912	1851851	1473388
即开型彩票	152473	142754	138129	128952	157274	162466
体育彩票公益金提取额		448597	473703	581451	507509	434320
其中：电脑彩票		420046	446077	555661	476054	401827
即开型彩票		28551	27626	25790	31455	32493
发行费情况						
其中：上年结余			8849	7399	12754	9714
本年本级收入		42585	217879	243331	186398	161981
本年本级发行费支出		41815	66596	46357	35064	26265
体育彩票销售佣金		145588	152792	191551	154341	144306
年末结余		770	7399	12822	9748	1123
体育彩票销售网点数量	9880	11025	11973	11803	13409	15750

注：2020年体育彩票销售网点包含即开票销售网点。

8-13　体育运动项目和社团组织组织数(2015-2020年)

单位：个

年 份	单项运动项目组织					综合类项目组织				
	合计	国家级	省级	地级	县级	合计	国家级	省级	地级	县级
2015	34		34			24		24		
2016	39		39			27		27		
2017	43		43			33		33		
2018	44		44			33		33		
2019	53		53			11		11		
2020	54		54			11		11		

8-13　续表

单位：个

年 份	体育社会组织				
	合计	国家级	省级	地级	县级
2015	58		58		
2016	66		66		
2017	76		76		
2018	77		77		
2019	4547		62	1614	2871
2020	4295		84	1373	2838

注：体育社会组织包括体育社会团体、体育基金会和体育类民办非企业单位等。

主要统计指标解释

体育场地面积 指体育训练、比赛和健身活动的有效面积，含活动区（划线区）、安全区、缓冲区、无障碍区面积等。带看台的场地从看台下计算，有内墙从内墙计算。包括分项体育场地面积及附属用房体育场地面积。

人均体育场地面积 指体育场地面积与常住人口的比值。

健身房 包含社区健身中心、健身房、体能训练馆。

全民健身路径 指在社区、村、公园、绿地等地建设，由室外健身器材组成、占地不多、经济实用、可免费使用的体育健身设施。

健身步道 包含登山步道、步行道、自行车骑行道、步行骑行综合道。

体育场 指设有标准田径跑道（400 米环形跑道至少 8 条，直跑道 8-10 条）、标准足球场（场地为 105×68 米）等的室外体育场地。

体育馆 指设有比赛和练习场地、看台和辅助用房等设施，可开展球类、体操等单项或多项体育比赛，固定座席大于 500 个的室内体育建筑。

游泳馆 指可供开展游泳、花样游泳、水球、跳水等运动的室内游泳场地。水池一般不小于 25 米×16 米。

等级裁判员 是指经考核正式批准授予等级裁判员称号的裁判员。裁判员等级分为国际裁判、国家级裁判、一级裁判、二级裁判、三级裁判。

九、广播电影电视、新闻出版、档案

简要说明

1. 本篇资料主要反映广东省广播电视、电影、新闻出版行业和档案机构的基本情况。

2. 本篇资料主要包括：

(1)全省电影放映情况，全省广播电视从业人员和总收入，广播电视节目播出情况，广播电视节目制作情况，广播电视台(站)情况，有线电视用户数量，广播电视覆盖情况等。

(2)地区分全省和 21 个地级以上市。

(3)年份有当年、近 5 年和 1978 年以来连续年份。

3. 统计资料来源：本篇资料由广东省委宣传部、广东省广电局、广东省办公厅档案局负责整理、审核、提供。

9-1 广播电视综合情况(2020年)

指　　标	单位	合　计
广播电台	(座)	2
电视台	(座)	3
广播电视台	(座)	95
有线广播电视用户数	(万户)	1706
数字电视用户数	(万户)	1639
从业人员	(人)	74375
总收入	(万元)	9634572
资产总额	(万元)	26647999
广播影视节目制作经营机构	(家)	1663

9-2 广播电视从业人员和收入情况(2020年)

指　标	从业人员(人)		本年总收入(万元)		
		编播人员		广告收入	网络收入
合　计	**74375**	**10606**	**9634572**	**1997789**	**870373**
省　级	14411	1187	1073529	103206	552674
地市级	26243	5178	7030716	1676311	231003
县　级	33721	4241	1530327	218272	86696

9-3 各市广播电视从业人员和收入情况(2020年)

市别	从业人员(人)	编播人员	本年总收入(万元)	广告收入	网络收入
全省	**74375**	**10606**	**9634572**	**1997789**	**870373**
省级	14411	1187	1073529	103206	552674
广州	20395	1715	3564489	188916	109594
深圳	17785	2430	4465316	1602534	143934
珠海	2825	509	87577	4300	1348
汕头	848	239	25430	4522	2772
佛山	2264	524	75383	15266	
韶关	982	274	20690	1339	3092
河源	714	206	11887	1209	1541
梅州	1528	536	25421	5716	5245
惠州	1443	574	32281	15248	
汕尾	396	90	9847	230	
东莞	1168	242	23175	10930	3
中山	878	272	34205	4166	
江门	1371	231	33538	9981	15200
阳江	997	178	12788	690	4251
湛江	1762	338	34139	6033	4590
茂名	747	190	16798	1827	4911
肇庆	1017	277	26947	1703	691
清远	588	126	25958	11199	10297
潮州	575	138	12727	4284	6593
揭阳	1253	237	14585	2867	2228
云浮	428	93	7861	1625	1410

9-4 各市广播电视从业人员情况(2015-2020年)

单位：人

市别	2015	2016	2017	2018	2019	2020
全省	**53547**	**52320**	**80475**	**71127**	**73840**	**74375**
省级	19468	17915	14070	14940	14683	14411
广州	4241	5006	18250	18646	18053	20395
深圳	11234	10511	17937	15085	18904	17785
珠海	640	561	1208	1028	1452	2825
汕头	466	453	593	1512	1024	848
佛山	1083	1438	3872	1860	1861	2264
韶关	1647	1148	883	990	1221	982
河源	776	768	934	700	1005	714
梅州	1150	1452	1728	1722	1780	1528
惠州	1032	950	2194	1329	1394	1443
汕尾	660	660	705	526	320	396
东莞	639	619	3692	1288	963	1168
中山	832	660	1772	860	864	878
江门	1696	1693	2100	1450	1565	1371
阳江	631	797	1770	1398	1179	997
湛江	2157	2182	2396	2325	2014	1762
茂名	882	1025	1060	907	886	747
肇庆	820	818	1285	923	914	1017
清远	810	981	888	1223	1212	588
潮州	635	638	720	580	737	575
揭阳	1536	1530	1756	1361	1303	1253
云浮	512	515	662	474	506	428

9-5 各市广播电视总收入情况(2015-2020年)

单位：万元

市　别	2015	2016	2017	2018	2019	2020
全　省	**2612823**	**2686503**	**4160560**	**4522089**	**7802302**	**9634572**
省　级	1346099	1408209	956735	1017429	1059463	1073529
广　州	158387	231160	1162170	1604351	1826507	3564489
深　圳	770883	727788	1345042	1407259	4353683	4465316
珠　海	13806	14005	49690	48388	80133	87577
汕　头	12006	11424	10835	60207	43063	25430
佛　山	36536	35981	117058	51672	107261	75383
韶　关	23668	18099	14866	17210	21876	20690
河　源	10973	12193	18433	11239	12058	11887
梅　州	22622	15264	27568	24694	28452	25421
惠　州	14232	14842	59975	30961	34441	32281
汕　尾	6670	6592	7100	7477	9419	9847
东　莞	17784	14818	117175	43858	26488	23175
中　山	24675	19838	56227	30019	33414	34205
江　门	32563	31453	46423	27464	30064	33538
阳　江	11635	13160	20224	9227	11420	12788
湛　江	31487	22350	35139	27899	22908	34139
茂　名	15411	20717	21857	20822	17543	16798
肇　庆	13887	13562	23800	14182	13138	26947
清　远	18608	21423	21067	31589	36468	25958
潮　州	9372	10410	17173	14869	15725	12727
揭　阳	13625	15199	22163	13167	11853	14585
云　浮	7893	8014	9841	8108	6926	7861

9-6 各市广播电视广告收入情况(2015—2020年)

单位：万元

市别	2015	2016	2017	2018	2019	2020
全省	**821530**	**620078**	**843989**	**1139336**	**420959**	**253418**
省级	381737	222346	193273	174612	126423	96070
广州	35865	46494	110309	272993	117498	26174
深圳	264192	239561	403796	565369	73312	53435
珠海	10151	10182	13345	4469	6780	3597
汕头	9905	8834	8076	7829	6205	4321
佛山	28136	20929	22929	23836	21847	13626
韶关	4308	2086	2367	3705	1773	1317
河源	2015	1802	2139	1789	1709	1182
梅州	8686	1786	6558	7474	7225	5257
惠州	6265	5916	10757	11370	4876	7371
汕尾	1416	854	996	974	734	230
东莞	14529	10791	13864	14451	11032	7873
中山	10916	5545	9930	5785	4170	2727
江门	11837	10786	10989	10836	8026	8875
阳江	3024	1963	1567	1774	798	690
湛江	1198	3378	3614	4037	2845	3369
茂名	1298	3327	3641	2853	2956	1827
肇庆	5135	3928	2872	1488	2108	1601
清远	7411	7490	10396	11002	11350	5472
潮州	5440	5623	5404	7209	4950	4153
揭阳	6085	5575	5508	3719	3491	2725
云浮	1980	884	1661	1762	850	1526

9-7 各市广播电视网络收入情况(2015-2020年)

单位：万元

市　别	2015	2016	2017	2018	2019	2020
全　省	**777572**	**755638**	**795897**	**809182**	**820607**	**870373**
省　级	440128	485257	476612	508705	512472	552674
广　州	105692	36880	110334	101911	97226	109594
深　圳	133166	135371	136505	133699	148197	143934
珠　海						1348
汕　头				3591	3346	2772
佛　山						
韶　关	9865	5751	5312	2839	4471	3092
河　源	5196	5240	2432	2340	1825	1541
梅　州	8754	8357	5512	6683	5816	5245
惠　州	431					
汕　尾	2159	2341	1698			
东　莞						3
中　山	137					
江　门	18648	18574	11289	9950	12770	15200
阳　江	2919	10594	6575	1344	3067	4251
湛　江	17385	13246	8648	6673	5544	4590
茂　名	11418	10675	9824	7610	5132	4911
肇　庆	2553	2361	1731	1181	777	691
清　远	7873	10370	6555	10800	10279	10297
潮　州	2392	2606	5630	5749	5598	6593
揭　阳	4153	3500	3575	3414	2461	2228
云　浮	4702	4515	3664	2693	1625	1410

9-8 广播电视基本情况(2015—2020年)

年 份	从业人员(人)	编播人员	本年总收入(万元)	广告收入	网络收入
2015	53547	8345	2612823	821530	777572
2016	52320	8792	2686503	620078	755638
2017	80475	10302	4160560	843989	795897
2018	71127	9411	4522089	1139336	809182
2019	73840	10097	7802302	2074263	820607
2020	74375	10606	9634572	1997789	870373

9-9 广播电视播出情况(2020年)

指 标	广播节目套数(套)	全年公共广播节目播出时间(小时)	电视节目套数(套)	全年公共电视节目播出时间(小时)
合 计	**137**	**801087**	**164**	**902869**
省 级	9	78106	13	109400
地市级	54	374777	64	413091
县 级	74	348204	87	380378

9-10 各市广播电视播出情况(2020年)

市别	广播节目套数(套)	全年公共广播节目播出时间(小时)	电视节目套数(套)	全年公共电视节目播出时间(小时)
全省	**137**	**801087**	**164**	**902869**
省级	9	78107	13	109400
广州	8	57228	12	76484
深圳	6	36837	14	55818
珠海	4	31370	2	107243
汕头	6	39713	6	13140
佛山	6	52704	5	37122
韶关	11	32046	10	32841
河源	6	25201	7	57074
梅州	7	24219	9	31299
惠州	7	47356	6	31215
汕尾	6	22664	4	70039
东莞	3	23774	2	37632
中山	2	14600	2	29604
江门	7	48252	9	23524
阳江	3	21474	6	35237
湛江	7	41985	8	19876
茂名	4	17700	8	32672
肇庆	9	58778	15	13140
清远	9	36400	8	12775
潮州	5	23723	7	26393
揭阳	7	39366	6	26393
云浮	5	27590	5	23948

9-11 各市公共广播节目播出时间情况(2015-2020年)

单位：小时

市 别	2015	2016	2017	2018	2019	2020
全 省	**747116**	**815619**	**783086**	**808415**	**818964**	**801087**
省 级	78388	65622	73797	77567	78264	78107
广 州	54186	66691	52583	54145	48703	57228
深 圳	36394	46124	37547	32789	30622	36837
珠 海	29565	30625	13893	30601	20002	31370
汕 头	26280	24132	24132	40304	40303	39713
佛 山	52560	52560	52560	52560	52560	52704
韶 关	19117	24777	22744	20357	25861	32046
河 源	17884	22082	25002	25503	24839	25201
梅 州	37531	42467	30958	31541	51283	24219
惠 州	47834	48474	47926	45862	47309	47356
汕 尾	24890	20934	27903	33075	28369	22664
东 莞	23768	3925	23725	23725	23725	23774
中 山	14600	15229	14620	14600	14600	14600
江 门	46538	48528	53466	53291	47572	48252
阳 江	6972	19364	20192	21339	21343	21474
湛 江	33030	42277	32854	32835	38668	41985
茂 名	19812	33480	39784	22502	30396	17700
肇 庆	52082	57069	59316	60585	61576	58778
清 远	36536	47837	35552	41479	39469	36400
潮 州	32839	36630	26132	26134	26133	23723
揭 阳	39428	40095	40091	39380	39360	39366
云 浮	16882	26697	28309	28241	28007	27590

9-12 各市公共电视节目播出时间情况(2015-2020年)

单位：小时

市别	2015	2016	2017	2018	2019	2020
全省	**728129**	**740089**	**803502**	**848494**	**877503**	**902869**
省级	61849	88996	96805	99434	106729	109400
广州	98352	84877	101803	103809	97799	76484
深圳	102649	114027	109414	87627	95030	55818
珠海	15634	13095	16030	15394		107243
汕头	22103	22164	22103	35989	36129	13140
佛山	33368	33489	34303	33001	32381	37122
韶关	14034	15096	20758	40863	55312	32841
河源	24926	24313	26768	25623	29685	57074
梅州	28940	35200	35445	34536	38429	31299
惠州	28200	28484	38187	43881	44110	31215
汕尾	15761	15747	12006	27192	27435	70039
东莞	13140	11576	12410	12774	12592	37632
中山	19710	13910	19710	19710	13870	29604
江门	49636	52761	58818	58415	54185	23524
阳江	13730	21891	14180	18323	17974	35237
湛江	17171	17639	34057	24248	31108	19876
茂名	22573	37640	39538	38279	27693	32672
肇庆	13140	13140	13140	31820	49602	13140
清远	80741	40670	32030	30396	30797	12775
潮州	20161	19991	25488	25506	29667	26393
揭阳	19658	20851	23007	24351	22818	26393
云浮	12653	14532	17502	17323	24158	23948

9-13 广播电视播出情况(2015-2020年)

年份	广播节目套数(套)	全年公共广播节目播出时间(小时)	电视节目套数(套)	全年公共电视节目播出时间(小时)
2015	206	747116	222	728129
2016	132	815619	142	740089
2017	131	783086	154	803502
2018	135	808415	159	848494
2019	137	818964	165	877503
2020	137	801087	164	902869

9-14 广播电视节目制作情况(2020年)

指标	全年制作广播节目时间(小时)	全年制作电视节目时间(小时)
合计	**662735**	**206714**
省级	78107	16592
地市级	418048	66330
县级	166580	123792

9-15 各市广播电视节目制作情况(2020年)

市别	全年制作广播节目时间(小时)	全年制作电视节目时间(小时)
全省	**662735**	**206714**
省级	78107	16592
广州	55174	16561
深圳	31015	114991
珠海	81508	1420
汕头	18712	3384
佛山	50441	1407
韶关	4794	1779
河源	14351	3050
梅州	5781	1285
惠州	32398	8285
汕尾	16390	2020
东莞	23786	1130
中山	31300	1793
江门	39311	4907
阳江	44167	1172
湛江	18755	2706
茂名	22166	9492
肇庆	26144	4716
清远	8713	1091
潮州	11042	746
揭阳	24969	3578
云浮	23711	4609

9-16 各市制作广播节目时间情况(2015-2020年)

单位：小时

市　别	2015	2016	2017	2018	2019	2020
全　省	**678389**	**620866**	**595865**	**603454**	**572303**	**662735**
省　级	79554	65215	47791	70149	71190	78107
广　州	84244	67679	51638	54958	46999	55174
深　圳	34631	55965	37505	38522	38933	31015
珠　海	56030	39690	55036	30183	15687	81508
汕　头	25872	12240	12240	27507	27516	18712
佛　山	51533	52561	52584	64158	52725	50441
韶　关	26529	11963	14478	5557	7028	4794
河　源	11261	12090	10525	10392	12890	14351
梅　州	13296	6437	15838	15389	8847	5781
惠　州	31873	29463	33437	29097	31488	32398
汕　尾	16700	14860	12536	21617	21623	16390
东　莞	23768	10415	23737	23732	23962	23786
中　山	15436	22616	7171	17239	17175	31300
江　门	40593	38869	41048	43474	39913	39311
阳　江	7105	12461	18762	19165	18669	44167
湛　江	29444	27458	11120	14131	18440	18755
茂　名	7024	17343	44575	10612	20950	22166
肇　庆	38902	40116	38661	39470	43522	26144
清　远	25865	30645	21912	13776	13606	8713
潮　州	13013	19918	12835	14082	14043	11042
揭　阳	23568	16578	25561	24931	22220	24969
云　浮	22148	16284	6875	15313	4877	23711

9-17 各市制作电视节目时间情况(2015-2020年)

单位：小时

市　别	2015	2016	2017	2018	2019	2020
全　省	**334711**	**317897**	**252812**	**257035**	**266223**	**206714**
省　级	155649	20931	10965	15258	18310	16592
广　州	13155	102626	69047	31349	33815	16561
深　圳	46603	97659	54046	103622	135275	114991
珠　海	3616	11865	2650	4292	2241	1420
汕　头	1117	1128	1112	3833	1574	3384
佛　山	2718	2572	2813	3333	2797	1407
韶　关	7966	4879	12513	9248	1878	1779
河　源	3296	2399	2210	2893	3630	3050
梅　州	4868	3849	5342	4043	3010	1285
惠　州	3994	2684	1832	2258	2249	8285
汕　尾	3274	3344	6460	8938	9008	2020
东　莞	2680	1315	1931	911	902	1130
中　山	2484	2362	768	9282	1245	1793
江　门	11310	20255	17620	10914	8631	4907
阳　江	1797	1598	588	621	524	1172
湛　江	2942	2930	4456	3194	4731	2706
茂　名	2729	10181	25375	16860	11479	9492
肇　庆	1845	1894	8650	7239	8758	4716
清　远	53597	12544	13872	5918	4986	1091
潮　州	1147	2488	1403	2373	2369	746
揭　阳	2877	3443	5923	5963	5219	3578
云　浮	5047	4951	3236	4693	3592	4609

9－18 广播电视制作情况(2015－2020年)

年 份	全年制作广播节目时间 (小时)	全年制作电视节目时间 (小时)
2015	678388	334711
2016	620866	317897
2017	595865	252812
2018	603454	257035
2019	572303	266223
2020	662735	206714

9－19 广播电视有线传输情况(2015－2020年)

年 份	有线广播电视 用户数 (万户)	数字电视用户数 (万户)
2015	1973	1487
2016	2017	1756
2017	1798	1692
2018	1845	1761
2019	1767	1705
2020	1706	1639

9-20 广播电视覆盖情况

单位：%

年份	广播综合人口覆盖率	电视综合人口覆盖率
1980	21.7	44.7
1981	30.0	68.0
1982	69.0	73.0
1983	69.8	74.5
1984	69.8	74.5
1985	70.3	80.0
1986	71.5	82.0
1987	75.0	82.0
1988	78.0	84.0
1989	82.4	86.3
1990	90.1	90.6
1991	90.3	90.8
1992	90.4	90.9
1993	90.4	91.0
1994	90.6	91.0
1995	90.6	91.0
1996	92.0	92.4
1997	92.0	92.4
1998	92.0	92.4
1999	96.0	96.4
2000	96.0	96.4
2001	96.0	96.4
2002	96.0	96.4
2003	96.0	96.4
2004	96.1	96.4
2005	96.1	96.4
2006	96.4	96.7
2007	97.0	97.3
2008	97.1	97.4
2009	97.5	97.7
2010	98.0	98.0
2011	98.0	98.0
2012	99.9	99.9
2013	99.9	99.9
2014	99.9	99.9
2015	99.9	99.9
2016	99.9	99.9
2017	99.9	99.9
2018	99.9	99.9
2019	99.98	99.98
2020	99.98	99.98

9-21 电影基本情况(2020年)

指　　标	在册放映单位（个）	座位数（个）	放映场次（万场次）	观众人数（万人次）	放映收入（万元）
合　计	**2845**	**1187379**	**739**	**8809**	**259376**
农　村	1423		23	2119	
城　市	1422	1187379	717	6690	259376
其中：中影南方新干线	481	374898	250	2181	83727
金逸珠江院线	144	122795	67	657	24993
广东大地	182	139175	85	697	27008

注：1．农村在册放映单位指流动放映队，没有座位数统计指标。
2．城市指院线的电影放映情况，未含院线外的电影放映情况。

9-22 图书、杂志、报纸出版数量(2015-2020年)

项　目	单　位	2015	2016	2017	2018	2019	2020
图书出版							
种数	(种)	10089	10840	9868	11033	11061	10970
总印数	(万册)	31287	31195	30202	35257	39460	43448
总印张数	(千印张)	2434970	2419143	2316856	2635074	3122677	3394245
杂志出版							
种数	(种)	382	381	381	380	380	380
总印数	(万册)	14458	12270	11428	10753	10480	9887
总印张数	(千印张)	844427	663517	607564	562385	539431	492203
报纸出版							
种数	(种)	100	99	99	99	97	97
总印数	(万份)	327660	298845	274299	221184	171635	153310
总印张数	(千印张)	20081573	16595386	14268079	9991560	6598193	5117384

9—23 期刊出版情况(2020年)

项目	种数(种)	平均(万册)	总印数(万册)	总印张数(千印张)	总金额(万元)
合计	**380**	**462.7332**	**9887.47**	**492203.33**	**84719.1**
综合	26	17.8018	306.53	15099.2	4473.1
哲学、社会科学	97	211.2043	4602.19	219890.7	33337.94
自然科学、技术	180	171.8535	3737.37	185979.25	31659.64
文化、教育	46	49.8994	1105.99	59820.81	12710.4
文学、艺术	31	11.9742	135.39	11413.37	2538.02
其中：少儿读物	10	48.885	1405.55	40000.34	11258.62
画刊	3	1.9022	21	1773.95	382.49

9—24 报纸出版情况(2020年)

项目	种数(种)	平均每期印数(万份)	总印数(万份)	总印张(千印张)	定价总金额(万元)
合计	**97**	**568.01**	**153309.83**	**5117383.71**	**261607**
综合报	48	432.22	136339.23	4495912.08	229124
专业报	32	78.85	11239.21	442658.49	18689
生活服务报	11	13.04	708.94	78747.82	4251
读者对象报	5	38.18	4438.9	88394.28	7793
文摘报	1	5.72	583.55	11671.04	1751
1.省级	31	264.97	62591.07	2578933.34	115064
综合	5	190.92	52937.53	2088885.73	96113
专业报	16	53.46	6998.14	374328.5	13010
生活服务报	9	12.58	687.4	78359.11	4170
读者对象报	1	8.00	1968	37360	1771
文摘报					
2.地市级	66	303.04	90718.76	2538450.37	146542
综合报	43	241.30	83401.7	2407026.35	133011
专业报	16	25.39	4241.07	68329.99	5679
生活服务报	2	0.46	21.54	388.71	81
读者对象报	4	30.18	2470.9	51034.28	6021
文摘报	1	5.72	583.55	11671.04	1751
3.县级					
综合报					
专业报					
生活服务报					
读者对象报					
文摘报					

9-25 图书出版情况(2020年)

项目	种数(种)			租型图书种数(种)	总印数(万册、张)			
	合计	新出	重印		合计	新出	重印	租型
合　计	**10965**	**4529**	**6436**	**131**	**43441**	**5693**	**26349**	**11399**
马克思主义、列宁主义毛泽东思想	20	3	17		5	1	4	
哲学	128	85	43		62	38	24	
社会科学总论	77	45	32		18	13	5	
政治、法律	198	128	70		329	57	272	
军事	22	13	9		8	3	4	
经济	431	283	148		258	102	156	
文化	6690	1824	4866	129	39379	3953	24112	11314
语言	197	83	114		222	86	136	
文学	1111	690	421		1818	632	1187	
艺术	404	310	94		161	116	45	
历史、地理	466	353	113		195	115	79	
自然科学总论	11	8	3		2	2	0	
数理科学、化学	63	34	29		18	12	5	
天文学、地球科学	26	17	9		12	6	6	
生物科学	56	39	17		37	28	9	
医药卫生	458	305	153	2	634	395	154	85
农业科学	45	25	20		13	7	7	
工业技术	410	171	239		214	104	110	
交通运输	18	5	13		3	1	3	
航空、航天								
环境科学	32	17	15		20	6	14	
综合性图书	102	91	11		33	17	16	

注：不包含不适用《中国标准书号》部分。

9-25 续表

项目	总印张(千印张)				定价总金额(万元)			
	合计	新出	重印	租型	合计	新出	重印	租型
合 计	**3393218**	**531963**	**2026915**	**834339**	**638077**	**167708**	**386384**	**83985**
马克思主义、列宁主义、毛泽东思想	303	116	187		120	39	80	
哲学	9279	5162	4116		2844	1708	1136	
社会科学总论	2613	1783	830		1012	821	191	
政治、法律	28741	9890	18851		6975	3143	3833	
军事	1401	609	792		592	399	193	
经济	28660	14885	13774		11269	6270	4999	
文化	2997156	361977	1802940	832239	489923	88337	318282	83304
语言	13382	3669	9713		7691	3943	3748	
文学	190479	63912	126567		63042	25766	37276	
艺术	19793	14919	4874		11101	9525	1576	
历史、地理	24054	18542	5512		12440	10655	1785	
自然科学总论	440	391	49		187	162	25	
数理科学、化学	1894	1175	719		660	528	132	
天文学、地球科学	979	364	615		597	316	281	
生物科学	2616	1743	872		1693	1203	490	
医药卫生	37533	20535	14897	2101	13895	7486	5728	680
农业科学	1107	615	491		633	423	210	
工业技术	26589	7520	19069		9667	4108	5559	
交通运输	356	105	251		405	289	115	
航空、航天								
环境科学	1497	619	878		676	315	361	
综合性图书	4347	3429	918		2652	2272	381	

9-26 电子出版物出版情况(2020年)

单位：种、万张

	合计		#新版	
	种数	数量	种数	数量
总 计	**358**	**1195.48**	**238**	**429.37**
CD-ROM	200	1089.26	99	327.78
DVD-ROM	80	100.94	63	96.48
CD-I及其他	78	5.28	76	5.11

9-27 录像制品出版情况(2020年)

单位：种、万盒(张)

	合计		#新版	
	种数	数量	种数	数量
总 计	**310**	**67.59**	**299**	**50.40**
VT				
VCD	2	0.91		
DVD-V	286	63.99	277	47.71

9-28 录音制品出版情况(2020年)

单位：种、万盒(张)

	合计		#新版	
	种数	数量	种数	数量
总 计	**709**	**505.09**	**495**	**71.22**
AT	62	27.37	1	0.10
CD	479	450.58	353	56.82
DVD-A				

9-29 档案机构基本情况(2020年)

指 标	单位	各级各类档案馆
机构数	(个)	186
从业人员	(人)	2411
专职		2037
一、馆藏档案情况		
全宗	(个)	20550
案卷	(卷)	42896004
以件为保管单位档案	(件)	32265104
电子档案		
其中：数码照片	(GB)	94757
数字录音、数字录像	(GB)	154062
实物档案	(件)	1966971
档案数字化成果		
纸质档案		
案卷	(卷)	25901629
以件为保管单位档案	(件)	15396015
二、档案利用情况		
1.已开放档案		
案卷	(卷)	2755798
以件为保管单位档案	(件)	911621
2.开放档案目录		
案卷级	(万条)	161
文件级	(万条)	1194
3.本年利用档案		
人次	(人次)	4456484
卷(件)次		6696536

9-30 各市各类档案馆基本情况(2020年)

市别	档案馆(个)	从业人员(人)	馆藏档案	
			全宗(个)	案卷(卷)
全省	**170**	**1850**	**19967**	**43898288**
广州	14	332	2057	15558571
深圳	11	85	792	2854684
珠海	5	63	725	908275
汕头	10	123	1149	684340
佛山	8	133	1099	2835601
韶关	12	109	1572	1179241
河源	8	61	807	553392
梅州	14	100	1067	955745
惠州	8	111	1065	1366640
汕尾	6	28	1488	253648
东莞	2	26	318	488797
中山	2	101	258	9010836
江门	8	83	924	1094857
阳江	6	68	727	516001
湛江	14	110	1114	1328825
茂名	7	64	882	635525
肇庆	10	76	1037	1829107
清远	9	66	1287	1111334
潮州	4	23	554	258911
揭阳	6	37	438	169702
云浮	6	51	607	304256

注：本表不包含省直数据。

主要统计指标解释

广播(电视)节目套数 是指用固定的频率(频道)自办广播(电视)节目，并编排有整套节目时间表，定期向听众(观众)播放节目名称和播出时间。

广播综合人口覆盖率 是指广播综合覆盖的人口与总人口的比率。

电视综合人口覆盖率 是指电视综合覆盖人口与总人口的比率。

图书 是指不少于 49 页并在“古籍”范围以外的图书。少儿读物、连环画 49 页以上的按图书统计，48 页以下的按小册子统计到“其他”类中。

报刊 报纸是指刊登当前实践的专题或综合新闻，每周至少出版一张并按年、月、日出版的定期或不定期的一种连续出版物。

档案利用卷次 按当年每日提供案卷的数量累计填报。一个利用者上、下午利用同一案卷，按 1 卷次计算；一个利用者连续若干天利用同一案卷，用 1 天计算 1 卷次；一个案卷外借若干天，按 1 卷次计算。

十、社会参与

简要说明

1. 本篇资料主要反映广东省工会、共青团、注册志愿者、妇联、残联、文联、人大、政协、宗教、扶贫等情况。

2. 本篇资料主要包括：

(1)工会数量、会员人数及构成；共青团组织数量、团干部及团员数量；志愿者组织数量及分布、注册志愿者参与状况；妇联组织数量及分布、妇女参与状况；残疾人康复与发展、残疾人就业；省级艺术家会员情况；人大代表和政协委员数量及构成；宗教活动场所、宗教教职人员等。

(2)地区分全省和各地级以上市。

(3)年份主要为当年、近 5 年和 1978 年以来数据。

3. 统计资料来源：本篇资料由省总工会、共青团广东省委员会、省妇女联合会、省残疾人联合会、省人民代表大会、中国人民政治协商会议广东省委员会、省民族宗教事务委员会、省文联负责整理、审核、提供。

10-1 工会基层组织建设状况(一)(2020年)

分 组	基层工会(个)	独立基层工会	联合基层工会	基层工会涵盖单位(个)	职工(人)	女性
总 计	**215344**	**204217**	**11127**	**517584**	**26871444**	**11898533**
国有企业(仅指非公司制企业，不包括国有独资公司、国有控股公司)	4662	4542	120	7583	1098881	354831
集体企业	3464	3040	424	11604	411292	168827
股份合作企业	1358	1140	218	5406	284179	107590
联营企业	222	178	44	5458	94650	41377
国有独资公司	1090	1048	42	1289	275151	86877
其他有限责任公司	13803	13536	267	16762	1665950	681367
股份有限公司中的国有控股公司	1014	978	36	1620	570135	211614
其他股份有限公司	2699	2538	161	19050	1012647	423358
私营企业	125618	121006	4612	241977	11083288	4939105
其他内资企业	1056	901	155	5344	151716	60751
港澳台商投资企业	10119	10019	100	11598	2674186	1280786
外商投资企业	6752	6692	60	7366	1859555	863127
财政拨款的事业单位	12032	11558	474	20360	1381370	741521
其他事业单位	6722	5910	812	50085	1269726	629955
机关	9779	9300	479	19973	1072302	380352
个体经济组织	9776	7940	1836	42440	493248	228928
社会团体	878	399	479	23939	549403	234916
民办非企业单位	1777	1727	50	2590	155436	101996
基金会	8	5	3	43	2239	599
其他组织	2515	1760	755	23097	766090	360656

10-1 续表

	农民工	女性农民工	工会会员（人）	女性	农民工	女性农民工
总　计	**16565526**	**7174537**	**25435745**	**11339377**	**15811452**	**6855407**
国有企业(仅指非公司制企业，不包括国有独资公司、国有控股公司)	292587	82027	1036437	340649	277660	79528
集体企业	212121	95609	392306	163679	205310	92832
股份合作企业	173055	68509	268695	102877	167505	66071
联营企业	56507	25491	90051	39169	54312	23570
国有独资公司	56766	15733	243296	82773	53306	14805
其他有限责任公司	1099996	438201	1549595	638531	1040089	413681
股份有限公司中的国有控股公司	134830	36373	536782	198299	120323	31969
其他股份有限公司	657385	256350	936199	392966	627672	241266
私营企业	8043162	3517404	10512027	4708175	7697217	3368431
其他内资企业	114897	45181	143642	57644	109528	42762
港澳台商投资企业	2090030	978700	2505875	1204160	1986251	935101
外商投资企业	1344394	611370	1743254	819326	1263785	575172
财政拨款的事业单位	218129	84652	1344173	725153	211255	81508
其他事业单位	570214	257791	1219997	613220	550373	251750
机关	200422	81175	1043954	371085	189591	77175
个体经济组织	298349	124083	480514	225938	294716	122787
社会团体	333854	128981	501733	210626	310846	117609
民办非企业单位	80035	52802	140326	93049	71916	48098
基金会	293	87	1206	592	260	80
其他组织	588500	274018	745683	351466	579537	271212

10-2 工会基层组织建设状况(二)(2020年)

分组	专职工会工作人员(人)	女性	兼职工会工作人员(人)	女性	有女职工的工会数(个)
总 计	**47148**	**19197**	**650367**	**258309**	**212912**
国有企业(仅指非公司制企业，不包括国有独资公司、国有控股公司)	2887	1394	23934	10294	4552
集体企业	725	328	9362	3535	3377
股份合作企业	329	150	5111	1768	1347
联营企业	51	22	1174	345	220
国有独资公司	654	367	6965	3328	1085
其他有限责任公司	2774	1213	48704	21344	13662
股份有限公司中的国有控股公司	881	409	10299	4841	1012
其他股份有限公司	987	425	11583	5177	2662
私营企业	22114	8334	309155	111489	124197
其他内资企业	447	96	4434	1622	1040
港澳台商投资企业	2995	1157	40429	16354	9994
外商投资企业	2469	928	27034	10942	6716
财政拨款的事业单位	2949	1223	55559	27043	11919
其他事业单位	1921	938	25031	11200	6610
机关	3210	1362	39982	17004	9727
个体经济组织	338	150	15120	3634	9729
社会团体	334	153	3598	1869	851
民办非企业单位	582	395	5692	3856	1727
基金会	6	1	84	27	8
其他组织	495	152	7117	2637	2477

10-2 续表

分组	本级工会建立女职工组织(个)			本级工会女职工工作人员（人）	
	建立女职工委员会	仅设立女职工委员	未建立	专职	兼职
总 计	**160423**	**38889**	**16032**	**14092**	**291162**
国有企业(仅指非公司制企业，不包括国有独资公司、国有控股公司)	3035	1199	428	851	7830
集体企业	2194	903	367	262	4134
股份合作企业	1036	189	133	83	1942
联营企业	160	42	20	15	284
国有独资公司	731	267	92	181	2236
其他有限责任公司	10231	2718	854	842	21079
股份有限公司中的国有控股公司	740	208	66	162	2725
其他股份有限公司	1904	568	227	269	4830
私营企业	95812	20116	9690	7232	150722
其他内资企业	752	267	37	200	1517
港澳台商投资企业	7512	2025	582	817	16449
外商投资企业	5491	953	308	638	11257
财政拨款的事业单位	8288	2904	840	669	21713
其他事业单位	4948	1346	428	660	10594
机关	6590	2334	855	726	15103
个体经济组织	7425	1863	488	104	10504
社会团体	640	120	118	77	1623
民办非企业单位	1265	336	176	209	3261
基金会	4	4		4	13
其他组织	1665	527	323	91	3346

10—3 共青团基本统计数据对照表(2016—2020年)

类　别	单位	2016	2017	2018	2019	2020
基层团委数	(个)	10378	9186	9293	9463	9718
基层团工委数	(个)	561	547	554	656	694
团总支数	(个)	10610	8999	6853	6985	7561
团支部数	(个)	177817	192383	231923	221227	257383
团员数	(人)	4747278	4208196	4644880	5375101	5269786
专职团干部数	(人)	3535	4322	6506	29239	8302
兼职团干部数	(人)	192993	227654	364231	307121	424585

注：1.数据截止时间为2020年12月31日，下同。
　　2.团员人数包含保留团籍的党员人数，下同。

10—4 共青团行业领域分布统计(汇总)表(2020年)

领　域	团组织(个)				团员(人)			团干部(人)	
	基层团委数	基层团工委数	团总支数	团支部数	团员数	保留团籍的党员数	新发展团员数	专职团干部数	兼职团干部数
全省合计	**9718**	**694**	**7561**	**257383**	**5269786**	**242400**	**315530**	**8302**	**424585**
社会领域合计	5313	677	2694	72186	2003698	146484	5836	3911	136808
机关事业单位	2701	618	829	17410	342519	29641	1771	3305	43133
国有企业、集体企业	1670	4	920	12737	210922	19370	189	491	31138
城市社区	593	12	345	7864	470075	29836	775	26	13160
农村	22		385	20219	817198	51385	2933	21	29943
非公企业	291	33	182	12487	147310	15243	143	55	17172
社会组织	36	10	33	1469	15674	1009	25	13	2262
学校领域合计	4404	17	4864	185127	3240906	94272	309659	4391	287730
本科及以上高等院校	785	2	1084	54248	1145982	75819	10014	1269	106597
高等职业院校/大专院校	198	1	638	32246	593461	11307	11035	746	54737
中等职业学校/中专院校	271	4	411	17743	176181	878	21753	351	22677
职业高中	76		62	2966	24151	90	4807	72	3863
普通高中	928	6	934	46669	973622	2874	115238	603	58177
初中	2040	4	1482	20076	217630	2868	136466	1145	27138
技工学校	106		253	11179	109879	436	10346	205	14541
其他	**1**		**3**	**70**	**25182**	**1644**	**35**		**47**

注：1.其他项为录入系统时不确定行业类别的数量。
　　2.此表中团组织数未统计领导机关团委的数量。

10－5 各市机关事业单位、国有企业、集体企业团组织团员统计表(2020年)

市别	团组织数(个)		团员数(人)	
	机关事业单位	国有企业、集体企业	机关事业单位	国有企业、集体企业
广 州	3243	2542	57260	41868
深 圳	3178	3154	59020	51871
珠 海	569	286	7404	3982
汕 头	729	146	14039	1436
佛 山	1311	326	24566	6085
韶 关	670	161	8058	1896
河 源	561	53	4805	665
梅 州	672	113	9117	1362
惠 州	786	185	14680	2129
汕 尾	323	58	4277	758
东 莞	1277	410	17330	5162
中 山	793	187	10606	1751
江 门	945	155	15054	1788
阳 江	408	122	4748	1078
湛 江	811	496	13202	5737
茂 名	622	136	9329	2034
肇 庆	828	144	12339	1687
清 远	611	102	8540	1146
潮 州	325	56	6896	870
揭 阳	471	87	5591	1282
云 浮	464	54	5320	590

10−6　各市学校领域团组织、团员统计表(2020年)

市别	团员数(人)						
	本科及以上高等院校	高职院校/大专院校	中职学校/中专学校	职业高中	普通高中	初中	技工学校
广州	69642	38956	24215	3458	80860	21511	26454
深圳	48183	32128	5475	3557	72942	21875	8623
珠海	66256	7748	1688	2752	15803	4091	1821
汕头	11971	8095	4000	31	60879	11409	2294
佛山	24667	14609	3419	4451	56287	13975	4216
韶关	20585	6908	7224	176	28471	6312	2916
河源		10424	6895	175	36774	7531	1677
梅州	20932	2321	3128	1297	53579	8356	1982
惠州	20127	19298	12281	645	50665	11007	7468
汕尾		6426	3672		27626	5522	701
东莞	50714	13592	11759	82	42180	16101	6124
中山	13951	9650	1940	2864	24800	5312	3767
江门	16864	23588	4576	1077	39878	7087	2505
阳江	121	6299	2186	610	25808	6050	680
湛江	83392	16143	10402	1511	72916	14716	2281
茂名	20118	32681	11880	366	99118	17253	3954
肇庆	39361	28027	9870	40	38211	9220	2833
清远	112	9614	5385	60	32847	7609	2181
潮州	16116	766	1995	771	23444	4352	850
揭阳	218	6626	5003	92	59398	13016	329
云浮		7703	4679	32	26552	4879	853

10-6 续表

市别	团组织数(个)						
	本科及以上高等院校	高职院校/大专院校	中职学校/中专学校	职业高中	普通高中	初中	技工学校
广州	2982	2089	2445	427	3911	1649	2231
深圳	2320	1896	446	366	3366	2517	623
珠海	3181	619	179	228	865	516	237
汕头	685	372	484	2	3242	1229	326
佛山	1236	859	349	471	2767	1163	319
韶关	853	467	635	5	1264	809	429
河源	1	696	535	23	1893	1175	213
梅州	767	120	438	189	2950	1283	259
惠州	1087	899	928	56	1332	1332	745
汕尾	1	313	217		1483	562	111
东莞	2214	1050	1126	13	1925	1268	550
中山	615	705	280	366	1176	708	311
江门	665	1103	524	183	829	829	338
阳江	14	388	226	91	781	781	100
湛江	4114	765	845	104	3622	1793	323
茂名	906	1331	1125	17	3811	1748	425
肇庆	1629	1446	1000	1	932	932	405
清远	4	504	617	2	851	851	280
潮州	652	34	181	33	545	545	95
揭阳	16	531	641	6	1465	1465	45
云浮		468	445	3	545	545	126

10-7 各市团员基本情况分类统计表(2020年)

市别	性别分布		年龄分布				
	男	女	14-15岁	16-18岁	19-22岁	23-28岁	28岁以上
广 州	231812	286129	31103	107475	191464	182458	2573
深 圳	205285	221371	28726	80236	133070	180370	2957
珠 海	60624	79985	5639	25099	72176	37077	283
汕 头	79638	120525	16374	58853	65126	58341	429
佛 山	107067	138540	19062	59120	84268	81180	921
韶 关	51185	76726	9794	36209	48753	31381	540
河 源	43193	70206	10247	38700	36893	26621	295
梅 州	73600	104715	13139	52210	62325	48796	570
惠 州	81095	114052	17084	59172	70082	47321	811
汕 尾	36503	51324	6793	28611	29704	22138	165
东 莞	111495	125798	19323	53327	96768	65624	977
中 山	51117	67659	8335	29365	45429	34083	656
江 门	72135	104464	10965	42782	70113	50662	658
阳 江	35751	49295	7942	26347	26486	23221	271
湛 江	142535	194846	19407	87333	143747	85530	501
茂 名	139336	176417	22984	103163	109906	78076	560
肇 庆	79518	118911	10630	55212	86746	44720	428
清 远	46004	75808	8825	38073	39160	34692	313
潮 州	32369	60812	5966	24140	35197	27367	115
揭 阳	69222	106010	14613	58633	54292	46355	308
云 浮	33667	53176	6070	28612	26802	24673	220

10-7 续表

单位：人

市 别	民族		学历		
	汉族	少数民族	初中	高中或高中同等学力	大专及以上
广 州	507799	10418	53426	151425	292232
深 圳	412132	14850	48618	86549	272494
珠 海	135687	5020	9494	39758	86052
汕 头	199388	814	24075	65721	91167
佛 山	240701	5242	35591	70621	126594
韶 关	125717	2201	17856	43167	59198
河 源	112275	1137	24827	38239	42754
梅 州	177896	450	27767	58984	78087
惠 州	192278	2993	33826	62637	87227
汕 尾	87656	247	15603	29360	37696
东 莞	232441	5205	28904	75498	120620
中 山	115910	2983	18148	33717	60863
江 门	173135	3714	20016	62722	80964
阳 江	84088	972	15983	27805	34202
湛 江	334173	3266	40286	111671	163938
茂 名	314109	1666	49008	123992	124177
肇 庆	195892	2620	30555	71442	85280
清 远	114610	7246	18396	42641	51086
潮 州	92778	426	12744	35597	39178
揭 阳	174840	417	31349	60287	67572
云 浮	86376	485	16342	27971	33880

10-8 各市新发展团员情况分类统计表(2020年)

市别	性别分布		年龄分布			
	男	女	14-15岁	16-18岁	19-22岁	23-28岁
全省	**128605**	**182425**	**180318**	**112491**	**18207**	**586**
广州	14693	20681	19424	14102	1835	105
深圳	11950	14867	17653	8240	993	22
珠海	2385	3575	3494	1921	559	12
汕头	7432	10848	10003	7700	557	22
佛山	7966	11001	11396	6826	821	32
韶关	3911	6082	5784	3678	522	14
河源	2896	5257	5554	2457	142	2
梅州	5382	7557	8139	4494	300	10
惠州	5301	7816	8615	3981	533	17
汕尾	3348	5052	4991	3135	277	18
东莞	7690	9859	11690	5293	604	17
中山	4422	6282	6350	3996	372	9
江门	4503	7536	7035	4332	716	13
阳江	3161	4743	5003	2752	145	6
湛江	8542	11131	10810	7374	1460	36
茂名	9418	12432	13247	7624	961	18
肇庆	4537	7201	6438	4351	945	22
清远	3612	6366	6156	3470	347	6
潮州	2554	4285	3750	2855	226	8
揭阳	7177	10276	9778	7132	533	14
云浮	2404	4570	4128	2676	166	16
省属中学	346	299	354	285	8	
省属高校	2663	2142	196	764	3737	118
省直机关	2132	2540	322	2942	1381	28
其他有关单位	180	27	8	111	67	21

10-8 续表

单位：人

市别	民族		学历		
	汉族	少数民族	初中	高中或高中同等学力	大专及以上
全省	**304870**	**6734**	**113996**	**106212**	**19445**
广州	34598	868	12614	13571	2366
深圳	26004	905	12160	7673	1388
珠海	5730	256	1936	1742	598
汕头	18194	88	4934	7621	357
佛山	18393	681	7843	6426	1002
韶关	9796	203	3160	3815	577
河源	8070	85	3790	2399	109
梅州	12913	30	4840	4146	239
惠州	12882	265	6013	3974	572
汕尾	8393	28	3531	2864	301
东莞	16993	612	7142	5618	673
中山	10298	429	4745	3255	400
江门	11581	515	3520	4122	645
阳江	7760	146	3535	2475	127
湛江	19541	137	6183	6805	1543
茂名	21742	109	8636	7388	653
肇庆	11545	211	4588	3133	1164
清远	9195	785	3499	3282	308
潮州	6783	56	2479	2507	155
揭阳	17391	65	5793	7246	336
云浮	6949	37	2488	2376	128
省属中学	622	25	163	334	3
省属高校	4714	101	150	497	4129
省直机关	4580	93	244	2846	1572
其他有关单位	203	4	10	97	100

10-9　各市志愿服务数据情况统计表(2020年)

市　别	注册志愿者人数（人）	志愿服务组织及团体数（个）	2020年累计服务时长（小时）
广　州	3786007	27348	12118411
深　圳	2307241	26548	5393857
珠　海	382022	3571	923413
汕　头	957080	7297	1848524
佛　山	1109096	8919	3224114
韶　关	610910	6140	3605789
河　源	202755	2972	1721222
梅　州	453092	3707	2020840
惠　州	312221	3349	856873
汕　尾	413238	4620	2561250
东　莞	1274830	10859	4409635
中　山	483448	17623	1062344
江　门	692651	13283	1410381
阳　江	318445	3032	771283
湛　江	552040	5496	1308031
茂　名	864816	8616	4017012
肇　庆	676088	5273	1719509
清　远	588349	4904	1570894
潮　州	203384	2243	838088
揭　阳	624075	4803	1899647
云　浮	229667	2592	610090

注：1.系统统计逻辑存在将同一志愿者(或同一志愿服务组织/团体)纳入不同地市的统计数据内的情况，各地市的数据会存在一定的重复，全省累计数据会小于本表中各地市数据相加值。
2.深圳、江门志愿服务数据来源于深圳、江门义工系统，暂不计入未经岗前培训的义工。

10-10　全省志愿服务数据对比表(2016-2020年)

指　标	单位	2016	2017	2018	2019	2020
累计注册志愿者人数	(人)	6411605	8604076	10552084	11618729	12997982
累计志愿服务组织及团体数	(个)	49641	71677	83730	94105	131748
志愿服务组织及团体年平均开展志愿服务活动数	(场次)	1.37	2.5	3.6	5.16	3.73
注册志愿者年人均服务时长	(小时)	5.04	5.9	5.47	4.48	3.42
注册志愿者证申请量	(人次)	/	900088	2087288	3103958	4133581

10−11　各市志愿服务数据分类统计表(2020年)

市　别	政治面貌				性别分布		
	党员	团员	民主党派	其他	男	女	未知
广　州	858116	1680630	38596	1208665	1659926	1963571	162510
深　圳	429649	1172132	397171	308289	1074689	1222172	10380
珠　海	124855	143774	340	113053	168921	201712	11389
汕　头	163152	215132	622	578174	448531	469163	39386
佛　山	173741	343177	306	591872	579256	493848	35992
韶　关	228825	193451	623	188011	273561	316141	21208
河　源	40223	99003	147	63382	84368	107051	11336
梅　州	116164	158953	475	177500	203733	229027	20332
惠　州	23485	168037	248	120451	130776	159688	21757
汕　尾	122242	103020	645	187331	202307	185832	25099
东　莞	370022	329477	741	574590	622350	615958	36522
中　山	39815	161483	119189	162961	206900	258044	18504
江　门	147947	279161	206	265337	357899	331934	2818
阳　江	110755	91708	220	115762	146449	153259	18737
湛　江	162773	270346	374	118547	248864	276703	26473
茂　名	156205	309661	444	398506	414474	416636	33706
肇　庆	324344	175717	519	175508	326541	331464	18083
清　远	281539	154371	215	152224	274781	294695	18873
潮　州	53579	89214	118	60473	79331	114729	9324
揭　阳	96824	143217	538	383496	317525	288316	18234
云　浮	108501	64230	148	56788	106019	114620	9028

10-11　续表

单位：人

地市	年龄分布									
	14岁以下	14-18岁	19-22岁	23-30岁	31-40岁	41-50岁	51-60岁	61-70岁	70岁以上	未知
广州	249989	511791	783899	1110791	653291	294617	120395	45258	15976	
深圳	132368	243934	186025	421003	670001	444014	148944	48264	12688	
珠海	10349	37283	84937	126427	60180	35238	18299	6632	2677	
汕头	17901	143409	175206	167805	203447	136892	72111	31535	8774	
佛山	33332	158521	199502	311152	204650	126384	50910	16541	8104	
韶关	24809	78736	102963	170480	132899	54884	35356	8514	2269	
河源	8083	35632	56623	45502	32311	17821	6039	644	100	
梅州	43061	77289	85648	98266	64633	52849	25086	4898	1362	
惠州	15687	104102	85486	52932	30252	16931	5854	812	165	
汕尾	15547	79968	68673	94283	71397	44154	29385	8069	1762	
东莞	46363	117904	150927	284383	410792	192956	57276	11187	3042	
中山	18531	91411	95473	84029	72572	37349	80613	2636	834	
江门	72591	86152	119487	184599	96795	67283	39096	18887	7761	
阳江	17290	78649	57883	63334	59867	28660	10841	1326	595	
湛江	12319	98092	211327	157242	34852	22937	10449	2939	1883	
茂名	9886	135091	166955	179481	143326	114350	76531	28437	10759	
肇庆	23309	77971	153536	193725	115284	68078	33693	8095	2397	
清远	22504	95564	106902	158586	96848	57499	32517	10812	7117	
潮州	4834	45868	50175	65012	18330	12161	6113	760	131	
揭阳	5855	91908	152484	120178	92414	74116	57324	23725	6071	
云浮	2201	30939	45158	58409	39360	27894	16563	6323	2820	

10-12 全省妇联组织和主要活动情况(2015-2020年)

项　　目	单位	2015	2016	2017	2018	2019	2020
一、妇联组织							
地级市	(个)	21	21	21	21	21	21
县(市、区)妇联	(个)	119	119	121	142	146	147
乡(镇)妇联	(个)	1139	1139	1143	1142	1143	1142
村妇联(2016年由村妇代会改为村妇联)	(个)	18368	17971	19319	19420	19389	19427
街道妇联	(个)	448	446	468	467	482	486
社区妇联	(个)	1321	1968	6575	6586	6677	6714
团体会员	(个)	331	344	324	332	315	333
民主党派妇委会	(个)	71	71	71	71	71	71
二、妇女儿童社会活动基本情况							
妇女之家数	(个)	25256	26516	26492	27450	27644	27059
儿童之家数	(个)	9479	12463	17779	20801	26712	26960
家长学校数	(万个)	40985	38883	32743	31800	27468	26602
家长学校培训人次	(万人次)	11182594	10248606	9529300	5640000	5243730	5517580
广东省巾帼志愿者	(万人)	267554	272058	394557	400756	400960	447898
三、妇女儿童权益保护基本情况							
妇联干部任人民陪审员数	(人)	468	497	365	397	401	435
由妇联系统创办的维权服务机构数	(个)	159	145	127	132	166	166
受暴妇女儿童救助(庇护)机构数	(个)	100	61	58	70	82	98
受救助(庇护)的妇女儿童人次数	(人次)	156	104	51	388	1373	177
为妇女儿童提供信访、热线咨询等服务数	(万件次)	30174	26615	2.626	2.725	3.01	3.4149
为妇女儿童提供法律援助案件数	(件)	1038	1128	1000	1000	1030	1000
四、荣获表彰情况							
三八红旗手标兵	(个)		10		10		10
三八红旗手	(个)	1346	1484	1774	1731	1948	2274
三八红旗手集体	(个)	987	685	798	858	847	897
巾帼文明岗	(个)	332	656	2278	1803	1729	1780
巾帼建功标兵	(个)	170	235	165	75	51	54
巾帼建功先进集体	(个)	70	79	52	4	16	10
各级揭晓“最美家庭”	(户)	17432	26285	34273	31310	32881	32892

10—13 残疾人数量情况

项目	数量 (万人)	比重 (%)
合计	**539.9**	**100.0**
1.按残疾类别分		
视力残疾	75.3	14.0
听力残疾	136.1	25.1
言语残疾	11.5	2.1
肢体残疾	121.6	22.5
智力残疾	27.2	5.0
精神残疾	52.5	9.7
多重残疾	115.7	21.4
2.按性别构成分		
男性	272.2	50.4
女性	267.7	49.6
3.按年龄构成分		
0～14岁	40.1	7.4
15～64岁	220.7	40.9
65岁及以上	279.1	51.7
4.按城乡分布分		
城镇	171.5	31.8
农村	368.4	68.2
5.学龄残疾儿童受教育情况		
不识字	9.5	39.0
未上过学	0.2	0.9
小学程度	13.2	54.4
初中程度	1.4	5.7
6.15岁以上残疾人口的婚姻状况		
未婚	67.8	13.6
在婚有配偶	276.0	55.2
离婚及丧偶	155.9	31.2

注：1．2006年广东省第二次全国残疾人抽样调查结果显示，全省共有残疾人539.9万，占广东总人口的5.86%。
2．学龄残疾儿童指6～14岁学龄残疾儿童。
3．5、6、7项为合计数的其中项。

10－14　2020年残疾人口地区分布及构成

市　别	残　疾现患率(%)	推算的残疾人口数(万人)	各种类别残疾构成(%)						
			视力	听力	言语	肢体	智力	精神	多重
全　省	5.9	539.9	14.0	25.2	2.1	22.5	5.0	9.7	21.4
广　州	5.3	52.1	11.7	21.7	2.0	23.2	4.9	13.6	22.9
深　圳	4.2	36.0	4.1	46.4	1.0	22.7	5.2	8.3	12.4
珠　海	5.3	7.9	10.9	27.5	1.7	19.5	5.2	11.6	23.5
汕　头	4.4	22.8	19.8	14.9	1.3	24.4	4.9	12.7	22.1
佛　山	6.5	19.8	13.7	21.2	2.7	27.0	5.8	10.6	19.0
韶　关	5.8	35.1	10.9	29.8	1.9	14.1	2.7	16.5	24.2
河　源	6.1	42.6	12.4	18.2	3.1	33.8	3.8	10.2	18.6
梅　州	6.7	28.5	11.8	29.5	0.7	20.3	4.0	9.0	24.8
惠　州	5.8	35.3	13.8	24.9	2.5	19.7	5.2	7.7	26.1
汕　尾	6.3	24.2	15.5	37.1	1.0	20.6	1.5	5.8	18.5
东　莞	5.9	22.9	10.3	22.0	3.3	25.2	0.5	5.6	33.2
中　山	5.8	25.0	14.4	26.5	5.9	19.8	6.9	7.7	18.8
江　门	5.8	16.9	23.3	20.2	1.6	20.4	4.4	9.3	20.9
阳　江	7.1	20.6	20.9	21.9	1.6	20.9	7.9	3.2	23.7
湛　江	6.5	15.8	4.0	31.7	0.5	24.1	9.4	9.8	20.5
茂　名	8.2	30.9	9.2	37.7	1.8	19.1	3.7	11.0	17.5
肇　庆	4.0	27.6	13.0	26.8	0.9	23.3	5.1	9.8	21.2
清　远	5.7	14.6	8.7	36.2	2.3	5.1	17.4	11.5	18.8
潮　州	6.1	16.1	22.9	31.4	0.9	11.7	1.4	6.7	25.1
揭　阳	5.2	30.3	13.6	12.6	3.1	34.4	5.8	13.0	17.5
云　浮	6.2	15.1	18.5	19.7	1.7	26.4	3.9	7.3	22.5

注：根据2006年广东省第二次全国残疾人抽样调查结果推算。

10−15　各市持证残疾人数(2020年)

单位：人

市　别	持　证 残疾人 总　数	残疾类别						
		视力	听力	言语	肢体	智力	精神	多重
全　省	**1716391**	**141761**	**155243**	**29595**	**780106**	**184896**	**318527**	**106263**
广　州	170701	12559	23050	1451	76270	19172	29590	8609
深　圳	33715	1785	3802	521	12550	3950	8801	2306
珠　海	21792	1841	4062	228	9499	2074	3346	742
汕　头	67995	3784	4942	792	26098	10637	17410	4332
佛　山	73056	5149	11287	1101	32119	9302	11504	2594
韶　关	87098	8350	6985	1408	43573	9935	12271	4576
河　源	96200	10448	8625	2939	44548	9202	15895	4543
梅　州	123584	10669	6255	2405	54302	15024	24141	10788
惠　州	61216	4066	4872	633	25787	7305	14678	3875
汕　尾	51660	2852	2611	1068	22722	7619	10996	3792
东　莞	47150	4523	6411	1140	23127	3859	6686	1404
中　山	26427	1257	3689	602	10999	3156	4892	1832
江　门	69307	5589	4325	750	32110	7348	14429	4756
阳　江	62019	4574	3609	1029	31493	4556	12944	3814
湛　江	138949	12224	7727	2701	67636	16528	25457	6676
茂　名	142601	12169	7784	2921	69933	13666	27751	8377
肇　庆	113294	13041	18764	2214	45486	9426	17563	6800
清　远	103904	9495	7019	1372	50682	10353	18128	6855
潮　州	37545	2963	2032	825	16052	4773	8301	2599
揭　阳	85035	5959	4727	2312	34154	10965	17434	9484
云　浮	103143	8464	12665	1183	50966	6046	16310	7509

注：数据截止至2020年12月31日各市已办证持证数据。

10–16 残联组织建设情况(2016–2020年)

项　　目	单位	2016	2017	2018	2019	2020
省级						
1.省级残联数	(个)	1	1	1	1	1
2.残联机关工作人员总数	(人)	52	52	52	52	55
#残疾人干部人数	(人)	7	7	5	5	4
3.所属事业单位单位个数	(个)	5	5	5	4	4
工作人员总数	(人)	276	276	213	171	112
#残疾人数	(人)	15	15	9	7	5
4.举办干部培训班	(期)	5	5			1
#培训人次	(人次)	150	150			60
5.举办残疾人干部培训班	(期)	1	1			
#培训人次	(人次)	30	30			
地市级						
1.地市级残联数	(个)	21	21	21	21	21
2.残联机关工作人员总数	(人)	332	334	336	344	345
#残疾人干部人数	(人)	21	21	25	29	33
3.所属事业单位个数	(个)	75	76	76	74	73
工作人员总数	(人)	2595	2672	2784	2954	2545
#残疾人数	(人)	102	103	102	100	83
4.举办干部培训班	(期)	122	119	37	14	29
#培训人次	(人次)	1900	1901	1548	1798	1460
5.举办残疾人干部培训班	(期)	12	13	4	5	15
#培训人次	(人次)	498	739	583	566	644
县市区						
1.县(市、区)残联数	(个)	137	137	137	135	132

注：2020年省级工作人员中不包括购买服务74人。

10-16 续表

项　　目	单位	2016	2017	2018	2019	2020
2.残联机关工作人员总数	(人)	1172	1188	1188	1227	1181
#残疾人干部人数	(人)	63	55	54	46	50
3.所属事业单位单位个数	(个)	182	180	183	178	180
工作人员总数	(人)	1098	1100	871	1119	1111
#残疾人数	(人)	53	57	58	54	42
4.举办干部培训班	(期)	220	236	195	282	251
#培训人次	(人次)	8525	9437	5283	9545	7876
乡镇街道						
1.应建残联数	(个)	1640	1648	1649	1649	1646
2.已建残联数	(个)	1634	1640	1644	1645	1645
3.残联机关实有工作人员	(人)	2030	2092	2221	2207	2141
4.专职残联理事长数	(人)	412	390	459	445	419
5.兼职残联理事长数	(人)	365	345	282	274	273
6.残疾人专职委员	(人)	2123	2069	2325	2295	2348
7.举办干部培训班	(期)	878	1014	1019	1732	1231
#培训人次	(人次)	7543	9954	6917	19959	9147
村(社区)						
1.村(含农村社区)残疾人组织建设						
#应建残协数	(个)	19330	19292	19311	19254	19265
#已建残协数	(个)	18444	18772	18661	18617	18388
#残疾人专职委员数	(人)	19425	18577	17739	18292	17739
2.社区残疾人组织建设						
#应建残协数	(个)	5530	5570	5259	5173	5186
#已建残协数	(个)	5106	5157	4845	4889	4884
#残疾人专职委员数	(人)	4041	4011	3812	3838	3420

10-17 残疾人康复情况(2016-2020年)

项目	单位	2016	2017	2018	2019	2020
视力残疾康复						
1.视力残疾康复机构	(个)	73	72	115	161	158
2.康复服务	(人)	7992	13144	16916	17812	16129
听力言语残疾康复						
1.听力言语残疾康复机构	(个)	65	76	127	152	158
2.康复服务	(人)	6058	7125	15565	19034	22521
精神残疾康复						
1.精神残疾康复机构数	(个)	244	96	191	251	252
2.康复服务	(人)	45138	63985	113223	118508	144365
孤独症儿童康复						
1.孤独症儿童康复训练机构	(个)	136	195	224	268	310
2.康复服务	(人)	3488	4063	4960	6209	7641
肢体残疾康复						
1.肢体残疾康复机构	(个)	261	181	302	374	382
2.康复服务	(人)	32894	76381	116614	106259	101573
智力残疾康复						
1.智力残疾康复机构	(个)	226	201	281	360	377
2.康复服务	(人)	8625	10699	23394	22956	28247

注：2016年开始，17岁以上各项残疾人康复工作仅统计持证残疾人。

10-18 残疾人扶贫与托养(2016-2020年)

项目		2016	2017	2018	2019	2020
残疾人扶贫						
1.残疾人扶贫基地	(个)	109	103	67	59	55
2.安置残疾人就业	(人)	3317	3291	2000	1744	1470
3.贫困残疾人危房改造完成	(户)	2106	3656	2195	1546	2087
4.危房改造项目受益残疾人	(人)	2204	3956	2523	1887	2132
残疾人托养						
1.残疾人托养机构总数	(个)	606	1017	1169	1354	1774
2.机构托养残疾人数	(人)	20362	41132	36350	38023	34974
3.享受居家托养服务的残疾人数	(人)	15935	14273	8208	7781	1247

注：2017年开始托养机构中新增康园中心为主的日间照料托养机构。

10−19 残疾人教育情况(2016−2020年)

项目	单位	2016	2017	2018	2019	2020
学前康复教育阶段						
1.残疾人事业专项彩票公益金助学项目资助	(人)	446	1403	1255	1545	895
2.其他残疾儿童学前教育助学项目资助	(人)	189	119	552	486	634
义务阶段教育						
1.未入学学龄残疾儿童少年	(人)	7101	5108	2547	2687	106
视力残疾儿童少年	(人)	153	107	31	43	2
听力残疾儿童少年	(人)	207	131	65	144	5
言语残疾儿童少年	(人)	370	261	117	145	5
肢体残疾儿童少年	(人)	2219	1190	689	482	24
智力残疾儿童少年	(人)	1823	1645	872	905	37
精神残疾儿童少年	(人)	755	634	236	371	11
多重残疾儿童少年	(人)	1574	1140	537	597	22
高中阶段教育						
1.特殊教育普通高中机构数(盲校与聋校)	(个)	8	6	6	7	7
2.特殊教育普通高中的在校学生数	(人)	543	462	444	412	390
3.残疾人中等职业教育机构数	(个)	8	10	11	9	9
4.残疾人中等职业教育在校学生数	(人)	1116	1547	1307	1172	1693
高等教育						
1.省内高等特殊教育学院录取残疾人数	(人)	85	76	76	89	72
专科(高职)学校个数:	(个)	2	2	2	2	2
专科(高职)录取人数:	(人)	85	76	76	89	72
2.全国普通高等院校录取残疾人数	(人)	485	550	565	679	714
本科及以上录取人数	(人)	167	185	177	204	206
专科(高职)录取人数	(人)	318	365	387	475	502

注：近两年教育部门启用全国未入学儿童监测平台，加大力度对未入学的残疾儿童少年落实“一人一案”要求进行安置入学，未入学的残疾儿童少年人数大幅减少。

10-20 残疾人宣传与文化活动(2016-2020年)

项目	单位	2016		2017		2018	
		省级	地市级	省级	地市级	省级	地市级
宣传							
1.组织新闻发布会	(次)	2	30	2	31	2	32
2.广播电台残疾人专题节目	(个)	1	11	1	14	1	14
3.电视手语栏目	(个)	1	9	1	11	1	11
文化							
1.盲文书架及盲人有声读物图书室	(个)	1	13	1	17	1	17
2.残疾人文化周	(场次)	3	73	4	76	3	91
3.残疾人文化艺术类的比赛及展览	(次)	5	35	5	39	4	50
4.残疾人艺术团队	(个)	1	22	1	34	1	39

10-20 续表

项目	单位	2019		2020	
		省级	地市级	省级	地市级
宣传					
1.组织新闻发布会	(次)	2	35	2	4
2.广播电台残疾人专题节目	(个)	2	16	1	14
3.电视手语栏目	(个)	1	15	1	13
文化					
1.盲文书架及盲人有声读物图书室	(个)	1	18	1	19
2.残疾人文化周	(场次)	3	93	3	81
3.残疾人文化艺术类的比赛及展览	(次)	4	55	3	52
4.残疾人艺术团队	(个)	1	52	1	12

注：2016年与2017年组织新闻发布会(次)数据中包含及媒体播报新闻次数。残疾人艺术团2020年数据不包含县区。

10-21 各市未入学学龄残疾儿童少年总数(2016-2020年)

单位：人

市别	2016	2017	2018	2019	2020
全省	**7101**	**5108**	**2547**	**2687**	**106**
广州	262	349	508	267	11
深圳	156	193	9	125	
珠海	48	50	19	24	
汕头	726	672	13	48	11
佛山		20	3		
韶关	179	151	13	25	11
河源	727	195	220	99	6
梅州	1046	504	33	18	
惠州	18	50	6	25	2
汕尾	727	688	680	216	15
东莞	88	78	61	67	6
中山	21	18	23	52	3
江门	93	47	14	20	
阳江	339	217	16	91	8
湛江	502	197	343	144	6
茂名	592	285	76	93	3
肇庆	115	145	76	76	4
清远	352	283	13	377	11
潮州	18	125	26	23	
揭阳	813	718	306	804	8
云浮	279	123	89	93	1

注：近两年教育部门启用全国未入学儿童监测平台，加大力度对未入学的残疾儿童少年落实“一人一案”要求进行安置入学，未入学的残疾儿童少年人数大幅减少。

10-22 省十三届人民代表大会代表构成情况统计(2020年)

单位：人，%

代表构成	数量	代表构成	数量
代表总数	**779**	工农	
性别		人数	195
男		比重	25.0
人数	519	解放军	
比重	66.6	人数	27
女		比重	3.5
人数	260	党政领导干部	
比重	33.4	人数	129
民族		比重	16.6
汉族		归侨侨眷	
人数	757	人数	35
比重	97.2	比重	4.5
少数民族		中共党员	
人数	22	人数	497
比重	2.8	比重	63.8

10-23 政协第十二届广东省委员会委员情况(2020年)

单位：人

委员情况	数量	委员情况	数量
委员总数	**800**	学 历	
基本情况		研究生	487
中共党员	308	大学本科	230
非中共党员(其中民主党派)	492	大学专科及以下	83
#民主党派	207	年龄	
女	157	35岁及以下	4
少数民族	19	36～45岁	60
宗教人士	11	46～54岁	239
非公有制经济人士	189	55～60岁	353
新社会阶层	5	61～69岁	137
港澳台人士		70岁以上	7
香港人士	103	**常委人数**	**145**
澳门人士	35	**中共党员**	**47**
台籍人士	8	**非中共党员**	**98**
		女	**26**

10−24 各市宗教活动场所(2015年)

单位：处

市别	寺观教堂					固定处所				
	佛教	道教	伊斯兰教	天主教	基督教	佛教	道教	伊斯兰教	天主教	基督教
全省	**1093**	**133**	**7**	**315**	**571**	**519**	**100**	**4**	**63**	**219**
广州	17	6	4	4	15	6	2	1	3	23
深圳	5	1	1	5	11	1			5	19
珠海	2					1		1	1	7
汕头	197	3		43	67	132	3		5	12
佛山	9	4		6	11					3
韶关	15	4		7	13	5				10
河源	39	20		21	77	22	11			14
梅州	200	9		33	78	115	13		2	38
惠州	28	15		7	9	48	24	1	5	28
汕尾	42	10		68	33	34	6		3	7
东莞	19	6		1	8	19		1	1	7
中山	7	1		2	7	1				2
江门	10	3		11	32	8			1	5
阳江	10			1	2	4				4
湛江	193	3		15	33	39	2			4
茂名	18	21		2	5	19	28			2
肇庆	8		2	6	8	9	3			4
清远	11	10		3	25	2				12
潮州	113			27	52	16				4
揭阳	131	14		45	73	22	8		37	10
云浮	10			2	4	16				3
顺德	8	2		6	6					1
省佛协	1									
省道协		1								
省伊协										
省天主教两会										
省基督教两会					2					

10−25 各市宗教活动场所(2016年)

单位：处

市别	寺观教堂					固定处所				
	佛教	道教	伊斯兰教	天主教	基督教	佛教	道教	伊斯兰教	天主教	基督教
全省	**1094**	**131**	**7**	**316**	**565**	**552**	**108**	**3**	**63**	**228**
广州	17	6	4	5	15	6	3		3	23
深圳	7		1	5	10		1		5	21
珠海	2					1		1	1	7
汕头	197	3		43	64	135	3		5	17
佛山	17	5		12	17		1			4
#顺德	8	1		6	6	1	1			1
韶关	15	4		7	13	5				10
河源	39	20		21	77	24	11			15
梅州	200	9		33	78	119	13		2	38
惠州	28	15		7	9	53	24	1	5	28
汕尾	42	10		68	33	38	7		3	7
东莞	19	6		1	8	22		1	1	7
中山	7	1		2	7	1				2
江门	11	3		11	32	8			1	4
阳江	10			1	2	6				4
湛江	193	3		15	33	39	2			5
茂名	18	21		2	5	20	31			2
肇庆	7		2	7	7	11	3			4
清远	11	10		3	25	2				12
潮州	113			26	51	20				5
揭阳	130	14		45	73	25	9		37	10
云浮	10			2	4	17				3
省佛协	1									
省道协		1								
省伊协										
省天主教两会										
省基督教两会					2					

10–26 各市宗教活动场所(2017年)

单位：处

市别	寺观教堂					固定处所				
	佛教	道教	伊斯兰教	天主教	基督教	佛教	道教	伊斯兰教	天主教	基督教
全省	**1092**	**128**	**7**	**311**	**567**	**574**	**114**	**5**	**70**	**229**
广州	16	5	4	5	15	19	4	2	4	21
深圳	4		1	5	11	3	1		5	19
珠海	2					1		1	1	7
汕头	197	3		43	64	135	4		5	17
佛山	17	4		12	17		2			4
韶关	15	4		7	13	5				10
河源	39	20		21	77	25	11			15
梅州	200	9		32	78	119	13		2	38
惠州	28	15		7	9	53	23	1	5	28
汕尾	42	10		68	33	41	9		5	7
东莞	19	6		1	8	24		1	1	8
中山	7	1		2	7	1				2
江门	11	3		11	32	8			1	4
阳江	10			1	2	8				4
湛江	194	2		11	33	39	5		4	6
茂名	18	21		2	5	20	30			2
肇庆	8		2	7	7	8	3			8
清远	11	10		3	25	2				12
潮州	113			26	52	21				4
揭阳	130	14		45	73	25	9		37	10
云浮	10			2	4	17				3
省佛协	1									
省道协		1								
省伊协										
省天主教两会										
省基督教两会					2					

10−27 各市宗教活动场所(2018年)

单位：处

市别	寺观教堂					固定处所				
	佛教	道教	伊斯兰教	天主教	基督教	佛教	道教	伊斯兰教	天主教	基督教
全　省	**1097**	**130**	**7**	**305**	**563**	**565**	**113**	**3**	**79**	**224**
广　州	15	5	4	4	15	20	4		7	21
深　圳	4		1	5	11	5	1		6	18
珠　海	2							1	1	7
汕　头	211	4		43	71	122	4		4	9
佛　山	16	5		12	17	1	1			4
韶　关	15	4		7	13	5				10
河　源	39	20		21	72	25	12			14
梅　州	200	9		34	78	120	13		3	38
惠　州	28	15		7	9	53	22	1	5	28
汕　尾	36	10		62	28	38	9		10	9
东　莞	19	6		1	8	24		1	1	8
中　山	8	1		2	7	1				2
江　门	11	3		11	32	8			1	4
阳　江	10			1	2	9	1			4
湛　江	194	2		11	32	38	4		4	7
茂　名	18	21		2	5	23	30			4
肇　庆	6		2	6	7	8	3			8
清　远	10	10		3	25	2				12
潮　州	113			26	52	21				4
揭　阳	131	14		45	73	25	9		37	10
云　浮	10			2	4	17				3
省佛协	1									
省道协		1								
省伊协										
省天主教两会										
省基督教两会					2					

10-28 各市宗教活动场所(2019年)

单位：处

市别	寺观教堂					固定处所				
	佛教	道教	伊斯兰教	天主教	基督教	佛教	道教	伊斯兰教	天主教	基督教
全　省	**1086**	**126**	**7**	**302**	**559**	**586**	**124**	**3**	**75**	**230**
广　州	15	6	4	4	17	21	6		4	21
深　圳	7		1	5	13	9	1		6	18
珠　海	2							1	1	7
汕　头	198	3		43	68	138	8		4	12
佛　山	15	4		12	17		2			4
韶　关	15	4		6	12	4				9
河　源	31	20		21	68	33	11			18
梅　州	209	9		32	78	111	13		2	38
惠　州	30	14		6	9	51	24	1	6	28
汕　尾	36	10		62	28	42	9		10	9
东　莞	19	6		1	8	23		1	1	8
中　山	7	1		2	7	1				2
江　门	11	3		11	32	8			1	4
阳　江	10			1	2	10				4
湛　江	192	2		12	32	39	5		3	7
茂　名	18	20		2	5	23	33			4
肇　庆	6		2	6	7	8	3			8
清　远	10	9		3	25	2				12
潮　州	113			26	52	21				4
揭　阳	131	14		45	73	25	9		37	10
云　浮	10			2	4	17				3
省佛协	1									
省道协		1								
省伊协										
省天主教两会										
省基督教两会					2					

10-29 各市宗教活动场所(2020年)

单位：处

市别	寺观教堂					固定处所				
	佛教	道教	伊斯兰教	天主教	基督教	佛教	道教	伊斯兰教	天主教	基督教
全省	**1096**	**124**	**7**	**303**	**560**	**578**	**123**	**3**	**75**	**230**
广州	15	6	4	4	17	18	2		4	22
深圳	10		1	7	14	7	1		5	18
珠海	2							1	1	7
汕头	198	3		43	69	138	8		4	11
佛山	15	4		12	17	3	2			4
韶关	15	4		6	12	4			1	9
河源	33	19		21	68	32	12			18
梅州	215	11		31	79	106	12		3	37
惠州	30	12		6	9	51	26	1	6	28
汕尾	36	10		63	28	44	10		8	9
东莞	18	6		1	8	24		1	1	8
中山	8	1		2	7	1				2
江门	11	3		11	32	8			1	4
阳江	10			1	2	10				4
湛江	194	2		11	33	37	7		4	7
茂名	18	19		2	5	24	32			4
肇庆	6	1	2	6	8	8	2			7
清远	11	9		3	25	1				12
潮州	113			26	52	17				4
揭阳	127	14		45	71	29	9		37	12
云浮	11			2	4	16				3

10-30 各市宗教教职人员(2015年)

单位：人

市别	佛教		道教		伊斯兰教	天主教				基督教			小计
	僧	尼	乾道	坤道	阿訇	主教	神父	执事	修女	牧师	长老	传道	
全省	**2379**	**2304**	**642**	**292**	**18**	**6**	**82**	**7**	**123**	**264**	**131**	**593**	**6841**
广州	85	41	39		9	1	10		15	25		37	262
深圳	120	1			2		9		8	17	8	22	187
珠海	36				1		1			6		6	50
汕头	226	282	2	5		1	8		4	30	13	37	608
佛山	112	72	30	7			2		4	5	2	24	258
韶关	301	134	21	1			1		2	3	6	12	481
河源	15	1	51	34	1		2			11	23	71	209
梅州	313	314	36	21		1	7		19	25	36	89	861
惠州	96	34	111	9	1	1	4		7	10	1	20	294
汕尾	164	117	26	38			5		7	5	7	13	382
东莞	47	33	15	1	1		1		2	7	3	9	119
中山	26	11	6				1			16		12	72
江门	40	36	17	5	2	1	2		14	14	1	33	165
阳江	23	12					1		2	1		9	48
湛江	189	823	26	1		1	12		25	12		13	1106
茂名	92	35	170	25			1			2		3	328
肇庆	58	3	15		1		1		3	1	1	15	98
清远	32	13	21	7			1			5	4	42	125
潮州	62	75					3			17	8	35	200
揭阳	187	196	39	124			8	7	7	31	13	65	677
云浮	43	14					1		2	3		7	70
顺德	50	57	4	5			1		2	2	1	11	133
光孝寺	62												62
圆玄道观			13	9									
省伊协													22
省天主教两会													
省基督教两会										16		8	24

10-31 各市宗教教职人员(2016年)

单位：人

市别	佛教		道教		伊斯兰教	天主教				基督教			小计
	僧	尼	乾道	坤道	阿訇	主教	神父	执事	修女	牧师	长老	传道	
全　省	**2513**	**2390**	**639**	**289**	**36**	**5**	**80**		**120**	**305**	**140**	**670**	**7187**
广　州	85	42	39		10	1	12		22	25		37	273
深　圳	116	1	10		10		12		8	24	8	24	213
珠　海	61				1		1			6		9	78
汕　头	226	282	2	5		1	5		4	36	11	34	606
佛　山	128	81	31	7			1		1	7	2	21	279
韶　关	301	134	21	1			3		2	3	6	12	483
河　源	15	2	51	34	1		3		2	12	23	69	212
梅　州	313	331	35	21		1	7		12	34	45	132	931
惠　州	94	42	111	9	1		4		7	12	2	20	302
汕　尾	181	126	26	38			4		7	6	7	23	418
东　莞	50	33	14	1	10		2		1	11	3	10	135
中　山	28	11	7				2		2	16		10	76
江　门	34	37	14	4		1	1		12	14	1	32	150
阳　江	29	12							2	1		15	59
湛　江	189	823	30	8		1	6		15	12	5	18	1107
茂　名	108	38	170	25						2		3	346
肇　庆	45	3	14		1		1		3	1		19	87
清　远	34	11	20	7			1		2	4	4	54	137
潮　州	136	105					4		1	17	9	38	310
揭　阳	187	196	40	124			8		15	39	13	65	687
云　浮	43	14					1		2	3		7	70
顺　德	53	66	4	5			2			3	1	10	144
省佛协	57												57
圆玄道观													
省伊协					2								2
省天主教两会													
省基督教两会										17		8	25

10-32 各市宗教教职人员(2017年)

单位：人

市别	佛教		道教		伊斯兰教	天主教				基督教			小计
	僧	尼	乾道	坤道	阿訇	主教	神父	执事	修女	牧师	长老	传道	
全省	**2443**	**2396**	**653**	**299**	**37**	**5**	**79**	**7**	**114**	**317**	**135**	**654**	**7139**
广州	126	55	38		11	1	11		22	27		47	338
深圳	116	1	10		10		12		8	24	8	24	213
珠海	42				1		1			6		13	63
汕头	226	282	2	5		1	8		4	36	11	34	609
佛山	114	82	31	3			2		2	7	2	21	264
韶关	326	142	21	1			3		2	4	7	10	516
河源	40	17	51	34	1	1	3			14	23	67	251
梅州	313	350	34	36			7		14	27	39	114	934
惠州	104	50	126	9	1		4		8	17	2	23	344
汕尾	192	120	26	38			4		7	6	7	23	423
东莞	51	33	15	2	10		2		4	11	3	14	145
中山	28	11	7				1		2	16		12	77
江门	58	41	13	4	2	1	1		14	24	1	20	179
阳江	29	12					1		2	1		15	60
湛江	189	823	33	10		1	5		14	14	6	13	1108
茂名	49	41	174	26			1			2		3	296
肇庆	59	5	16		1		1		2	1		21	106
清远	40	12	16	7			1			4	4	54	138
潮州	111	109					2			17	9	46	294
揭阳	187	196	40	124			8	7	7	39	13	65	686
云浮	43	14					1		2	3		7	70
省佛协													
圆玄道观													
省伊协													
省天主教两会													
省基督教两会										17		8	25

10-33 各市宗教教职人员(2018年)

单位：人

市别	佛教		道教		伊斯兰教	天主教				基督教			小计
	僧	尼	乾道	坤道	阿訇	主教	神父	执事	修女	牧师	长老	传道	
全省	**2635**	**2522**	**680**	**308**	**40**	**5**	**72**	**15**	**123**	**292**	**134**	**672**	**7498**
广州	238	85	51		11	1	14		23	29		48	500
深圳	263	1	8	1	13				10	26	8	46	376
珠海	51				1		1			6		13	72
汕头	235	302	5	8		1	6	1	3	33	10	49	653
佛山	87	99	33	3			2		2	7	2	28	263
韶关	326	142	21	1			3		2	4	7	10	516
河源	41	17	70	40	1		3		2	12	25	68	279
梅州	335	407	13	21		1	6	1	11	19	38	92	944
惠州	120	52	130	9	1		5		8	17	2	25	369
汕尾	156	111	28	39			4		6	6	7	22	379
东莞	58	33	15	13	10			4	5	13	3	15	169
中山	22	10	6	2			1		1	16		18	76
江门	60	36	11	2	1	1	8	2	21	21	1	25	189
阳江	29	12	1						2	2		14	60
湛江	65	823	34	8		1	6		15	14	6	9	981
茂名	87	47	167	24						2		2	329
肇庆	78	4	19		2		1		3	1		20	128
清远	39	14	28	13			1			5	4	53	157
潮州	89	114					2			17	8	43	273
揭阳	187	196	40	124			8	7	7	39	13	65	686
云浮	69	17					1		2	3		7	99

10-34 各市宗教教职人员(2019年)

单位：人

市别	佛教		道教		伊斯兰教	天主教				基督教			小计
	僧	尼	乾道	坤道	阿訇	主教	神父	执事	修女	牧师	长老	传道	
全　省	**2755**	**2635**	**741**	**380**	**37**	**6**	**98**	**4**	**135**	**327**	**127**	**707**	**7952**
广　州	178	76	51		11	1	16		25	25		44	427
深　圳	151	4	7	1	12		13		13	27	7	42	277
珠　海	40				1		1			8		12	62
汕　头	267	278	9	9	1	1	6	2	3	44	10	34	664
佛　山	106	88	38	3	1		2		2	7	2	31	280
韶　关	338	168	15	1			6		2	4	7	25	566
河　源	38	18	70	40	1		4		2	12	19	66	270
梅　州	290	380	29	37	1	1	7		15	27	39	137	963
惠　州	149	56	108	9	1		5		8	17	1	20	374
汕　尾	121	115	32	41			5		6	6	7	16	349
东　莞	62	35	11	8	6		4		4	12	3	14	159
中　山	24	10	6	1			1		1	18		17	78
江　门	62	40	11	2	1	1	8	2	20	21	1	27	196
阳　江	41	2	1				1		2	2		14	63
湛　江	214	893	76	19		1	7		14	15	5	12	1256
茂　名	91	46	165	24						2		2	330
肇　庆	78	26	19		1		1		4	1		17	147
清　远	39	14	28	13			1			7	4	55	161
潮　州	126	122					2			18	9	39	316
揭　阳	227	251	45	161		1	7		12	33	13	68	818
云　浮	55	13					1		2	2		5	78
光 孝 寺	58												58
圆玄道观			20	11									31
省 伊 协													
省天主教两会													
省基督教两会										19		10	29

注：以上数据为教职人员资格已认定备案数。

10−35 各市宗教教职人员(2020年)

单位：人

市别	佛教		道教		伊斯兰教	天主教				基督教			小计
	僧	尼	乾道	坤道	阿訇	主教	神父	执事	修女	牧师	长老	传道	
全省	**2074**	**2526**	**713**	**470**	**55**	**5**	**82**		**110**	**326**	**106**	**247**	**6714**
广州	253	107	78	8	33	1	20		27	37	1	5	570
深圳	124	4	10	3	12		5			32	4	6	200
珠海	47		3	1	1		1			8			61
汕头	235	326	10	20		1	7		7	41	10	18	675
佛山	88	86	32	4			2		3	8	4	2	229
韶关	177	116	9	1			3		4	4	6		320
河源	48	21	75	49	1		4		2	13	17	35	265
梅州	91	203	28	49		1	7		11	28	31	57	506
惠州	102	51	101	11	1		5		4	17	2	6	300
汕尾	92	125	26	37			3		4	5	2	1	295
东莞	49	33	22	8	6		3		3	10		1	135
中山	29	13	5	1			1		1	19			69
江门	44	39	10	3		1	2		13	20	1	10	143
阳江	41	21					1		1	3		9	76
湛江	183	969	110	30		1	5		14	15	6	8	1341
茂名	43	32	82	26			1			1			185
肇庆	44	13	14	1	1		1		2	3		11	90
清远	23	10	38	5			1			8	4	29	118
潮州	126	107					2			19	9		263
揭阳	177	238	60	213			7		12	33	9	46	795
云浮	58	12					1		2	2		3	78

注：以上数据为教职人员资格已认定备案数。

10-36 省级艺术家会员情况表(2017-2020年)

指标名称	单位	2017	2018	2019	2020
一、戏剧家协会会员人数	人	2668	2686	2752	2823
其中：男性	人	1764	1776	1816	1859
女性	人	904	910	936	964
戏剧家协会会员人数性别比	女性为100	195.13	195.16	194.02	192.84
二、电视艺术家协会会员人数	人	1354	1365	1403	1350
其中：男性	人	1078	1085	1113	834
女性	人	276	280	290	516
电视艺术家协会会员人数性别比	女性为100	390.58	387.5	383.79	161.63
三、电影家协会会员人数	人	819	872	937	987
其中：男性	人	627	663	635	673
女性	人	192	209	302	314
电影家协会会员人数性别比	女性为100	326.56	317.22	210.26	214.33
四、音乐家协会会员人数	人	4176	4300	4543	4755
其中：男性	人	2403	2520	2654	2500
女性	人	1773	1780	1880	2255
音乐家协会会员人数性别比	女性为100	135.53	141.57	141.17	110.86
五、舞蹈家协会会员人数	人	872	911	1407	1480
其中：男性	人	243	255	561	586
女性	人	629	656	846	894
舞蹈家协会会员人数性别比	女性为100	38.63	38.87	66.31	65.55
六、美术家协会会员人数	人	3796	3902	4230	4422
其中：男性	人	3105	3185	3440	3571
女性	人	691	717	790	851
美术家协会会员人数性别比	女性为100	449.35	444.21	435.44	419.62

10－36 续表

指标名称	单位	2017	2018	2019	2020
七、书法家协会会员人数	人	4885	5227	5706	5635
其中：男性	人	4492	4797	4881	5060
女性	人	393	430	825	575
书法家协会会员人数性别比	女性为100	1143	1115.58	591.64	880
八、民间文艺家协会会员人数	人	2071	2120	2238	2387
其中：男性	人	1756	1787	1860	1971
女性	人	315	333	378	416
民间文艺家协会会员人数性别比	女性为100	557.46	536.64	492.06	473.8
九、文艺评论家协会会员人数	人	490	513	542	552
其中：男性	人	366	383	395	399
女性	人	124	130	147	153
文艺评论家协会会员人数性别比	女性为100	295.16	294.62	268.7	260.78
十、摄影家协会会员人数	人	5507	6126	6449	6781
其中：男性	人	4678	5092	5289	5527
女性	人	829	1034	1160	1254
摄影家协会会员人数性别比	女性为100	564.29	492.46	455.95	440.75
十一、杂技家协会会员人数	人	807	827	806	823
其中：男性	人	425	435	547	576
女性	人	382	392	259	247
杂技家协会会员人数性别比	女性为100	111.26	110.97	211.2	211.2
十二、曲艺家协会会员人数	人	1313	1333	1424	1506
其中：男性	人	808	821	873	905
女性	人	505	512	551	601
曲艺家协会会员人数性别比	女性为100	160	160.35	158.44	150.58

主要统计指标解释

基层团组织 是指企业、农村、机关、学校、科研院所、街道社区、社会团体、社会中介组织、人民解放军连队、人民武装警察部队中队和其他基层单位的团组织。

机关事业单位团组织、团干部 含乡镇、街道团组织、团干部。

农村团员 不含学生团员、企业团员、外出务工团员。

企业团员 含外来务工团员。

中专学校列入中职学校类别统计。

专兼职团干部 专职团干部是指在按照“三定”方案单独设置的团组织机构中，有正式编制（或岗位设置）的团干部；兼职团干部是指以团的工作为辅，在团内兼职的团干部。

宗教活动场所 是指信教公民开展集体宗教活动的寺院、宫观、清真寺、教堂（简称寺观教堂）和其他固定宗教活动处所，是非营利性组织。寺观教堂和其他固定宗教活动处所的区分标准由省、自治区、直辖市人民政府宗教事务部门制定，报国务院宗教事务部门备案。其中，寺院包括佛教寺、庙、宫、庵、禅院等；宫观包括道教的宫、观、祠、庙、府、洞等；清真寺，即伊斯兰教信徒进行集体宗教活动的场所；教堂，即天主教、基督教信徒进行集体宗教活动的场所。其他固定宗教活动处所主要是指除寺观教堂以外，供信教公民经常进行集体宗教活动的固定活动场所。

宗教教职人员 是指各宗教专门从事教务活动的人员。宗教教职人员的范围，由各全国性宗教团体依本宗教的教义教规并结合实际情况确定。根据各全国性宗教团体制定的教职人员认定办法，宗教教职人员一般具体指：汉传佛教的比丘、比丘尼，藏传佛教的僧人（含活佛），南传佛教的比库（都、法、召章）、帕希提（吴巴赛）、帕萨米、帕祜巴、帕松列、帕松列尚卡拉扎；道教的全真派和正一派道士；伊斯兰教的阿訇、毛拉等；天主教的主教、助理主教、辅理主教、司铎（神甫）、执事、修女；基督教的主教（或称“监督”）、牧师（包括个别教会传统中相当于牧师的长老）、教师（或称“副牧师”）、长老、传道员（或称“教士”）。

十一、基本公共服务主要指标

简要说明

1. 本篇资料主要反映广东省基本公共服务等情况。

2. 本篇资料主要包括：

(1)基本公共教育、劳动就业服务、社会保险、基本社会服务、医疗卫生服务、住房保障、食品药品监管、扶贫情况等。

(2)地区为全省。

(3)年份主要为当年和近 5 年数据。

3. 统计资料来源：本篇资料由省卫健委、省教育厅、省财政厅、省人力资源社会保障厅、省住房和城乡建设厅、省民政厅、省市场监管局、省药品监管局、省扶贫办负责整理、审核、提供。

11-1 基本公共教育(2013-2020年)

指　　标	单位	2013	2014	2015	2016
九年义务教育					
生师比城乡比	乡村=1	1.22	1.22	1.21	1.19
生均教学及辅助用房面积城乡比	乡村=1	0.63	0.63	0.63	0.71
义务教育免费住宿学生数	万人				
义务教育学生营养改善计划受益学生数	万人	3.67	10.73	10.73	21.41
初中毕业生升学率	%	92.53	90.89	93.49	94.33
九年义务教育巩固率	%	91.7	92.8	93.74	94.37
高中阶段教育					
普通高中家庭经济困难学生受资助学生数	万人	21.3	21.23	20.91	20.27
中等职业教育师生比	教师=1	31	28.36	26.06	23.8
中等职业教育双师型教师比重	%	34.11	37.02	40.92	41.72
中等职业教育免费学生数	万人	69.92	73.23	73.63	74.04
中等职业教育与普通高中在校学生数之比	普通高中=1	0.64	0.6	0.57	0.54
学前教育					
公办幼儿园在园幼儿数占全部在园幼儿数比重	%	38.76	36.7	35.1	33.58
学前三年毛入园率	%	95.49	95.67	100.97	105

注：1.2010 年城乡区划分类为城市、县镇、农村，从2011年起重新调整城乡区划分类为城区、镇区和乡村。
2.义务教育学生营养改善计划2016年增加了广州市奖补资金，导致2016年比2015年增加较大。
3.中等职业教育免费学生数由于2012 年调整统计口径，导致2012 年比2011 年增加较大。
4.义务教育免费住宿学生数暂时没有数据。

11-1 续表

指　　标	单位	2017	2018	2019	2020
九年义务教育					
生师比城乡比	乡村=1	1.16	1.13	1.10	1.08
生均教学及辅助用房面积城乡比	乡村=1	0.75	0.78	0.79	0.83
义务教育免费住宿学生数	万人				
义务教育学生营养改善计划受益学生数	万人	25.58	29.36	27.92	27.52
初中毕业生升学率	%	97.99	97.45	98.86	98.76
九年义务教育巩固率	%	93.42	94.71	95.43	96.11
高中阶段教育					
普通高中家庭经济困难学生受资助学生数	万人	19.7	21.49	20.97	19.24
中等职业教育师生比	教师=1	21.99	19.66	19.52	19.77
中等职业教育双师型教师比重	%	40.94	41.51	41.22	41.01
中等职业教育免费学生数	万人	71.9	67.86	67.79	69.15
中等职业教育与普通高中在校学生数之比	普通高中=1	0.53	0.47	0.47	0.46
学前教育					
公办幼儿园在园幼儿数占全部在园幼儿数比重	%	32.1	30.3	29.6	41.1
学前三年毛入园率	%	109.08	112.46	111.57	107.04

注：1.2010 年城乡区划分类为城市、县镇、农村，从2011年起重新调整城乡区划分类为城区、镇区和乡村。
2.义务教育学生营养改善计划2016年增加了广州市奖补资金，导致2016年比2015年增加较大。
3.中等职业教育免费学生数由于2012 年调整统计口径，导致2012 年比2011 年增加较大。
4.义务教育免费住宿学生数暂时没有数据。

11−2　基本劳动就业服务(2015−2020年)

指　标	单位	2015	2016	2017	2018	2019	2020
就业服务和管理							
接受职业指导人数	万人			75.8	84.32	79.85	66.93
接受创业服务人数	万人			10.68	18.62	13.3	15.65
实现就业的就业困难人数	万人	18.4	16.99	17.26	16.8	13.89	11.3
本年消除的零就业家庭户数	户	353	201	266	217	140	193
职业技能培训							
职业技能鉴定考核人数	万人	168.38	131.2832	104.54	74.23	70.28	70.25
劳动权益保护							
劳动保障监察投诉案件结案率	%	100	100	99.98	99.99	99.92	100
劳动人事争议仲裁结案率	%	93.9	93.4	93.47	92.63	92.73	96.45

11−3　基本社会保险(2015−2020年)

指　　　标	单位	2015	2016	2017	2018	2019	2020
基本养老保险							
城镇职工基本养老保险参保人数	万人	5086.5	5392.4	5287.1	4919.7	4633.4	4873.1
城乡居民基本养老保险参保人数	万人	2499.7	2543.2	2586.7	2656.5	2642.3	2657.2
企业退休人员月人均基本养老金	元	2349.3	2431.7	2532.7	2581.7	2710.5	2834.4
失业、工伤保险							
失业保险参保人数	万人	2930.1	3020.1	3163.7	3361.7	3500.8	3603.4
工伤保险参保人数	万人	3122.7	3246.2	3402	3592.5	3815.8	3866.7
社会保险服务保障							
社会保障卡持卡人数	万人	9805	9916	10105	10305	10525	11428
电子社保卡签发人数	万人				48	1413	3628

11-4 基本社会服务(2015-2020年)

指　　标	单位	2015	2016	2017	2018	2019	2020
社会救助							
城乡居民最低生活保障人数	万人	183.3	170.6	169.6	141.1	140.4	143.0
农村特困人员救助供养人数(农村五保供养人数)	万人	24.0	23.2	22.6	22.0	21.4	20.9
社会福利							
每千老年人口养老床位数	张	28.6	30.4	32.9	34.5	34.0	31.8
养老服务机构收留抚养老年人数	万人	6.6	7.1	7.4	7.6	7.9	8.8
儿童收养救助服务机构床位数	万张	0.5	0.6	0.6	0.6	0.6	0.6
提供住宿的社会服务机构年末在院(站)儿童数	万人	0.9	0.9	0.8	0.9	0.8	0.7
优抚安置							
享受国家抚恤补助的优抚对象人数	万人					42.2	40.8
社会服务保障							
每千人口社会服务机构床位数	张	2.26	3.25	4.01	4.18	4.38	3.85
每万人口拥有社会工作专业人才数	人	3.97	5.39	5.84	7.09	9.45	8.96

11–5　基本医疗卫生和人口计划生育(2015–2020年)

指　　标	单位	2015	2016	2017	2018	2019	2020
公共卫生服务							
城乡居民健康档案规范化电子建档率	%	90.03	89.93	84.56	81.25	83.93	94.31
7岁以下儿童健康管理率	%	95.92	95.5	95.34	94.45	95.18	97.45
孕产妇系统管理率	%	91.84	92.11	92.01	91.87	92.88	95.35
甲乙类法定报告传染病发病率	1/10万	313.19	320.16	346.7	310.94	315.37	272.49
人均基本公共卫生服务补助经费	元	42.3	50.2	56.63	60.17	74.64	80.8
医疗服务							
每万人口全科医生数	人	1.31	1.60	1.95	2.26	2.63	3.12
每千人口基层医疗卫生机构执业(助理)医师数	人	0.73	0.76	0.79	0.85	0.89	0.93
每千人口基层医疗卫生机构床位数	张	0.55	0.55	0.57	0.57	0.57	0.58
乡镇卫生院基础设施建设达标率	%						
中医服务							
每千人口中医类别执业(助理)医师数	人	0.29	0.30	0.33	0.35	0.38	0.40
人口和计划生育							
农村部分计划生育家庭奖励扶助人数	万人	19.78	19.92	21.38	21.63	22.39	24.10

注：本表仅包含以妇幼保健院(所、站)为第一名称的机构，不包含与其他类别医院署办公的妇幼保健院。常住人口数使用七人普调整后数据。

11-6 基本住房保障(2015-2020年)

指标	单位	2015	2016	2017	2018	2019	2020
公共租赁住房(廉租住房)							
公共租赁住房(廉租住房)新开工套数	万套	5.28	-	-	-	-	2.22
公共租赁住房(廉租住房)实物保障户数(在保)	万户	28.96	35.82	46.04	49.99	51.40	52.96
住房租赁补贴户数(在保)	万户	3.06	4.14	2.99	2.89	3.15	4.06
棚户区改造							
实际开工的各类棚户区改造住房套数(含货币安置户数)	万套	8.79	8.18	3.84	3.45	2.79	1.95
农村危房改造							
农村危房改造户数	万户	12.82	12.09	7.96	5.73	0.57	0.57

11-7 社会领域一般公共预算主要支出

单位：万元

项目	2020年	2019年	增幅(%)
一般公共预算支出	174307853	172978532	0.8
教育支出	35105572	32105114	9.3
文化旅游体育与传媒支出	4172212	3503340	19.1
文化和旅游	2058714	1732959	18.8
文物	199258	229075	-13
体育	397019	368390	7.8
新闻出版电影	31434	44228	-28.9
广播电视	279028	203591	37.1
社会保障和就业支出	18071954	17034790	6.1
残疾人事业	753744	700493	7.6
卫生健康支出	17729878	15796015	12.2

11—8 食品药品监管基本情况(2015—2020年)

指　　标	单位	2015	2016	2017	2018	2019	2020
一、每万人口食品药品监管人员数	人	0.8	1.14	0.95	1.18	2.68	2.5
二、食品药品检测检验机构县(市、区)级覆盖率	%	30.6	32.2	32.2	33.9	35.2	37.1
三、每百万人口药品不良反应报告数	份	497	551	595	721	698	748
四、食品抽检率	批次		230368	447350	554201	673780	778997
五、食品抽检合格率	%		96.3	97.3	97.6	98.0	97.9
六、受理药品投诉	件	3939	4691	7239	6152	6163	17057
七、受理医疗器械投诉	件	1183	1436	1878	2266	1777	26596
八、受理化妆品投诉	件	7466	8150	8385	11825	10281	67425
九、查处药品案件	件	4245	5950	8332	5438	4155	3331
十、查处医疗器械案件	件	331	614	706	714	542	1456
十一、查处化妆品案件	件	783	1223	1432	1483	1576	2665

注：根据2021年广东省统计局对全省常住人口数据进行平滑调整，2015—2020年“每百万人口药品不良反应报告数”进行了相应调整。

11—9 扶贫情况表(2015—2020年)

指　　标	单位	2015	2016	2017	2018	2019	2020
建档立卡省定贫困村数		2571	2277	2277	2277	2277	2277
建档立卡贫困人口数	(万人)	90.6	176.5	176.5	161.5	161.5	161.5
其中：建档立卡一般贫困人口	(万人)		58.66	58.66	60.9	60.9	60.9
建档立卡低保人口	(万人)		117.87	117.87	81.8	81.8	81.8
建档立卡五保人口	(万人)		-	-	18.8	18.8	18.8
未脱贫人口数	(万人)				11.5	1.5	-
贫困发生率	(%)		4.75	4.75	0.3	0.04	-
当年脱贫人数	(万人)	90.6	54.75	62.26	33.02	11.47	1.50
全省选派驻镇驻村干部人数	(万人)	0.80	4.28	4.28	4.54	4.54	5.65

十二、分县（市、区）和全国各地区部分指标

简要说明

1. 本篇资料主要反映广东省分县区和全国各地区学校、医院、社会组织等情况。

2. 本篇资料主要包括：

(1)各县区医院数、床位数、人员数；各地区高等学校、高中、中职院校、初中、小学等情况；各省社会组织发展指数、社工发展指数，民政事业费支出水平。

(2)地区分全省各县区和全国各地区。

(3)年份主要为 2020 年。

3. 统计资料来源：本篇资料由省教育厅、省卫健委、省民政厅负责整理、审核、提供。

12-1 全省卫生机构、床位、人员数(2020年)

地　区	机构数（个）	床位（张）	卫生人员（人）	卫生技术人员（人）	执业(助理)医师（人）	注册护士（人）
广东省	**55900**	**564701**	**1009408**	**832061**	**307289**	**374807**
广州市	**5550**	**101640**	**214612**	**177835**	**62329**	**82484**
荔湾区	245	7120	12974	11081	4164	5058
越秀区	396	25214	56193	47492	15078	22316
海珠区	352	11064	22223	18607	6201	8754
天河区	867	13563	35037	28319	10407	13415
白云区	849	21517	32186	25700	8686	12438
黄埔区	424	4161	9659	7630	2708	2930
番禺区	559	6359	15641	13273	5206	5775
花都区	585	4303	11181	9572	3700	4333
南沙区	262	1524	3879	3136	1276	1328
从化区	374	2793	5273	4321	1557	2067
增城区	637	4022	10366	8704	3346	4070
韶关市	**2162**	**19345**	**28231**	**23162**	**7984**	**11042**
武江区	209	5371	7720	6146	1833	3391
浈江区	180	2307	3123	2673	953	1268
曲江区	161	1514	2340	1991	765	883
始兴县	156	897	1530	1267	489	518
仁化县	149	809	1369	1154	423	448
翁源县	265	1765	3031	2413	797	1135
乳源县	135	584	1262	1010	366	409
新丰县	192	1042	1754	1404	518	614
乐昌市	370	3386	3257	2756	945	1314
南雄市	345	1670	2845	2348	895	1062

注：本表数据含村卫生室数。

12-1 续表1

地　　区	机构数 (个)	床位 (张)	卫生人员 (人)	卫生技术人员 (人)	执业(助理)医师 (人)	注册护士 (人)
深圳市	**5231**	**50098**	**130335**	**106271**	**42579**	**46208**
罗湖区	318	6234	16166	13025	4806	6193
福田区	917	11125	30439	24619	9448	11226
南山区	743	4300	14851	11820	5038	4981
宝安区	1166	9136	23007	18804	7577	7720
龙岗区	1226	10590	24420	19904	8113	8403
盐田区	73	626	1791	1551	677	611
龙华区	368	3039	8385	6949	3002	2867
坪山区	166	2774	4951	4170	1605	1872
光明区	254	2274	6325	5429	2313	2335
珠海市	**966**	**11207**	**24816**	**20673**	**8007**	**9415**
香洲区	592	8143	18413	15272	5855	6883
斗门区	227	1896	3764	3173	1277	1489
金湾区	147	1168	2639	2228	875	1043
汕头市	**1798**	**20035**	**33058**	**28252**	**11538**	**12162**
龙湖区	285	1925	3602	3097	1307	1303
金平区	314	9975	14967	13155	4990	6318
濠江区	72	1133	1471	1249	494	535
潮阳区	493	2697	5530	4785	2153	1808
潮南区	261	2743	3759	3067	1298	1167
澄海区	329	1458	3318	2617	1190	925
南澳县	44	104	411	282	106	106
佛山市	**2281**	**38518**	**71193**	**60946**	**21919**	**28134**
禅城区	353	12303	20370	16894	5566	7830
南海区	791	9557	20568	18243	6850	8635
顺德区	744	11789	20360	17630	6510	8185
三水区	236	2983	6243	5115	1791	2200
高明区	157	1886	3652	3064	1202	1284

注：本表数据含村卫生室数。

12-1 续表2

地　区	机构数（个）	床位（张）	卫生人员（人）	卫生技术人员（人）	执业(助理)医师（人）	注册护士（人）
江门市	**1712**	**24953**	**39597**	**33506**	**11732**	**15546**
蓬江区	207	8530	11954	10139	3497	5001
江海区	100	617	1266	1113	409	525
新会区	278	5041	7292	6007	2093	2774
台山市	395	4352	6836	6055	2062	2741
开平市	251	2802	5058	4117	1333	1849
鹤山市	244	2018	3896	3432	1375	1459
恩平市	237	1593	3295	2643	963	1197
湛江市	**3535**	**41765**	**52956**	**42353**	**14204**	**19310**
赤坎区	238	4690	7083	5916	1972	2584
霞山区	274	7969	10228	8663	2832	4322
坡头区	130	895	1580	1327	457	548
麻章区	357	2253	3704	2928	1156	1190
遂溪县	475	3739	4883	3873	1341	1691
徐闻县	216	3379	4267	3282	1033	1453
廉江市	729	6561	8045	6178	2027	2849
雷州市	734	8264	7420	5728	1734	2772
吴川市	382	4015	5746	4458	1652	1901
茂名市	**4221**	**36924**	**43084**	**35104**	**13838**	**16038**
茂南区	405	7712	11153	9702	3557	4751
电白区	837	7787	7958	6347	2684	2642
高州市	1144	9418	10418	8480	3332	4072
化州市	674	6337	6978	5477	2124	2411
信宜市	1161	5670	6577	5098	2141	2162

注：本表数据含村卫生室数。

12-1 续表3

地　区	机构数（个）	床位（张）	卫生人员（人）	卫生技术人员（人）	执业(助理)医师（人）	注册护士（人）
肇庆市	**3188**	**18857**	**33725**	**26441**	**8874**	**11544**
端州区	372	6853	9734	8035	2661	3846
鼎湖区	142	455	1156	913	349	343
高要区	592	2238	4876	3772	1368	1551
广宁县	360	1467	3203	2387	795	1064
怀集县	774	3577	5411	3979	1141	1621
封开县	339	955	2360	1809	538	770
德庆县	256	1200	2360	1865	633	812
四会市	353	2112	4625	3681	1389	1537
惠州市	**3230**	**23143**	**46232**	**38771**	**15005**	**17208**
惠城区	1097	10701	22339	18854	7117	8598
惠阳区	602	3747	8629	7358	2969	3390
博罗县	660	3970	6071	5037	2148	2077
惠东县	643	3646	6781	5529	2011	2398
龙门县	228	1079	2412	1993	760	745
梅州市	**2966**	**20534**	**32354**	**26524**	**10130**	**10713**
梅江区	263	6200	9877	8344	2733	3822
梅县区	391	2125	4004	3414	1394	1401
大埔县	339	1322	2426	1754	633	674
丰顺县	339	2046	2802	2237	852	833
五华县	584	4296	5856	4765	2037	1626
平远县	183	796	1542	1346	521	567
蕉岭县	158	848	1366	1188	462	460
兴宁市	709	2901	4481	3476	1498	1330

注：本表数据含村卫生室数。

12-1 续表4

地　区	机构数 (个)	床位 (张)	卫生人员 (人)	卫生技术人员 (人)	执业(助理)医师 (人)	注册护 (人)
汕尾市	**1611**	**11561**	**16249**	**12039**	**4776**	**4573**
城　区	244	2206	3585	2878	1139	1253
海丰县	588	4885	5110	3758	1592	1352
陆河县	192	1085	1564	1218	530	448
陆丰市	587	3385	5990	4185	1515	1520
河源市	**2043**	**18643**	**24600**	**19991**	**6881**	**8995**
源城区	299	6583	8372	7063	2282	3522
紫金县	437	2594	3682	2884	1043	1115
龙川县	406	4566	4890	3992	1447	1753
连平县	250	1408	2302	1845	643	725
和平县	306	1526	2745	2220	791	997
东源县	345	1966	2609	1987	675	883
阳江市	**1794**	**16169**	**21792**	**17209**	**5983**	**7541**
江城区	497	6337	9115	7453	2650	3317
阳东区	252	2012	2883	2462	850	1047
阳西县	265	2139	2879	2185	693	892
阳春市	780	5681	6915	5109	1790	2285
清远市	**2571**	**19286**	**29747**	**24931**	**9058**	**11681**
清城区	614	6527	10602	8787	3348	4121
清新区	413	1465	3161	2653	1073	1217
佛冈县	220	1320	2149	1803	676	768
阳山县	284	1636	2297	1854	611	917

注：本表数据含村卫生室数。

12−1 续表5

地　区	机构数(个)	床位(张)	卫生人员(人)	卫生技术人员(人)	执业(助理)医师(人)	注册护士(人)
连山县	86	472	804	650	215	269
连南县	93	479	938	717	209	343
英德市	607	4735	6525	5676	2078	2681
连州市	254	2652	3271	2791	848	1365
东莞市	**3154**	**33720**	**70313**	**58930**	**21812**	**27954**
中山市	**1079**	**16015**	**30275**	**26389**	**9859**	**12244**
潮州市	**2300**	**8248**	**15037**	**11156**	**4846**	**4081**
湘桥区	524	3784	6504	5210	1974	2219
潮安区	1116	2918	5316	3922	1988	1165
饶平县	660	1546	3217	2024	884	697
揭阳市	**3103**	**22807**	**32674**	**26433**	**10757**	**11412**
榕城区	651	5698	8336	6800	2742	2988
揭东区	573	3744	4919	3805	1567	1569
揭西县	416	2299	4005	3252	1211	1386
惠来县	538	2740	4253	3298	1337	1351
普宁市	925	8326	11161	9278	3900	4118
云浮市	**1405**	**11233**	**18528**	**15145**	**5178**	**6522**
云城区	295	2422	4608	3945	1370	1816
云安区	222	553	1025	787	344	299
新兴县	203	1875	3660	3063	978	1362
郁南县	215	1705	2447	2044	638	805
罗定市	470	4678	6788	5306	1848	2240

注：本表数据含村卫生室数。

12-2 全国各地区医疗机构床位情况(2020年)

单位：张

地　　区	医疗机构床位数	医院床位数	每千常住人口医疗卫生机构床位数
北　京	127033	119180	5.80
天　津	68275	61524	4.92
河　北	441962	347959	5.92
山　西	223650	181312	6.41
内蒙古	162072	130166	6.74
辽　宁	314488	269067	7.38
吉　林	173123	148846	7.19
黑龙江	253345	215214	7.95
上　海	152191	134308	6.12
江　苏	535006	421681	6.31
浙　江	361317	316997	5.60
安　徽	407813	318499	6.68
福　建	216753	169245	5.22
江　西	285847	206819	6.33
山　东	646863	499490	6.37
河　南	667156	502903	6.71
湖　北	411351	296015	7.12
湖　南	519902	376871	7.82
广　东	564701	459045	4.47
广　西	295562	201994	5.90
海　南	58474	46614	5.80
重　庆	235520	174917	7.35
四　川	649756	484832	7.77
贵　州	276379	212967	7.17
云　南	325212	252460	6.89
西　藏	18586	14335	5.09
陕　西	272424	219299	6.89
甘　肃	171866	132679	6.87
青　海	41285	35339	6.97
宁　夏	41261	35565	5.73
新　疆	181455	144983	7.02

12-3 广东省主要教育综合指标在全国排位(2018-2020年)

项　　目	单位	2018			2019			2020		
		全国水平	广东	排位	全国水平	广东	排位	全国水平	广东	排位
按常住人口计算	(人)									
每万人口普通本专科在校生		203.66	175.77	27	217.25	181.03	27	234.66	208.33	25
每万人口成人本专科在校生		42.51	67.08	2	47.91	82.10	1	55.52	95.75	1
每万人口高中阶段教育在校生		258.19	242.13	20	260.18	237.71	21	268.73	240.46	21
#每万人中等职业教育学校在校生		87.31	77.65	18	87.16	75.77	19	90.56	75.24	21
每万人口普通高中在校生		170.88	164.49	20	173.02	161.94	21	178.17	165.22	21
每万人口普通初中在校生		334.7	333.48	16	345.94	342.88	17	350.99	351.94	16
每万人口小学在校生		743.79	884.92	8	756.87	910.83	7	766.07	917.55	6
每万人口幼儿园在园儿童		334.98	402.11	7	337.82	409.40	7	344.15	416.78	8
按户籍人口计算	(人)									
每万人口普通本专科在校生		202.92	210.71	12	215.86	216.16	16	232.94	248.38	10
每万人口成人本专科在校生		42.36	80.41	3	47.60	98.03	1	55.11	114.15	1
每万人口高中阶段教育在校生		257.25	290.27	7	258.51	283.84	10	266.76	286.68	12
#每万人中等职业教育学校在校生		86.99	93.08	12	86.60	90.47	14	89.89	89.70	16
每万人口普通高中在校生		170.26	197.18	7	171.91	193.37	7	176.86	196.98	9
每万人口普通初中在校生		333.48	399.78	5	343.71	409.41	5	348.42	419.59	5
按户籍人口计算	(人)									
每万人口小学在校生		741.08	1060.84	2	752.01	1087.58	2	760.46	1093.93	2
每万人口幼儿园在园儿童		333.75	482.04	2	335.65	488.84	2	341.63	496.90	2
小学教师达标率	(%)	99.97	99.99	11	99.97	99.98	19	99.98	99.99	14
小学教师专科以上学历的比重	(%)	96.49	98.14	8	97.26	98.55	8	97.88	98.90	9
普通初中教师达标	(%)	99.86	99.97	6	99.88	99.98	5	99.89	99.98	8
普通高中教师达标	(%)	98.41	99.23	7	98.62	99.35	6	98.79	99.26	8
普通高校教师高职称比	(%)	43.2	40.87	18	43.29	40.38	21	43.30	40.74	21
普通高校学校数	(所)	2663	152	2	2688	154	2	2738	154	2
成人高校学校数	(所)	277	14	5	268	14	5	265	14	5
普通本专科招生数	(人)	7909931	573287	2	9149026	616331	3	9674518	866140	1
成人本专科招生数	(人)	2733119	326377	1	3022088	425138	1	3637630	453516	1
普通本专科在校生数	(人)	28310384	1963170	3	30315262	2053977	3	32852948	2400227	2
成人本专科在校生数	(人)	5909878	749161	1	6685603	931474	1	7772942	1103093	1
研究生在校生数	(人)	2731257	127260	7	2863712	136154	6	3139598	154748	6

12-4 各地区高等学校普通本、专科学生数(2020年)

地 区	学校数 (所)	招生数 (人)	本 科	专 科	在校学生数 (人)	本 科
全 国	**2738**	**9674518**	**4431154**	**5243364**	**32852948**	**18257460**
北 京	92	154652	134757	19895	608866	536068
天 津	56	163162	91443	71719	572152	368219
河 北	125	474328	218306	256022	1604798	874520
山 西	85	235652	125742	109910	841986	527382
内蒙古	54	134292	63462	70830	486647	271093
辽 宁	114	341587	175147	166440	1140799	712090
吉 林	64	189064	122096	66968	726957	500763
黑龙江	80	231344	138466	92878	825601	560129
上 海	63	142420	98211	44209	540693	399984
江 苏	167	593204	283020	310184	2014698	1174114
浙 江	109	308989	155873	153116	1148737	661251
安 徽	120	412458	169449	243009	1368465	710031
福 建	89	279875	130517	149358	947187	537206
江 西	105	375714	152986	222728	1241984	610232
山 东	152	625464	266708	358756	2291483	1136995
河 南	151	718525	292884	425641	2492185	1250704
湖 北	129	464103	223474	240629	1616873	934013
湖 南	128	448669	195665	253004	1510332	781798
广 东	154	866140	297074	569066	2400227	1222533
广 西	82	353979	136187	217792	1184167	560024
海 南	21	68733	31530	37203	230062	125661
重 庆	68	273887	119841	154046	915556	488277
四 川	132	538082	242928	295154	1800903	993825
贵 州	75	260195	96401	163794	840249	394044
云 南	82	268331	113741	154590	964205	499409
西 藏	7	11586	7308	4278	38556	27012
陕 西	96	358026	177512	180514	1210048	722213
甘 肃	50	169398	74031	95367	581062	307485
青 海	12	20555	9806	10749	74111	42470
宁 夏	20	45657	23121	22536	146679	89421
新 疆	56	146447	63468	82979	486680	238494

注：学校数为普通高校数。教育部公布本科不含专科起点本科学生数，专科的招生数不含五年制高职转入学生数。

12-4 续表

地 区	专 科 (人)	毕(结)业生数 (人)			授予学位数 (个)
			本 科	专 科	
全 国	**14595488**	**7971991**	**4205097**	**3766894**	**4169808**
北 京	72798	150569	124729	25840	124339
天 津	203933	142720	84316	58404	84781
河 北	730278	385125	192224	192901	191459
山 西	314604	218806	129035	89771	127623
内蒙古	215554	130772	64977	65795	63870
辽 宁	428709	255997	168423	87574	167767
吉 林	226194	176893	120607	56286	119495
黑龙江	265472	192631	127638	64993	127007
上 海	140709	135605	91637	43968	91041
江 苏	840584	512941	281438	231503	277017
浙 江	487486	286558	152455	134103	151402
安 徽	658434	326840	166654	160186	165197
福 建	409981	207706	124411	83295	123989
江 西	631752	309211	134251	174960	133385
山 东	1154488	605382	274840	330542	275152
河 南	1241481	638155	302728	335427	300535
湖 北	682860	401779	218641	183138	216120
湖 南	728534	376043	175258	200785	173927
广 东	1177694	550090	274415	275675	273119
广 西	624143	262817	119756	143061	116940
海 南	104401	51260	27431	23829	26486
重 庆	427279	211567	112852	98715	111015
四 川	807078	433106	222385	210721	221481
贵 州	446205	194515	84786	109729	82922
云 南	464796	235206	117049	118157	115630
西 藏	11544	9846	6020	3826	5779
陕 西	487835	291648	167048	124600	165531
甘 肃	273577	133490	71341	62149	70744
青 海	31641	19632	9224	10408	9182
宁 夏	57258	34134	18623	15511	18418
新 疆	248186	90947	39905	51042	38455

注：学校数为普通高校数。学生数包括成人高校的普通本专科学生数。教育部公布的招生数不含专升本的学生数。

12-5 各地区普通高中基本情况(2020年)

地区	学校数(所)	招生数(人)	在校学生数(人)	毕业生数(人)	教职工数(人)	
						专任教师
全国	**14235**	**8764435**	**24944529**	**7865315**	**7451778**	**6636043**
北京	321	61071	160152	52094	92920	73715
天津	185	62445	168573	54729	57262	49577
河北	707	560803	1517453	455028	416410	368039
山西	518	221156	654491	227103	227354	192452
内蒙古	305	143101	405893	142672	137043	109531
辽宁	425	205370	594265	208722	204230	177143
吉林	257	151566	428406	139803	139899	116828
黑龙江	370	194509	556509	188363	175406	148704
上海	262	59721	166407	52293	93519	77613
江苏	585	423390	1155411	311320	404454	364809
浙江	622	283392	809004	255062	267861	240072
安徽	661	390799	1133579	351280	322028	287327
福建	550	232939	664046	195880	192807	172819
江西	519	385087	1104548	332836	255777	243288
山东	682	636233	1759785	542034	558935	517699
河南	925	784377	2248585	690268	613104	551317
湖北	536	313182	891704	273954	263534	229439
湖南	660	448890	1273403	385595	356161	327802
广东	1035	671805	1903517	598362	661340	571290
广西	499	408710	1151497	336609	262286	234665
海南	127	65036	181850	55721	60346	51487
重庆	264	217321	626265	208130	143330	131654
四川	792	473766	1408814	455983	431477	393493
贵州	471	331313	975235	340290	237403	213104
云南	601	359998	971639	283730	241931	223997
西藏	38	26674	75004	20335	19345	18802
陕西	464	212548	654448	241318	204272	177710
甘肃	364	171813	515813	181187	153314	144645
青海	106	44908	129312	41901	35420	32344
宁夏	68	56778	160796	49120	36355	34496
新疆	316	165734	498125	193593	186255	160182

注：教职工数、专任教师数为普通高中和普通初中之和。

12-6 各地区中等职业学校(机构)学生情况(2020年)

地区	招生数(人)	应届毕业生	初中毕业生	在校学生数(人)	毕业生数(人)	获得职业资格证书	预计毕业生数
全国	**4846056**	**4425726**	**4325103**	**12678379**	**3834642**	**2579124**	**3851372**
北京	15991	14750	14238	46376	17864	7759	14807
天津	26928	26530	25218	78390	29966	19264	26579
河北	344688	313241	300609	837855	267526	198578	257585
山西	109847	100396	97833	301205	100866	81645	91702
内蒙古	67926	64746	63923	175446	56234	28015	51157
辽宁	94147	88254	87056	256489	97951	43924	75570
吉林	44765	41544	40590	118915	40411	15823	33552
黑龙江	59782	48598	45266	163552	60499	19205	46551
上海	39646	33948	33676	104770	32552	24747	32385
江苏	225110	216474	212412	624464	208509	172596	189090
浙江	209668	205106	204946	569080	168308	155541	167149
安徽	328818	292850	277692	791146	256180	190796	262791
福建	132726	125850	125139	358090	98585	79712	104816
江西	177094	167098	166965	445493	107960	34738	118025
山东	297527	289913	284820	777416	233426	134605	223133
河南	409613	382590	372917	1149685	324853	202421	359769
湖北	152287	149403	148645	420328	117794	85869	123841
湖南	248228	241900	238593	682951	207929	154130	206843
广东	313885	304300	300739	866831	266124	173277	261389
广西	270668	210548	198652	699890	191496	102092	205908
海南	48301	38761	36269	123339	37227	9164	35334
重庆	132293	130323	130081	342379	91948	69568	95612
四川	336741	313049	309675	817131	282042	236981	260117
贵州	145981	136974	133258	403573	134772	86762	135953
云南	265169	165927	164900	599212	151012	103444	203585
西藏	14776	9158	8935	32120	6272	486	9127
陕西	107041	103846	101026	279787	73941	49960	72655
甘肃	81384	77249	76544	194601	57328	42280	50807
青海	32924	23609	20770	85922	20236	7183	21099
宁夏	26444	25420	25316	75524	22446	11342	23830
新疆	85658	83371	78400	256419	72385	37217	90611

注：中等职业学校数据不含技工数。

12-7 各地区普通初中基本情况(2020年)

地 区	学校数(所)	招生数(人)	在校学生数(人)	毕业生数(人)	专任教师(人)
全 国	**52805**	**16320964**	**49140893**	**15352918**	**3860741**
北 京	335	122123	330478	88151	38079
天 津	345	109837	321813	94025	29208
河 北	2466	996825	3015526	967044	219810
山 西	1709	341588	1115602	370368	108585
内 蒙 古	711	219883	661608	222230	60849
辽 宁	1518	327531	1002283	339121	98857
吉 林	1187	188411	622419	221110	67148
黑 龙 江	1414	231462	865371	278094	86893
上 海	588	134759	468062	96016	44714
江 苏	2258	875007	2542608	747658	212577
浙 江	1748	553866	1636425	539436	133141
安 徽	2846	749466	2239554	707454	165538
福 建	1262	517204	1452519	426977	107931
江 西	2196	685748	2204109	686917	145462
山 东	3238	1239966	3727055	1125213	304476
河 南	4695	1540534	4721421	1484618	340500
湖 北	2114	581140	1708335	526830	135046
湖 南	3384	824305	2519696	786850	189015
广 东	3748	1419625	4054670	1204191	300929
广 西	1754	755489	2254893	707317	152003
海 南	410	131833	381382	116564	27973
重 庆	868	380556	1149781	349464	83469
四 川	3677	931693	2797872	868254	218397
贵 州	2020	593658	1780696	611113	128990
云 南	1691	603950	1823665	625145	139305
西 藏	105	47983	142938	44024	12371
陕 西	1641	399767	1168305	353880	101110
甘 肃	1472	278517	874149	285311	81239
青 海	263	73923	224530	74420	16833
宁 夏	247	92407	292625	97660	20679
新 疆	895	371908	1040503	307463	89614

12-8 各地区小学基本情况(2020年)

地　　区	学校数 (所)	招生数 (人)	在校学生数 (人)	毕业生数 (人)	专任教师 (人)
全　　国	**157979**	**18080902**	**107253532**	**16403201**	**5592104**
北　　京	934	202157	995046	136671	56412
天　　津	885	133843	730143	110370	43909
河　　北	11625	1163298	6959229	1005247	374589
山　　西	5153	410415	2352802	347823	148748
内 蒙 古	1652	239951	1381519	220333	94059
辽　　宁	2827	347196	1967439	328314	111891
吉　　林	3464	190858	1187540	189659	88281
黑 龙 江	1407	200964	1244214	235017	84969
上　　海	684	187712	860960	142333	47609
江　　苏	4144	970944	5808208	886680	299112
浙　　江	3308	645931	3727273	569009	188669
安　　徽	7464	781418	4682378	740148	220690
福　　建	5129	616956	3436133	520960	170479
江　　西	7199	617763	4063050	682445	209618
山　　东	9619	1296317	7432850	1251619	390014
河　　南	17687	1659936	10215856	1541747	523856
湖　　北	5386	627097	3808514	579311	183885
湖　　南	7245	848870	5342513	812917	251167
广　　东	10600	1770662	10571118	1469516	454869
广　　西	8000	859087	5071781	746774	270105
海　　南	1379	143363	862133	132452	45120
重　　庆	2754	323449	2024671	371555	123261
四　　川	5679	881239	5529052	922320	272716
贵　　州	6855	648934	3972666	581395	199984
云　　南	10688	649064	3892241	607950	225616
西　　藏	827	63087	352875	51570	24135
陕　　西	4610	514146	2892019	398105	157708
甘　　肃	5252	350883	2009079	279871	133458
青　　海	733	84241	507745	74568	23673
宁　　夏	1149	100918	592434	93604	31621
新　　疆	3641	550203	2780051	372918	141881

注：教职工、专任教师均仅取小学及小学教学点数。

12-9 各地区特殊教育基本情况(2020年)

地 区	学校数 (所)	招生数 (人)	在校学生数 (人)	毕业生数 (人)	教职工数 (人)	专任教师
全 国	**2244**	**149046**	**880800**	**121411**	**76415**	**66169**
北 京	20	1218	7308	1507	1278	1044
天 津	20	595	4961	634	817	673
河 北	163	5956	37728	4595	4126	3625
山 西	85	3667	20126	2939	2402	2043
内蒙古	53	2170	13867	2009	2062	1746
辽 宁	86	2638	15310	2119	3022	2285
吉 林	51	2153	12442	1554	1907	1648
黑龙江	72	2355	16358	1954	2425	2128
上 海	31	1323	8397	1429	1768	1415
江 苏	106	6389	37269	5031	4305	3749
浙 江	86	3450	21455	3415	3175	2933
安 徽	77	6048	40674	3719	2167	1979
福 建	74	5067	28130	4366	2586	2312
江 西	95	6743	40167	7825	2136	1922
山 东	152	7701	47976	6210	6496	5784
河 南	149	10078	62990	4297	4679	4287
湖 北	88	4444	28871	2889	2216	1950
湖 南	95	8040	54119	7332	2911	2624
广 东	143	12550	63802	6084	7461	5841
广 西	83	7469	41627	5140	2407	2031
海 南	14	1102	5534	574	614	441
重 庆	39	4675	27006	4107	1195	1072
四 川	132	11867	64979	13123	3538	3220
贵 州	77	6948	42053	6135	2236	1981
云 南	70	7808	45984	8759	2720	2483
西 藏	7	1279	7096	939	325	297
陕 西	70	3185	19361	3156	1912	1614
甘 肃	44	3676	21468	2233	1273	1092
青 海	15	1393	7848	1197	276	215
宁 夏	15	1319	7473	1125	518	458
新 疆	32	5740	28421	5015	1462	1277

12-10　各县区中等职业教育基本情况(2020年)

地　区	学校数(所)	毕业生数(人)	招生数(人)	在校生数(人)	教职工数(人)	专任教师数(人)
广东省	**396**	**266124**	**313885**	**866831**	**55946**	**43848**
广州市	**77**	**54619**	**60259**	**179515**	**10952**	**7739**
荔湾区	5	2978	2922	8119	657	407
越秀区	10	7466	9179	23514	844	599
海珠区	13	9402	7596	28774	1956	1394
天河区	24	17071	17145	55386	3477	2347
白云区	11	8390	9993	28117	1559	1129
黄埔区	2	1610	1820	5326	254	186
番禺区	3	2857	3430	9698	593	494
花都区	3	1253	1973	5403	432	306
南沙区	1	404	630	1883	110	102
从化区	2	1146	2501	5346	419	286
增城区	3	2042	3070	7949	651	489
韶关市	**14**	**8644**	**12442**	**32498**	**2088**	**1683**
武江区	2	1532	1765	5503	502	283
浈江区	4	3460	4300	11008	594	503
曲江区	1	372	1117	2342	138	120
始兴县	1	583	564	1776	118	117
仁化县	1	266	561	1434	103	91
翁源县	1	578	1133	2970	169	155
乳源瑶族自治县	1	408	557	1343	106	83
新丰县	1	349	664	1496	106	93
乐昌市	1	633	957	2448	142	134
南雄市	1	463	824	2178	110	104
深圳市	**15**	**12057**	**12504**	**39134**	**3767**	**2888**
罗湖区	2	2400	1972	6358	546	459
福田区	3	2167	2097	6497	665	586
南山区	1	861	965	2894	256	198
宝安区	4	2914	3724	11314	903	701
龙岗区	3	1734	1758	5817	783	508
盐田区	1	669	696	2260	200	176
龙华区	0	0	0	0	0	0

12-10 续表1

地 区	学校数（所）	毕业生数（人）	招生数（人）	在校生数（人）	教职工数（人）	专任教师数（人）
坪山区	0	0	0	0	0	0
光明区	1	1312	1292	3994	414	260
珠海市	**8**	**5565**	**6680**	**19320**	**1137**	**952**
香洲区	5	4590	5254	15634	935	832
斗门区	3	878	1255	3116	202	120
金湾区	0	97	171	570	0	0
汕头市	**16**	**7895**	**10334**	**28350**	**1864**	**1525**
龙湖区	6	3095	3438	9871	474	328
金平区	4	2080	3193	8366	643	538
濠江区	1	338	520	1825	145	122
潮阳区	2	876	1307	3375	258	235
潮南区	1	629	1181	2900	158	145
澄海区	1	877	695	2013	172	146
南澳县	1	0	0	0	14	11
佛山市	**28**	**19409**	**21858**	**62648**	**4663**	**3848**
禅城区	3	2042	2178	5995	529	381
南海区	8	7509	6250	19784	1626	1133
顺德区	13	7883	9777	28294	2061	1950
三水区	3	1388	2407	5882	317	275
高明区	1	587	1246	2693	130	109
江门市	**17**	**11312**	**10941**	**31736**	**2149**	**1906**
蓬江区	6	3996	2803	8988	606	499
江海区	1	1133	460	2886	146	131
新会区	1	2141	1780	4596	255	214
台山市	3	1169	1932	5240	366	338
开平市	2	1166	1401	3803	342	322
鹤山市	2	1160	1758	4327	253	232
恩平市	2	547	807	1896	181	170
湛江市	**39**	**18973**	**25082**	**61043**	**3030**	**2300**
赤坎区	8	5130	5435	13954	635	447

12-10 续表2

地　区	学校数（所）	毕业生数（人）	招生数（人）	在校生数（人）	教职工数（人）	专任教师数（人）
霞山区	5	2507	1137	4475	368	262
坡头区	0	0	0	0	0	0
麻章区	13	8271	12102	28155	1152	860
遂溪县	1	191	301	959	58	53
徐闻县	1	309	734	1895	108	101
廉江市	6	1449	3025	6141	361	259
雷州市	1	540	1588	3398	202	186
吴川市	4	576	760	2066	146	132
茂名市	**15**	**18927**	**23427**	**64184**	**3412**	**2892**
茂南区	3	2465	1741	5346	374	270
电白区	2	1649	2800	6229	355	302
高州市	4	7454	10303	30625	1427	1222
化州市	4	2393	4104	9641	568	489
信宜市	2	4966	4479	12343	688	609
肇庆市	**17**	**16242**	**20605**	**56781**	**3346**	**2784**
端州区	11	13169	16177	45976	2548	2082
鼎湖区	0	0	0	0	0	0
高要区	1	43	0	0	0	0
广宁县	1	456	828	1760	132	106
怀集县	1	611	960	2783	191	160
封开县	1	662	329	1074	103	93
德庆县	1	66	334	535	55	46
四会市	1	1235	1977	4653	317	297
惠州市	**25**	**16304**	**18715**	**49061**	**2932**	**2052**
惠城区	16	11415	11890	29906	1773	1161
惠阳区	3	1612	2408	6577	436	312
博罗县	4	2325	2860	8273	454	334

12-10 续表3

地　区	学校数（所）	毕业生数（人）	招生数（人）	在校生数（人）	教职工数（人）	专任教师数（人）
惠东县	1	726	1069	3078	191	173
龙门县	1	226	488	1227	78	72
梅州市	**19**	**9614**	**9345**	**25153**	**1482**	**1181**
梅江区	7	5570	5245	14600	830	616
梅县区	5	920	949	2151	167	151
大埔县	1	1015	882	1858	122	109
丰顺县	1	207	580	1353	76	68
五华县	1	444	683	1279	74	73
平远县	1	165	0	646	36	32
蕉岭县	1	324	0	85	32	32
兴宁市	2	969	1006	3181	145	100
汕尾市	**12**	**3648**	**6185**	**15226**	**937**	**823**
城　区	4	1325	1688	4310	348	278
海丰县	1	556	1398	3281	150	133
陆河县	1	446	885	2439	165	161
陆丰市	6	1321	2214	5196	274	251
河源市	**13**	**6545**	**9709**	**23508**	**1399**	**1123**
源城区	7	5623	8013	19575	905	740
紫金县	1	390	599	1497	122	110
龙川县	1	177	264	481	62	51
连平县	1	0	0	0	87	75
和平县	1	145	584	1343	158	105
东源县	2	210	249	612	65	42
阳江市	**5**	**4537**	**5947**	**14509**	**791**	**655**
江城区	2	1865	2770	6750	374	264
阳东区	1	339	711	1778	102	95
阳西县	1	187	465	918	47	42
阳春市	1	2146	2001	5063	268	254

12-10 续表4

地　区	学校数 (所)	毕业生数 (人)	招生数 (人)	在校生数 (人)	教职工数 (人)	专任教师数 (人)
清远市	**14**	**8773**	**11731**	**30150**	**1894**	**1649**
清城区	4	3174	4327	11385	650	573
清新区	1	1765	2110	5270	264	246
佛冈县	2	178	427	791	181	143
阳山县	1	414	801	1806	128	114
连山壮族瑶族自治县	1	55	70	216	72	51
连南瑶族自治县	1	58	10	69	34	22
英德市	2	1854	1797	5336	393	349
连州市	2	1275	2189	5277	172	151
东莞市	**21**	**18203**	**19077**	**55677**	**4426**	**3073**
东莞市	21	18203	19077	55677	4426	3073
中山市	**7**	**7402**	**8843**	**24604**	**1857**	**1571**
中山市	7	7402	8843	24604	1857	1571
潮州市	**9**	**2679**	**3394**	**8907**	**744**	**650**
湘桥区	4	2135	2523	6987	434	359
潮安区	2	74	209	439	126	116
饶平县	3	470	662	1481	184	175
揭阳市	**16**	**8226**	**9568**	**26594**	**2009**	**1664**
榕城区	4	3514	3665	10101	634	496
揭东区	4	284	124	662	404	353
揭西县	2	118	103	306	132	120
惠来县	1	4	0	15	77	44
普宁市	5	4306	5676	15510	762	651
云浮市	**9**	**6550**	**7239**	**18233**	**1067**	**890**
云城区	1	991	1389	3161	178	159
云安区	1	0	0	0	23	22
新兴县	2	2447	3018	7830	382	289
郁南县	1	451	477	1085	131	105
罗定市	4	2661	2355	6157	353	315

12-11 各县区普通高中基本情况(2020年)

地　区	学校数（所）	毕业生数（人）	招生数（人）	在校生数（人）	教职工数（人）	专任教师数（人）
广东省	**1035**	**598362**	**671805**	**1903517**	**661340**	**151802**
广州市	**120**	**53845**	**54360**	**159450**	**67844**	**14620**
荔湾区	8	5100	5105	14832	4868	1261
越秀区	16	8834	8721	25530	6052	2236
海珠区	11	4475	4312	12753	4744	1119
天河区	12	4626	4858	14206	7045	1463
白云区	13	5827	5141	14762	7397	1478
黄埔区	8	2729	2673	7605	4404	717
番禺区	14	7899	8045	24339	9987	2085
花都区	9	3992	4163	12552	8705	1149
南沙区	9	2000	2470	6858	2924	680
从化区	8	3359	3643	10487	3461	916
增城区	12	5004	5229	15526	8257	1516
韶关市	**25**	**16716**	**17716**	**51505**	**15553**	**4308**
武江区	5	2828	3193	9066	2058	684
浈江区	2	1667	1929	5488	1846	461
曲江区	3	1817	1797	5321	1363	406
始兴县	2	1192	1197	3596	1085	373
仁化县	2	1185	1195	3389	1329	329
翁源县	3	1525	1503	4500	1536	361
乳源瑶族自治县	1	858	1000	2792	853	215
新丰县	1	1288	1068	3489	1034	307
乐昌市	3	2193	2568	7191	2454	581
南雄市	3	2163	2266	6673	1995	591
深圳市	**88**	**42286**	**56027**	**150289**	**87758**	**12791**
罗湖区	8	3960	5968	14571	5586	1348
福田区	12	7577	9805	26560	8906	2214
南山区	9	4757	5475	15370	9665	1325
宝安区	21	9690	11516	31703	20613	2653
龙岗区	18	9570	13105	36712	23448	3043
盐田区	3	904	1086	2969	943	257
龙华区	10	2502	4430	10793	10040	968
坪山区	4	1193	2077	4719	3414	427
光明区	3	2133	2565	6892	5143	556

注：自2020年起，教职工数取普通中学学校教职工数，其中九年一贯制学校、十二年一贯制学校的教职工数计入普通中学教职工数；专任教师数则按教育层次进行归类。

12-11 续表1

地　区	学校数 (所)	毕业生数 (人)	招生数 (人)	在校生数 (人)	教职工数 (人)	专任教师数 (人)
珠海市	**20**	**10307**	**11913**	**33350**	**10959**	**2754**
香洲区	12	5440	6084	17348	6599	1441
斗门区	4	2588	3199	8163	2701	702
金湾区	4	2279	2630	7839	1659	611
汕头市	**96**	**45521**	**46934**	**137178**	**40470**	**10685**
龙湖区	10	5420	5427	15053	4001	1295
金平区	15	5756	6554	19557	4944	1487
濠江区	8	3987	4219	11868	2383	939
潮阳区	29	15821	16388	47267	13427	3552
潮南区	19	10191	9228	28924	11272	2160
澄海区	14	4091	4922	13889	4060	1127
南澳县	1	255	196	620	383	125
佛山市	**62**	**38382**	**44173**	**127543**	**39238**	**9748**
禅城区	11	5535	6080	18347	4770	1446
南海区	19	15545	16571	49008	15587	3380
顺德区	23	12697	15000	42383	12210	3594
三水区	5	3068	3967	11374	4339	821
高明区	4	1537	2555	6431	2332	507
江门市	**48**	**24297**	**29331**	**82032**	**21440**	**6208**
蓬江区	7	3709	4166	12377	4383	970
江海区	2	974	1103	3253	1350	218
新会区	12	5532	7322	19529	4910	1433
台山市	8	4189	5739	15004	3571	1103
开平市	8	4879	5491	15971	3315	1262
鹤山市	5	2612	2636	7945	2151	616
恩平市	6	2402	2874	7953	1760	606
湛江市	**58**	**45278**	**43087**	**127441**	**39233**	**10618**
赤坎区	7	4338	4238	12269	3512	1050

注：自2020年起，教职工数取普通中学学校教职工数，其中九年一贯制学校、十二年一贯制学校的教职工数计入普通中学教职工数；专任教师数则按教育层次进行归类。

12-11 续表2

地　区	学校数（所）	毕业生数（人）	招生数（人）	在校生数（人）	教职工数（人）	专任教师数（人）
霞山区	9	5919	6433	19205	6137	1521
坡头区	3	1791	1703	4991	1522	425
麻章区	7	3618	3368	10072	3269	768
遂溪县	4	4378	3704	11131	3685	1088
徐闻县	3	3417	3102	9246	3264	786
廉江市	7	7187	7536	21324	6860	1906
雷州市	10	7398	6943	20425	6668	1639
吴川市	8	7232	6060	18778	4316	1435
茂名市	**67**	**52229**	**53822**	**158290**	**39784**	**13186**
茂南区	6	6128	7296	21073	6197	1573
电白区	15	12378	11602	34839	8384	2904
高州市	16	11664	13358	37375	9953	3517
化州市	18	12641	11423	35055	7935	2653
信宜市	12	9418	10143	29948	7315	2539
肇庆市	**37**	**22538**	**27688**	**75319**	**22101**	**5877**
端州区	8	4240	4477	13486	3506	1090
鼎湖区	4	1039	1781	4251	1364	362
高要区	5	3298	4384	11376	3214	994
广宁县	3	1680	2155	5561	1773	414
怀集县	4	4531	4468	12936	4065	1035
封开县	4	2703	2493	7332	2122	621
德庆县	3	1716	1994	5345	1603	408
四会市	6	3331	5936	15032	4454	953
惠州市	**47**	**30159**	**37701**	**102887**	**37910**	**7318**
惠城区	18	10704	11944	35149	13381	2511
惠阳区	9	6343	7729	21142	8708	1453
博罗县	9	6018	9190	22910	7796	1674

注：自2020年起，教职工数取普通中学学校教职工数，其中九年一贯制学校、十二年一贯制学校的教职工数计入普通中学教职工数；专任教师数则按教育层次进行归类。

12-11 续表3

地　区	学校数（所）	毕业生数（人）	招生数（人）	在校生数（人）	教职工数（人）	专任教师数（人）
惠东县	7	5393	6597	17939	5992	1237
龙门县	4	1701	2241	5747	2033	443
梅州市	**59**	**28041**	**29364**	**84441**	**23994**	**7313**
梅江区	8	4551	4903	14778	3158	1161
梅县区	9	2705	2906	8168	2732	732
大埔县	8	2608	2686	7555	2149	714
丰顺县	7	3139	3071	9102	2830	745
五华县	11	7555	8128	22873	5479	1849
平远县	3	948	1247	3216	1174	462
蕉岭县	2	1139	1177	3320	1186	393
兴宁市	11	5396	5246	15429	5286	1257
汕尾市	**36**	**18484**	**18774**	**54481**	**17769**	**4186**
城　区	8	3925	3630	11081	2899	971
海丰县	11	4894	5243	14533	5273	1111
陆河县	5	2241	1900	5922	1796	564
陆丰市	12	7424	8001	22945	7801	1540
河源市	**34**	**21045**	**24470**	**69024**	**22730**	**5522**
源城区	11	4210	6606	16808	6143	1194
紫金县	8	3973	4886	12922	3680	1014
龙川县	5	4710	5085	15604	5244	1320
连平县	3	1894	1809	5801	1729	474
和平县	4	2568	2998	8590	3461	714
东源县	3	3690	3086	9299	2473	806
阳江市	**18**	**14060**	**16952**	**47949**	**16766**	**3458**
江城区	7	3814	4300	12658	6004	1027
阳东区	4	2997	3047	9707	3970	687
阳西县	2	2529	2771	8066	2391	577
阳春市	5	4720	6834	17518	4401	1167

注：自2020年起，教职工数取普通中学学校教职工数，其中九年一贯制学校、十二年一贯制学校的教职工数计入普通中学教职工数；专任教师数则按教育层次进行归类。

12-11 续表4

地　区	学校数（所）	毕业生数（人）	招生数（人）	在校生数（人）	教职工数（人）	专任教师数（人）
清远市	**33**	**22076**	**23912**	**68266**	**21588**	**5514**
清城区	11	6964	7689	21647	7463	1779
清新区	6	3646	3601	10678	2948	807
佛冈县	2	1427	1810	4942	1312	392
阳山县	3	1485	1674	4724	1987	406
连山壮族瑶族自治县	1	438	560	1544	772	154
连南瑶族自治县	1	764	876	2569	796	190
英德市	7	5628	5603	16599	4487	1340
连州市	2	1724	2099	5563	1823	446
东莞市	**48**	**27565**	**33822**	**91548**	**52148**	**6655**
东莞市	48	27565	33822	91548	52148	6655
中山市	**20**	**15299**	**18739**	**51077**	**19718**	**3841**
中山市	20	15299	18739	51077	19718	3841
潮州市	**33**	**15913**	**17538**	**49907**	**14054**	**4288**
湘桥区	7	4728	5167	14676	3573	1140
潮安区	15	6626	6943	19880	5840	1705
饶平县	11	4559	5428	15351	4641	1443
揭阳市	**65**	**39424**	**49780**	**135192**	**37275**	**9435**
榕城区	13	7456	9997	26745	7649	2138
揭东区	11	6123	7823	20756	4873	1497
揭西县	10	4703	5378	14654	4081	1118
惠来县	8	5425	6317	17979	5718	1216
普宁市	23	15717	20265	55058	14954	3466
云浮市	**21**	**14897**	**15702**	**46348**	**13008**	**3477**
云城区	3	2338	2302	6840	2045	500
云安区	2	819	1258	3383	1483	277
新兴县	5	2719	2928	8314	2209	732
郁南县	3	1886	2076	6002	1867	418
罗定市	8	7135	7138	21809	5404	1550

注：自2020年起，教职工数取普通中学学校教职工数，其中九年一贯制学校、十二年一贯制学校的教职工数计入普通中学教职工数；专任教师数则按教育层次进行归类。

12-12 各县区普通初中基本情况(2020年)

地 区	学校数(所)	毕业生数(人)	招生数(人)	在校生数(人)	专任教师数(人)
广东省	**3748**	**1204191**	**1419625**	**4054670**	**300929**
广州市	**419**	**114643**	**138917**	**383753**	**30629**
荔湾区	32	8027	10024	27311	2246
越秀区	19	11209	12724	35826	2813
海珠区	27	10337	11878	32536	2561
天河区	39	11610	13548	37895	2902
白云区	58	14664	17320	48550	3776
黄埔区	29	7546	10195	26940	2233
番禺区	59	15392	19097	52017	4093
花都区	71	13787	15827	44765	3416
南沙区	20	5419	7211	18872	1528
从化区	17	6022	7719	21704	1857
增城区	48	10630	13374	37337	3204
韶关市	**126**	**35425**	**34973**	**108082**	**8260**
武江区	8	4727	4398	15537	1121
浈江区	13	3649	4019	11722	875
曲江区	11	3481	3468	10647	753
始兴县	10	2440	2238	7027	601
仁化县	13	2297	2498	7182	600
翁源县	16	3893	4526	12182	870
乳源瑶族自治县	7	2580	2341	7359	540
新丰县	10	2385	2319	7491	612
乐昌市	22	5368	5002	15696	1191
南雄市	16	4605	4164	13239	1097
深圳市	**347**	**99669**	**137214**	**367341**	**28763**
罗湖区	28	10151	12252	34277	2611
福田区	24	12999	17079	45848	3606
南山区	35	11264	16007	41859	3275
宝安区	61	22150	30293	81903	6123
龙岗区	105	23789	32298	87796	6971
盐田区	4	1735	2221	6014	498
龙华区	46	9574	15621	38868	2963
坪山区	18	3366	4528	12681	1145
光明区	26	4641	6915	18095	1571

12-12 续表1

地 区	学校数（所）	毕业生数（人）	招生数（人）	在校生数（人）	专任教师数（人）
珠海市	**60**	**21044**	**26646**	**73341**	**5235**
香洲区	30	12880	16302	44734	3069
斗门区	20	5393	6473	18043	1368
金湾区	10	2771	3871	10564	798
汕头市	**211**	**72395**	**81877**	**236498**	**18074**
龙湖区	18	7082	9370	25301	1732
金平区	27	10991	12264	35181	2414
濠江区	10	4063	4595	13169	973
潮阳区	65	23499	24654	72991	6079
潮南区	69	17563	20104	59038	4382
澄海区	19	8810	10496	29662	2260
南澳县	3	387	394	1156	234
佛山市	**154**	**74027**	**86358**	**245373**	**18001**
禅城区	16	9597	10755	30108	1995
南海区	61	27499	33647	94411	7076
顺德区	46	25762	30011	85186	6274
三水区	22	6798	7049	21464	1648
高明区	9	4371	4896	14204	1008
江门市	**149**	**44494**	**50618**	**145913**	**10614**
蓬江区	25	8472	10660	29667	2185
江海区	11	2695	3204	8711	590
新会区	30	8828	9909	29430	2356
台山市	29	7331	8198	23752	1710
开平市	23	7773	7841	23536	1702
鹤山市	13	5119	5878	16848	1061
恩平市	18	4276	4928	13969	1010
湛江市	**253**	**85712**	**98532**	**282606**	**21009**
赤坎区	13	5773	6995	20119	1335

12-12 续表2

地　区	学校数(所)	毕业生数(人)	招生数(人)	在校生数(人)	专任教师数(人)
霞山区	27	9386	11312	33006	2395
坡头区	13	2234	3414	8592	733
麻章区	17	5432	7141	19286	1465
遂溪县	36	8446	9907	28170	2300
徐闻县	33	7440	8793	25298	2038
廉江市	58	18735	21003	60666	4174
雷州市	34	16751	18137	52855	4013
吴川市	22	11515	11830	34614	2556
茂名市	**200**	**90559**	**97836**	**288074**	**20843**
茂南区	32	13154	14151	42267	3141
电白区	39	18928	20304	58612	4171
高州市	56	21520	22397	67895	5197
化州市	33	20691	22672	66642	4529
信宜市	40	16266	18312	52658	3805
肇庆市	**155**	**51787**	**58377**	**168263**	**10953**
端州区	15	6074	6886	19833	1397
鼎湖区	10	1863	2877	7800	517
高要区	25	7500	9794	26709	1706
广宁县	20	4830	5757	16231	970
怀集县	26	14167	13101	41030	2646
封开县	17	5610	5204	15856	1256
德庆县	12	4811	5576	15638	916
四会市	30	6932	9182	25166	1545
惠州市	**239**	**68110**	**82967**	**243085**	**16591**
惠城区	68	21268	27530	77677	5280
惠阳区	51	15919	18143	54217	3695
博罗县	51	14607	18048	53446	3563

12-12　续表3

地　区	学校数（所）	毕业生数（人）	招生数（人）	在校生数（人）	专任教师数（人）
惠东县	52	12950	14757	44729	3109
龙门县	17	3366	4489	13016	944
梅州市	**177**	**50151**	**57839**	**164181**	**13013**
梅江区	12	6462	7014	20118	1534
梅县区	18	5104	6451	17501	1417
大埔县	20	4244	5152	14369	1138
丰顺县	26	5550	8181	20833	1662
五华县	44	15478	15652	47322	3133
平远县	14	1980	2354	6764	638
蕉岭县	13	1842	2131	5980	664
兴宁市	30	9491	10904	31294	2827
汕尾市	**128**	**37451**	**38864**	**120458**	**8978**
城　区	14	5156	5915	17338	1386
海丰县	32	10190	12537	35480	2493
陆河县	11	3688	3784	11448	985
陆丰市	71	18417	16628	56192	4114
河源市	**163**	**41292**	**51402**	**148131**	**11405**
源城区	27	9435	13474	37978	2601
紫金县	30	9090	11413	32274	2328
龙川县	37	9764	11076	33184	2764
连平县	21	3565	4236	12264	1037
和平县	23	5115	6838	18523	1458
东源县	25	4323	4365	13908	1217
阳江市	**98**	**30273**	**36284**	**104032**	**7340**
江城区	30	9034	10177	29353	2210
阳东区	28	5558	7258	20682	1643
阳西县	19	4966	5415	15467	1179
阳春市	21	10715	13434	38530	2308

12-12 续表4

地　区	学校数（所）	毕业生数（人）	招生数（人）	在校生数（人）	专任教师数（人）
清远市	**153**	**43627**	**55089**	**154046**	**11000**
清城区	34	11559	15938	42670	2904
清新区	19	7814	8875	25847	1760
佛冈县	12	3603	5267	13755	881
阳山县	22	3448	4568	13217	1078
连山壮族瑶族自治县	9	982	1460	3628	369
连南瑶族自治县	8	1653	1889	5466	425
英德市	33	10318	12164	35324	2683
连州市	16	4250	4928	14139	900
东莞市	**206**	**73791**	**92418**	**265727**	**17753**
东莞市	206	73791	92418	265727	17753
中山市	**85**	**36947**	**43898**	**122552**	**8430**
中山市	85	36947	43898	122552	8430
潮州市	**108**	**26399**	**30970**	**87610**	**7087**
湘桥区	24	6400	7745	21875	1573
潮安区	53	10985	13396	37157	2802
饶平县	31	9014	9829	28578	2712
揭阳市	**233**	**76088**	**81094**	**241424**	**19336**
榕城区	46	11544	14304	40580	3633
揭东区	45	9930	10779	31195	2524
揭西县	33	8081	8819	25337	2388
惠来县	35	15134	15497	47203	3222
普宁市	74	31399	31695	97109	7569
云浮市	**84**	**30307**	**37452**	**104180**	**7615**
云城区	10	4456	5676	15966	1086
云安区	10	2407	2747	7996	862
新兴县	15	4792	6419	16894	1299
郁南县	21	4287	5393	14824	1212
罗定市	28	14365	17217	48500	3156

12-13　各县区小学基本情况(2020年)

地　区	学校数(所)	毕业生数(人)	招生数(人)	在校生数(人)	教职工数(人)	专任教师数(人)
广东省	**10600**	**1469516**	**1770662**	**10571118**	**490985**	**573428**
广州市	**992**	**156827**	**198393**	**1125103**	**55463**	**62615**
荔湾区	52	10135	12048	66633	2884	3530
越秀区	49	12400	11092	70025	3704	3947
海珠区	82	14163	15201	89947	4833	4948
天河区	76	16955	19756	117402	5091	6505
白云区	178	23402	29470	166994	9398	8888
黄埔区	64	9319	14676	77365	3925	4549
番禺区	140	22075	28362	158175	7281	8985
花都区	106	20240	24727	145180	6120	8024
南沙区	61	6829	10331	54340	2558	2916
从化区	67	7288	11188	61920	4057	3407
增城区	117	14021	21542	117122	5612	6916
韶关市	**209**	**35520**	**43074**	**268462**	**13610**	**14887**
武江区	24	4721	5609	33884	1925	1751
浈江区	26	4062	4650	28261	1220	1482
曲江区	19	3672	4010	25445	1463	1521
始兴县	12	2239	3051	18442	966	1030
仁化县	14	2540	2725	18702	935	1148
翁源县	17	4298	5752	33026	1619	1731
乳源瑶族自治县	11	2392	3139	18667	979	992
新丰县	20	2363	3027	19106	1188	1150
乐昌市	31	5051	6421	41091	1598	2161
南雄市	35	4182	4690	31838	1717	1921
深圳市	**347**	**150726**	**190742**	**1091179**	**33573**	**60900**
罗湖区	47	13779	14375	86650	4579	5074
福田区	53	16760	20298	114976	5572	7037
南山区	36	15817	20153	110778	3311	6491
宝安区	60	36435	42833	256760	6208	13788
龙岗区	81	35989	46946	269027	7148	14819
盐田区	10	2052	2446	14099	730	760
龙华区	29	17349	26247	138466	2933	7143
坪山区	18	4949	7160	41953	1740	2441
光明区	13	7596	10284	58470	1352	3347

注：小学教职工数仅统计小学及小学教学点的教职工数；专任教师数则按教育层次进行归类。

12-13 续表1

地 区	学校数(所)	毕业生数(人)	招生数(人)	在校生数(人)	教职工数(人)	专任教师数(人)
珠海市	**134**	**27494**	**31949**	**185969**	**8970**	**9826**
香洲区	72	17196	18430	110422	5230	5789
斗门区	42	6431	8290	46327	2051	2399
金湾区	20	3867	5229	29220	1689	1638
汕头市	**737**	**83927**	**98398**	**576215**	**24037**	**28857**
龙湖区	64	10111	10757	65240	2953	3476
金平区	70	12842	11721	76175	3064	3445
濠江区	37	3480	4320	23923	1148	1329
潮阳区	246	25187	32090	180575	7626	8837
潮南区	210	19553	26607	152037	5049	7587
澄海区	106	12242	11971	74108	3846	3853
南澳县	4	512	932	4157	351	330
佛山市	**419**	**87115**	**108646**	**638742**	**31956**	**34626**
禅城区	75	12510	14938	87716	4966	4987
南海区	140	31841	44236	256452	13690	14454
顺德区	147	30057	33622	201537	8950	10248
三水区	34	7691	9501	55741	2723	3129
高明区	23	5016	6349	37296	1627	1808
江门市	**325**	**50756**	**57646**	**354628**	**15658**	**17705**
蓬江区	47	10035	10906	67593	2996	3685
江海区	20	3489	4774	26971	873	1222
新会区	64	9956	11104	69565	2765	3466
台山市	54	8036	8620	53868	2533	2826
开平市	58	8374	8746	55210	2838	2812
鹤山市	42	5784	7114	41541	1674	1786
恩平市	40	5082	6382	39880	1979	1908
湛江市	**911**	**97192**	**128870**	**748066**	**36775**	**39228**
赤坎区	15	5627	7939	45795	1468	2227

注：小学教职工数仅统计小学及小学教学点的教职工数；专任教师数则按教育层次进行归类。

12−13　续表2

地　区	学校数（所）	毕业生数（人）	招生数（人）	在校生数（人）	教职工数（人）	专任教师数（人）
霞山区	26	10228	13722	83036	2391	3977
坡头区	20	3631	6115	33645	1723	1885
麻章区	26	6090	8768	51184	1949	2496
遂溪县	206	10469	13797	78759	4560	4447
徐闻县	73	9165	12085	71755	3274	3419
廉江市	225	20569	26652	154797	8418	8175
雷州市	156	19311	23604	134952	7592	7457
吴川市	164	12102	16188	94143	5400	5145
茂名市	**1380**	**95589**	**115425**	**701483**	**38336**	**40037**
茂南区	98	15041	17270	105907	5391	6051
电白区	208	19678	27895	159851	8786	9236
高州市	294	20501	23979	147351	8032	8300
化州市	397	22410	26065	164472	9261	9186
信宜市	383	17959	20216	123902	6866	7264
肇庆市	**236**	**58001**	**64619**	**407485**	**18742**	**20679**
端州区	23	7031	8617	51484	2301	2689
鼎湖区	11	2437	3305	19299	863	1043
高要区	50	9656	10558	68747	3034	3206
广宁县	25	5886	5734	38268	1978	2003
怀集县	43	13019	14635	93312	4963	5017
封开县	21	5268	5730	36951	1834	1914
德庆县	28	5646	5218	35151	1725	1719
四会市	35	9058	10822	64273	2044	3088
惠州市	**571**	**85323**	**102331**	**621791**	**25152**	**32009**
惠城区	148	29766	35640	211732	8196	10922
惠阳区	124	17277	23139	136290	4917	6794
博罗县	112	18283	20209	127712	5466	6656

注：小学教职工数仅统计小学及小学教学点的教职工数；专任教师数则按教育层次进行归类。

12−13 续表3

地　区	学校数（所）	毕业生数（人）	招生数（人）	在校生数（人）	教职工数（人）	专任教师数（人）
惠东县	163	15475	18337	113813	5191	5945
龙门县	24	4522	5006	32244	1382	1692
梅州市	**452**	**56197**	**57639**	**373666**	**20294**	**21611**
梅江区	28	5970	5861	38403	1828	1970
梅县区	37	6768	7988	50109	2506	2691
大埔县	47	5025	4535	30836	1831	1943
丰顺县	79	7996	6723	45150	2645	2800
五华县	160	15018	16393	102747	5397	5567
平远县	19	2315	2459	16191	930	937
蕉岭县	20	2142	2365	15202	1000	1071
兴宁市	62	10963	11315	75028	4157	4632
汕尾市	**451**	**38278**	**46046**	**285556**	**15681**	**16593**
城　区	56	5901	6839	42088	2603	2509
海丰县	106	12384	14281	87377	4088	4397
陆河县	79	3755	4099	25940	1772	1676
陆丰市	210	16238	20827	130151	7218	8011
河源市	**368**	**49627**	**47013**	**311036**	**18062**	**20569**
源城区	54	12068	13425	84712	3824	4881
紫金县	78	10598	9886	64235	4456	4495
龙川县	79	10633	9021	63310	3944	4378
连平县	73	4812	4506	29472	1770	1675
和平县	16	6851	5520	38733	1977	2814
东源县	68	4665	4655	30574	2091	2326
阳江市	**164**	**36449**	**40547**	**261279**	**11893**	**15240**
江城区	42	10357	11680	75006	2872	4565
阳东区	38	7222	7993	50640	2380	3326
阳西县	24	5603	6475	40440	2214	2485
阳春市	60	13267	14399	95193	4427	4864

注：小学教职工数仅统计小学及小学教学点的教职工数；专任教师数则按教育层次进行归类。

12-13　续表4

地　　区	学校数（所）	毕业生数（人）	招生数（人）	在校生数（人）	教职工数（人）	专任教师数（人）
清远市	**341**	**53622**	**68642**	**410969**	**20174**	**21993**
清城区	64	14123	19550	113717	4692	5763
清新区	62	9207	10673	65323	3540	3545
佛冈县	37	5372	4971	34306	1783	1757
阳山县	29	4626	6198	34663	1836	2076
连山壮族瑶族自治县	8	1480	1624	10223	476	593
连南瑶族自治县	30	1966	2548	16064	866	915
英德市	65	11930	17238	100360	5387	5407
连州市	46	4918	5840	36313	1594	1937
东莞市	**335**	**109340**	**140231**	**842240**	**33038**	**41969**
东莞市	335	109340	140231	842240	33038	41969
中山市	**212**	**46992**	**57575**	**335628**	**14312**	**17207**
中山市	212	46992	57575	335628	14312	17207
潮州市	**593**	**32522**	**39151**	**213159**	**10528**	**10913**
湘桥区	89	7495	8482	48367	2389	2557
潮安区	269	15048	20300	102899	4712	5146
饶平县	235	9979	10369	61893	3427	3210
揭阳市	**1243**	**80495**	**91536**	**554855**	**29201**	**30916**
榕城区	129	14289	15814	95376	4545	5147
揭东区	137	10951	12306	74841	3997	3984
揭西县	220	8753	8849	56850	3625	4039
惠来县	278	15526	17536	105133	5873	6370
普宁市	479	30976	37031	222655	11161	11376
云浮市	**180**	**37524**	**42189**	**263607**	**15530**	**15048**
云城区	31	5955	8045	47093	2628	2606
云安区	22	2912	3577	22381	1236	1386
新兴县	61	6243	6360	39828	2717	2373
郁南县	24	5542	6460	40181	2451	2504
罗定市	42	16872	17747	114124	6498	6179

注：小学教职工数仅统计小学及小学教学点的教职工数；专任教师数则按教育层次进行归类。

12-14 各县区学前教育基本情况(2020年)

地区	学校数(所)	毕业生数(人)	招生数(人)	在校生数(人)	教职工数(人)	专任教师数(人)
广东省	**20747**	**1814323**	**1825885**	**4801766**	**611347**	**321477**
广州市	**2068**	**175593**	**221927**	**574541**	**85567**	**41019**
荔湾区	113	8943	10292	29920	4397	2214
越秀区	122	10307	12611	33228	5143	2435
海珠区	166	13800	16901	44339	6843	3289
天河区	217	14706	18828	53567	8517	3929
白云区	379	33646	38040	99939	14261	6875
黄埔区	130	11337	16714	41929	5846	3023
番禺区	349	28886	34933	93797	14468	7079
花都区	144	13235	16606	44013	6434	2953
南沙区	124	9595	12765	33905	5395	2475
从化区	103	9739	10374	30344	3965	1911
增城区	221	21399	33863	69560	10298	4836
韶关市	**599**	**43996**	**44214**	**119464**	**14761**	**7452**
武江区	86	4920	5226	14665	2078	1035
浈江区	72	4635	5233	14957	2133	1094
曲江区	51	4205	4189	10638	1334	674
始兴县	52	3112	3152	9557	986	505
仁化县	40	2825	2733	7723	1013	481
翁源县	63	6086	6196	16948	1837	966
乳源瑶族自治县	42	3477	3813	8006	1001	533
新丰县	42	3053	3053	7901	979	522
乐昌市	88	6402	5678	15386	1789	827
南雄市	63	5281	4941	13683	1611	815
深圳市	**1881**	**192007**	**187135**	**559674**	**86711**	**40348**
罗湖区	148	12637	13613	37161	6304	3182
福田区	159	15851	18853	51348	7952	3898
南山区	226	19622	19251	58985	9724	4601
宝安区	388	45412	35780	126686	18845	8878
龙岗区	518	51724	53872	148001	23466	10257
盐田区	32	2301	2614	7140	1164	518
龙华区	243	27007	25335	78148	11599	5423
坪山区	79	6806	8251	21544	3028	1397
光明区	88	10647	9566	30661	4629	2194

12−14 续表1

地 区	学校数（所）	毕业生数（人）	招生数（人）	在校生数（人）	教职工数（人）	专任教师数（人）
珠海市	**360**	**27785**	**31691**	**87959**	**13475**	**6780**
香洲区	201	15331	16564	50330	8038	4044
斗门区	96	7547	8677	22652	3101	1565
金湾区	63	4907	6450	14977	2336	1171
汕头市	**1151**	**77593**	**89216**	**212323**	**27066**	**17071**
龙湖区	142	8173	9104	27405	3922	2318
金平区	161	9353	8256	27940	3594	2161
濠江区	67	4363	2869	11292	1379	904
潮阳区	265	23303	30811	57715	6215	4287
潮南区	289	17385	26813	52289	6552	4241
澄海区	217	14035	10509	33460	5112	2987
南澳县	10	981	854	2222	292	173
佛山市	**1039**	**109526**	**125672**	**338060**	**48525**	**24258**
禅城区	155	15934	19664	51167	7261	3518
南海区	406	45355	49270	135550	19793	9760
顺德区	351	34084	40435	108415	15402	8043
三水区	82	8711	9285	25514	3766	1712
高明区	45	5442	7018	17414	2303	1225
江门市	**635**	**50185**	**54992**	**149419**	**18973**	**9844**
蓬江区	120	8708	10238	29024	4303	2178
江海区	52	2791	3946	9877	1393	653
新会区	143	8601	8317	25271	3485	1776
台山市	87	8601	9374	24202	2662	1559
开平市	99	8378	9226	25857	2977	1586
鹤山市	85	6753	6975	20595	2667	1381
恩平市	49	6353	6916	14593	1486	711
湛江市	**2222**	**156117**	**132624**	**348825**	**35626**	**22031**
赤坎区	133	8625	7817	19357	2703	1535

12-14 续表2

地　区	学校数（所）	毕业生数（人）	招生数（人）	在校生数（人）	教职工数（人）	专任教师数（人）
霞山区	195	13652	8558	28932	4038	2031
坡头区	70	7700	7877	16884	1504	827
麻章区	185	13081	8808	24184	2701	1468
遂溪县	288	17389	14557	40439	4367	2740
徐闻县	213	14482	12669	32107	3483	2136
廉江市	515	34261	28523	71755	7239	4992
雷州市	322	26619	28549	73633	4935	3521
吴川市	301	20308	15266	41534	4656	2781
茂名市	**1565**	**150926**	**151884**	**348161**	**34435**	**21926**
茂南区	407	17985	19216	53198	6819	4087
电白区	325	37984	36839	82614	8054	4908
高州市	422	35434	32563	75205	8082	5061
化州市	230	36722	36483	77124	6441	4379
信宜市	181	22801	26783	60020	5039	3491
肇庆市	**682**	**65960**	**69302**	**157948**	**18442**	**9543**
端州区	141	9053	10452	28521	4227	2267
鼎湖区	35	3208	3837	9232	1118	586
高要区	133	11200	12057	27943	3173	1625
广宁县	87	5708	5230	14626	1825	908
怀集县	103	14866	14346	26990	2887	1493
封开县	49	6510	7429	14480	1049	474
德庆县	44	5922	5966	12107	1066	662
四会市	90	9493	9985	24049	3097	1528
惠州市	**804**	**98254**	**92786**	**226274**	**28231**	**14551**
惠城区	337	34196	35960	87907	11575	5922
惠阳区	173	19637	17848	46333	6168	3101
博罗县	153	21044	18655	45790	5494	2974

12-14 续表3

地　区	学校数（所）	毕业生数（人）	招生数（人）	在校生数（人）	教职工数（人）	专任教师数（人）
惠东县	100	17944	18155	34438	3698	1890
龙门县	41	5433	2168	11806	1296	664
梅州市	**910**	**67818**	**61004**	**164282**	**16591**	**9896**
梅江区	94	6302	7010	17589	2415	1269
梅县区	132	8828	9335	22165	2795	1528
大埔县	63	4907	4579	12993	1109	727
丰顺县	119	7579	8493	17701	2306	1351
五华县	211	22455	16208	49378	3434	2303
平远县	41	3093	2506	7216	660	443
蕉岭县	56	2479	2917	7437	748	455
兴宁市	194	12175	9956	29803	3124	1820
汕尾市	**525**	**47982**	**38510**	**99290**	**11296**	**6495**
城　区	66	5129	5331	13385	1662	932
海丰县	247	15464	10727	34829	4791	2379
陆河县	41	5468	6585	10239	1087	721
陆丰市	171	21921	15867	40837	3756	2463
河源市	**573**	**50135**	**50029**	**118103**	**13293**	**6847**
源城区	130	12199	12249	31474	4128	2134
紫金县	80	11472	12878	22989	2344	1261
龙川县	155	10618	9726	24423	2583	1429
连平县	79	4741	4299	12503	1449	627
和平县	66	6044	6299	14377	1426	776
东源县	63	5061	4578	12337	1363	620
阳江市	**677**	**45861**	**40144**	**104626**	**13450**	**7248**
江城区	200	12086	10339	29445	4240	2240
阳东区	162	8964	7462	20835	2995	1589
阳西县	75	7792	5242	17787	2103	1158
阳春市	240	17019	17101	36559	4112	2261

12-14 续表4

地区	学校数(所)	毕业生数(人)	招生数(人)	在校生数(人)	教职工数(人)	专任教师数(人)
清远市	**818**	**70079**	**66642**	**171158**	**20859**	**10834**
清城区	204	19221	21451	50580	6627	3314
清新区	124	11600	8678	27925	3303	1813
佛冈县	71	5166	4922	12931	1628	842
阳山县	62	6080	6522	15144	1823	942
连山壮族瑶族自治县	25	1770	1913	4714	500	295
连南瑶族自治县	19	2727	2655	5902	633	300
英德市	247	17735	15170	40863	4576	2470
连州市	66	5780	5331	13099	1769	858
东莞市	**1206**	**134032**	**125992**	**370798**	**53065**	**25578**
东莞市	1206	134032	125992	370798	53065	25578
中山市	**554**	**49648**	**55994**	**154899**	**19761**	**9966**
中山市	554	49648	55994	154899	19761	9966
潮州市	**706**	**36400**	**42271**	**105263**	**13162**	**7719**
湘桥区	138	7720	8097	25073	2951	1815
潮安区	447	17645	20712	54132	8101	4578
饶平县	121	11035	13462	26058	2110	1326
揭阳市	**1298**	**113922**	**91811**	**275989**	**25828**	**15248**
榕城区	321	15080	15202	52044	6298	3617
揭东区	254	13178	12921	41122	4407	2787
揭西县	121	15161	9005	28790	1836	1141
惠来县	232	23337	17600	46367	4311	2663
普宁市	370	47166	37083	107666	8976	5040
云浮市	**474**	**50504**	**52045**	**114710**	**12230**	**6823**
云城区	116	9251	9544	23060	3092	1905
云安区	35	5162	5132	8735	769	416
新兴县	70	7624	6667	19145	2126	1169
郁南县	65	7115	8041	17551	1509	765
罗定市	188	21352	22661	46219	4734	2568

12-15　各省社会组织发展指数(2015-2020年)

地　区	2020			2019			2018		
	社会组织数（个）	每万人拥有社会组织数量（个/万人）	排名	社会组织数（个）	每万人拥有社会组织数量（个/万人）	排名	社会组织数（个）	每万人拥有社会组织数量（个/万人）	排名
全　国	**894162**	**6.33**	—	**866335**	**6.19**	—	**817360**	**5.86**	—
部本级	2292	—	—	2295	—	—	2300	—	—
北　京	13016	5.95	14	12849	5.97	12	12530	5.82	12
天　津	6026	4.35	28	5614	3.59	29	5148	3.3	30
河　北	34625	4.64	27	30026	3.95	27	26427	3.5	29
山　西	17580	5.03	24	16875	4.53	26	15535	4.18	26
内蒙古	16751	6.97	9	16998	6.69	10	16677	6.58	10
辽　宁	26185	6.15	12	24782	5.69	13	23299	5.34	15
吉　林	13380	5.56	21	13422	4.99	23	13066	4.83	24
黑龙江	20246	6.36	11	19731	5.26	20	18698	4.96	21
上　海	17048	6.85	10	16880	6.95	9	16208	6.69	9
江　苏	97930	11.56	1	97013	12.02	1	93061	11.56	1
浙　江	71299	11.04	2	69277	11.84	2	55298	9.64	4
安　徽	34130	5.59	19	32320	5.08	22	30777	4.87	23
福　建	34200	8.23	6	31691	7.98	7	29457	7.47	7
江　西	27703	6.13	13	26140	5.60	15	24921	5.36	14
山　东	60247	5.93	15	56022	5.56	16	51269	5.1	19

12-15 续表1

地 区	2020			2019			2018		
	社会组织数（个）	每万人拥有社会组织数量（个/万人）	排名	社会组织数（个）	每万人拥有社会组织数量（个/万人）	排名	社会组织数（个）	每万人拥有社会组织数量（个/万人）	排名
河 南	47368	4.77	26	44012	4.57	25	40270	4.19	25
湖 北	31730	5.49	22	31031	5.24	21	29933	5.06	20
湖 南	37118	5.59	20	36876	5.33	19	35561	5.15	18
广 东	**71845**	**5.70**	**17**	**70860**	**6.15**	**11**	**67940**	**5.99**	**11**
广 西	28921	5.77	16	27118	5.47	17	25935	5.26	16
海 南	8419	8.35	5	7888	8.35	6	7287	7.8	6
重 庆	18110	5.65	18	17553	5.62	14	17343	5.59	13
四 川	45657	5.46	23	44932	5.37	18	43835	5.26	17
贵 州	14063	3.65	29	13753	3.80	28	13413	3.73	27
云 南	23294	4.93	25	23640	4.87	24	23723	4.91	22
西 藏	559	1.53	31	536	1.53	31	612	1.78	31
陕 西	31074	7.86	7	30548	7.88	8	28410	7.35	8
甘 肃	22820	9.12	4	24644	9.31	4	27028	10.25	2
青 海	6173	10.42	3	6084	10.01	3	6028	9.99	3
宁 夏	5583	7.75	8	6083	8.76	5	6300	9.16	5
新 疆	8770	3.39	30	8842	3.50	30	9071	3.65	28

12−15 续表2

地 区	2017			2016			2015		
	社会组织数（个）	每万人拥有社会组织数量（个/万人）	排名	社会组织数（个）	每万人拥有社会组织数量（个/万人）	排名	社会组织数（个）	每万人拥有社会组织数量（个/万人）	排名
全 国	**761571**	**5.48**	—	**702405**	**5.07**	—	**662425**	**4.82**	—
部本级	2344	—	—	2339	—	—	2316	—	—
北 京	12164	5.6	12	10754	4.95	13	9721	4.48	17
天 津	5048	3.24	29	5062	3.24	28	5137	3.32	27
河 北	21928	2.92	30	20916	2.8	30	19328	2.6	30
山 西	13652	3.69	26	13004	3.53	25	12511	3.41	25
内蒙古	15116	5.98	10	13664	5.42	10	13248	5.28	9
辽 宁	22946	5.25	14	21039	4.81	16	20669	4.72	15
吉 林	11112	4.09	24	10669	3.9	23	10606	3.85	23
黑龙江	15839	4.18	23	14401	3.79	24	13567	3.56	24
上 海	14929	6.17	9	14181	5.86	8	13355	5.53	8
江 苏	87024	10.84	1	84094	10.51	1	80385	10.08	1
浙 江	51368	9.08	4	47536	8.5	4	43784	7.9	2
安 徽	28067	4.49	22	25708	4.15	21	24630	4.01	22
福 建	27959	7.15	7	26154	6.75	6	23956	6.24	5
江 西	22610	4.89	19	15813	3.44	26	15358	3.36	26
山 东	48727	4.87	20	45963	4.62	19	43411	4.41	19

12-15 续表3

地区	2017			2016			2015		
	社会组织数(个)	每万人拥有社会组织数量(个/万人)	排名	社会组织数(个)	每万人拥有社会组织数量(个/万人)	排名	社会组织数(个)	每万人拥有社会组织数量(个/万人)	排名
河南	33378	3.49	28	29328	3.08	29	29472	3.11	28
湖北	29469	4.99	17	28498	4.84	15	27605	4.72	14
湖南	33611	4.9	18	30361	4.45	20	27766	4.09	20
广东	**63784**	**5.71**	**11**	**59455**	**5.41**	**11**	**53958**	**4.97**	**12**
广西	24567	5.03	16	23928	4.95	14	22196	4.63	16
海南	6873	7.42	6	6293	6.86	5	5357	5.88	7
重庆	16824	5.47	13	16199	5.31	12	15360	5.09	11
四川	42282	5.09	15	39448	4.77	17	40011	4.88	13
贵州	12700	3.55	27	11848	3.33	27	10533	2.98	29
云南	23184	4.83	21	22552	4.73	18	21128	4.46	18
西藏	604	1.79	31	627	1.9	31	572	1.77	31
陕西	24725	6.45	8	20758	5.44	9	19699	5.19	10
甘肃	27079	10.31	2	22763	8.72	2	18730	7.2	3
青海	5291	8.85	5	3658	6.16	7	3633	6.18	6
宁夏	6548	9.6	3	5751	8.52	3	4857	7.06	4
新疆	9819	4.02	25	9641	4.02	22	9566	4.05	21

12-16 各省社工发展指数(2015-2020年)

地区	2020			2019			2018		
	持证社工人数(人)	每万人中社工人数(人/万人)	排名	持证社工人数(人)	每万人中社工人数(人/万人)	排名	持证社工人数(人)	每万人中社工人数(人/万人)	排名
全国	668368	4.73	—	533695	3.81	—	439266	3.15	—
北京	36365	16.61	1	36336	16.87	1	32296	14.99	1
天津	12501	9.02	5	10752	6.88	6	9104	5.84	6
河北	10727	1.44	26	8073	1.06	26	6537	0.87	27
山西	8354	2.39	19	6413	1.72	20	5161	1.39	19
内蒙古	7556	3.14	16	5402	2.13	17	3975	1.57	18
辽宁	21251	4.99	9	18728	4.30	7	16534	3.79	8
吉林	12867	5.34	8	10832	4.03	10	9137	3.38	10
黑龙江	9690	3.04	17	8189	2.18	16	6718	1.78	16
上海	30830	12.40	3	26189	10.79	3	22605	9.33	2
江苏	79527	9.38	4	65894	8.17	5	55683	6.92	5
浙江	97746	15.14	2	65244	11.15	2	48276	8.41	3
安徽	16593	2.72	18	13106	2.06	18	10779	1.7	17
福建	23132	5.57	7	17072	4.30	8	13512	3.43	9
江西	7322	1.62	22	5147	1.10	24	4292	0.92	24
山东	38922	3.83	13	28283	2.81	13	21227	2.11	14
河南	12665	1.27	28	9778	1.01	28	8343	0.87	26
湖北	22371	3.87	12	16459	2.78	14	12922	2.18	13
湖南	15652	2.36	20	12341	1.78	19	9548	1.38	20
广东	**113166**	**8.96**	**6**	**97803**	**8.49**	**4**	**82160**	**7.24**	**4**
广西	6524	1.30	27	5400	1.09	25	4665	0.95	23
海南	1250	1.24	29	893	0.95	29	692	0.74	29
重庆	14282	4.46	11	11331	3.63	11	9170	2.96	11
四川	28768	3.44	15	22373	2.67	15	17120	2.05	15
贵州	3248	0.84	30	2533	0.70	30	2009	0.56	30
云南	6891	1.46	25	5152	1.06	27	4138	0.86	28
西藏	128	0.35	31	60	0.17	31	46	0.13	31
陕西	17772	4.50	10	16282	4.20	9	15056	3.90	7
甘肃	4617	1.85	21	3661	1.38	21	2806	1.06	22
青海	884	1.49	24	685	1.13	23	537	0.89	25
宁夏	2752	3.82	14	2153	3.10	12	1726	2.51	12
新疆	4015	1.55	23	2871	1.14	22	3119	1.25	21

12-16 续表

地区	2017			2016			2015		
	持证社工人数（人）	每万人中社工人数（人/万人）	排名	持证社工人数（人）	每万人中社工人数（人/万人）	排名	持证社工人数（人）	每万人中社工人数（人/万人）	排名
全国	327013	2.35	—	**288185**	**2.08**	—	**206183**	**1.50**	—
北京	26841	12.37	1	25082	11.54	1	20723	9.55	1
天津	7240	4.65	6	6566	4.20	5	4754	3.07	5
河北	5044	0.67	26	4566	0.61	24	3652	0.49	24
山西	3734	1.01	20	3143	0.85	20	2149	0.59	20
内蒙古	2533	1	21	2012	0.80	21	1178	0.47	26
辽宁	12433	2.85	8	10823	2.47	8	6993	1.60	8
吉林	6353	2.34	10	5882	2.15	10	4185	1.52	9
黑龙江	5026	1.33	17	4495	1.18	17	3457	0.91	15
上海	16912	6.99	2	14569	6.02	2	9412	3.90	3
江苏	42656	5.31	4	37590	4.70	4	27830	3.49	4
浙江	26414	4.67	5	22456	4.02	6	16134	2.91	6
安徽	8463	1.35	16	7517	1.21	16	5606	0.91	14
福建	10358	2.65	9	9109	2.35	9	6523	1.70	7
江西	3491	0.76	23	3151	0.69	23	2488	0.54	22
山东	15393	1.54	14	12943	1.30	14	9078	0.92	13
河南	6459	0.68	11	5734	0.60	26	4454	0.47	25
湖北	9384	1.59	5	7954	1.35	13	5450	0.93	12
湖南	7040	1.03	8	6172	0.90	19	4471	0.66	18
广东	**65275**	**5.84**	**1**	**59224**	**5.38**	**3**	**43100**	**3.97**	**2**
广西	3889	0.80	9	3545	0.73	22	2674	0.56	21
海南	468	0.51	14	410	0.45	29	299	0.33	29
重庆	6459	2.10	3	5683	1.86	11	3594	1.19	11
四川	11850	1.43	6	10412	1.26	15	6931	0.84	16
贵州	1334	0.37	15	1147	0.32	30	818	0.23	30
云南	3139	0.65	13	2766	0.58	27	1851	0.39	27
西藏	32	0.09	16	25	0.08	31	17	0.05	31
陕西	12780	3.33	2	10014	2.63	7	5068	1.34	10
甘肃	1783	0.68	10	1484	0.57	28	980	0.38	28
青海	401	0.67	12	360	0.61	25	290	0.49	23
宁夏	1150	1.69	4	920	1.36	12	443	0.64	19
新疆	2679	1.10	7	2431	1.01	18	1581	0.67	17

12-17 各省民政事业费支出水平(2017-2020年)

地区	2020			2019		
	民政事业费支出（亿元）	每万人民政事业费支出（万元/万人）	排名	民政事业费支出（亿元）	每万人民政事业费支出（万元/万人）	排名
全国	**4808.21**	**340.58**	—	**4279.24**	**305.65**	—
部本级	11.57	—	—	12.14	—	—
北京	171.28	782.34	2	163.83	760.73	1
天津	65.84	474.85	9	69.73	446.48	9
河北	183.21	245.55	29	145.11	191.14	30
山西	114.67	328.43	19	106.84	286.52	21
内蒙古	132.90	552.62	5	124.26	489.31	6
辽宁	120.03	281.81	24	113.61	261.07	24
吉林	86.61	359.76	16	86.53	321.60	14
黑龙江	99.66	312.89	22	93.95	250.45	25
上海	173.00	695.58	3	163.94	675.17	3
江苏	269.29	317.75	21	251.20	311.27	16
浙江	191.44	296.50	23	161.08	275.36	22
安徽	215.17	352.57	17	190.71	299.58	19
福建	103.60	249.39	27	89.64	225.61	28
江西	147.47	326.35	20	143.42	307.37	17
山东	214.78	211.55	31	169.10	167.92	31
河南	232.44	233.92	30	197.94	205.34	29
湖北	227.04	393.12	13	184.99	312.11	15
湖南	180.37	271.46	25	173.07	250.16	26
广东	311.23	246.54	28	282.65	245.33	27
广西	205.61	410.18	12	143.75	289.81	20
海南	25.62	254.12	26	25.92	274.40	23
重庆	116.62	363.81	15	107.15	342.97	13
四川	292.76	349.88	18	251.20	299.94	18
贵州	176.78	458.43	10	144.51	398.86	10
云南	215.09	455.62	11	186.56	384.02	11
西藏	23.52	644.62	4	20.10	573.35	4
陕西	153.04	387.17	14	148.36	382.73	12
甘肃	135.78	542.70	6	128.37	484.90	7
青海	49.16	829.86	1	45.91	755.31	2
宁夏	39.07	542.49	7	38.67	556.72	5
新疆	123.58	478.01	8	114.99	455.72	8

注：1.全国数据包括中国人民解放军现役军人数，但不包括香港、澳门特别行政区和台湾地区数据；分省数据中未包括中国人民解放军现役军人数。
2.数据根据年度人口抽样调查推算。

12-17 续表

地区	2018			2017		
	民政事业费支出（亿元）	每万人民政事业费支出（万元/万人）	排名	民政事业费支出（亿元）	每万人民政事业费支出（万元/万人）	排名
全国	**4076.93**	**292.17**	—	**5932.68**	**426.79**	—
部本级	12.87	—	—	26.93	—	—
北京	141.08	654.93	2	283.04	1303.90	1
天津	72.36	464.00	8	97.61	626.91	5
河北	126.73	167.72	30	249.10	331.28	28
山西	96.54	259.66	24	142.80	385.73	22
内蒙古	122.90	485.03	6	153.01	605.04	7
辽宁	134.59	308.75	17	200.04	457.86	14
吉林	83.31	308.08	18	122.94	452.50	15
黑龙江	101.67	269.45	21	162.17	428.03	18
上海	144.04	594.27	4	177.40	733.67	4
江苏	254.17	315.71	15	325.23	405.05	19
浙江	142.34	248.11	25	210.02	371.26	23
安徽	165.42	261.60	23	220.58	352.64	25
福建	81.30	206.28	28	103.86	265.56	31
江西	143.63	309.05	16	186.88	404.32	20
山东	157.06	156.32	31	339.46	339.26	26
河南	176.23	183.48	29	260.69	272.72	30
湖北	177.69	300.30	19	256.41	434.45	17
湖南	170.70	247.44	26	275.91	402.19	21
广东	263.11	231.89	27	372.35	333.38	27
广西	130.12	264.16	22	178.54	365.48	24
海南	30.00	321.07	14	29.96	323.58	29
重庆	109.18	351.99	13	156.33	508.39	11
四川	248.98	298.50	20	366.36	441.29	16
贵州	136.32	378.66	10	173.40	484.37	13
云南	179.99	372.68	11	240.44	500.82	12
西藏	22.12	643.32	3	27.33	811.09	3
陕西	138.56	358.55	12	209.91	547.35	10
甘肃	125.45	475.66	7	149.01	567.44	8
青海	40.49	671.28	1	57.76	965.85	2
宁夏	37.57	546.04	5	42.64	625.23	6
新疆	110.39	443.92	9	134.57	550.38	9

注：1.全国数据包括中国人民解放军现役军人数，但不包括香港、澳门特别行政区和台湾地区数据；分省数据中未包括中国人民解放军现役军人数。
2.数据根据年度人口抽样调查推算。